全国企业应急管理人才培训辅导教材

企业应急管理能力

Building Capabilities for Enterprise Emergency Management

黄盛初 | 主编

中关村安全管理技术人才发展促进会
中国太平洋学会安全应急产业研究分会 | 组织编写
中国经济体制改革研究会培训中心

海洋出版社
2022年·北京

图书在版编目(CIP)数据

企业应急管理能力 / 中关村安全管理技术人才发展促进会，中国经济体制改革研究会培训中心，中国太平洋学会安全应急产业研究分会组织编写；黄盛初主编. —北京：海洋出版社，2022.12

全国企业应急管理人才培训辅导教材

ISBN 978-7-5210-1020-6

Ⅰ. ①企… Ⅱ. ①中… ②中… ③中… ④黄… Ⅲ.①企业管理－突发事件－安全管理－教材 Ⅳ. ①F272

中国版本图书馆 CIP 数据核字（2022）第 194137 号

总 策 划：刘　斌	发 行 部：	(010) 62100090　(010) 62100072（邮购部）
责任编辑：刘　斌		(010) 62100034（总编室）
责任印制：安　淼	网　　　址：	www.oceanpress.com.cn
排　　版：海洋计算机图书输出中心　晓阳承	印：	鸿博昊天科技有限公司
出版发行：海洋出版社	版　　次：	2022 年 12 月第 1 版
地　　址：北京市海淀区大慧寺路 8 号		2022 年 12 月第 1 次印刷
（716 房间）	开　　本：	787mm×1092mm　1/16
邮　　编：100081	印　　张：	26.75
经　　销：新华书店	字　　数：	513 千字
技术支持：(010) 62100055	定　　价：	89.00 元

本书如有印、装质量问题可与发行部调换

全国企业应急管理人才培训辅导教材
《企业应急管理能力》编委会

一、组织编写单位

中关村安全管理技术人才发展促进会

中国太平洋学会安全应急产业研究分会

中国经济体制改革研究会培训中心

二、本书编写组

主　编：黄盛初

副主编：刘景凯　邹来昌　龙　平　郭志勇　施根良　徐　翼　张立新

　　　　姜永利　边梦龙　宋　浩　胡象明　孙建超　于　波

编　委：（按姓氏笔画为序）

丁　斌　于丽丹　马一楠　王　军　王　猛　王大为　王天勋

王秀晖　王明晓　王岩石　王素文　王晓东　王清焱　文志林

尹伊娜　孔国权　艾国强　卢守龙　申红军　由金光　史铁军

丘敢兴　边海山　朱成杰　闫之君　汤卫林　祁　超　孙永会

孙青青　孙贵磊　李丛蔚　李国锋　李俊峰　杨　正　杨　春

杨　浩　杨　宾　杨玉杰　杨怀宁　杨建国　肖基銮　吴宏林

吴宝阳　何　鑫　张　岩　张　鹏　张五泉　张庭雨轩　张崔金

张景钢　陆　浩　陆明勇　陈力文　陈海平　陈康苏　陈耀坤

武文亚　周德彬　郑廷华　侯延松　姜旭利　袁子凌　贾　昂

徐淑华　栾国华　高宏宽　涂洪琳　董全令　蒋　凯　鲁　刚

温发俊　潘建阔

序

  党的十八大以来，党中央、国务院高度重视安全生产和应急管理工作，习近平总书记就加强安全生产和应急管理工作发表了一系列重要讲话，并做了一系列重要指示和批示（以下简称重要论述）。2022年4月26日，习近平总书记主持召开中央财经委员会第十一次会议，强调要统筹发展和安全两件大事。2022年4月29日，中共中央政治局召开会议，分析研究当前经济形势和经济工作，习近平总书记进一步强调，疫情要防住、经济要稳住、发展要安全。这是以习近平同志为核心的党中央统筹发展和安全两件大事，在关键时刻作出的重要决策部署和提出的明确要求。习近平总书记的重要讲话为我们安全生产和应急管理系统干部职工攻坚克难、全力以赴做好工作，保证促进经济社会高质量发展指明了前进方向，注入了强大信心和力量。

  党的十八大以来，我国安全生产和应急管理工作取得令人瞩目的进步，安全生产形势显著好转，"全灾种、大应急"的中国特色大国应急管理体系基本形成。但是，我国安全生产仍然处于爬坡过坎期，各类安全风险隐患交织叠加，生产安全事故仍然易发多发，给人民群众的生命财产造成重大损失，也给人民群众的安全感带来极大冲击。习近平总书记多次强调，要提升安全生产工作水平，全面加强国家应急管理体系和能力现代化建设，有效防范重大安全生产风险，坚决遏制重特大安全生产事故发生。

  为深入学习践行习近平新时代中国特色社会主义思想，贯彻落实习近平总书记关于安全生产和应急管理工作的一系列重要论述，由中关村安全管理技术人才发展促进会、中国太平洋学会安全应急产业研究分会、中国经济体制改革研究会培训中心共同主持策划，由应急管理部研究中心原主任黄盛初博士担任主编，组织有关科研机构、高等院校和企业一线专家编写了这套"全国企业应急管理人才培训辅导教材"，对于开展全国企业和相关机构安全生产和应急管理培训，建设高水平的安全生产和应急管理队伍，提高各行业领域相关部门和企业特别是基层安全生产和应急管理水平，有效应对各种自然灾害，防范重大安全风险，遏制重特大安全生产事故发生，实现安全发展具有重要意义。

  "全国企业应急管理人才培训辅导教材"汇集了安全生产和应急管理相关专业的理论知识和实践经验，是一套针对性、实操性很强的好教材，愿应急管理系统及各行业领域相关部门和单位涉及安全生产和应急管理岗位的基层人员学习研读本教材，并在工作实践中有更深入的理解和应用。让我们一起努力，共同把安全生产和应急管理工作做得更好，为实现安全发展做出更大的贡献。

中国职业安全健康协会党委书记、理事长

2022 年 8 月 28 日

前　言

党的二十大报告中提出，要健全国家安全体系，完善国家应急管理体系；完善公共安全体系，推动公共安全治理模式向事前预防转型，推进安全生产风险专项整治，加强重点行业、重点领域安全监管，提高防灾减灾救灾和重大突发公共事件处置保障能力。这是以习近平同志为核心的党中央对新时代应急管理和安全生产工作作出的重大决策部署，是我们做好应急管理和安全生产工作的根本遵循和行动指南。

习近平总书记在2019年11月29日中共中央政治局第十九次集体学习时强调，我国是世界上自然灾害最为严重的国家之一，灾害种类多，分布地域广，发生频率高，造成损失重，这是一个基本国情。同时，我国各类事故隐患和安全风险交织叠加、易发多发，影响公共安全的因素日益增多。加强应急管理体系和能力建设，既是一项紧迫任务，又是一项长期任务。2022年4月29日，中共中央政治局召开会议，分析研究当前经济形势和经济工作，习近平总书记进一步强调，疫情要防住、经济要稳住、发展要安全，这是党中央的明确要求。

为贯彻落实习近平总书记关于安全生产和应急管理系列重要讲话精神和党的二十大报告中关于应急管理和安全生产工作的决策部署，中关村安全管理技术人才发展促进会（以下简称促进会）、中国太平洋学会安全应急产业研究分会、中国经济体制改革研究会培训中心组织有关科研机构、高等院校和企业一线专家编写了这套"全国企业应急管理人才培训辅导教材"，以满足企业及相关单位对安全生产和应急管理人才培训的迫切需要。

为做好这套教材的组织编写工作，促进会邀请应急管理部研究中心原主任黄盛初博士担任主编，北京航空航天大学公共管理学院原副院长、博士生导师胡象明教授，中国石油天然气集团有限公司质量健康安全环保部副总工程师、教授级高级工程师刘景凯，中关村安全管理技术人才发展促进会副会长兼秘书长孙建超等担任副主编，负责编写、策划、组织、研讨和书稿统稿、修改和审定。

这套教材分为两册，上册为《企业应急管理基础》（以下简称《基础》），下册为《企业应急管理能力》（以下简称《能力》）。《基础》主要从宏观的角度对应急管理的基本问题进行介绍和阐述，内容包括我国应急管理的体制、机制和法制，应急管理科技、产业和装备及其发展状况，应急救援力量，安全与应急管理文化等，共十章。《能力》主要从操作层面对具体的应急管理实践进行介绍和阐述，内容包括应急管理过程、企业安全风险管理、重点行业领域安全应急管理、自然灾害的防治、城市安全风险管理、应急预案的编制与演练、应急处置、应急保障、安全与应急管理信息化建设、应急管理专业能力建设等,共十一章。此套教材可作为以企业应急管理师课程体系及岗位能力评价标准培养企业应急管理人才的培训教材。

这套"全国企业应急管理人才培训辅导教材"的编写人员有黄盛初、刘景凯、胡象明、丁斌、张景钢、栾国华、史铁军、杨怀宁、宋浩、武文亚、贾昂、汤卫林、孙贵磊、李丛蔚、朱成杰、陆明勇、李俊峰、徐淑华、袁子凌、杨正、王清焱、张庭雨轩和何鑫等。《基础》由胡象明统稿和修改,《能力》由刘景凯统稿和修改,全书由黄盛初统审、修改和定稿。

期间,黄盛初主编,刘景凯、胡象明、孙建超、邹来昌、杨骏、冷寒松、徐强、韩建广、杨瑞军、武六爱、林海森、黄元立、龙平、郭志勇、施根良、徐翼、张立新、姜永利、边梦龙副主编还多次召开由编写人员、促进会会员单位及其他相关单位的代表参加的研讨会和审稿会,进一步提升教材编写质量。

原国家安全生产监督管理总局老领导、现任中国职业安全健康协会党委书记、理事长王德学对这套教材的编写出版工作给予了大力支持和悉心指导并为本书作序。同时,中国太平洋学会安全应急产业研究分会、中国经济体制改革研究会培训中心、促进会等单位领导为本书编写工作给予了大力支持和策划指导,教材编写人员和审稿专家付出了艰辛的劳动,北京航空航天大学安全应急管理研究中心、中国石油天然气集团有限公司、中国地震应急搜救中心、中国消防救援学院、华北科技学院、中国劳动关系学院、安徽理工大学、安徽省应急管理厅宣传教育中心、国家能源集团宁夏煤业有限责任公司、促进会企业和个人会员等有关单位对教材编审给予了大力支持和指导,由于篇幅有限,就不一一列举了。海洋出版社责任编辑为本书的出版做了认真细致的订正和编辑工作。在此,本书编写组对关心支持本书编写出版工作的各位领导,参加编写、审稿、出版工作的各位专家和同仁表示崇高的敬意和衷心感谢。

希望这套教材的编写与出版能够更好地服务于企业及相关单位对安全生产和应急管理人才培训的需要,为加强应急管理体系和能力建设,提升安全生产和应急管理工作水平,实现经济和社会安全发展作出贡献。

由于本教材编写组知识水平、工作能力和经验有所局限,加上时间紧,对安全生产和应急管理突出问题和政策措施把握不够准确,本教材中一些内容和观点可能有诸多不完善和谬误之处,祈请相关领导、专家和广大读者提出宝贵意见。

"全国企业应急管理人才培训辅导教材"编写组主编
应急管理部研究中心原主任
黄盛初
2022 年 11 月 8 日于北京

目　　录

第 1 章　企业突发事件应急管理 1

1.1　企业突发事件 2
1.1.1　概念与术语定义 2
1.1.2　企业突发事件的特点 3
1.1.3　典型企业突发事件 9

1.2　企业应急管理体系 18
1.2.1　企业应急管理体系的概念 18
1.2.2　企业应急管理的目标与任务 19
1.2.3　企业应急管理体系的基本构成 19
1.2.4　中国石油应急管理体系建设实例 22

思考题 31

第 2 章　企业风险管理能力 32

2.1　风险辨识 32
2.1.1　材料准备 32
2.1.2　作业单元划分 32
2.1.3　危险有害因素辨识 33
2.1.4　风险辨识流程 33
2.1.5　风险辨识的基本方法 35
2.1.6　风险动态辨识和控制 40
2.1.7　风险预警 41

2.2　风险评价与措施控制 43
2.2.1　风险评价的步骤和方法 43
2.2.2　风险等级划分 46
2.2.3　作业风险分析 51
2.2.4　组织风险评价 52
2.2.5　风险控制措施确定 53

  2.2.6 风险控制 …… 54
  2.2.7 4类突发事件的风险管理 …… 66
 2.3 风险预控体系 …… 72
  2.3.1 风险分级管控 …… 72
  2.3.2 风险预控体系 …… 73
  2.3.3 风险预控体系运行和应注意的问题 …… 76
  2.3.4 风险预控体系评审方法 …… 78
  2.3.5 风险预控体系升级 …… 81
  2.3.6 体系建立与运行案例 …… 82
 2.4 隐患排查体系构建和运行 …… 83
  2.4.1 隐患 …… 84
  2.4.2 隐患评价方法 …… 84
  2.4.3 隐患控制方法 …… 85
  2.4.4 隐患排查体系构建 …… 85
  2.4.5 隐患排查的运行机制 …… 89
 思考题 …… 94

第3章 重点行业领域应急管理 …… 95

 3.1 矿山企业安全应急管理 …… 95
  3.1.1 矿山行业应急管理法律法规要求 …… 95
  3.1.2 矿山企业典型突发事件案例分析 …… 99
  3.1.3 典型矿山企业应急管理实务分享 …… 102
 3.2 危险化学品企业安全应急管理 …… 105
  3.2.1 危险化学品企业应急管理法律法规要求 …… 105
  3.2.2 危险化学品企业典型突发事件案例分析 …… 107
  3.2.3 典型企业应急管理实务分享 …… 112
 3.3 建筑企业安全应急管理 …… 115
  3.3.1 建筑企业应急管理法律法规要求 …… 115
  3.3.2 行业典型突发事件案例分析 …… 115
  3.3.3 典型建筑施工企业应急管理实务分享 …… 120
 3.4 交通运输企业安全应急管理 …… 124
  3.4.1 交通运输企业应急管理法律法规要求 …… 124
  3.4.2 交通运输企业典型突发事件案例分析 …… 126
  3.4.3 典型交通运输企业应急管理实务分享 …… 129
 思考题 …… 131

第4章 系统安全分析 ··· 132

- 4.1 系统安全分析概述 ··· 132
- 4.2 安全检查表 ··· 133
  - 4.2.1 安全检查表分析基础 ··· 133
  - 4.2.2 安全检查表的编制 ··· 135
  - 4.2.3 安全检查表应用实例 ··· 136
- 4.3 预先危险性分析 ··· 138
  - 4.3.1 预先危险性分析基础 ··· 138
  - 4.3.2 PHA 表格的格式 ··· 139
  - 4.3.3 预先危险性分析应用实例 ··· 139
- 4.4 故障类型及影响分析 ··· 141
  - 4.4.1 故障类型及影响分析基础 ··· 141
  - 4.4.2 FMEA 的分析步骤 ··· 148
  - 4.4.3 FMEA 应用举例 ··· 149
- 4.5 因果分析图法 ··· 151
- 4.6 事件树分析法 ··· 154
- 4.7 事故树分析法 ··· 157
  - 4.7.1 事故树分析法基础 ··· 157
  - 4.7.2 事故树分析法 ··· 158
  - 4.7.3 事故树分析法应用实例 ··· 165
- 4.8 作业条件危险性分析法 ··· 166
- 4.9 风险矩阵分析法 ··· 168
  - 4.9.1 风险矩阵分析法的简介及其特点 ··· 168
  - 4.9.2 风险矩阵分析法的应用范围 ··· 170
- 思考题 ··· 172

第5章 自然灾害的防治 ··· 173

- 5.1 洪涝灾害防治 ··· 173
  - 5.1.1 洪涝灾害的分级 ··· 173
  - 5.1.2 洪涝灾害的防治 ··· 174
  - 5.1.3 洪涝灾害的应急监测 ··· 175
  - 5.1.4 洪涝灾害的排危除险 ··· 176
- 5.2 地质灾害防治 ··· 179
- 5.3 地震灾害防治 ··· 184

  5.3.1　地震灾害的分级 184
  5.3.2　地震灾害的防治 184
  5.3.3　地震灾害的应急监测 186
  5.3.4　地震灾害的应急救援 187
 5.4　森林火灾防治 189
 思考题 193

第6章　城市安全运行管理 194

 6.1　城市安全风险排查治理 194
  6.1.1　基础设施风险排查治理 194
  6.1.2　危险源管理 197
  6.1.3　重点行业领域安全风险隐患排查治理 200
  6.1.4　人员密集场所安全风险及治理 202
  6.1.5　火灾隐患排查治理与消防 205
  6.1.6　自然灾害引发的城市安全风险排查治理 210
 6.2　强化城市运行安全管理的措施 213
  6.2.1　提升城市安全监管效能 213
  6.2.2　强化城市安全保障能力 219
  6.2.3　加强统筹推动 223
 6.3　城市安全智能技术及其应用 225
  6.3.1　城市安全智能技术及应用的政策演进 225
  6.3.2　城市安全智能技术及应用的发展趋势 227
 思考题 231

第7章　应急预案编制与演练 232

 7.1　企业应急预案编制 232
  7.1.1　法律法规相关要求 232
  7.1.2　应急预案编制实践 240
 7.2　企业应急演练实务 253
  7.2.1　法律法规相关要求 253
  7.2.2　应急演练工作实践 254
 思考题 272

第8章　应急救援 273

 8.1　应急救援的指导思想与原则 273

　　　　8.1.1　应急救援的指导思想 273
　　　　8.1.2　应急救援的基本原则 275
　　8.2　应急救援的组织与实施 277
　　　　8.2.1　应急救援的组织程序 277
　　　　8.2.2　应急救援的实施要求 281
　　8.3　应急救援力量建设 289
　　　　8.3.1　国家综合性消防救援队伍 290
　　　　8.3.2　专业应急救援队伍 292
　　　　8.3.3　社会应急救援力量 296
　　8.4　应急救援资源保障 299
　　　　8.4.1　企业应急救援资源的特征 299
　　　　8.4.2　企业应急救援资源保障 300
　　　　8.4.3　企业应急救援资源的运用 302
　　思考题 303

第9章　应急处置 304

　　9.1　应急处置的基本概念 304
　　　　9.1.1　应急处置的定义和原则 304
　　　　9.1.2　应急预案 306
　　　　9.1.3　应急功能 308
　　　　9.1.4　应急处置种类和方法 315
　　9.2　事故灾难应急处置 317
　　　　9.2.1　火灾应急处置 317
　　　　9.2.2　触电事故应急处置 319
　　　　9.2.3　交通运输事故应急处置 321
　　　　9.2.4　危险化学品事故应急处置 324
　　　　9.2.5　高处坠落事故应急处置 327
　　　　9.2.6　建筑物倒塌事故应急处置 328
　　　　9.2.7　踩踏事故应急处置 331
　　　　9.2.8　意外伤害应急处置 332
　　　　9.2.9　中毒应急处置 334
　　9.3　其他灾害应急处置 335
　　　　9.3.1　自然灾害应急处置 335
　　　　9.3.2　突然发病应急处置 339
　　　　9.3.3　公共卫生事件应急处置 341

9.4　生产经营单位应急处置程序与岗位处置卡 ……………………………… 342
思考题 …………………………………………………………………………… 347

第10章　应急保障 ……………………………………………………………… 348

10.1　应急保障资源的种类及应急物资 ………………………………………… 348
　　10.1.1　应急保障资源的种类 ……………………………………………… 348
　　10.1.2　应急物资 …………………………………………………………… 357
10.2　自然灾害应急保障 ………………………………………………………… 358
　　10.2.1　通信和信息保障 …………………………………………………… 358
　　10.2.2　应急救灾物资装备保障 …………………………………………… 359
10.3　应急避难场地 ……………………………………………………………… 367
思考题 …………………………………………………………………………… 371

第11章　培训与指导 ……………………………………………………………… 372

11.1　企业应急管理教育培训概述 ……………………………………………… 372
11.2　企业应急管理教育培训步骤与内容 ……………………………………… 379
　　11.2.1　应急管理业务培训步骤 …………………………………………… 379
　　11.2.2　企业应急管理业务培训的内容 …………………………………… 386
11.3　企业应急管理教育培训具体组织与实施 ………………………………… 389
11.4　企业应急管理教育培训的评估 …………………………………………… 396
　　11.4.1　培训效果评估的目的 ……………………………………………… 396
　　11.4.2　培训效果评价 ……………………………………………………… 397
　　11.4.3　加强应急管理教育培训的建议 …………………………………… 401
11.5　企业应急管理教育培训职业道德建设 …………………………………… 402
11.6　企业应急管理业务指导 …………………………………………………… 406
思考题 …………………………………………………………………………… 410

参考文献 …………………………………………………………………………… 411

第1章　企业突发事件应急管理

突发公共事件应急管理是国家治理体系和治理能力的重要组成部分，其作为当今世界关注的重要课题，正在被广泛深入地研究。中国人对应急管理的思考和实践古已有之，在汉语中不难发现有"天有不测风云、人有旦夕祸福、未雨绸缪、居安思危"等体现古代应急管理哲学思想的词语。

人类的发展史就是一部人类为自身的生存与发展进行抗争和奋斗的历史，在认识和改造自然的过程中，人类应对各种风险挑战的能力不断提升，人类族群、文化和文明得以延续和发展。历史的车轮飞速向前，21世纪的人类同样面临与古人一样的问题，如何与充满风险与挑战的大自然相处，从而延续和提升人类文明？

当今世界面临百年未有之大变局，全球气候变暖速度加快、极端天气频发；生产安全事故犹如达摩克利斯之剑时刻威胁着人民群众生命财产安全，新冠肺炎、流感和疟疾等流行性传染病区域性传播仍然存在，地缘政治动荡、宗教冲突、恐怖袭击、治安犯罪时有发生，自然灾害、事故灾难、公共卫生事件、社会安全事件等多类型突发事件频发，应急管理的难度越来越大。

从事故灾难角度上来看，我国企业安全生产工作还面临着一系列挑战，应急管理仍存在诸多不足，实现应急治理体系和治理能力现代化仍然任重道远。首先，我国安全生产形势总体呈现平稳趋势，但尚未本质向好，事故总量仍然较多，重特大事故尚未根本遏制。其次，颠覆性风险不容忽视，安全与发展失衡导致的巨大灾害事故屡见不鲜。最后，新型跨领域风险值得警惕，自然灾害、网络安全等突发事件与安全生产风险交织叠加，跨领域、多维度的安全生产风险严重威胁我国政治安全、经济安全和能源安全。企业应急管理工作是实现安全环保、形势稳定的重要保障，加强企业突发事件应急管理工作，是维护社会和谐稳定，统筹发展和安全，坚定不移地走高质量发展之路的题中之义。

1.1 企业突发事件

1.1.1 概念与术语定义

1. 突发事件概念

2007 年,我国颁布并实施了《中华人民共和国突发事件应对法》(以下简称《突发事件应对法》),首次以法律条文的形式给出了"突发事件"的明确定义,第三条第一款将突发事件定义为"突然发生,造成或者可能造成严重社会危害,需要采取应急处置措施予以应对的自然灾害、事故灾难、公共卫生事件和社会安全事件"。

(1) 自然灾害:是指由于自然现象所导致的突发事件,例如,地震、海啸、暴雨、台风、暴雪、火山喷发、山洪等。

(2) 事故灾难:是指在人类和一切社会组织的生产、生活过程中,因人为因素或设备设施等因素造成的意外事故,如道路交通安全事故、危险化学品泄漏、火灾、爆炸事故等。

(3) 公共卫生事件:是指由病毒、细菌等引起的大规模传染病、流行病等事件,如 13 世纪欧洲大瘟疫、埃博拉疫情、2003 年的非典疫情、2020 年的新冠肺炎疫情等。

(4) 社会安全事件:是指由人的主观行为产生、危及社会安全的突发事件,如暴乱、非法集会、恐怖袭击等。

顾名思义,由企业生产经营活动直接或者间接引起的,突然发生,造成或者可能造成严重社会危害,需要采取应急处置措施予以应对的突发事件,可称为"企业突发事件"。企业突发事件主要是事故灾难类突发事件。企业性质的不同,其产生突发事件的类型和表现形式也不相同,从事煤矿生产的企业存在矿井坍塌与瓦斯爆炸风险;从事危险化学品生产的企业存在危险化学品泄漏中毒与火灾爆炸风险。典型行业领域突发事件类型如表 1-1 所示。

表 1-1 典型行业领域突发事件类型

典型行业领域	突发事件类型
矿山/非煤矿山	冒顶、片帮、边坡滑落和地表塌陷,瓦斯爆炸、粉尘爆炸、井喷失控;冲击地压、瓦斯突出、地面和井下的火灾、水害
危险化学品	火灾爆炸、化学品泄漏、中毒和窒息、反应扩散等
烟花爆竹	爆炸、火灾、燃烧爆炸等
建筑施工	高处坠落、施工坍塌、物体打击、起重伤害、机具伤害等
民爆物品	燃烧和爆炸等

此外，作为"受害者"或"响应参与者"，企业需充分识别其所面临的事故风险，除事故灾难外，自然灾害、公共卫生事件和社会安全事件也是企业必须应对的典型事故风险。

在现代人类社会的生产和生活中，往往会出现不同类型的突发事件共生、次生、衍生、相互转化等情况。例如，2011年3月11日，日本东北太平洋发生了里氏9.0级地震，地震随即引发海啸，在地震和海啸的双重影响下，福岛第一核电站和福岛第二核电站发生核设施泄漏，不难看出，这是一起非常典型的由于自然灾害突发事件引起的企业核设施泄漏突发事件，在地震和海啸发生的初期，福岛核电站是自然灾害突发事件的受影响者和实际"受害者"，然而当核设施发生损坏后，泄漏的核原料产生了对周边公众和环境安全的巨大威胁，此时自然灾害突发事件变成了事故灾难突发事件，福岛核电站从突发事件的"受害者"变成了"肇事者"。

2. 其他相关术语与定义

企业安全生产工作还涉及事故、事件、危机、灾害、巨灾（大灾难）等相关术语，容易与突发事件产生理念上的冲突，相关概念辨析如表1-2所示。

表1-2 突发事件相关概念辨析

相关名词	概念辨析
事故（Accident）	造成死亡、疾病、伤害、损伤或其他损失的意外情况。事故有确定性的后果，突发事件没有确定性的后果，描述的是一种紧急状态，这种紧急状态造成或者可能造成严重事故后果
事件（incident）	指意料之外的事情，其后果往往是不利的。事件没有紧急状态的特征，不一定需要采取紧急措施予以应对，在应对的紧迫性上和突发事件有本质的区别
危机（crisis）	通常指可能给社会带来不稳定或危险的没有预料到的事件或者状态。危机一词更具有社会层面的含义，常常伴随着较大的社会和舆论反应，在事件的严重程度和影响维度上比突发事件更高
灾害（disaster）	灾害通常用来表示自然灾害突发事件
巨灾（catastrophe）	导致大量人员伤亡、财产损失或给公众、基础设施、环境、经济、国民士气以及政府职能带来严重破坏的突发事件

1.1.2 企业突发事件的特点

1. 突然性

突然性是企业突发事件的第一特征。尽管当今地震预测预报科学技术发展较快，但古往今来，世界上仍然没有一个被提前预测预报的地震突发事件。同样的情况也存在于以事故灾难类为主的企业突发事件中，在突发事件来临之前，生产经营活动按照正常的程序正在展开，没有人可以准确地预知事件会在什么时候发生。

1984年12月3日凌晨，印度中央邦首府博帕尔市某农药工厂发生重特大危险化学品泄漏事故，大量剧毒异氰酸甲酯液体挥发后在凌晨时分迅速朝着下风向的居民区飘去，"死神"将镰刀举向还在熟睡的人们，许多人根本来不及做出任何反应，直接在睡梦中失去了生命，这起突发事件导致直接死亡人数2.5万人，间接死亡人数55万人，除此之外，还造成了20多万人永久性残废。

2. 必然性

突发事件是突然发生的，其发生的时间和规模让人琢磨不透，那么人类真的就只能在突发事件前束手待毙吗？其实也不是，在自然灾害预警预报领域，人们利用先进的天气预报技术可以较为准确地预测区域降雨、冰雹、洪水等自然灾害情况。在企业生产经营活动的过程中，尽管人们并不知道什么时候会发生突发事件，但是按照墨菲定律的观点："凡是有可能出错的事情，必将会出错。"在一个足够大样本的空间内，未来某个时间企业就一定会发生事故灾难突发事件。

据国际航空运输协会相关数据表明，飞机发生事故的概率远远低于汽车、火车和轮船等交通工具，可以说是世界上最安全的交通工具，但为什么每年都会发生空难呢？

飞机发生空难的概率约为两百万分之一，每飞 $2×10^6$ 次才有可能发生一次空难，单次乘坐飞机不发生空难的概率为：$P=0.9999995$，几乎是绝对安全的。如果一个人平均每天坐一次飞机，按照概率需要5479年才能遇上一次空难事故，从今天起向前5479年是公元前3500年，那个时候中国处在新石器时代。

但是，国际航空运输协会的另一项统计数据表明，世界上每年大约有3000万架次飞机在执行飞行任务（新冠肺炎疫情之前），那么通过表1-3就很容易得到以下的结论："这个世界上每年必然会发生空难。"

表1-3 乘坐飞机发生空难概率

乘坐飞机次数	全部安全概率	发生空难概率
1万次	99.5%	0.5%
10万次	95%	5%
100万次	61%	39%
1000万次	0.67%	99.33%

从国际航空运输协会的角度来看，飞机空难突发事件是必然事件。

换个角度去观察问题，或许得到的结果就会完全不一样。表1-4统计了近年来全球发生的飞机空难突发事件。

表 1-4 近年来全球发生的飞机空难突发事件

序号	年度	飞机空难突发事件简况
1	2016 年 3 月 19 日	迪拜航空公司客机坠毁,造成 62 人遇难
2	2017 年 1 月 16 日	土耳其 ACT 货运航空公司飞机坠毁,造成 37 人遇难
3	2018 年 10 月 29 日	印度尼西亚狮航集团航班坠毁,造成 189 人遇难
4	2019 年 3 月 10 日	埃塞俄比亚航空公司飞机坠毁,造成了 157 遇难
5	2020 年 1 月 27 日	美国加利福尼亚州洛杉矶县直升机坠毁,造成 9 人遇难
6	2021 年 1 月 9 日	印度尼西亚斯里维加亚航空公司飞机坠毁,造成 62 人遇难
7	2022 年 3 月 21 日	中国东方航空公司 MU5735 次航班飞机坠毁,造成 132 人遇难

3. 不确定性

突发事件的定义中有这样的文字表述"……造成或者可能造成严重社会危害……",人们不禁要问,到底有没有造成严重社会危害或者事故后果,紧接着另外一个问题也会接踵而至:"接下来突发事件的走势是什么,是变得更好,还是变得更糟糕。"无论是政府管理者,还是企业的经营者,面对突发事件的未知与不确定性时,往往显得手足无措。所以,不确定性或未知性是突发事件的典型特征。

欧洲人曾把突发事件的不确定性特征形象地比作"黑天鹅"事件。这个典故来自大航海时代之前的欧洲,当时公众的认知中只有白天鹅一种,如果有人谈论黑天鹅那一定会被认为离经叛道,被大家嘲笑。然而,当水手们发现第一只黑天鹅并把它带回后,公众所坚定的信念崩塌了。人们往往凭借经验主观认定某些现象,并过早下结论,殊不知一只黑天鹅足以颠覆一切,很多事情是意料之外发生的。

"泰坦尼克"号是 20 世纪初期世界上最大的豪华游轮,其设计建造水平堪称世界一流,被称为"永不沉没的海上堡垒",然而它却没能逃出首次航行即沉没的厄运。在事故发生前 2 小时,"泰坦尼克"号正航行在纽芬兰以东洋面上,当时有船员发现海上温度骤降并伴随有零星的冰山存在,事故发生前 1 小时,在其前方航行的船舶向"泰坦尼克"号发出了冰山警告,然而,这些警告最终没能引起重视,船长认为,冰山警告并不意味着一定会发生事故,对即将来临的风险麻痹大意,当晚 23 时 30 分,"泰坦尼克"号与冰山迎头相撞,断成两截的船体沉入了冰冷的北大西洋海底,1517 人丧生,如图 1-1 所示。

在这起轮船沉没事件中,难道当事船长真的完全不具备能力、一无是处吗?

并非如此,当事船长史密斯具有极为丰富的航海经验,曾获得英国国王授予的奖章,被公认为"平安船长"。然而,就是这样一名经验丰富、技能高超的船长,因未准确地把握预警信息,不确定会遭遇冰山、不确定会与冰山相撞,到最后丧失了处置突发事件的主动权,最终和"泰坦尼克"号一起葬身海底。

图 1-1 "泰坦尼克"号倾覆

突发事件的不确定性造成的误判导致了"泰坦尼克"号的沉没。但是,也有在处置不确定性的突发事件中,收获转危为安美好结局的故事。

这起事件发生于 2010 年 8 月 5 日,智利圣何塞的某铜矿上部坑道发生塌方事件,33 名矿工被困于 700 米深的矿井中,生死不明。困在矿井中的工人们无法与外界进行沟通,外部的家属和矿友们也不知道井下的人是死是活,救援队伍抵达现场后立即开展行动,但是铜矿区坚硬的地表让每天的钻井速度只能以米计算,一个星期过去了,救援行动几乎没有进展,矿业部长宣传"发现生还矿工的概率很小"。

33 名矿工被困井下的事情,牵动着全世界亿万公众的心,他们是否还活着?什么时候能够打通救援通道?在生还概率极低的情况下,继续开展营救是否还有意义?突发事件的不确定性,让决策者备受煎熬。家属们的坚持和社会各界人士的关注,让救援行动得以继续展开,好在后续钻井作业异常顺利,又过了 10 天,测深定位仪抵达矿工所处的位置,收到了矿工们还依然健在的好消息。

此时,所有关心关注这件事情的人们终于能够松一口气了,矿井坍塌、人员被困突发事件从不确定性变成了确定性,2 个月后被困矿工们转危为安,全部顺利升井,如图 1-2 所示。智利圣何塞铜矿救援事件被普遍认为是人类近代矿难救援史上的一个奇迹。

图 1-2 智利圣何塞铜矿升井

4. 确定性

企业突发事件具有突然性、必然性和不确定性3种典型特点,除此之外,还有哪些特点呢?其实,突发事件还有一个不为人所熟知的特点,即确定性。如果过分关注突发事件的前3个特点,就很容易陷入一种悲观的情绪之中:既然突发事件是突然的、必然的和不确定的,那么一旦突发事件来临后,就只能束手待毙了。实际上,事情并不是那么地让人悲观,突发事件的发生和发展以及应急处置都是有规律可循的,这便是突发事件的确定性。

突发事件的确定性体现在其生命周期明显。根据灾变理论,突发事件的生命周期一般可以分为潜伏期、初期、爆发期、稳定期、消退期、恢复期6个阶段,如图1-3所示。

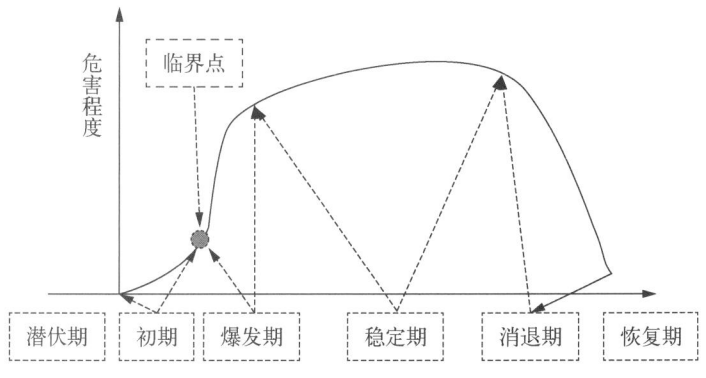

图 1-3 突发事件生命周期

突发事件处在潜伏期时，对企业没有危害。如图 1-4 所示，以事件为核心的安全生产管理的"蝴蝶结"模型中，突发事件潜伏期的危害因素在人防、技防、管理等多重预防性措施的控制下，处在可控状态。如果将企业安全（应急）管理工作流程划分为"防灾、减灾、备灾、救灾、恢复"5 个阶段，那么突发事件的潜伏期相当于处在突发事件的"防灾、减灾"阶段，该阶段的管理工作秉持"一切事故都是可以预防和避免"的理念，开展管理体系建设、过程安全管理等各项工作，目的是控制事件的发生。

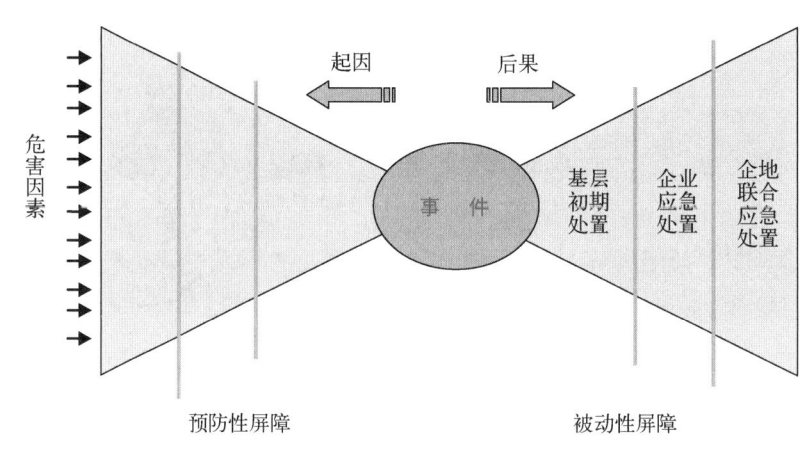

图 1-4　以事件为核心的安全生产管理"蝴蝶结"模型

墨菲定律告诉我们："会出错的事总会出错。"意外事件的"瑞士奶酪"模型告诉我们："每个看似严密的预防性屏障（奶酪）仍然会有漏洞，当多个预防性屏障的漏洞恰好串在一起的时候，就会引发意外事件。"当危害因素突破预防性屏障时，将会进入突发事件初期阶段，该阶段突发事件已经造成了一定程度上的危害，基层单位采取应急处置操作可以避免突发事件的进一步扩大和升级，例如，在钻井过程中的井涌和溢油，以及在炼化企业中的油品与可燃气体泄漏等。当突发事件到达并突破临界点后，进入突发事件的爆发期，该阶段的发生往往十分突然且持续时间很短，而且是不可逆的，采取应急处置操作无法避免突发事件的进一步扩大和升级，例如，在钻井过程中的井喷失控瞬间，以及在炼化企业中油品与可燃气体闪燃或闪爆等；进入稳定期后，突发事件对企业的危害程度基本维持稳定，该阶段企业或政府可以采取应急处置措施控制突发事件，使其逐渐地过渡到"消退期"，例如，钻井过程中井喷失控逐渐稳定，以及炼化企业油品与可燃气体形成稳定燃烧，当地层压力下降或物料逐渐消失后，现场的突发事件逐渐进入"消退期"。

一旦掌握了突发事件生命周期的确定性，企业的应急管理工作就很容易做到有迹可循，事半功倍。那么企业应急管理到底分为哪些部分，应急管理工作容易出现哪些问题？通过分析下一节的两个案例，将会给如何做好企业应急管理工作带来更多的启示。

1.1.3 典型企业突发事件

国家重点关注的典型企业突发事件主要是高危行业所面临的事故风险。高危行业通常是指危险系数较其他行业高的行业，主要特点为事故发生率较高、财产损失规模较大、短时间内无法恢复。2016 年《中共中央国务院关于推进安全生产领域改革发展的意见》（中发〔2016〕32 号）规定了国家八大高危行业为矿山、危险化学品、烟花爆竹、交通运输、建筑施工、民用爆炸物品、金属冶炼和渔业生产。

1. 矿山行业

（1）相关定义。

矿山行业包括煤矿和非煤矿山企业。

煤矿企业是指依法取得法人资格，主要从事煤炭、焦炭及化工产品生产，在经济上实行自主经营、独立核算、自负盈亏的经济组织。

非煤矿山企业是指金属、非金属生产企业及其所属地下各独立生产系统的矿井和新建、改建、扩建、技术改造等建设矿井。

（2）典型事故风险。

矿山事故是指矿山企业在生产过程中，由于不安全因素的影响，突然发生的伤害人身、损坏财物、影响正常生产的意外事件。

矿山行业典型事故风险主要有冒顶、片帮、边坡滑落和地表塌陷；瓦斯爆炸、粉尘爆炸；冲击地压、瓦斯突出、井喷；地面和井下的火灾、水害；爆破器材和爆破作业发生的危害；粉尘、有毒有害气体、放射性物质和其他有害物质引起的危害等。

（3）典型事故案例。

矿山行业典型事故案例如表 1-5 所示。

表 1-5 矿山行业典型事故案例

序号	事故名称	事故概况
1	山东省烟台市招远市曹家洼金矿"2·17"较大火灾事故	2021 年 2 月 17 日 0 时 14 分许，山东省烟台市招远市曹家洼金矿 3 号盲竖井罐道木在更换过程中发生火灾事故，造成 10 人被困。经全力救援，4 人获救，6 人死亡，直接经济损失 1375.86 万元
2	重庆市永川区吊水洞煤业有限公司"12·4"重大火灾事故	2020 年 12 月 4 日 16 时 40 分，重庆市永川区吊水洞煤业有限公司井下发生重大火灾事故，造成 23 人死亡、1 人重伤，直接经济损失 2632 万元
3	湖南省衡阳市耒阳市导子煤业有限公司源江山煤矿"11·29"重大透水事故	2020 年 11 月 29 日，湖南省衡阳市耒阳市导子煤业有限公司源江山煤矿发生重大透水事故，造成 13 人死亡，直接经济损失 3484.03 万元
4	陕西省铜川市印台区乔子梁煤业有限公司"11·4"较大煤与瓦斯突出事故	2020 年 11 月 4 日 12 时 15 分，陕西省铜川乔子梁煤业有限公司 59 采区轨道下山下段综掘工作面发生一起较大煤与瓦斯突出事故，造成 8 人死亡，13 人受伤（均轻伤），直接经济损失 1732.05 万元

续表

序号	事故名称	事故概况
5	重庆能投渝新能源有限公司松藻煤矿"9·27"重大火灾事故	2020年9月27日0时20分,重庆能投渝新能源有限公司松藻煤矿井下二号大倾角胶带运煤上山发生重大火灾事故,造成16人死亡、42人受伤,直接经济损失2501万元
6	山东能源集团肥城矿业公司梁宝寺煤矿"8·20"较大煤尘爆炸事故	2020年8月20日6时25分,山东能源集团肥城矿业公司梁宝寺煤矿发生煤尘爆炸事故,造成7人死亡、9人受伤,直接经济损失1493.68万元
7	湖北省巴东县辛家煤矿有限责任公司"12·5"重大煤与瓦斯突出事故	2016年12月5日19时10分,湖北省巴东县辛家煤矿有限责任公司发生煤与瓦斯突出事故,造成11人死亡,直接经济损失1531.5万元
8	赤峰"12·3"煤矿爆炸事故	2016年12月3日,内蒙古自治区赤峰宝马矿业有限责任公司发生特大瓦斯爆炸事故,造成32人死亡、20人受伤,直接经济损失4399万元
9	陈家湾"2·14"煤矿瓦斯爆炸事故	2005年2月14日,陈家湾煤矿海州立井发生特别重大瓦斯爆炸事故,造成214人死亡、30人受伤,其中重伤8人
10	陈家山矿"11·28"瓦斯爆炸事故	2004年11月28日,陈家山矿第四采区发生爆炸事故,造成166人死亡、45人受伤,直接经济损失4165.9万元
11	郑州煤业集团"10·20"特大煤与瓦斯爆炸事故	2004年10月20日,郑州煤业集团大平煤矿发生一起特大型煤与瓦斯突出引发的特别重大瓦斯爆炸事故,造成148人死亡、32人受伤(其中重伤5人),直接经济损失3935.7万元

2. 危险化学品行业

(1) 相关定义。危险化学品是指具有毒害、腐蚀、爆炸、燃烧、助燃等性质,对人体、设施、环境具有危害的剧毒化学品和其他化学品。

危险化学品企业是指危险化学品生产、经营(带有储存设施)企业及取得危险化学品安全使用许可证的企业。

按照《危险化学品生产企业安全生产许可证实施办法》(国家安全监管总局令第41号)第二条的规定,危险化学品生产企业,是指依法设立且取得工商营业执照或者工商核准文件从事生产最终产品或者中间产品列入《危险化学品目录》的企业。

(2) 典型事故风险。危险化学品的特点主要体现在3个方面:一是危险化学品本身多具有易燃易爆性、挥发性、腐蚀性、毒害性、放射性等特点;二是危险化学品在生产、使用、储存和运输等过程中存在不稳定性,容易发生泄漏、火灾爆炸等事故,对人员生命财产安全构成巨大威胁;三是对危险化学品的有效防护要求高,一旦发生事故,极有可能对人员造成严重伤害,伤情较为严重者,存在急救难的特点。综上所述,危险化学品行业常见生产安全事故风险主要为泄漏扩散、火灾爆炸、窒息中毒等。

具体表现为:生产装置的安全运行状态;生产装置的温度、压力、组分、液位、流量等主要工艺参数是否处于指标范围;压力容器、压力管道等特种设备是否处于安全运行状态；各类设备设施的静动密封是否完好无泄漏；超限报警、紧急切断、连锁等各类安全设施配备是否完好投用，并可靠运行。

(3) 典型事故案例。危险化学品行业典型事故案例如表 1-6 所示。

表 1-6　危险化学品行业典型事故案例

序号	事故名称	事故概况
1	湖北省十堰市张湾区艳湖社区集贸市场"6·13"重大燃气爆炸事故	2021 年 6 月 13 日 6 时 42 分许，位于湖北省十堰市张湾区艳湖社区的集贸市场发生重大燃气爆炸事故，造成 26 人死亡，138 人受伤，其中重伤 37 人，直接经济损失约 5395.41 万元
2	吉林化纤股份有限公司"2·27"中毒事故	2021 年 2 月 27 日 21 时 30 分，吉林化纤股份有限公司粘胶长丝生产过程中突然停电，造成排风设备停止工作。23 时 10 分许，新原液车间员工在恢复供电过程中发生硫化氢中毒事故，造成 5 人死亡，8 人受伤
3	广西北海液化天然气公司"11·2"火灾事故	2020 年 11 月 2 日 11 时 45 分许，国家管网集团北海液化天然气有限责任公司位于铁山港区的液化天然气接收站码头 2 号罐罐前平台管线在施工时发生着火事故，造成 7 人死亡，2 人受伤
4	湖北省天门市楚天生物科技有限公司"9·28"爆炸事故	2020 年 9 月 28 日 14 时 07 分左右，湖北省天门市楚天生物科技有限公司发生爆炸事故，造成 6 人死亡，1 人受伤
5	湖北仙桃市蓝化有机硅有限公司"8·3"闪爆事故	2020 年 8 月 3 日 17 时 39 分左右，湖北仙桃市蓝化有机硅有限公司甲基三丁酮肟基硅烷车间发生爆炸事故，造成 6 人死亡，4 人受伤。发生爆炸的装置未经正规设计，违法私自组织建设开工，在试生产过程中发生事故
6	河南省三门峡市河南煤气集团义马气化厂"7·19"重大爆炸事故	2019 年 7 月 19 日 17 时 45 分左右，河南省三门峡市河南煤气集团义马气化厂 C 套空气分离装置发生爆炸事故，造成 15 人死亡、16 人重伤
7	济南齐鲁天和惠世制药有限公司"4·15"重大着火中毒事故	2019 年 4 月 15 日 15 时 10 分左右，位于济南市历城区董家镇的齐鲁天和惠世制药有限公司四车间地下室，在冷媒系统管道改造过程中，发生重大着火中毒事故，造成 10 人死亡、12 人受伤，直接经济损失 1867 万元
8	江苏响水天嘉宜化工有限公司"3·12"特别重大爆炸事故	2019 年 3 月 21 日 14 时 48 分许，位于江苏省盐城市响水县生态化工园区的天嘉宜化工有限公司发生特别重大爆炸事故，造成 78 人死亡、76 人重伤，640 人住院治疗，直接经济损失约 19.86 亿元
9	河北张家口"11·28"重大爆燃事故	2018 年 11 月 28 日 0 时 41 分，河北省张家口市桥东区大仓盖镇盛华化工有限公司附近发生一起爆炸事故，初步调查原因是中国化工集团河北盛华化工有限公司氯乙烯气柜发生泄漏，泄漏的氯乙烯扩散至厂区外公路上，遇明火发生爆燃，导致停放在公路两侧等候卸货车辆的司机等 24 人死亡（其中 1 人后期医治无效死亡）、22 人受伤，直接经济损失 4148.8606 万元
10	"8·12"天津滨海新区爆炸事故	2015 年 8 月 12 日 22 时 51 分 46 秒，位于天津市滨海新区天津港的瑞海公司危险品仓库发生火灾爆炸事故。造成 165 人遇难、8 人失踪，798 人受伤，304 幢建筑物、12 428 辆商品汽车、7533 个集装箱受损，直接经济损失 68.66 亿元
11	"11·22"青岛输油管道爆炸事件	2013 年 11 月 22 日 10 时 25 分，位于山东省青岛经济技术开发区的中国石油化工股份有限公司管道储运分公司东黄输油管道泄漏原油进入市政排水暗渠，在形成密闭空间的暗渠内油气积聚遇火花发生爆炸，造成 62 人死亡、136 人受伤，直接经济损失 75 172 万元

3. 烟花爆竹行业

(1) 相关定义。烟花爆竹是指以烟火药为主要原料制成，引燃后通过燃烧或爆炸，产生光、声、色、型、烟雾等效果，用于观赏，具有易燃易爆危险的物品。

(2) 典型事故风险。烟花爆竹行业事故风险主要涉及火灾、爆炸等，其中爆炸通常是化学爆炸和物理爆炸两种形式，除此之外，还可能会发生粉尘爆炸。危险因素主要有纸筒生产车间的火灾危险、易燃易爆物料自身的燃烧爆炸危险、有药工序的燃烧爆炸危险、成品（半成品）库房的爆炸危险等。

烟花爆竹一旦发生爆炸，能量以冲击波能量、碎片能量等形式向外释放，其中冲击波能量占总爆破能量的85%～97%，会粉碎和抛射周围物体，具有很大的破坏性，能摧毁建（构）筑物，极易造成人员伤亡。

烟花爆竹爆炸的突发性强，特别是在生产和储存大量烟花爆竹、纸张、药剂、火药等易燃易爆物品的厂房、仓库，爆炸产生的强大压力往往会造成相邻火药仓库和厂房的殉爆。连锁反应引发猛烈燃烧，极易形成强烈的空气对流，加之烟花爆竹具有升高、跳动、飞跃、旋转等特点，火种会四处飞散，容易出现多处新的火点，导致燃烧、爆炸后在短时间内就能引起大面积燃烧、爆炸事故，甚至反复爆炸，多次交替进行，破坏性极大，严重威胁救援人员的安全。

(3) 典型事故案例。烟花爆竹行业典型事故案例如表1-7所示。

表1-7 烟花爆竹行业典型事故案例

序号	事故名称	事故概况
1	四川广汉"7·8"一般烟花爆竹燃爆事故	2020年7月8日21时05分，四川省广汉金雁花炮有限责任公司引火线生产车间发生一起燃爆事故，造成1名消防员牺牲（其受伤后，经抢救无效于7月22日死亡），3人受伤，其中1人重伤，直接经济损失210.2万元。包括政府和企业在内共有15人被追究责任
2	湖南省浏阳市碧溪烟花制造有限公司"12·4"重大事故	2019年12月4日7时32分许，湖南省浏阳市碧溪烟花制造有限公司石下工区包装作业区域发生爆炸事故，造成13人死亡、17人受伤（其中3人重伤），5栋工房全部损毁，19栋工房和厂外周边323间（栋）建筑物不同程度受损，直接经济损失1944.6万元
3	江西省宏利化工科技有限公司"5·23"较大事故	2019年5月23日16时10分左右，江西宏利化工科技有限公司发生一起燃爆事故，造成3人死亡，直接经济损失469.4万元
4	四川省仪陇县鑫和引线有限公司"3·19"较大事故	2019年3月19日10时05分，四川省仪陇县鑫和引线有限公司发生燃烧爆炸事故，造成4人死亡，直接经济损失510余万元
5	广西壮族自治区柳州融安县大良镇"2·5"较大事故	2019年2月5日1时50分许，广西壮族自治区柳州市融安县大良镇大良街655号国祥便利店发生一起涉及非法经营的较大烟花爆竹火灾事故，事故造成5人死亡，直接经济损失约496万元
6	浦口南阳出口鞭炮烟花厂"9·22"重大爆炸事故	2014年9月22日15时15分许，醴陵市浦口南阳出口鞭炮烟花厂工人在仓库区收集晾晒的"谷壳炸药"时发生重大爆炸事故，造成14人死亡、45人受伤，直接经济损失1669.86万元

续表

序号	事故名称	事故概况
7	黑龙江省伊春市华利实业有限公司"8·16"特别重大烟花爆竹爆炸事故	2010年8月16日9时47分,黑龙江省伊春市华利实业有限公司发生特别重大烟花爆竹爆炸事故,共造成34人死亡、3人失踪、152人受伤,直接经济损失6818万元
8	安阳市林州市临淇镇梨林花炮有限公司"1·29"烟花爆竹库房爆炸事故	2006年1月29日,河南省安阳市林州市临淇镇梨林花炮有限公司库房发生爆炸,导致附近的老君庙等房屋倒塌,造成36人当场死亡、48人受伤
9	河北辛集郭西烟花爆竹厂"7·28"特大爆炸事故	2003年7月28日18时08分,河北省辛集市郭西烟花爆竹厂发生特大爆炸事故,造成35人死亡、2人失踪、103人受伤,直接经济损失456.49万元

4. 交通运输行业

(1) 相关定义。交通运输是国民经济中的基础性、先导性、战略性产业,是重要的服务性行业。交通运输业是指使用运输工具将货物或者旅客送达目的地,使其空间位置得到转移的业务活动,包括陆路运输服务、水路运输服务、航空运输服务和管道运输服务。交通运输企业按运输方式可分为铁路运输、公路运输、水路运输、航空运输、管道运输等。

(2) 典型事故风险。

①道路运输:长途客运、旅游包车发生群死群伤事故风险较高,客货运场站等人流密集场所发生社会治安事件和恐怖袭击的风险高,需要提高警惕;

②水路运输:"四类重点船舶"危险性高、事故风险大,渡口码头多散杂、管理落后,"六区一线"重点水域安全监管模式有待完善,各种气候条件和通航环境下的船舶运输和港口作业安全措施有待进一步完善;

③城市客运:城市轨道交通具有较强的脆弱性,高峰期客流量非常大,人员拥挤,一旦发生事故,社会影响会非常大。城市公共汽车面对人群较广,风险复杂,发生各类社会治安事件和交通事故的风险较高;

④工程建设:工程建设逐步向山岭重丘区、跨江跨海地区发展,其工程施工环境和地质条件复杂,施工组织实施困难,施工安全风险高;

⑤基础设施运营:在役长大桥隧、临崖临水、连续长大急弯陡坡路段、连续长陡下坡路段事故高发;

⑥危险货物运输:危险货物运输量快速增长,发生爆燃和泄漏事故的概率仍然较高,港口危险化学品罐区储运环节发生爆燃事故风险较高。

（3）典型事故案例。交通运输行业典型事故案例如表 1-8 所示。

表 1-8　交通运输行业典型事故案例

序号	事故名称	事故概况
1	青兰高速"7·26"重大交通事故	2021 年 7 月 26 日 14 时 05 分，驾驶员李某驾驶豫 AX5006 大型普通客车搭载 63 人，行驶至青兰高速平凉市泾川段 K1487+100 处时，车辆在向左变更车道过程中，与中央隔离带护栏发生碰撞后，向右急转撞毁右侧护栏驶出路外，左侧翻于路基边坡。本起事故共造成 13 人死亡、44 人受伤，直接经济损失约 2119 万元
2	青岛"4·27"船舶污染事故	2021 年 4 月 27 日 9 时许，SEA JUSTICE LTD.所属巴拿马籍杂货船"SEA JUSTICE"（以下称为"义海"轮）由苏丹港开往青岛途中，与正在青岛朝连岛东南水域锚泊的 SYMPHONY SHIPHOLDING S.A.所属利比里亚籍油船"A SYMPHONY"（以下称为"交响乐"轮）发生碰撞，事故导致"义海"轮艏部受损，"交响乐"轮左舷第 2 货舱破损，约 9400 吨船载货油泄漏入海，溢油总覆盖面积为 4360 平方千米，渔业损失、生态环境损失债权金额共约 37.4 亿元，实际损失金额后续按法定程序确定
3	武鸣灵马"2021.2.25"较大道路交通事故	2021 年 2 月 25 日 14 时许，在 S514 省道百色往南宁方向 21km+600m 处（武鸣区灵马镇路段），一辆车牌号为桂 AF6895 的重型仓栅式货车与一辆车牌号为桂 L37031 的轻型厢式货车发生碰撞，造成 3 人死亡、11 人受伤，直接经济损失约 250 万元
4	长江口"12·3"沉船事故	2020 年 12 月 13 日晚，在长江口北槽航道水域，一艘集装箱船"长锦海洋"因主机故障与集装箱船"新其盛 69"碰撞，导致"新其盛 69"沉没，船上 16 名中国船员遇险，3 人遇难、5 人失踪
5	河南信阳淮滨县"11·20"重大交通事故	2020 年 11 月 20 日 5 时许，河南信阳淮滨县境内 220 国道梧桐村路段，一辆皖 KQ3062 货车采取措施不当，驶到道路左侧，撞到出殡的送行人群，导致 2 人当场死亡，送往医院途中和医院救治无效死亡 7 人，另有 4 人受伤
6	吉林"10·4"重大交通事故	2020 年 10 月 4 日 5 时 40 分许，吉林省扶余市发生一起重大道路交通事故，造成 18 人死亡、1 人受伤
7	渤海海峡老铁山水道"9·18"重大水上交通事故	2020 年 9 月 18 日 4 时 19 分许，渤海海峡老铁山水道发生一起商船与渔船碰撞的重大水上交通事故，造成渔船沉没，渔船船员 10 人全部失踪，直接经济损失约 300 万元
8	长江口"8·20"沉船事故	2020 年 8 月 20 日凌晨 3 时 39 分，一艘载运约 3000 吨汽油的油船与一艘砂石料船在长江口灯船东南约 1.5 海里处发生碰撞，事故造成油船甲板起火；砂石料船沉没。油船 14 人，砂石料船 3 人，两船共 17 人遇险
9	浙江温岭市"6·13"液化气槽罐车爆炸事故	2020 年 6 月 13 日 16 时 46 分许，沈海高速浙江台州温岭出口处，一辆由宁波开往温州的液化气槽罐车发生爆炸，共造成 20 人死亡、175 人受伤，直接经济损失 9470 余万元
10	陕西咸阳"5·15"交通事故	2015 年 5 月 15 日，陕西省咸阳市淳化县境内发生了一起特大道路交通安全事故，事故共造成 35 人死亡、11 人受伤，直接经济损失达 2300 余万元
11	新疆喀什"2·24"车两侧翻重大事故	2015 年 2 月 24 日 23 时 27 分许，阿喀高速公路巴楚县境内 3012 线一辆客车发生侧翻，造成 22 人遇难、38 人受伤，直接经济损失 1475 万元
12	"8·23"陕西特大道路交通事故	2001 年 8 月 23 日，甘肃省陇南地区运输公司第六分公司一辆卧展客车（车上共 50 人），从甘肃省徽县开往西安市。21 时 50 分，行至 316 国道 2372km+120m 处（陕西省凤县草店乡灵官峡），车辆驶出路外，坠进 32.5m 的崖下河床上，造成 32 人死亡、18 人受伤

5. 建筑施工行业

（1）相关定义。建筑施工企业是指从事房屋、构筑物和设备安装生产活动的独立生产经营单位。一般有建筑安装企业和自营施工单位两种形式。前者是行政上有独立组织、经济上实行独立核算的企业，大都称为建筑公司、安装公司、工程公司、工程局（处）等；后者是附属于现有生产企业、事业单位或行政机构内部，为建造和修理本单位固定资产而自行组织的，并同时具备下述条件：对内独立核算；有固定组织和施工队伍；全年施工在半年以上。

（2）典型事故风险。自2008年以来，我国建筑施工行业典型事故风险主要有高处坠落、施工坍塌、物体打击、起重伤害、机具伤害"五大伤害"类型，另外触电、火灾等安全事故也时有发生。

（3）典型事故案例。建筑施工行业典型事故案例如表1-9所示。

表1-9　建筑施工行业典型事故案例

序号	事故名称	事故概况
1	广东河源市龙川县麻布岗镇"5·23"较大坍塌事故	2020年5月23日12时10分许，广东省河源市龙川县麻布岗镇远东花园建筑施工工地发生一起较大坍塌事故，造成8人死亡、1人轻伤，直接经济损失1068万元
2	福建泉州欣佳酒店"3·7"坍塌事故	2020年3月7日19时14分，福建省泉州市鲤城区的欣佳酒店所在建筑物发生坍塌事故，造成29人死亡、42人受伤，直接经济损失5794万元
3	云南临沧市凤庆县云凤高速公路安石隧道"11·26"重大涌水突泥事故	2019年11月26日17时21分许，云南省临沧市凤庆县在建云凤高速公路安石隧道发生涌水突泥事故，共造成12人死亡、10人受伤，直接经济损失2525.01万元
4	上海市长宁区厂房"5·16"坍塌重大事故	2019年5月16日11时10分左右，上海市长宁区昭化路148号1幢厂房发生局部坍塌，造成12人死亡、10人重伤、3人轻伤，直接经济损失约3430万元
5	河北衡水市翡翠华庭"4·25"施工升降机轿厢坠落重大事故	2019年4月25日7时20分左右，河北省衡水市翡翠华庭项目1号楼建筑工地发生一起施工升降机轿厢（吊笼）坠落的重大事故，造成11人死亡、2人受伤，直接经济损失约1800万元
6	湖南华容县华容明珠三期工程项目"1·23"较大塔式起重机坍塌事故	2019年1月23日9时15分，湖南省岳阳市华容县华容明珠三期在建工程项目10号楼塔式起重机在进行拆卸作业时发生一起坍塌事故，造成5人死亡，直接经济损失580余万元
7	"5·9"兰陵重大坍塌事故	2015年5月9日15时45分左右，兰陵县鲁城镇的兰陵顺天运输有限公司驻地院内一在建挡土墙工程，在施工过程中发生坍塌事故，造成10人死亡、3人受伤，直接经济损失721.5万元

6. 民用爆炸物品行业

（1）相关定义。民用爆炸物品是指用于非军事目的、列入民用爆炸物品品名表的各类火药、炸药及其制品和雷管、导火索等点火、起爆器材。具体来说包括雷管、炸药、导火索、黑火药等。民用爆炸物品属于危险物品，国家对民用爆炸物品的生产、储存、运输、销售、使用实行严格管理。

民用爆炸物品企业是指民用爆炸物品生产、销售、购买、运输和爆破作业单位。

（2）典型事故风险。民用爆炸物品对火焰、热能、静电、震动、摩擦、撞击等能量较为敏感，容易引起燃烧和爆炸。爆炸时产生冲击波、灼热、火焰，同时放出大量氮氧化物和一氧化碳。

（3）典型事故案例。民用爆炸物品行业典型事故案例如表1-10所示。

表1-10 民用爆炸物品行业典型事故案例

序号	事故名称	事故概况
1	银达矿山公司"4·17"民爆物品爆炸事故	2021年4月7日下午5时15分，赤城县安宸保安爆破服务有限责任公司在银达矿山公司矿区为北京京煤化工有限公司进行过期民用爆炸物品销毁作业时，现场发生意外事故，造成9人死亡、3人受伤，直接经济损失1614.35万元
2	冷水江市安然民用爆破工程有限责任公司"3·18"爆破事故	2021年3月18日14时52分，冷水江市安然民用爆破工程有限责任公司发生一起爆破事故，造成1人死亡，直接经济损失128万元
3	"6·5"辽宁本溪炸药爆炸事故	2018年6月5日16时10分，辽宁本溪龙新矿业公司思山岭铁矿项目部措施井施工现场，运送炸药在井口发生爆炸，造成12人死亡、2人失踪、10人受伤
4	镇安"4·10"民爆运输车辆爆炸事故	2018年4月10日23时43分，陕西祥盛实业集团有限公司爆破工程公司城安民爆库外25 m处，发生一起民用爆炸物品运输车辆爆炸事故，造成7人死亡，13人受伤，直接经济损失1000余万元
5	山东保利民爆济南科技有限公司特大爆炸事故	2013年5月20日10时51分许，位于山东省章丘市的保利民爆济南科技有限公司乳化震源药柱生产车间发生爆炸事故，造成33人死亡、19人受伤，直接经济损失6600余万元

7. 金属冶炼行业

（1）相关定义。金属冶炼包括黑色金属冶炼（钢铁冶炼）和有色金属冶炼，是把金属从化合态变为游离态的过程；金属冶金行业是包括由矿山、烧结、浇铸、炼钢、轧钢以及相应胚胎专业和辅助工艺等构成的完整工业体系。

（2）典型事故风险。金属冶炼行业典型事故风险主要有机械伤害、高处坠落、物体打击、灼烫、起重伤害、中毒和窒息、提升和车辆伤害等。

（3）典型事故案例。金属冶炼行业典型事故案例如表1-11所示。

表 1-11 金属冶炼行业典型事故案例

序号	事故名称	事故概况
1	昆钢红钢公司"9·30"高处坠落事故	2021年9月30日13时10分左右,宝武智维桥钢公司协作单位润弘建设有限公司在其承接昆钢红钢公司动力厂7万m³煤气柜防腐项目作业时,发生吊篮坠落事故,造成5人死亡
2	鑫环球铸造有限公司"2·23"轰燃事故	2021年2月23日,晋城市鑫环球铸造有限公司在春节停产维修冲天炉炉衬时发生一起火灾(轰燃)事故,造成3人死亡,直接经济损失600余万元
3	福建三宝钢铁有限公司"2·24"高处坠落事故	2021年2月24日5时30分左右,山东信胜炉窑有限公司作业人员在福建省漳州市清理三宝钢铁有限公司2号高炉炉壁残渣时,4名作业人员从高处意外坠落,导致3人死亡、1人受伤
4	云南玉溪华宁一钢铁"11·19"平台着火事故	2020年11月19日凌晨2点半左右,云南玉溪华宁一钢铁厂30万吨不锈钢项目(试运行中)吊运钢水行车在吊运至浇注平台处,行车一主梁与端梁发生脱节,吊车及钢水包坠落,钢水罐倾覆,引起浇注平台着火,现场3人死亡、1人大面积烧伤
5	甘肃宏达铝型材有限公司"9·6"冷却水闪蒸事故	2020年9月6日凌晨2时25分,白银市白银区甘肃宏达铝型材有限公司熔铸车间因工作人员操作不当发生一起冷却水闪蒸生产安全事故。10时,事故救援结束。经确认,事故造成3人死亡、7人受伤
6	河北兴华钢铁有限公司"10·23"火灾事故	由于环保原因,该企业实施错峰生产,事发生产线已在2019年10月23日22时30分停产,事发时无工人作业。涉事的烧结车间皮带通廊共有3条,火灾事故发生在第1条和第2条。事故发生后,在其他车间作业的工人前来救火,7人受伤,经医院抢救无效后死亡
7	方大特钢公司"5·29"火灾爆炸事故	2019年5月29日16时30分许,南昌市青山湖区方大特钢公司焦化分厂2号高炉煤气管道发生燃烧爆炸,致6人死亡
8	汇钢公司"2·1"火灾爆炸事故	2019年2月1日21时20分左右,汇钢公司10名工人开展停工炉子检修清理作业,7名工作人员在清理过程中被炸伤。受伤人员被及时送医,3人经抢救无效死亡
9	首钢迁安钢铁公司"9·2"较大淹溺事故	2015年9月2日13时43分,位于河北省迁安市的首钢股份公司迁安钢铁公司热轧作业部2160热轧卷板生产线在粗除鳞渣沟清理作业时,发生较大淹溺事故,造成7人死亡,直接经济损失650万元
10	济钢集团石门铁矿"3·15"重大坠罐事故	2012年3月15日凌晨1时许,山东省济钢集团石门铁矿有限公司基建矿井副井发生坠罐事故,该矿副井罐笼在运送人员下井过程中因钢丝绳断裂,导致罐笼坠落至270 m深的副井井底,造成罐笼(核载21人)内乘坐的13人全部死亡
11	南京钢铁股份有限公司"10·5"铁水外流重大事故	2011年10月5日11时40分左右,南京钢铁股份有限公司(以下简称"南钢股份")炼铁厂5号高炉在停炉准备过程中发生铁水外流事故,造成12人死亡,1人烫伤
12	河北武安普阳钢铁公司"1·4"重大煤气泄漏事故	2010年1月4日10时50分,位于邯郸武安市西南约45km山区的河北普阳钢铁有限公司发生重大煤气中毒事故,造成21人死亡、9人受伤,直接经济损失980万元

8. 渔业生产行业

(1)相关定义。渔业生产指水生动物(如鱼、虾、蟹、贝类等)和海藻类水生植物的养殖和捕捞等作业;渔业生产企业是指从事渔业生产作业的企业;渔业风险指渔业生产者在从事渔业生产和流通过程中,可能会遭到事先无法预料的来自自然的、社会的或经济不确定因素的影响与危害。这些不确定性就使渔业成为一个高投入、高风险的产业,它所承担的风险要远远高于其他产业承担风险的程度。

（2）典型事故风险。渔业是世界上风险最大、死亡率最高的产业之一。根据风险损害对象的不同，可将渔业风险分为财产风险和人身风险两类。

财产风险是指渔业生产者和渔业经营者在渔业生产活动中所拥有的财产发生损毁、灭失或贬值的风险，如渔船由于遭受水灾、火灾、自然灾害等意外事故发生破坏，渔业生产的设施被毁损，再加上水产品流失或发生病害、贬值等损失，除此之外，还包含渔民在从事渔业生产活动中，因对他人造成财产损失或人身伤害在法律上应承担的民事赔偿责任，如因水产品质量的问题导致被诉讼的责任等。

人身风险是指雇工人员和渔民在从事渔业生产活动中，造成自身身体伤害甚至死亡的风险。居住在沿海的渔民，很多是以家庭为单位从事捕捞业或水产养殖业，其中捕捞业可能发生的人身风险很大。在渔业生产活动中，由于自然灾害、操作失误等各种原因造成的人身伤亡事件经常发生，如果家庭的主要劳动力在生产过程中因意外事故而死亡或伤残，抛下家人或留下一大堆债务，这会给整个渔民家庭带来沉重的打击，将给其在精神和物质生活上造成极大的困难。

（3）典型事故案例。渔业生产行业典型事故案例如表 1-12 所示。

表 1-12 渔业生产行业典型事故案例

序号	事故名称	事故概况
1	茂名"4·8"渔船事故	2020 年 4 月 8 日晚，茂名辖区博贺港向南 12 海里处两艘渔船发生相撞事故，导致"粤茂滨渔42073"沉没，11 人落水，其中 7 人被救起，4 人失踪
2	"12·21"浙江渔船沉船事故	2019 年 12 月 21 日 20 时左右，浙椒渔 60038 船（张网作业渔船），在航行途中疑受大风浪影响，在 1892 海区 5 小区沉没，11 人被救起，7 人失联
3	"12·5"渔船沉船事故	2019 年 12 月 5 日 5 时 11 分左右，天津恒润达船务有限公司所属的天津籍多用途船"恒泰 27"轮载钢材由曹妃甸驶往上海途中，在威海褚岛东北约 7 海里水域，与安徽省利辛县个体所有的无名木质渔船发生碰撞，事故造成渔船沉没，船上 1 人死亡、2 人失踪
4	浙江舟山"10·30"渔船沉没事件	2014 年 10 月 30 日 0 时许，嵊泗县一渔船"浙嵊渔 05885 船"，在嵊泗附近海域沉没。船上 15 名船员 2 人获救，13 人下落不明。该船为钢质船，从事帆张网作业，当时正在回港途中。沉没原因疑为遭大船撞击

1.2 企业应急管理体系

1.2.1 企业应急管理体系的概念

应急管理体系是指与突发事件应对相关的组织体制、价值目标、制度规范、资源保障、技术方法、运行环境等若干要素相互联系、相互制约而构成的一个整体。企业应急管理体系建设的原则主要有系统规划、以人为本、科学实用。

(1)系统规划。准确把握综合协调、分类管理与分级负责工作原则,做到应急工作有预案、制度为依据,应急处置、响应有程序作指导,应急救援有组织、资源、队伍作保障,应急恢复有措施抓落实,应急联动有机制来补充,应急方案有专家、技术作支持。

(2)以人为本。人的问题是应急管理的核心问题,保障人的安全,最大限度地把对人的危害降低到最低程度,救灾先救人、抢险先抢人,坚持"人民至上,生命至上",坚持"以人民为中心"的价值追求,是战胜一切困难、推动应急管理体系工作的根本保障。

(3)科学实用。应急管理体系建设本身就是一门实用科学,想做好应急管理工作首先要有科学的态度,认真分析突发事件的发生、发展与演变规律,以科学的方法抓预防准备与应急处置。

1.2.2 企业应急管理的目标与任务

企业应急管理的目标与任务主要包括以下 4 个方面。

(1)减少企业损失。企业在进行突发事件应急管理的过程中,对突发事件的提前预警、预案准备能为企业避免一些突发事件的发生以及缩小影响范围,甚至能最大限度地降低突发事件带来的危害性,最终达到保护企业员工的生命财产安全,减少对周边环境的影响,保护企业的财产、声誉,保证企业的正常经营安全。

(2)预防突发事件。根据金字塔理论和分析突发事件的结果,企业可以通过加强应急管理来预防、避免和减少突发事件的发生,强化企业控制事态的能力,从而让企业安全管理的关口从事后管理逐渐向控制和预防发展。

(3)体现企业社会责任。企业做好突发事件应急管理工作,不仅体现了企业对安全工作的重视,而且企业自身也使安全管理工作实现了主动性,同时体现了企业的社会责任感。由于突发事件具有危害性、扩散性等特点,对社会也会造成一定的不良影响,因此企业对突发事件的预防处置措施恰当,就能缩小突发事件的影响范围,较少产生对社会的消极影响,就能保障社会的稳定。

(4)提升企业的文化。企业应急管理体现的也是企业的一种竞争优势和重要能力,反映了企业在面对危机时的控制和处置能力,更体现了企业的一种社会责任。企业应急管理不仅体现了企业使命、规范和行为、企业价值观念、领导意识,还包括企业的外在表现、公共感受等,是企业危机防范文化的体现。

1.2.3 企业应急管理体系的基本构成

1. 应急组织

应急组织是应急管理体系建设的重要组成部分,也是推动应急管理体系不断完善的重要保障。企业应急组织建设的目的和手段都是"落实责任制":一是落实关键岗位人员的应急责任；二是落实组织机构的应急责任。《中华人民共和国安全生产法》（以下简称《安全生产法》）《生产安全事故应急条例》等法律法规中要求企业必须建立应急组织体系并明确职责分工。

企业主要负责人对企业生产安全事故应急工作全面负责，负责建设企业应急管理体系，组织制定并实施本单位的生产安全事故应急救援预案；分管负责人要按职责分工落实分管领域的应急预案工作责任；安全管理人员负责组织或者参与本单位应急救援演练、应急培训；从业人员发现直接危及人身安全的紧急情况时，有权停止作业或者在采取可能的应急措施后撤离作业场所。

企业还应建立健全应急管理组织体系，明确应急管理工作领导机构、应急管理综合协调部门和应急管理分管部门的职责。应急管理工作领导机构（通常指应急领导小组），负责统一领导本企业的应急管理工作，研究决策应急管理重大问题和突发事件应对办法。应急管理综合协调部门（通常指应急领导小组办公室），负责组织企业应急体系建设，组织编制企业应急管理制度、企业综合应急预案，组织协调分管部门开展应急管理日常工作，在跨界突发事件应急状态下，负责综合协调企业内部资源、对外联络沟通等工作。应急管理分管部门负责专项应急预案的编制、评估、备案、培训和演练，负责专项突发事件应急管理的日常工作，分管专项突发事件的应急处置。基层单位还应当成立基层应急组织，负责现场处置方案与应急处置卡的实施工作，承担突发事件第一时间的应急处置工作。

2. 应急预案

应急预案是为应对突发事件而提前准备的行动方案，既是应急准备工作的准绳和应急演练工作的指南，也是国家"一案三制"应急管理体系的核心内容。古人讲"凡事预则立，不预则废"，没有应急预案、不做应急准备，是万万不行的。反之，有了应急预案，也不能包治百病，要提高应急预案的质量，还必须做到"明确突发事件风险、明确应急工作职责、配备足够的应急资源、采用有效的应急措施"，才能确保应急管理体系有效运行。

目前，我国应急预案管理主要遵循综合协调、分类管理、分级负责、属地为主的工作原则。按照《生产经营单位生产安全事故预案编制导则》（GB 29639—2020）要求，规范开展风险辨识评估、应急资源调查、桌面应急推演、应急预案的编制、应急预案评审、文件发布、备案与培训演练、评估修订等工作，目的是加强应急管理，完善应急预案体系，增强应急预案的科学性、实用性与可操作性。

企业应急预案主要可以分为综合应急预案、专项应急预案、现场处置方案和岗位应急处置卡 4 种类型。综合应急预案是指为应对各种生产安全事故而制定的综合性工作方案,是企业应对生产安全事故的总体工作程序、措施和应急预案体系的总纲。专项应急预案是指为应对某一种或者多种类型生产安全事故,或者针对重要生产设施、重大危险源、重大活动,防止发生生产安全事故而制定的专项性工作方案。综合应急预案和专项应急预案相对比较宏观,突出的是原则性、流程性和指导性,适用于企业管理层使用。

现场处置方案是指企业根据不同生产安全事故类型,针对具体场所、装置或者设施所制定的应急处置措施。企业应当在编制应急预案的基础上,针对工作场所、岗位的特点,编制简明、实用、有效的岗位应急处置卡。岗位应急处置卡应当规定重点岗位、人员的应急处置程序和措施,以及相关联络人员和联系方式,便于从业人员携带。现场处置方案和岗位应急处置卡更加具体,突出的是可操作性、标准化和实用性,适用于企业操作人员使用。

3. 应急制度及标准

有了应急预案就有了应急管理的工作程序,但是程序是靠组织、人员来执行和完成的。如何高效地把组织、人员以及相关资源协调好,在应急管理中按照程序去做好应急处置、响应、救援以及恢复等工作,无疑需靠制度来规范和约束。从基层和现场来看,只有制定岗位及现场的应急处置程序,才能使其快速有效地处置和报警。从应急程序分析,只有明确和严格的制度,才能保证信息传达及时准确、应急响应救援措施切实落实。从管理角度来讲,对应急工作的管理、预案的编制、演练、培训、备案等,都需要一定的制度来约束和激励。

4. 应急救援保障

企业应急救援保障是做好企业应急管理工作的基础,应急救援保障主要有应急物资装备、应急救援队伍、应急信息化平台、应急技术等内容。"巧妇难为无米之炊",缺少坚实的应急救援保障,空谈应急管理是不切实际的。《生产安全事故应急条例》指出易燃易爆物品、危险化学品等危险物品的生产、经营、储存、运输单位,矿山、金属冶炼、城市轨道交通运营、建筑施工单位,以及宾馆、商场、娱乐场所、旅游景区等人员密集场所经营单位,应当建立应急救援队伍;配备必要的灭火、排水、通风以及危险物品稀释、掩埋、收集等应急救援器材、设备和物资,并进行经常性维护、保养,保证正常运转。企业发生事故灾难类突发事件时,需要非常专业、配备适用的救援装备器具并具备与之匹配的技、战术能力的应急救援队伍。

5. 应急处置、响应与救援

应急处置、响应与救援是检验应急管理体系建设成果的"试金石"。企业现场和第一时间的应急处置尤为重要，在处置突发事件时，坚持关口前移、重心下移，基层单位按照早发现、早研判、早报告、早处置、早解决的"五早"原则，大事化小，小事化了。

当基层单位无法有效控制突发事件时，企业应当立即启动应急救援预案，视情况采取"迅速控制危险源、组织抢救遇险人员、紧急撤离避险、扩大应急请求救援"等措施，并按照国家有关规定报告事故情况。总之，应采取一切必要措施，避免或最大限度地减少突发事件造成的损失和影响。

1.2.4 中国石油应急管理体系建设实例

自 2003 年以来，中国石油天然气集团有限公司（以下简称"中国石油"）在国家"一案三制"应急管理框架指导下，结合石油石化行业安全生产实际，经过十多年的努力，基本建成组织责任到位、应急预案完整、制度标准齐全、资源保障有力、科技支撑先进、平台协调流畅的"五位一体"突发事件应急管理体系，如图 1-6 所示。其集实用性、可操作性、实效性于一体，防范和应对事故灾难的能力明显提升，在实现安全生产、环境保护、构建和谐企业等方面发挥了重要作用。

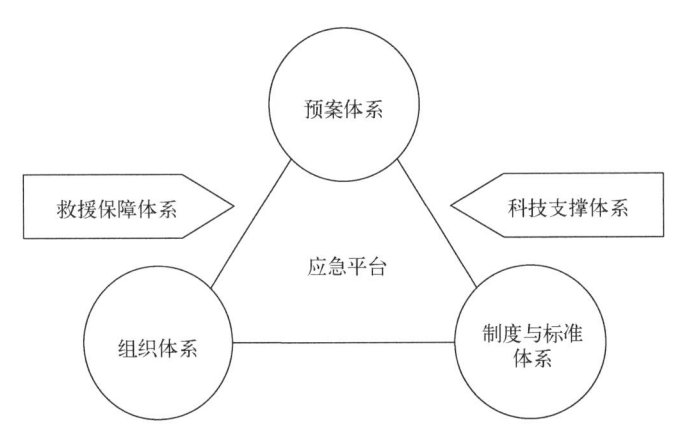

图 1-6 中国石油"五位一体"应急管理体系

1. 应急组织体系

中国石油按照"统一领导、总部协调、部门联动、专业归口管理"的管理模式，形成了"总部—企业—企业下属单位—基层站队"四级应急管理组织体系，建立了一支近 3000 人的应急管理队伍，在完善应急管理体系建设，组织应急预案制修订、应急演练、培训和处置突发事件等工作中发挥了重要作用。

中国石油总部（以下简称"总部"）成立了由"一把手"担任组长的应急领导小组，作为突发事件应急管理领导机构，负责重大突发事件应急组织与指挥，规划和指导应急管理体系建设，设立应急协调和应急管理机构负责战时应急协调和日常应急体系建设管理。

中国石油所属企业（以下简称"企业"）成立了由"一把手"担任组长的应急领导小组，设立应急管理部门，配备专（兼）职应急管理人员，负责应急管理体系建设和运行。企业下属单位和基层单位根据应急工作需要，成立应急领导小组，建立专（兼）职组织机构，承担相应的应急管理和事故应急救援工作，如图1-7所示。

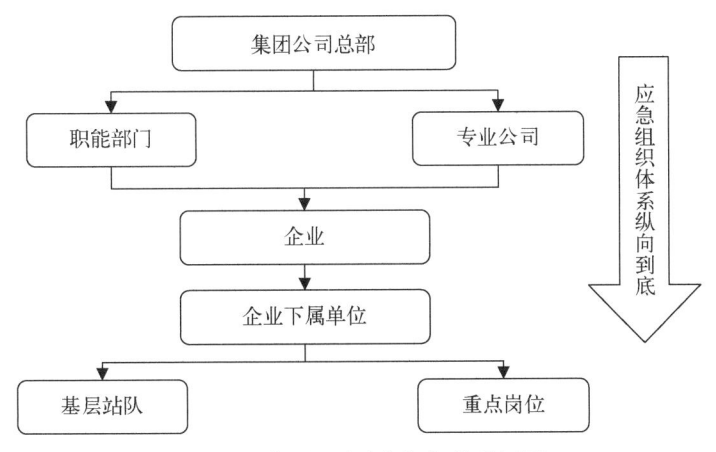

图1-7 中国石油应急组织体系框图

中国石油总部在应急领导小组统一领导下，建立了"一个办事机构+多个工作机构"的应急管理工作模式。办事机构设立在生产经营管理部（智能运营中心），综合协调突发事件应急工作。工作机构设立在质量健康安全环保部、综合管理部、法律和企改部、数字和信息化管理部等部门，各部门根据职责定位，分别负责承担相应的突发事件应急管理日常事务和应急救援工作，如图1-8所示。

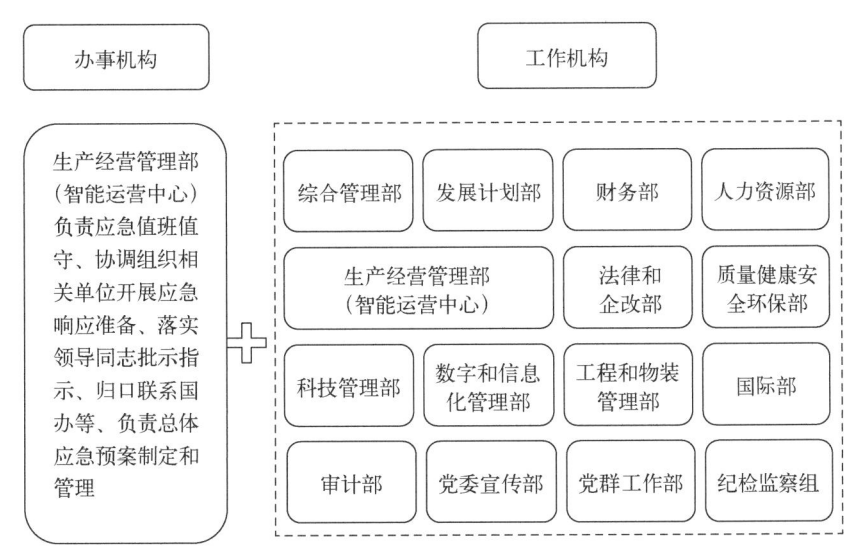

图1-8 中国石油总部"1+n"应急管理工作模式

2. 应急预案体系

中国石油应急预案体系建设源于石油石化行业重特大事故风险的经验与教训，结合我国政府对企业应急预案体系建设的要求和企业组织机构特点，经历"2003 版、2006 版、2008 版、2015 版、2021 版"等多次调整，不断发展、逐渐完善，目前建立了"横向到边、纵向到底"的应急预案体系。中国石油应急预案体系建设历程如图 1-9 所示。

2003 年，中国石油针对井喷失控、油气管道爆炸着火、炼化装置爆炸着火、危险化学品泄漏和管道船舶严重溢油事故 5 种重大突发事件，编制了《突发特别重大事故应急救援预案》。2006 年，参照国家对突发事件的分类和"总体+专项"的应急预案模式，进一步梳理集团公司重点突发事件风险，编制了《突发事件总体应急预案》和 16 个专项应急预案，形成"1+16"的应急预案模式。2008 年，在《突发事件应对法》的指导下，按照"科学、实用、简明、易行"的原则，集团公司对总体应急预案和 16 个专项应急预案进行了修订，补充制订了《新闻媒体应对应急预案》和《资本市场突发事件应急预案》2 个应急预案，形成"1+18"的应急预案模式。2021 年，按照"谁主管谁负责，管业务管应急"的原则，进一步理顺了预案工作流程与主责部门，增加了相应专业公司的业务应急预案。修订后的总部应急预案包括 1 个总体应急预案和 21 个专项应急预案，形成了"1+21"的应急预案模式。

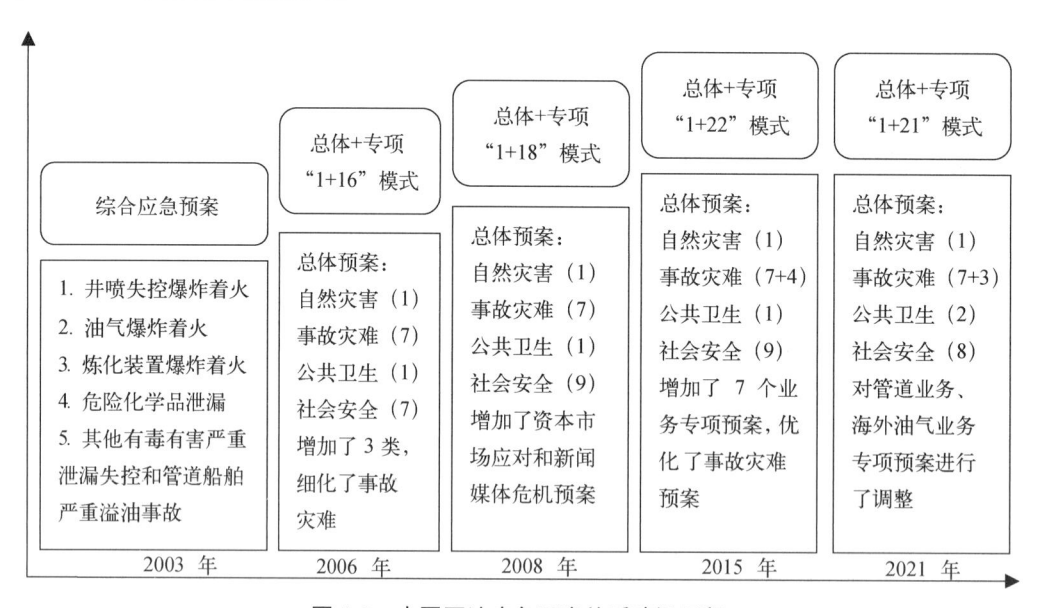

图 1-9 中国石油应急预案体系建设历程

中国石油遵照"坚持管行业必须管安全，管业务必须管安全，管生产必须管安全"的安全管理原则，围绕"依法治国""以人为本"的安全发展理念，在《生产安全事故应急条例》《中央企业应急管理暂行办法》《生产经营单位生产安全事故应急预案编制

导则》等多项行政法规、标准规范的指导下,对中国石油应急预案体系进行了重大调整,主要特点如下:

(1)优化了应急预案体系,主体责任更加明确。中国石油结合实际,按照国内、国际 HSE 一体化原则对应急预案进行调整,进一步修订完善应急预案体系,形成了"1+21"的应急预案模式,如图 1-10 所示。

(2)突发事件分级层级清晰、贴近实际。针对自媒体时代新闻媒体与舆论工作的特点,全面考虑中央企业"经济责任、社会责任、政治责任"的工作定位,从"人员伤亡、财产损失、环境污染、领导关注、媒体影响"五个维度,将中国石油突发事件分为"集团公司级""企业级""企业下属单位级""基层站队级"四个级别,形成具有中国石油特色的"五个维度、四个级别"的突发事件的分级目录,以指导突发事件分级应急工作,如表 1-13 所示。

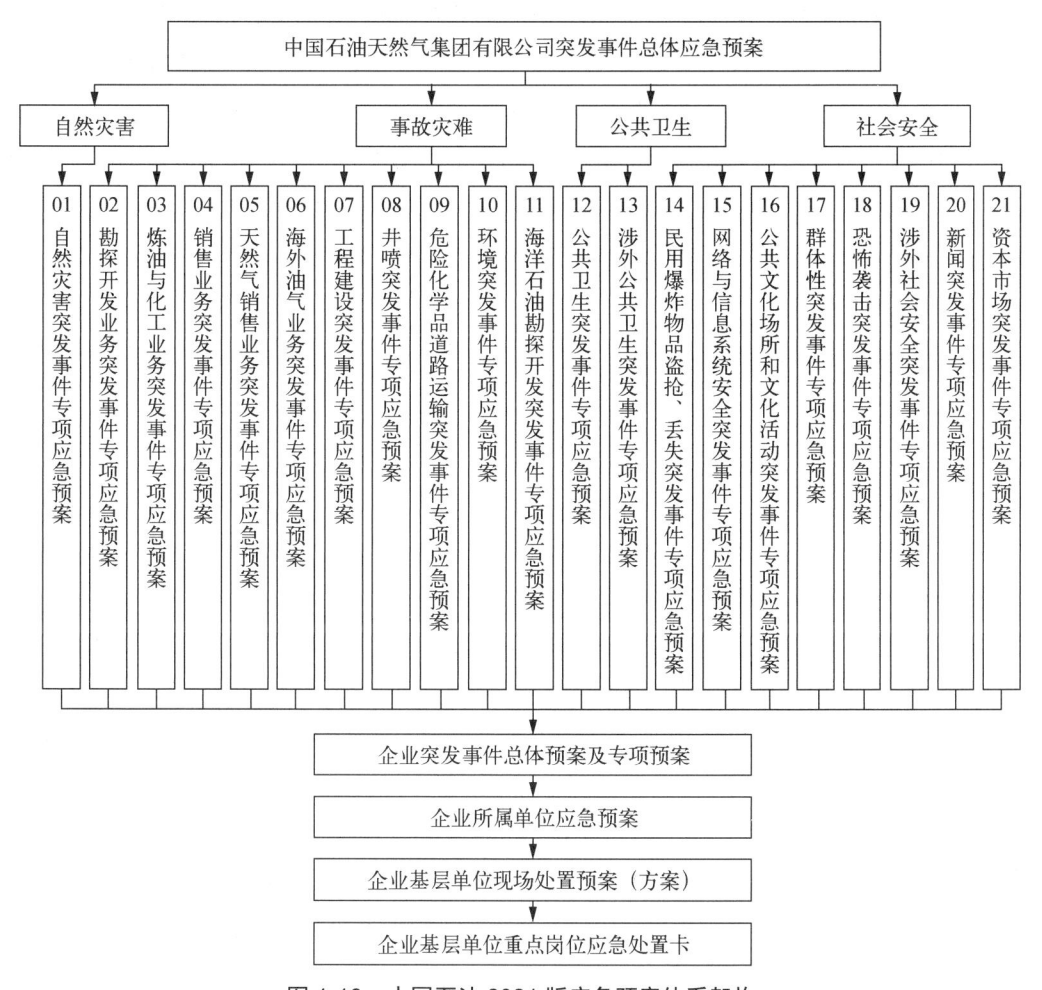

图 1-10 中国石油 2021 版应急预案体系架构

表 1-13 突发事件分级

分级	人员伤亡、财产损失	环境污染	领导关注	媒体影响
Ⅰ	≥10 人死亡（含失踪） ≥50 人重伤（含中毒） ≥5000 万元直接损失	大气、土壤、水环境重大及以上	国家领导人、国务院、相关部委领导批示	人民日报、新华社、中央电视台等国内主流媒体；法新社等境外重要媒体负面影响报道或评论
Ⅱ	≥3<10 人死亡（含失踪） ≥10<50 人重伤（含中毒） ≥1000<5000 万元	大气、土壤、水环境较大污染	省部级或集团公司领导关注；省级部门领导批示	省级主流媒体负面影响报道或评论
Ⅲ	<3 人死亡（含失踪） ≥3<10 人重伤（含中毒） ≥500<1000 万元	大气、土壤、水环境一般污染	地市级领导关注；地市级部门批示	地市级主流媒体负面影响报道或评论
Ⅳ	不足Ⅲ级（基层队站级）			

（3）明确了信息报送的时限，提出了升级报告敏感信息的要求。2021 版应急预案指出，中国石油所属企（事）业单位经初步评估确定符合中国石油Ⅰ级和Ⅱ级突发事件条件时，做到事件发生后 30min 内向总部生产经营管理部（生产运营中心）电话报告、1 小时内书面报告，同时抄报总部相关部门及专业分公司。初报后 4 小时内续报信息；每日 7 时和 17 时前报告最新情况。对于敏感信息、预测预警信息、可能引发重大突发事件的信息，以及社会舆论广泛关注的热点、焦点事件，要及时报告，不拘泥于分级标准的相关规定。

（4）提高了中国石油总部、专业公司应急预案衔接性，专业公司应急预案体系进一步完善。各专业公司在制修订的应急预案中，按照业务流程对应急预案体系进行了扩展，实现了中国石油总部、专业公司应急预案与所属企业（地区公司）应急预案的有效衔接。勘探与生产分公司建立起"1+16+1"应急预案框架体系，"1"指勘探开发业务突发事件专项应急预案，"16"指 16 家勘探开发企业级总体应急预案，"1"指中国石油总部的《井喷突发事件专项应急预案》。

（5）明确了高含硫井喷失控等重大事故险情初期处置的条件限值，赋予基层岗位第一时间处置权力。《高含硫气井井口失控后井口点火的相关规定》指出：高含硫气井发生井口失控，距井口 100m 范围内环境中的硫化氢 3min 平均检测浓度达到 150 mg/m^3 时，15min 内点火决策人可以下令实施井口点火。若井场周边 1.5 km 范围内无常住居民，现场作业人员能够采取措施进行抢险，可适当延长点火时间。根据《强化应急处置五项规定》的要求，油气田企业严格修订完善企业井控实施细则，明确高含硫气井井口失控点火决策人工作职责和决策权限，简化报告流程；钻探企业落实点火岗位、工作职责和相关的工作要求，做好点火器材、装备及火工品的准备和日常维护工作，做好专岗专责。油气田企业和钻探企业在编制高含硫作业的井喷突发事件应急预案中，细化点火程序，

3. 应急制度与标准体系

中国石油制定了一系列突发事故应急管理方面的规章制度，逐步形成比较完善的应急管理制度标准体系，与国家的法律法规、标准规定相衔接，全面落实、推进依法治企的先进理念。

根据国务院《关于全面加强应急管理工作的意见》等相关要求，2006 年，中国石油印发了《关于加强应急管理工作的意见》，提出了加强应急组织体系、制度体系、预案体系、保障体系、科技支撑体系、应急队伍和专家队伍建设，以及建立完善应急运行机制的具体措施和要求，先后制定了《中国石油天然气集团公司应对突发重大事件（事故）管理办法》《中国石油天然气集团公司突发事件信息报送管理办法》和《应急预案编制通则》等规章制度。

"十二五"以来，陆续制定了《应急预案制修订工作指导意见》《中国石油天然气集团公司突发事件应急物资储备管理办法》《关于对有关事故升级管理的通知》《中国石油天然气集团公司安全生产应急管理办法》《强化安全生产应急处置五项规定》《中国石油天然气集团公司安全生产风险防控管理办法》《中国石油天然气集团公司安全生产应急预案管理办法》《突发生产安全事件应急预案编制指南》《生产作业现场应急物资配备选用指南》等制度和标准，规范企业应急预案管理工作，推进工作重心下移、处置关口前移，企业应急管理工作全面加强，如表 1-14 所示。

表 1-14 中国石油应急制度与标准清单

序号	制度或标准名称
1	《关于进一步加强重大突发事件信息报告工作的通知》（厅发〔2015〕18 号）
2	《集团公司 I 级突发事件总部应对工作流程》（厅发〔2014〕9 号）
3	《集团公司突发事件分类分级目录》（厅发〔2013〕30 号）
4	《中国石油天然气集团公司突发事件信息报送管理办法》（中油办字〔2007〕94 号）
5	《中国石油天然气集团公司安全生产应急管理办法》（中油质安〔2020〕67 号）
6	《强化安全生产应急处置五项规定》（安全〔2015〕372 号）
7	《中国石油天然气集团公司安全生产风险防控管理办法》（中油安〔2014〕445 号）
8	《中国石油天然气集团公司安全生产应急预案管理办法》（中油质安〔2020〕6 号）
9	《中国石油天然气集团公司突发事件应急物资储备管理办法》（安全〔2010〕659 号）
10	《关于对有关事故升级管理的通知》（安全〔2013〕176 号）
11	《应急管理体系规范》（Q/SY 1424—2011）
12	《安全生产应急管理体系审核指南》（Q/SY 1425—2011）
13	《突发生产安全事件应急预案编制指南》（Q/SY 8517—2018）
14	《生产作业现场应急物资配备选用指南》（Q/SY 8136—2017）

4. 应急救援保障体系

在应急救援队伍建设方面,"十二五"以来,按照《关于加强基层安全生产应急队伍建设的意见》(安监总应急〔2010〕13号)的要求,利用国有资本金和中国石油安全生产保证基金专项费用支持,提出并开展了应急救援体系完善工作,以"井控、海上、管道"三个中心和"专职消防(含气体防护、危险化学品救援)"救援体系为主体,做专、做强中国石油一级应急救援响应队伍。

以油气勘探开发、钻探工程、炼化检维修、管道维抢修、海上作业等现有企业专业队伍为骨干,做强中国石油二级专业应急救援队伍;以企业下属单位工程技术、施工作业为重点,做实中国石油三级应急救援队伍。通过功能定位和职能完善,建立起自下而上集应急处置、救援响应、协调联动为一体的应急救援队伍体系,为中国石油安全环保形势的总体稳定提供了有力保障,如图1-11所示。

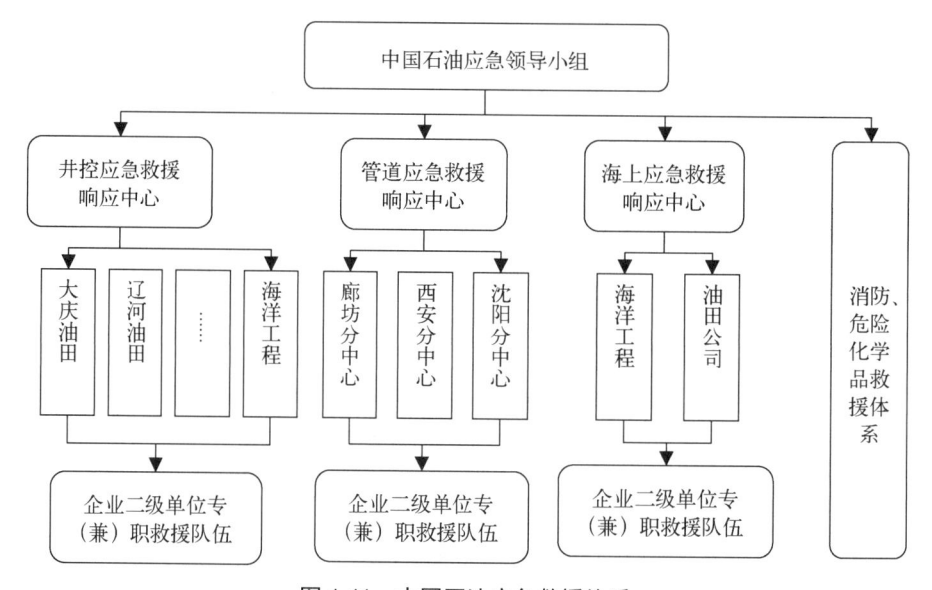

图1-11 中国石油应急救援体系

(1) 井控应急救援响应中心。1991年,中国石油组织了一支63人的灭火队伍赴科威特进行抢险救援(除总指挥外其余62人均来自四川石油管理局),一举扑灭了10口油井大火。1995年,中国石油以赴科威特中国灭火队骨干成员为基础,建立了中国第一支油气井抢险灭火专业队伍。2009年,中国石油井控应急救援响应中心正式成立,被原国家安监总局授予"国家油气田救援广汉基地"称号。2018年,将"国家油气田救援广汉基地"更名为"国家油气田井控应急救援川庆队",成为国家安全生产应急救援队伍体系中的重要组成力量。2019年,被应急管理部授予"跨国(境)生产安全事故应急救援常备力量"。经过多年的发展,目前已具备地层压力70 MPa、天然气无阻流量500万方/天的油气井井喷失控抢险救援能力。

（2）管道应急救援响应中心。2011年，中国石油组建管道应急救援响应中心，总部设在河北廊坊，在廊坊、沈阳、西安设立3个应急抢险分中心，在东莞、长沙、苏州、库尔勒、济阳、呼和浩特设立6个区域分中心。在苏丹、伊朗、伊拉克、阿联酋、马来西亚、叙利亚、印度尼西亚等国家设立分支机构。现有维抢修专业技术及操作人员1000余人，拥有维抢修设备4000余台（套），开孔封堵关键设备2000余台（套），关键设备基本实现系列化、标准化。具备1~48 in系列管径的原油、轻质油、成品油、天然气、乙烯、氮气等不同介质管道的不停输开孔封堵和动火连头作业能力。开孔操作压力达到15 MPa，封堵作业压力达到12 MPa。"十二五"期间，管道应急救援响应中心共完成应急抢险工程116项，其中，在中国石油抢险61次，在地方政府及有关企业抢险55次。

（3）海上应急救援响应中心。中国石油海上应急救援响应中心成立于2006年12月10日，主要负责渤海湾海上及陆上水域等勘探开发突发事件人员救助、火灾扑救、溢油处置、重大工程项目守护等。拥有人员228人，下设3个基层救援站，有各类应急船舶18艘、水陆两栖溢油回收车8辆、围油栏17种、长20 705 m，溢油回收装备66台。具备海上石油勘探开发Ⅱ级突发事件应急处置能力，获得国家一级船舶污染清除作业单位资质。

（4）消防、危险化学品救援体系。中国石油现有31支专职消防队伍，形成6大应急救援联防区域，联动防范区域突发事件风险。其中，12支专职消防队伍被应急管理部授予国家危险化学品应急救援队伍职能，如图1-12所示。

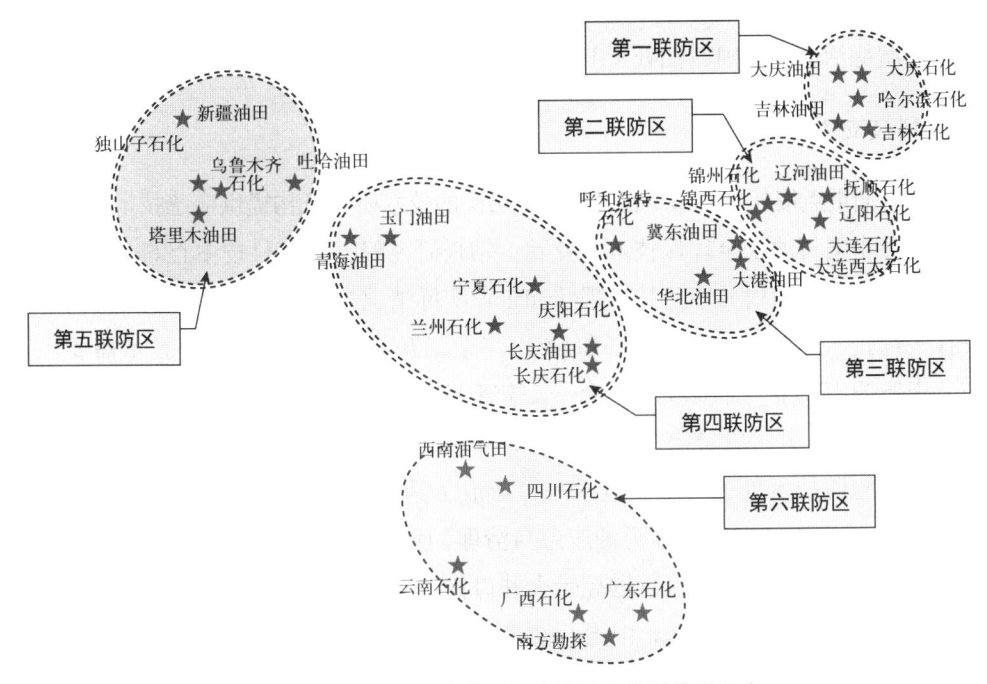

图1-12　中国石油消防、危险化学品救援体系分布

（5）应急物资保障体系。中国石油建立了以"应急中心储备为主、依托企业补充代储"为架构的应急物资（含装备）储备体系，储备重点是井控应急、管道维抢、溢油与海上救援、危险化学品与消防等专业应急物资，同时储备防洪、防汛、防雪等其他应急物资。根据统计，在井控应急物资储备方面，中国石油建立了以井控应急救援响应中心为主，依托相关油气田开发企业的 12 个应急物资储备库，配备有清障、灭火与冷却掩护、井口重建 3 大类 24 种专用应急物资及装备，共 130 余套（件）；在管道维抢物资储备方面，中国石油建立了以管道应急救援响应中心为主，依托相关油气田开发企业的 26 个应急物资储备库，配备有开孔封堵、断管、焊接 3 大类 16 种专用应急物资及装备，共 130 余套（件）；在溢油与海上救援物资储备方面，中国石油以海上应急救援响应中心为主，建成 3 座沿海应急物资库、4 座河流应急物资库，配备有船舶、收油、围控、吸油、临时储油、分散清除 6 大类 19 种专用应急物资及装备，共 130 余套（件）；在危险化学品与消防应急物资储备方面，中国石油所属企业 31 家专职消防队伍，储备了清障、灭火、重建 3 大类专用消防器材装备 94 371 套（件），配备专用消防车辆 891 台、消防灭火剂 1216.3 m^3。

（6）应急联动保障体系。以企业专业应急救援队伍为骨干，推动企业签订专业应急救援保驾协议工作。例如，华北油田、长庆油田以及冀东油田，2015 年内完成了油田管道维抢修保驾协议签订工作。区域联动机制建设进一步加强，与中国石化、中国海油联手，召开第七联防区域应急联动协调会议，录入应急救援队伍、装备等信息，实现应急准备能力信息共享，同时，还成功在中国海油惠州炼化开展了三大油第七联防区域联动应急演练活动。中国石油处置Ⅱ级、Ⅲ级生产安全突发事件能力稳步提高。

5. 科技支撑体系

中国石油重点依托"总部—企业"两个层次的技术研究机构提供应急技术支撑，主要研究机构有中国石油安全环保技术研究院、钻采研究院、管道科技中心等。

中国石油结合国内外应急技术现状和企业实际情况，对生产安全与环境突发事件应急支撑关键技术总体框架进行规划和设计。"十二五"以来，针对应急技术需要，开展了应急资源调度决策、井喷应急抢险、长输管道抢维修、大型装置及罐区火灾应急、水域溢油应急技术、井控管道事故情景构建等技术研究攻关，陆上井喷失控抢险工艺技术和管道应急抢险技术处于国际先进水平，形成了具有中国石油特色的应急支撑技术体系；攻克了事故情景构建、水体溢油应急与清理、应急准备评估技术等一系列重点技术；研发了管道带压开孔设备、自行远控带火井口作业机等一批自主设备。

在应急管理技术研究方面，中国石油"安全环保关键技术研究与推广"重大科研项目中设计有专门的应急管理技术方面的研究课题。中国石油安全环保技术研究院、部分企业、应急救援队伍及培训机构开展了"事故情景构建""应急准备评估"等课题研究与理论实践工作。

在专项应急技术研究方面，中国石油重点开展了"陆上钻井井喷失控爆炸、着火和有毒有害气体扩散事故模拟仿真研究""油气田勘探开发工程安全预警技术研究""海上溢油预防与应急处置关键技术研究"等项目，取得了"开敞空间存在浓度梯度气云爆燃实验方法及装置""井喷失控爆炸计算分析软件"等多项成果。同时，还开展了长输管道泄漏应急情景构建技术研究，在石油石化企业环境安全预警技术研究方面开发了"中国石油应急资源数据库系统"，为应急管理提供基础信息保障。

思 考 题

1. 什么是突发事件？突发事件的类型有哪些？
2. 事故、事件、危机有什么区别？
3. 企业突发事件有哪些特点？
4. 我国将哪些行业定义为高危行业？
5. 企业应急管理体系的概念是什么？
6. 企业应急管理体系由什么组成？

第2章 企业风险管理能力

2.1 风险辨识

风险辨识是指针对不同风险种类及特点，识别存在的危险、危害因素，分析可能的直接后果和次生、衍生后果。通过对系统中的风险因素进行辨识与分析，可以判断系统发生事故和职业危害的可能性及其严重程度，为企业制定防范措施和应急准备、处置、管理决策提供科学依据。

2.1.1 材料准备

广泛收集危险源信息，根据需要进行科学的筛选，作为辨识依据。收集整理人（人员工作）、机（设备设施）、环（环境）、管（管理）4种清单，即：

（1）人员工作清单：罗列、梳理各岗位职责和工作，相同岗位进行合并，建立岗位一级任务清单并逐级分解为二级和三级清单。

（2）设备设施清单：建立设备设施基础数据清单库（含应急设备、设施），包括设备名称、容积、温度、压力，设备性能，工艺设备所使用的材料种类、性质、危害，使用的能量类型及强度等。

（3）环境清单：作业环境，安全通道，生产系统的结构、布局，作业空间布置（气、液、固）环境因素和排放数据清单。

（4）管理清单：识别适用的法律法规、标准规范和企业管理标准、工作标准、技术标准，以及企业过去发生的事故及危害、事故处理应急方法、故障处理措施等。

2.1.2 作业单元划分

合理、正确划分作业单元，既可以顺利开展危险有害因素辨识、风险评估，又可保证危险有害因素辨识、风险评估的全面性和系统性。

企业可以按照内部业务系统的各阶段、场所位置、生产工艺、设备设施、作业活动或上述几种方式的结合来划分作业单元。

作业单元划分时应遵循大小适中、便于分类、功能独立、易于管理、范围清晰的原则，并应涵盖生产经营全过程的常规活动和非常规活动、应急处置活动。

划分作业单元的常用方法有：按生产（工艺）流程的阶段来划分；按地理位置来划分；按生产设备设施类别来划分；按作业任务来划分等。

2.1.3 危险有害因素辨识

企业应采用合适的辨识方法，对作业单元内存在的危险有害因素进行辨识。通过对人、机、环、管 4 个方面进行辨识，并参照《企业职工伤亡事故分类》（GB/T 6441—1986）和《生产过程危险和有害因素分类与代码》（GB/T 13861—2009），综合考虑起因物、引起事故的诱导性原因、致害物、伤害方式等，确定事故类别。

生产现场的危险有害因素辨识应覆盖企业地上、地下和承包商占用场所和区域的所有作业环境、设备设施、生产工艺、危险物质、作业人员、应急处置及作业活动；应考虑过去、现在、将来 3 种时态和正常、异常、紧急 3 种状态。

2.1.4 风险辨识流程

风险辨识的重点是危险源，也就是危险有害因素的辨识；开展危险源辨识，重点是对能量源的辨识。

1. 风险辨识的过程和各个方面

企业应选择适当的方法，识别活动、产品或服务中的危害因素，包括但不限于以下过程和方面：

(1) 规划、设计和建设、投产、运行、检维修、报废等阶段；
(2) 常规和非常规活动（包括管理活动）；
(3) 开车、停车、维修、变更工作任务；
(4) 事故及潜在的紧急情况及应急处置；
(5) 所有进入作业场所人员的活动；
(6) 人的行为、能力和其他人的因素；
(7) 原材料、产品的运输和使用过程；
(8) 由本企业或外界所提供的工作场所的基础设施、设备和材料；
(9) 丢弃、废弃、拆除与处置；
(10) 已识别的源于工作场所外，能够对工作场所内企业控制下的人员的健康安全产生不利影响的危害因素；
(11) 在工作场所边界，由企业控制下的工作相关活动所产生的危害因素；

（12）适用的法律法规及其他要求；

（13）对工作区域、过程、装置、设备设施、操作程序和工作组织的设计，包括其对人的能力的适应性；

（14）企业作业环境和周围环境；

（15）气候、地震及其他自然灾害等；

（16）管理机构、人员构成等发生重大变化，工艺、设备设施发生变更。

企业应将危害因素辨识工作贯穿于设计、施工建造、试运行、正式运行、停运、应急等企业全生命周期各个阶段。

企业应全面辨识生产工艺、设备设施、作业环境、人员行为和管理、应急活动等方面存在的过程安全风险。

2. 建立辨识小组

企业在进行危害因素辨识活动前要建立辨识小组，应做到：

（1）厂级评价组织应有企业负责人参加；

（2）区队（车间）级评价组织应有车间负责人参加；

（3）工艺、设备、电仪、安全管理人员和班长、操作工等从业人员应参与危害因素辨识。

负责实施危害因素辨识的人员需具备相关危害因素辨识方法和技术方面的能力，并具有相应工作活动的知识。

风险识别应分析风险发生的原因、可能导致的后果、现有安全保护措施、存在的缺陷及隐患等。对建设项目涉及企业生产阶段的工艺、设备设施、场所环境、作业活动，应在建设项目的设计阶段开展危害因素辨识、风险评价和控制措施。

3. 风险辨识七步法

风险辨识、预控体系采用"策划—实施—检查—处置（PDCA）"运行模式，遵循风险预控流程7个步骤，简称"七步法"，即：

第一步：危险源辨识。通过全面、系统的辨识，查找工作中的危险源（即能量源），使安全管理无遗漏、应急准备无盲区、应急处置无漏洞。

第二步：风险评估。在危险源辨识基础上，借助可量化的技术，确定作业活动的危险程度，明确安全管理、应急预防与处置的重点。

第三步：制定风险控制标准和措施。研究和制定相应的风险控制标准和风险控制措施，防止危险源转变为隐患或事故，预防应急处置不当导致事故扩大化。

第四步：执行风险控制标准和措施。将风险辨识和控制措施落实到日常生产中，将风险降低并保持在控制标准水平，使危险源的风险处于受控状态，把安全管理的重心从隐患排查治理转移到风险预防预控和应急处置上。

第五步：危险源监测监控。认真执行风险控制标准和措施，确认所有危险源是否受控，需要对危险源进行监测监控，跟踪危险源随时间的状态变化，采取监测技术和手段，对危险源进行监视和测量，在生产过程中验证危险源管控措施是否有效。

第六步：判定风险是否可承受。将监测结果对照风险控制标准，分析、判定危险源的风险状态是否可承受，找出已处于异常、紧急状态的风险。

第七步：风险预警和隐患治理。对发现的隐患启动应急预警，通知到人员和责任单位，返回第三步重新执行。由责任单位采取隐患治理行动，进行消警，将危险源的状态恢复到正常，应急状态解除。

2.1.5 风险辨识的基本方法

风险辨识方法的选用原则：没有最好的方法，只有最适合的方法；辨识目的和阶段不同，所选择的方法也不同；完整的风险辨识需要多种方法的组合，如表2-1所示。

表 2-1 常用风险评估技术及其适用性

序号	工具及技术	风险评估过程			
		风险识别	风险分析			风险评价
			后果	可能性	风险等级	
1	头脑风暴法	SA	NA	NA	NA	NA
2	检查表法	SA	NA	NA	NA	NA
3	预先危险分析法	SA	NA	NA	NA	NA
4	危险与可操作性分析（HAZOP）	SA	SA	A	A	A
5	故障模式和影响分析（FMEA）	SA	SA	SA	SA	SA
6	故障树分析法	A	NA	SA	A	A
7	事件树分析法	A	SA	A	A	NA
8	保护层分析法（LOPA）	A	SA	A	A	A
9	蝴蝶结分析法（Bow-tie）	NA	A	SA	SA	A
10	风险矩阵法	A	SA	SA	A	SA
11	作业条件危险性评价法（LEC）	A	SA	SA	SA	SA

注：A——适用；SA——非常适用；NA——不适用。

1. 头脑风暴法

"头脑风暴法"由美国BBDO广告公司的奥斯本首创，主要由价值工程工作小组人员在正常融洽、不受任何限制的气氛中以会议形式讨论、座谈，打破常规，积极思考，畅所欲言，充分发表看法。风险辨识中，头脑风暴法的目的是取得一份综合的风险清单。真正的头脑风暴法包括旨在确保人的想象力因小组内其他成员的思想和话语而得到激发的特殊技术。在一位主持人的推动下，与会人员就项目的风险进行集思广益，可以风险类别为基础框架，对风险分门别类，并进一步对其定义加以明确。头脑风暴法可与其他风险评估方法一起使用，也可单独使用，以激发风险管理过程及系统生命周期中任何阶段的想象力。

2. 德尔菲法

德尔菲法也称专家调查法，1946年由美国兰德公司创始实行，本质上是一种反馈匿名函询法。将所要预测的问题征得专家意见后进行整理、归纳、统计，匿名反馈给各专家，再次征求意见、再集中，循环往复，直至得到一致意见。该方法需由企业组成一个专门的预测机构（其中人员包括若干管理和技术人员），按照规定程序，背靠背地征询专家意见或者判断，然后进行预测。

项目风险管理人员以匿名方式参与。主持人用问卷征询有关项目主要风险的见解，问卷答案交回并汇总后，在参与人员中传阅，进一步发表意见。此过程进行若干轮后，就不难得出关于项目主要风险的一致看法。德尔菲法有助于减少数据中的偏倚，并防止任何个人对结果不适当地产生过大的影响。

3. SWOT分析法

SWOT分析法是一种环境分析法，S（Strengths）是优势、W（Weaknesses）是劣势、O（Opportunities）是机会、T（Threats）是威胁。SWOT分析法即是在内外部竞争环境、条件下的态势分析，将与研究对象密切相关的主要内部优势、劣势和外部的机会和威胁等，通过调查列举出来，并依照矩阵形式排列，然后用系统分析的思想，把各种因素相互匹配后加以分析，从中得出一系列结论，而结论通常带有一定的决定性。运用这种方法，可对研究对象所处的情景进行全面、系统、准确的研究，根据研究结果制定相应的发展战略、计划以及对策等。按照企业竞争战略的完整概念，战略应是企业"能够做的"（即组织的强项和弱项）和"可能做的"（即环境的机会和威胁）之间的有机组合。

4. 安全检查表法（SCL）

安全检查表法是一种定性的风险分析辨识方法，将一系列项目列出检查表进行分析，以确定系统、场所的状态是否符合安全要求，通过检查发现系统中存在的风险，提出改进措施。

安全检查表的编制主要依据4个方面内容：

(1) 国家、地方安全法规、规定、规程、规范和标准，行业、企业规章制度、标准及企业安全生产操作规程。

(2) 国内外行业、企业事故统计案例、经验教训。

(3) 行业及企业安全生产的经验，特别是本企业安全生产的实践经验，引发事故的各种潜在不安全因素及成功杜绝或减少事故发生的经验。

(4) 系统安全分析的结果，如采用事故树分析方法找出的不安全因素，或作为防止事故控制点源列入检查表。

安全检查表示例如表 2-2 所示。

表 2-2 安全检查表示例

序号	检查部位	检查内容	安全要求	要求的依据	检查结果 合格（√）	检查结果 不合格（×）	改进意见	整改负责人

5. 工作危害分析法（JHA）

工作危害分析法（Job Hazard Analysis，JHA）是一种定性的风险分析辨识方法。它是基于作业活动的一种风险辨识技术，用来进行人的不安全行为、物的不安全状态、环境的不安全因素以及管理缺陷等的有效识别，即先把整个作业活动（任务）划分成多个工作步骤，将工作步骤中的危险源找出来，并判断其在现有安全控制措施下可能导致的事故类型及其后果。若现有安全控制措施不能满足安全生产的需要，应制定新的安全控制措施以保证安全生产；危险性仍然较大时，还应将其列为重点对象加强管控，必要时应另制定应急处置措施加以保障，将风险降至可以接受的水平。

6. 危险与可操作性分析（HAZOP）

危险与可操作性分析（Hazard and Operability Analysis，HAZOP）是被工业界广泛应用的工艺危险分析方法，也是有效排查事故隐患、预防重大事故和实现安全生产的重要手段之一。其普遍的做法是通过系列会议对工艺图纸和操作规程进行分析。在这个过程中，由各专业人员组成的分析组按规定方式对工艺流程进行节点划分，系统研究每个节点(工艺单元)，分析参数偏离设计工艺指标的偏差导致的危险和可操作性问题。

HAZOP 的独特性使之获得了广泛应用，它不受工艺过程类别的限制（如被广泛应用于化工、油气、石化、制药、核电和冶金等领域），无论连续流程还是间歇流程均适用，且不受项目或工艺单元规模大小的限制，不但可应用于大型装置（如乙烯装置），也适用于工艺过程细小的流程变更。

在过程危险分析（PHA）的常用方法中，HAZOP 因其完备、系统、细致等突出优势，成为最盛行的分析方法之一，被世界各大化学公司通用，它对于识别化工设备潜在的危险非常有效。若能良好实施 HAZOP，除了能够避免大量事故之外，还可以提高员工的技能素质。HAZOP 记录示例如表 2-3 所示。

表 2-3　HAZOP 记录示例

节点序号	节点描述	设计意图
节点 1	原煤仓的出料量由称重给煤机控制[XW-212（01-42）01]，称重给煤机为带式给料机，其上设置了皮带秤以计量给煤量，并通过称重的煤量调整称重给煤机的速度，达到定量向中速磨给煤。称重给煤机返程胶带的下方设置了清扫装置，以清扫胶带面上的煤粉，保证称重给煤机胶带面清洁	备煤原煤储存、称重给料

图号	会议时间	参加人员
2091F-21201-02-310-0001	2021 年 11 月 29 日	

序号	参数	偏差	原因	后果	风险分析 可能性	风险分析 严重性	风险分析 风险等级	已有保护措施	剩余风险等级 1	建议措施	剩余风险等级 2	备注
1	原煤温度	温度高	无氮气保护，氧含量高，原煤发生自燃	火灾、人员中毒窒息	6	3 3 2	17（1） 17（2） 11（3）	1.温度检查高报警 21201TT 0101ABC 高报 2.设有氮气惰化保护	12（1） 12（2） 18（3）	原煤仓顶部设置CO在线监测	8（1） 8（2） 6（3）	

7. 故障模式、影响和危害性分析（FMECA）

故障模式和影响分析（Failure Modes and Effects Analysis，FMEA），是根据系统可分性，按实际需要的分析深度，把系统分成一些子系统（直至元件），逐个分析子系统可能发生的故障和故障类型，查明故障类型对系统的影响，以便采取相应的防治措施，提高系统的安全性。

在 FMEA 的基础上，可进一步分析可造成人员伤亡的故障类型，叫作危害性分析（Critical Analysis，CA），二者合起来称为故障模式、影响和危害性分析（FMECA），可定性分析，也可定量分析：

（1）确定分析对象系统，根据需要的详细程度查明组成元素及其功能；

（2）分析各元素故障类型和产生的原因；

(3) 研究故障类型的影响；

(4) 填写故障类型、影响和危险度分析表格。

表 2-4 所示为故障模式、影响和危害性分析示例。表 2-5 所示为故障等级示例。

表 2-4 故障模式、影响和危害性分析示例

子系统名称	设备、元件名称	故障类型	发生时间	故障原因	故障影响	故障等级	措施与建议

表 2-5 故障等级示例

故障等级	影响程度	可能造成的伤害和损失
四级	破坏性的	会造成灾难性事故，必须立即排除
三级	危险的	会造成人员伤亡和系统破坏，要立即采取措施
二级	临界的	有可能造成较轻的伤害和损坏，应采取措施
一级	安全的	不需要采取措施

8. 危害分析和关键控制点（HACCP）

危害分析和关键控制点（Hazard Analysis Critical Control Point，HACCP）是一种对食品安全危害加以识别、评估以及控制的预防体系。HACCP 建立在具有良好操作规范（GMP）和卫生标准操作程序（SSOP）基础上，其原理是通过对食品和食品生产过程各个环节的危害进行分析，确定关键控制点（CCP），建立关键限值，确定消除危害或将危害降到可接受水平的控制措施，建立检测关键控制点的监视系统和当关键限值出现偏离时的纠正措施，确保危害被置于控制之下，得到可接受水平的产品。传统 HACCP 考虑的这些危害是无意地、被动带入食品链，通过科学方法可预期的，而新的 HACCP 体系是在传统 HACCP 的基础上，在对食品安全危害进行分析时加入了针对人为破坏和蓄意污染的危害识别、评估及控制，尤其是将食品防护计划作为控制措施之一。

9. 保护层分析法（LOPA）

保护层分析法（Layer of Protection Analysis，LOPA）是一种半定量的危险评价方法，它通过评价保护层的失效概率（即 PFD）来判断现有防护措施是否满足系统的安全需要。通过对现有措施的可靠性进行量化评估，确定其消除或降低风险的能力。保护层分析法的思想可以用一个"洋葱"来形象地描述其模型，每一层洋葱皮就相当于一个保护层，由于所有的洋葱皮对内核都起到独立的保护作用，洋葱内核遭受外侵的风险就大大降低了，如图 2-1 所示。

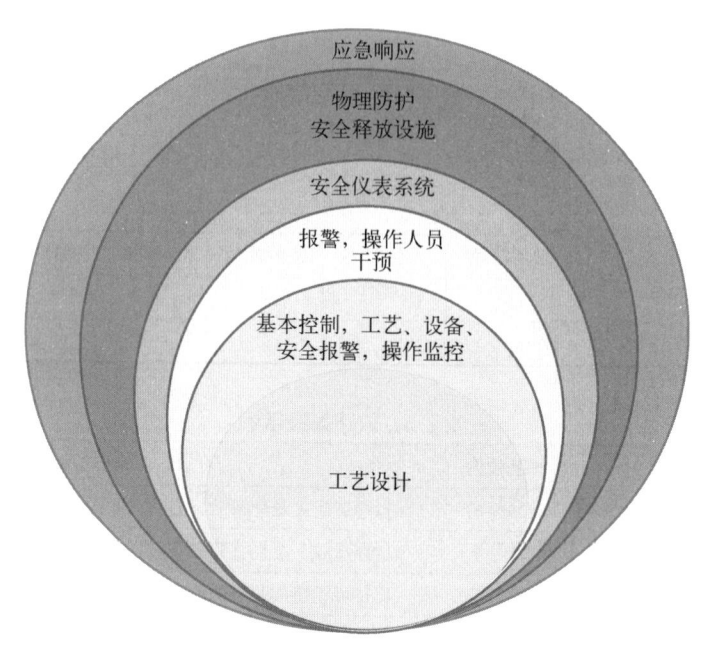

图 2-1　保护层的"洋葱"模型

2.1.6　风险动态辨识和控制

风险动态管控是指针对现实风险的动态变化实施的管理和控制，目的是及时地辨识和控制变化带来的新增风险的动态，如图 2-2 所示。

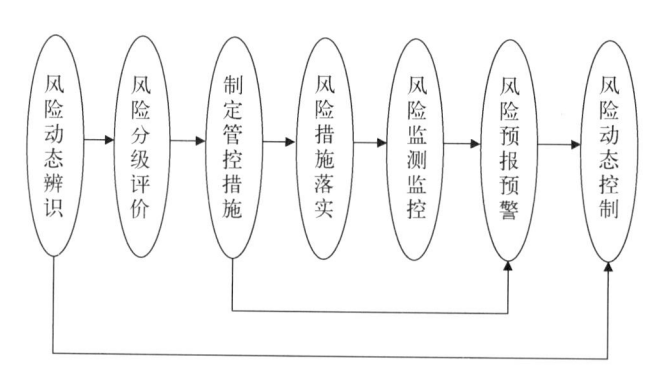

图 2-2　风险动态管控流程

风险动态管控模式的关键是动态地建立风险辨识、评价、控制数据库，重点表现在 4 个方面：一是数据库中未经辨识过的工作任务风险，要及时辨识并制定措施；二是风险措施的落实；三是监测监控；四是风险预警。其目的是在风险分析和评价的基础上，采取相应的措施和方法，将风险水平或程度降到期望或可接受的水平。

2.1.7 风险预警

风险预警的基本框架如图 2-3 所示。

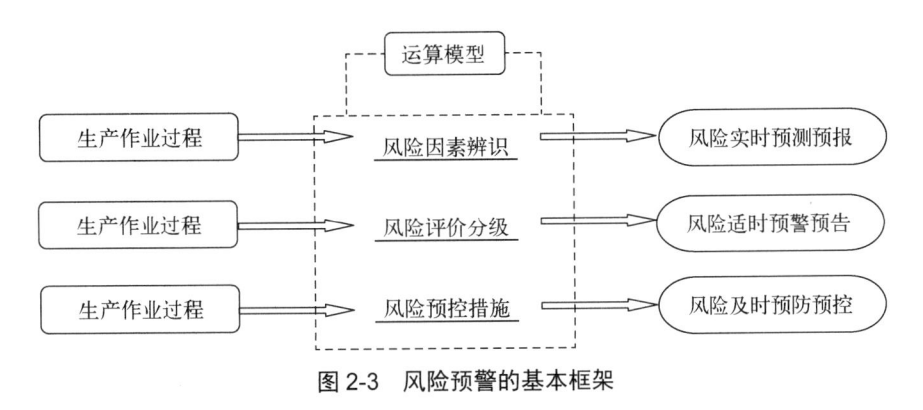

图 2-3 风险预警的基本框架

1. 风险预警

风险预警是指在灾害或灾难及其他应急、提防的危险发生之前，根据以往总结的规律或观测得到的可能性前兆，向相关部门发出紧急信号，报告危险情况、做好应急准备，避免危害在不知情或准备不足的情况下发生，最大限度地减轻危害所造成损失的行为。

（1）企业应建立健全风险监控与预警系统，完善风险监控与预警机制，对重大危险源、重点监管工艺装置参数、要害部位、设备设施、作业活动、日常安全管理、重要风险控制措施等实施监控，对异常情况及时预警。

（2）企业应建立安全生产预警模型，基于安全生产信息，结合静态风险、特殊作业、隐患治理、事故、不安全行为、报警、联锁、自控率、生产运行状态等方面确定企业安全生产预警指数值，生成安全生产预警"四色图"，量化企业安全生产现状和趋势。

（3）企业应利用自动化、智能化、信息化技术，建立健全安全风险监控与预警系统，完善风险监控与预警机制，对重大危险源、重点监管工艺装置参数、要害部位、日常安全管理、重要风险控制措施等实施监控，对异常情况及时预警。包括但不限于以下内容：

①设置自动化控制系统，对重要工艺参数实时监控预警；
②对安全阀、紧急切断阀、消防泵、安全仪表系统等安全设施状态实时监控；
③设置可燃气体及有毒气体检测报警设施，确保正常、有效使用；
④采用在线安全监控、自动检测或人工分析等手段，有效判断发生异常工况的根源，及时安全处置异常工况监测预警；

⑤对重大危险源应配备温度、压力、液位、流量等信息的不间断采集和监测系统以及可燃气体和有毒、有害气体泄漏检测报警装置,并具备信息远传、记录、安全预警、信息存储等功能;

⑥对可能存在安全风险外溢的场所及装置应进行分析识别,并采取相应预警措施;

⑦处理监测监控报警数据时,监控系统应能够自动将超限报警和处理过程信息进行记录并实现留痕。

2. 调度协调

调度协调的重点是应急预防,是指从应急管理的角度,为预防事故发生或恶化,针对风险预警、应急预防实际运行情况,按照事先设定的程序、预案和要求,综合运用各类资源和力量,开展的统筹、调度、协调等预防性工作。其包括两层含义:一是预防事故发生;二是假定事故发生,预先拟定要采取的措施,避免事故的恶化或扩大。

调度协调具体包括以下4种情形:

(1) 风险预警,即事先进行危险源辨识和风险分析,通过预测可能发生的事故、事件,采取风险控制措施,尽可能地避免事故的发生。

(2) 进行应急专项检查,查找问题,通过动态监控,预防事故发生。

(3) 在出现事故征兆的情况下,综合运用各类资源和力量,及时采取控制措施,消除事故的发生。

(4) 假定在事故必然发生的情况下,通过采取的预防措施来有效控制事故的发展,最大限度地减少事故造成的损失。

预防是应急管理的首要工作,把事故消除在萌芽状态是应急管理的最高境界。在此阶段,任何突发险情都最易得到控制,花费的成本最小。

一般而言,企业应急管理由安全管理部门负责,而应急值守职责由生产调度部门(调度中心或生产指挥中心等)承担。企业要对风险预警进行专人和部门管理,根据不同色块的风险状态,制定相应的管理制度、预案,由生产调度部门针对风险预警、应急预防实际运行情况,按照事先设定的程序、预案和要求,开展统筹、调度、协调等活动,牵头组织响应部门,针对预警状态,采取对应的措施进行应对,确保消除警戒状态或预警状态不升级,使应急预防有效、有用。

3. 事后控制

按照《中华人民共和国突发事件应对法》的规定,应急管理包括突发事件的预防与应急准备、监测与预警、应急处置与救援、事后恢复与重建4个过程。对于企业而言,风险辨识是应急管理的出发点,承载了预防与应急准备、监测与预警、应急处置与救援、事后恢复与重建 4 个过程的落脚点。风险预警、调度协调完成了预防与准备、预测与预警,而应急处置与救援、事后恢复与重建则为风险事件的事后控制,即风险预警、调度协调等手段失效后,在事故发生的情况下,预防性措施全面到位,将事故迅速控制,避免事故的恶化或扩大,最大限度地减少事故造成的人员伤亡、财产损失和社会影响,是应急管理的第二境界。

预警管控失效、发生事故后,企业应立即按照应急预案进行事后控制。事后控制主要包括应急处置与救援、事后恢复与重建两个过程:

应急处置与救援是在突发事件发生后,在时间、资源、资金、能力有限的情况下,根据突发事件的性质、特点和危害程度,对突发事件进行有效响应,以降低人员生命、健康与企业财产所遭受损失的程度。在应急管理的 4 个功能中,应急响应的复杂程度最高,因为它处于时间和信息有限、高度紧张的情境之中。应急处置与救援是应对突发事件过程中最关键的阶段,旨在快速反应、有效应对,最大限度地保护人民群众生命财产安全,最大限度地减少突发事件造成的损失;事后恢复与重建是应对突发事件过程中的最后环节,旨在尽快恢复正常的生产、生活、工作和社会秩序,妥善解决应急处置过程中引发的矛盾和问题,并进入一个新阶段——突发事件应对中的后处理阶段,重在提高防灾减灾能力和应急管理能力。

事后恢复与重建是指在突发事件应急处置和救援基本结束后,围绕受影响区域社会秩序及人民生活、生产的恢复,建立一套从过渡性安置、调查评估、规划、实施到相关监督管理的工作流程模式。企业必须深入分析预警及其调度、控制措施的适用性和经验教训,由主管部门牵头,对预警指标、调度控制措施和应急预案的编制、培训、演练、响应等进行评审完善、持续改进。

2.2 风险评价与措施控制

针对辨识出的每一项危险有害因素,企业应当选用合适的方法开展安全风险评价,并确定风险的大小和等级。

2.2.1 风险评价的步骤和方法

风险评价的一般程序如图 2-4 所示。

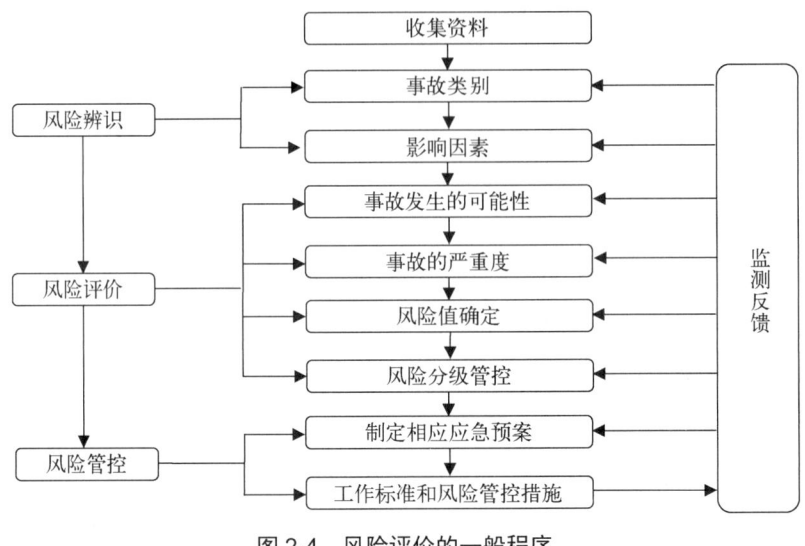

图 2-4 风险评价的一般程序

1. 风险评价的主要步骤

（1）资料收集。明确评价的对象和范围，收集国家相关法规和标准，了解同类设备、设施或工艺的生产和事故情况，评价对象的地理、气象条件及社会环境状况等。

（2）危害因素辨别与分析。根据所评价的设备、设施或场所的地理、气象条件、工程建设方案、工艺流程、装置布置、主要设备和仪表、原材料、中间体、产品的理化性质等，辨识和分析可能发生的事故类型、事故发生的原因和机制。

（3）风险评价。在上述危害因素辨别与分析的基础上，划分评价单元，根据评价目的和评价对象的复杂程度选择一种或多种具体的评价方法。对事故发生的可能性和严重程度进行定性和定量评价，在此基础上进行风险分级，以确定管理的重点。

（4）提出降低或控制风险的安全措施。根据评价和分级结果，高于标准值的危险必须采取工程技术或组织管理措施，降低或控制风险。低于标准值的风险属于可接受或允许的，应建立检测措施，防止因生产条件变更而增加风险值，对不可排除的风险要采取防范措施。

2. 风险评价的方法

企业应依据辨识出的危害因素，选定合适的评价方法，进行风险评价和风险定级，风险评价应做到：

首先，应在满足国家有关法律法规、标准规范等要求基础上，结合企业实际情况，制定本企业风险分级及可接受的风险标准。

其次，应根据本企业风险标准，对辨识出的风险进行风险评价，确定风险等级。

第三，满足条件的重大危害因素，应采用定量风险评价（QRA）进行安全评估，确定个人和社会风险值。

最后，负责实施风险评价的人员需具备相关风险评价方法和技术方面的能力，并具有相应工作活动的知识。

（1）定性评价法。根据有关标准、同类或类似系统事故（或故障）资料和借助经验、逻辑推理和分析判断能力，将系统危险性、事故或故障发生可能性等划分为不同的定性等级，并规定达到哪个等级就可认为系统是安全的，从而对系统安全程度进行定性评价。

定性评价法主要根据经验和判断对生产系统的工艺、设备、环境、人员、管理等方面的状况进行定性评价，包括安全检查表法、预先危险性分析法、故障模式和影响分析法、危险与可操作性分析、事件树分析法、故障树分析法、人的可靠性分析法等。这类方法在企业安全管理工作中被广泛使用，主要是因为其简单、便于操作，评价过程及结果直观。但是这类方法含有相当高的主观和经验成分，带有一定的局限性，对系统危险性的描述缺乏深度。

（2）半定量评价法（综合评价）。半定量评价法是定性、定量评价方法的组合运用或两种以上定量评价方法的综合。由于各种评价方法都有其适用范围、应用条件和优缺点，综合评价兼有多种评价方法的长处，可以相互补充、相互验证，得到较为可靠和精确的评价结果。

半定量评价法包括作业条件危险性评价法（LEC）、打分的检查表法、MES评价法等。这种方法大都是在实际经验的基础上合理打分，根据最后的分值或概率风险与严重度的乘积进行分级。由于其可操作性强且还能依据分值有一个明确的级别，因而广泛用于地质、冶金、电力等领域。

（3）定量评价方法。定量评价方法是根据一定的算法和规则，对生产过程中的各个因素及相互作用的关系进行赋值，从而算出一个确定值的方法。若规则明确、算法合理且无难以确定的因素，则此方法的精度较高且不同类型评价对象间有一定的可比性。美国道化学公司的火灾评价法、爆炸指数法、英国帝国化学公司蒙德工厂的蒙德评价法、日本厚生劳动省的六阶段风险评价方法、我国化工厂危险程度分级方法、有毒危险源评价方法均属此类。

企业应经过研究论证确定适用的风险评估方法。必要时，宜根据评估方法的特点，选用几种评估方法对同一评估对象进行评估，互相补充、分析综合、相互验证，以提高评估结果的准确性。

2.2.2 风险等级划分

企业应依据辨识出的危害因素，并结合实际，选用工作前安全分析（JSA）、危险与可操作性分析（HAZOP）等方法对辨识出的危害因素进行风险分析，选用作业条件危险性分析法（LEC）、风险矩阵分析法（LS）、MES 评价法等进行风险评价和风险定级。

1. 风险矩阵分析法（LS）

这是一种半定量的风险评价方法。进行风险评价时，将风险事件的后果严重程度相对定性分为若干级，将风险事件发生的可能性也相对定性分为若干级，然后以严重性为表列，以可能性为表行，制成表，在行列的交点上给出定性的加权指数。所有的加权指数构成一个矩阵，而每一个指数代表了一个风险等级。

$$R = L \times S$$

其中：R 为风险程度；L 为发生事故的可能性，重点考虑事故发生的频次以及人体暴露在这种危险环境中的频繁程度；S 表示发生事故的后果的严重性，重点考虑伤害程度、持续时间。

（1）确定危机事件发生的严重程度（S）。从人员伤亡情况，财产损失、设备设施损坏，法律法规符合性，环境破坏和对企业声誉影响 5 个方面对后果的严重程度进行评价取值，取 5 项得分最高的分值作为其最终的 S 值，如表 2-6 所示。

表 2-6　严重程度

赋值	人员伤亡情况	财产损失、设备设施损坏	法律法规符合性	环境破坏	对企业声誉影响
1	一般，无损伤	一次事故直接经济损失在 5000 元以下	完全符合	基本无影响	本岗位或作业点
2	1~2 人轻伤一次	事故直接经济损失在 5000 元及以上，1 万元以下	不符合公司规章制度要求	设备、设施周围受影响	没有造成公众影响
3	1~2 人重伤，3~6 人轻伤	一次事故直接经济损失在 1 万元及以上，10 万元以下	不符合事业部程序要求	作业点范围内受影响	引起省级媒体报道，一定范围内造成公众影响
4	1~2 人死亡，3~6 人重伤或严重职业病	一次事故直接经济损失在 10 万元及以上，100 万元以下	潜在不符合法律法规要求	造成作业区域内环境破坏	引起国家主流媒体报道
5	3 人及以上死亡，7 人及以上重伤	一次事故直接经济损失在 100 万元及以上	违法	造成周边环境破坏	引起国际主流媒体报道

（2）确定事件发生的可能性（L）。从偏差发生频率、安全检查、操作规程、员工胜任程度、控制措施 5 个方面对危害事件发生的可能性进行评价取值，取五项得分的最高的分值作为其最终的 L 值，如表 2-7 所示。

表 2-7 可能性

赋值	偏差发生频率	安全检查	操作规程	员工胜任程度（意识、技能、经验）	控制措施（监控、联锁、报警、应急措施）
5	每次作业或每月发生	无检查（作业）标准或不按标准检查（作业）	无操作规程或从不执行操作规程	不胜任（无上岗资格证、无任何培训、无操作技能）	无任何监控措施或有措施从未投用；无应急措施
4	每季度都有发生	检查（作业）标准不全或很少按标准检查（作业）	操作规程不全或很少执行操作规程	不够胜任（有上岗资格证、但没有接受有效培训、操作技能差）	有监控措施但不能满足控制要求，措施部分投用或有时投用；有应急措施，但不完善或没演练
3	每年都有发生	发生变更后检查（作业）标准未及时修订或多数时候不按标准检查（作业）	发生变更后未及时修订操作规程或多数操作不执行操作规程	一般胜任（有上岗资格证、接受培训、但经验、技能不足、曾多次出错）	监控措施能满足控制要求，但经常被停用或发生变更后不能及时恢复；有应急措施但未根据变更及时修订或作业人员不清楚
2	每年都有发生或曾经发生过	标准完善但偶尔不按标准检查、作业	操作规程齐全但偶尔不执行	胜任（有上岗资格证、接受有效培训、经验、技能较好，但偶尔出错）	监控措施能满足控制要求，但供电、联锁偶尔失电或误动作；有应急措施但每年只演练一次
1	从未发生过	标准完善、按标准进行检查、作业	操作规程齐全，严格执行并有记录	高度胜任（有上岗资格证、接受有效培训、经验丰富、技能、安全意识强）	监控措施能满足控制要求，供电、联锁从未失电或误动作；有应急措施，每年至少演练二次

（3）风险矩阵。确定了 S 值和 L 值后，根据公式 $R=L \times S$ 计算出风险度 R 的值，依据表的风险矩阵进行风险评价分级。风险度 R 值的界限值，以及 L 值和 S 值定义不是一成不变的，可依据具体情况加以修订，如图 2-5 所示。

S \ L	1	2	3	4	5
1	1	2	3	4	5
2	2	4	6	8	10
3	3	6	9	12	15
4	4	8	12	16	20
5	5	10	15	20	25

图 2-5 风险矩阵

根据 R 值的大小将风险级别分为以下 5 级：

$R=17 \sim 25$：关键风险（Ⅰ级），需要立即停止作业；

$R=13\sim16$：重要风险（Ⅱ级），需要消减的风险；

$R=8\sim12$：中度风险（Ⅲ级），需要特别控制的风险；

$R=4\sim7$：低度风险（Ⅳ级），需要关注的风险；

$R=1\sim3$：轻微风险（Ⅴ级），可接受或可容许的风险。

2. 作业条件危险性分析法（LEC）

这是一种半定量的风险评价方法。它用与系统风险有关的3种因素指标值的乘积来评价操作人员伤亡风险大小，即 L（事故发生的可能性）、E（人员暴露于危险环境中的频繁程度）和 C（一旦发生事故可能造成的后果）。给3种因素的不同等级分别确定不同的分值，再以3个分值的乘积 D（危险性）来评价作业条件危险性的大小，即：$D=L\times E\times C$。D值越大，说明该系统危险性大。对这3种因素分别进行客观的科学计算，得到准确的数据，是相当烦琐的过程。为了简化评价过程，采取半定量计值法。即根据以往的经验和估计，分别对这3种因素划分不同的等级，并赋值，如表2-8~表2-10所示。

表2-8 事故发生的可能性（L）

分数值	事故发生的可能性
10	完全可以预料
6	相当可能
3	可能，但不经常
1	可能性小，完全意外
0.5	很不可能，可以设想
0.2	极不可能
0.1	实际不可能

表2-9 人员暴露于危险环境中的频繁程度（E）

分数值	人员暴露于危险环境中的频繁程度
10	连续暴露
6	每天工作时间内暴露
3	每周一次或偶尔暴露
2	每月一次暴露
1	每年几次暴露
0.5	罕见暴露

表 2-10 一旦发生事故可能造成的后果（C）

分数值	一旦发生事故可能造成的后果
100	10 人以上死亡
40	3~9 人死亡
15	1~2 人死亡
7	严重
3	重大，伤残
1	引人注意

根据公式 $D=L\times E\times C$，就可以计算作业条件的危险程度，并判断危险性的大小，如表 2-11 所示。其中的关键还是如何确定各个分值，以及对乘积值的分析、评价和利用。

表 2-11 危险程度

D 值	危险程度
>320	极其危险，不能继续作业
160~320	高度危险，要立即整改
70~160	显著危险，需要整改
20~70	一般危险，需要注意
<20	稍有危险，可以接受

根据经验，危险分值在 20 以下被认为是低危险的，比日常生活中骑自行车去上班还要安全些；如果危险分值在 70~160 之间，那就有显著的危险性，需要及时整改；如果危险分值在 160~320 之间，那么这是一种必须立即采取措施进行整改的高度危险环境；分值在 320 以上的高分值表示环境非常危险，应立即停止生产直到环境得到改善为止。值得注意的是，LEC 风险评价法对危险等级的划分，一定程度上凭经验判断，应用时需要考虑其局限性，根据实际情况予以修正。

3. MES 评价法

MES 评价法将风险程度（R）表示为：$R=M\times E\times S$，其中：M 为控制措施的状态；E 为人体暴露于危险状态的频繁程度或危险状态出现的频次；S 为事故的可能后果。MES 评价法可以看作对 LEC 评价方法的改进。MES 评价法危险等级划分如表 2-12~表 2-15 所示。

表 2-12 控制措施的状态（M）

分数值	控制措施的状态
5	无控制措施
3	有减轻后果的应急措施，如报警系统、个体防护用品
1	有预防措施，如机器防护装置等，必须保证有效

表 2-13 人体暴露于危险状态的频繁程度或危险状态出现的频次（E）

分数值	E1（人身伤害和职业相关病症）人体暴露于危险状态的频繁程度	E2（财产损失和环境污染）危险状态出现的频次
10	连续暴露	常态
6	每天工作时间内暴露	每天工作时间内出现
3	每周一次或偶尔暴露	每周一次或偶尔出现
2	每月一次暴露	每月一次出现
1	每年几次暴露	每年几次出现
0.5	更少的暴露	更少的出现

注：1. 8小时不离工作岗位，算连续暴露危险状态常存，算"常态"；
  2. 8小时内暴露一次至几次，算"每天工作时间暴露"；危险状态出现一次至几次，算每天工作时间出现。

表 2-14 事故的可能后果（S）

分数值	人身伤害	职业相关病症	财产损失（元）	环境影响
10	有多人死亡		>1千万	有重大环境影响的不可控排放
8	有1人死亡或多人永久性失能	职业病（多人）	100万~1000万	有中等环境影响的不可控排放
4	永久失能（1人）	职业病（1人）	10万~100万	有较轻环境影响的不可控排放
2	需医院治疗，缺工	职业性多发病	1万~10万	有局部环境影响的不可控排放
1	轻微，仅需急救	职业因素引起的身体不适	<1万	无环境影响

注：财产损失一栏分档赋值，可根据行业和企业的特点适当调整。

表 2-15 风险程度的等级

R（R=M×E×S）	风险程度（等级）
>180	一级
90~150	二级
50~80	三级
20~48	四级
≤18	五级

注：风险程度是可能性和后果的二元函数。当两者的乘积反映风险程度的大小时，从数学上来讲，乘积前面应当有一个系数，但系数仅是乘积的一个倍数，不影响不同乘积间的比值；也就是说，不影响风险程度的相对比值。因此，为简单起见，将系数取为1。

2.2.3 作业风险分析

1. 可能性风险

在识别风险事件的基础上,应对风险事件发生的可能性进行全面分析,其中应注意以下内容:

(1) 分析发生可能性的时机。

分析发生的可能性应在识别并确定潜在风险事件、风险后果之后进行。

(2) 分析发生可能性的范围。

对风险清单中任一风险事件,均应进行发生可能性的分析。

(3) 分析发生可能性的严重程度。

对风险事件发生可能性的分析是"风险分析"过程中的重要内容之一。在风险分析过程中,将按照已建立的"风险准则",对风险清单中所有风险进行发生可能性大小的分析,得到发生可能性的严重程度。

作业风险分析是在进行风险较大作业或非常规作业前,召集参与作业人员,运用JSA表格进行详细风险识别和风险分析。

作业风险分析流程:工作分解;风险分析,对每一步工作按识别—分析—控制—补救4个步骤进行分析;制定控制措施,将措施分配给关键人员;填写好JHA分析表;所有人员明确风险和控制措施后开始工作。

JSA 工作安全分析表示例如表 2-16 所示。

表 2-16 JSA 工作安全分析表示例

工作名称:_____	在线主管或安全监督:_____
工作地点:_____	使用的设备或工具:_____
作业人员:_____	使用的材料物料:_____
职责或目的:_____	个人防护用具:_____
分析完成及修订日期:(1)　(2)　(3)　(4)　(5)	
工作主要基本步骤及其顺序	潜在危险	安全的工作方法

2. 后果分析

在识别风险事件后果的基础上,对风险事件可能造成的后果进行全面分析,其包括以下内容:

(1) 后果的性质。针对特定过程目标,分析事件后果对目标的影响是正面还是负面。

(2) 直接后果与间接后果。哪些是事件发生后所造成的直接后果,哪些是由直接后果而导致的间接后果。分析直接后果与间接后果有利于企业选取正确的应对方式。

(3) 后果的形态。在"风险分析"过程中,当进行后果分析时,应在风险识别阶段中对后果形态识别的基础之上,对后果的可能形态进行分析,包括形态划分是否正确,如有形的、无形的、生命的、伤害的、产品质量的、经济的、声誉的、品牌的、资产安全的、进度的、文化的、组织结构的等。

(4) 后果的影响范围。分析后果可能影响到的利益相关方,包括对环境等方面的影响。

(5) 后果的严重程度。对风险事件后果严重程度的分析是"风险分析"过程中的重要内容之一。在风险分析过程中,将按照已建立的"风险准则",对风险清单中的所有风险进行后果大小的分析,得到风险后果的严重程度。

(6) 后果的升级。分析在一个事件发生后,在应急处置不当或应急处置过程中,其后果通过传输作用、连锁效应使原有后果的严重程度升级以及升级的程度、范围。

2.2.4 组织风险评价

组织风险是指组织机构建立并启动以后,在其运行过程中因为组织的决策、组织、协调和实施等行为失当及偏误所造成的经营风险。组织风险包括决策风险、组织管理风险和协调风险等。

1. 可能性分析

组织风险在管理风险中应该是最为重要的和关键的。管理风险关注的首先是组织风险,企业是组织的一种形式,组织风险实质也是战略风险。组织风险发生的可能性受内部和外部的双重影响,有其必然性和偶然性。

2. 后果分析

组织风险的后果,应该是决策风险＞管理风险＞协调风险。后果分析告诉我们,组织风险的控制应该从决策开始,管理组织,协调落实。

3. 风险评价

企业对组织风险的评价应采取头脑风暴法、专题会议等形式,对照组织战略目标的完成情况,查找出决策、组织管理、协调落实等方面存在的问题和隐患,制定针对性的改进措施,持续提升组织风险管控水平。

2.2.5 风险控制措施确定

1. 控制措施制定原则

为了控制系统存在的风险，必须遵循以下基本原则：

（1）闭环控制原则。系统应包括输入、输出、通过信息反馈进行决策并控制输入这样一个完整的闭环控制过程。显然，只有闭环控制才能达到系统优化的目的。搞好闭环控制，最重要的是要有信息反馈和控制措施。

（2）动态控制原则。充分认识系统的运动变化规律，适时正确地进行控制，才能收到预期的效果。

（3）分级控制原则。根据系统的组织结构和危险的分类规律，采取分级控制原则，使目标分解，责任分明，最终实现系统总控制。

（4）多层次控制原则。多层次控制可以增加系统的可靠程度。通常包括根本的预防性控制、补充性控制、防止事故扩大的预防性控制、维护性能的控制、经常性控制以及紧急性控制等层次。各层次控制采用的具体内容，随事故危险性质不同而不同，视具体危险的程度和严重性而定。

2. 现有的控制措施评估

风险的等级水平不仅取决于风险本身，还与现有的控制措施、应急措施的充分性和有效性密切相关。

在进行现有控制措施评估时，需要解决的问题包括对于一个具体的风险，现有控制措施、应急措施是什么？这些控制措施、应急措施是否足以应对风险，是否可以将风险控制在可接受水平？在实际中，控制措施、应急措施是否在以预定方式正常运行，当需要时能否证明这些控制措施、应急措施是有效的？

对特定的控制措施或一套相关控制措施、应急措施的有效性水平，可以进行定性、半定量或定量的表示。但在大多数情况下，难以保证高度的精确性。然而对风险控制、应急处置效果的测量进行表述和记录是有价值的。因为在对现有控制措施、应急措施进行改进以及实施不同的风险应对措施时，这些信息有助于决策者进行比较和判断。

在个人风险措施和社会风险措施的评估上，分别通过个人风险等值线和用累计频率和死亡人数之间的关系曲线表示，如图2-6和图2-7所示。

个人风险标准

个人风险是指因企业的生产储存装置各种潜在的火灾、爆炸、有毒气体泄漏事故造成区域内某一固定位置人员的个体死亡概率。

防护目标	个人风险基准（次/年）≤	
	危险化学品新建、改建、扩建生产装置和储存装置	危险化学品在役生产装置和储存设施
高敏感防护目标 重要防护目标 一般防护目标中的一类防护目标	3×10^{-7}	3×10^{-6}
一般防护目标中的二类防护目标	3×10^{-6}	1×10^{-5}
一般防护目标中的三类防护目标	1×10^{-5}	3×10^{-5}

图 2-6 个人风险标准

社会风险标准

社会风险是对个人风险的进一步补充，用于描述上述事故累积发生概率与事故造成的人员伤亡人数的关系。

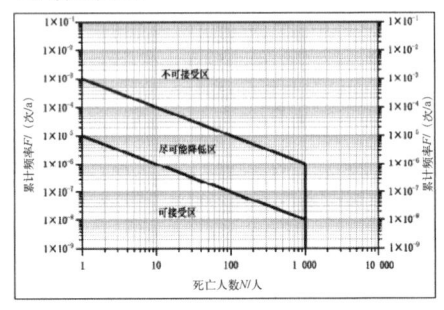

图 2-7 社会风险标准

企业应将风险评价的结果及所采取的控制措施、应急措施对从业人员进行宣传和培训，使其熟悉工作岗位和作业环境中存在的危害因素，掌握、落实应采取的控制措施、应急措施，并定期对过程安全风险数据进行更新。评估结果应用应做到：

（1）向管理层通报风险管理结果；

（2）建立安全风险数据库，绘制企业安全风险空间分布图；

（3）采取培训、宣传方式向企业内部人员（包括承包商人员）宣贯、通报风险评估结果，并在醒目位置和重点区域分别设置风险公示栏；

（4）采取书面通报方式向企业外部相关人员通报风险评估结果；

（5）建立风险巡查机制，将控制措施、应急措施的验证纳入日常检查内容，落实、跟踪控制措施、应急措施的完成情况，确保风险控制措施、应急措施的有效性；

（6）应根据风险管控情况，对风险信息进行动态更新，并将风险控制措施、应急措施运用到操作规程的各项操作程序内。

2.2.6 风险控制

风险控制的实施流程应符合安全风险辨识、安全风险分析、安全风险评价、控制措施制定、风险分级控制、控制效果分析的逻辑顺序。

企业应建立、实施和保持风险防控管理制度，明确风险防控的目的、范围、准则和管理流程，用来识别活动、产品或服务中可能导致人员伤害或疾病、财产损失、工作环境破坏、有害的环境影响等危害因素，对风险进行评价，确定风险等级，制定相应的控制和削减措施，并对危害及其影响实现事前预防控制。危害因素辨识和风险评价的准则应考虑但不仅限于如下内容：

（1）有关安全生产法律、法规；

(2) 设计规范、技术标准；

(3) 企业的安全管理标准、技术标准；

(4) 企业的安全生产方针和目标等。

企业应在选址设计、施工作业、生产运行、检修维护、报废处置等全过程选用适宜的方法，开展危害因素辨识和风险评价工作，可做如下考虑：

(1) 设计阶段（包含新、改、扩建工程）：可研报告与基础设计采用定量风险分析法（QRA）；基础设计、详细设计采用危险及可操作性分析法（HAZOP）和保护层分析法（LOPA）；

(2) 施工阶段：可采用检查表法（SCL）和工作安全分析法（JSA）；

(3) 运行阶段（包含检修维护）：试运行可采用检查表法（SCL），工艺风险管理采用危险及可操作性分析法（HAZOP）和保护层分析法（LOPA），设备管理采用故障模式与影响分析（FMEA），日常操作采用工作安全分析法（JSA）、检查表法（SCL），非常规作业采用工作安全分析法（JSA）；涉及的变更采用检查表法（SCL）、危险及可操作性分析法（HAZOP）和保护层分析法（LOPA）、预先危险分析法（PHA）、故障假设分析（WI）；

(4) 报废处置阶段：设备停用前采用危险及可操作性分析法（HAZOP）、故障假设分析（WI）、预先危险分析法（PHA）；设备停用后采用检查表法（SCL）；事故事件调查可采用事件树分析法（ETA）、故障树分析法（FTA）、Why-Tree 分析法、蝴蝶结分析法（Bow-Tie）等。

确定控制措施、应急措施或考虑变更现有控制措施、应急措施时，应按如下顺序考虑降低风险：

(1) 消除；

(2) 替代；

(3) 工程控制措施；

(4) 标志、警告；

(5) 管理控制措施，包括培训；

(6) 个体防护装备。

确定风险控制措施、应急措施应按如下优先顺序：

(1) 本质更安全的设计方案优先于要求风险控制的方案；

(2) 主动控制优先于被动控制；

(3) 工程控制优先于管理控制。

企业应将危害因素辨识、风险评价和控制措施、应急措施确定的结果形成文件并及时应用和更新。

危害因素有可能导致人身伤害或健康损害，因此，在评价与危害因素相关的风险之前，必须首先辨识危害因素。如果对危害因素未采取控制措施或现有控制措施仍不充分，则应按照控制措施、应急措施的层级选择顺序要求，实施有效的控制措施、应急措施。

企业应建立、实施和保持风险防控管理制度，内容应明确：

(1) 风险防控的目的、范围、准则和管理流程；

(2) 各部门及有关人员在风险防控、应急处置中的职责和任务。

企业应全面识别活动、产品或服务中可能导致人身伤害或疾病、财产损失、工作环境破坏、有害的环境影响等危害因素，对风险进行评价，确定风险等级，制定相应的控制和削减措施、应急措施，并对危害及其影响实现事前预防控制。

1. 作业风险控制方法

企业要按照特殊作业安全规范的要求，重点控制动火等8类许可作业。

(1) 动火作业。作业分级：固定动火区外的动火作业一般分为一级动火、二级动火、特殊动火3个级别，遇节日、假日或其他特殊情况，动火作业应升级管理。企业应划定固定动火区及禁火区。

①一级动火作业：在易燃易爆场所进行的除特殊动火作业以外的动火作业。厂区管廊上的动火作业按一级动火作业管理。

②二级动火作业：除特殊动火作业和一级动火作业以外的动火作业。凡生产装置或系统全部停车，装置经清洗、置换、分析合格并采取安全隔离措施后，可根据其火灾、爆炸危险性大小，经所在单位安全管理部门批准，动火作业可按二级动火作业管理。

③特殊动火作业：在生产运行状态下的易燃易爆生产装置、输送管道、储罐、容器等部位上及其他特殊危险场所进行的动火作业，带压不置换动火作业按特殊动火作业管理。

动火作业风险分析如表2-17所示。

表2-17 动火作业风险分析

序号	风险分析	安全管控措施
1	工艺交出置换不彻底	①将动火设备停车、泄压，关闭阀门 ②将动火设备、管道内的物料清洗、置换，经分析合格 ③设备内通风保护 ④进入受限空间动火，必须办理《受限空间作业证》
2	工艺介质互窜	动火设备与相连通的设备、管道加盲板能量隔离，上锁挂牌，并办理《盲板抽堵安全作业证》，建立盲板管理清单

续表

序号	风险分析	安全管控措施
3	动火点周围有易燃物	①清除动火点周围易燃物,动火附近的下水井、地漏、地沟、电缆沟等清除易燃物后予以封闭
		②电缆沟动火,清除沟内易燃气体、液体,必要时将沟两端隔绝
4	泄漏电流（感应电）危害	电焊回路线应搭接在焊件上,不得与其他设备搭接,禁止穿越下水道（井）
5	火星飞溅	①高处动火办理《高处作业证》并采取防止火花飞溅措施
		②塔内动火,将石棉布浸湿,铺在相邻两层塔盘上进行隔离
6	气瓶间距不足或放置不当	①氧气瓶、溶解乙炔气瓶间距不小于 5 m,二者与动火地点之间均不小于 10 m
		②气瓶不准在烈日下曝晒,溶解乙炔气瓶禁止卧放
7	电、气焊工具有缺陷	动火作业前,应检查电、气焊工具,避免电焊线绝缘层损坏及气焊软管有裂纹泄漏
8	可燃有毒气体聚集	①室内、设备内动火,应将门窗打开,采用局部强制通风
		②清除油污,使用易燃物清洗作业时周围不得动火
9	未定时监测	①取样与动火间隔不得超过 30 min,如超过此间隔或动火作业中断时间超过 30 min,必须重新取样分析
		②采样点应有代表性,作业区域上、中、下、左、右、前、后取样分析
		③动火过程中中断动火,重新取样分析
10	监护人履职不到位	①监护人取证并持证上岗
		②监护人随身携带便携式检测仪,逐条落实防护措施
11	应急处置不当	①动火现场配备灭火器材
		②现场人员会报警、会扑救初期火灾

（2）受限空间作业。作业前,应对受限空间进行安全隔绝,要求如下：

①与受限空间连通的可能危及安全作业的管道应采用插入盲板或拆除一段管道进行隔绝；

②与受限空间连通的可能危及安全作业的孔、洞应进行严密的封堵；

③受限空间内用电设备应停止运行并有效切断电源,在电源开关处上锁并加挂警示牌。

作业前,应根据受限空间盛装（过）的物料特性,对受限空间进行清洗或置换,并达到如下要求：

①氧含量为 18%~21%,富氧环境下不应大于 23.5%；

②有毒气体（物质）浓度应符合《工作场所有害因素职业接触限值》（GBZ 2.1—2019）的规定；

③可燃气体浓度要求。

应保持受限空间空气流通良好,可打开人孔、手孔、料孔、风门、烟门等与大气相通的设施进行自然通风;必要时,应采用风机强制通风或管道送风,管道送风前应对管道内介质和风源进行分析确认。

受限空间作业风险分析如表 2-18 所示。

表 2-18 受限空间作业风险分析

序号	风险分析	安全管控措施
1	工艺交出置换不彻底	①将设备停车、泄压,关闭阀门 ②将受限空间的物料清洗、置换,经分析合格 ③受限空间内通风保护 ④进入受限空间动火,必须办理《动火作业证》
2	能量隔离不彻底	受限空间与相连通的设备、管道加盲板能量隔离,上锁挂牌,并办理《盲板抽堵安全作业证》,建立盲板管理清单
3	机械伤害	相关联的动设备办理停电手续,切断设备动力电源,挂"禁止合闸"警示牌
4	氧气不足	①氧气不足或氮气环境中作业,佩戴长管呼吸器 ②严禁通入氧气补氧
5	通风不良	①打开设备人孔进行自然通风 ②采用强制通风 ③采用管道空气送风,通风前必须对管道内介质和风源进行分析确认 ④设备内温度需适宜人员作业
6	未定时监测	①作业前 30 min 内,必须对设备内气体采样分析,合格后方可进入设备 ②采样点应有代表性,作业区域上、中、下、左、右、前、后取样分析 ③作业中应加强定时监测,情况异常立即停止作业,作业人员、监护人员随身携带便携式检测仪
7	触电危害	①设备内照明电压应不大于 36 V,在潮湿容器、狭小容器内作业应不大于 12 V ②使用超过安全电压的手持电动工具,必须按规定配备漏电保护器
8	防护措施不当	①在缺氧、有毒环境中,佩戴隔离式防护器材 ②在易燃易爆环境中,使用防爆型低压灯具及不发生火花的设备 ③在酸碱等腐蚀性环境中,穿戴好防腐蚀护具,如耐酸靴、耐酸手套、护目镜
9	监护不当	①监护人取证并持证上岗 ②监护人随身携带便携式检测仪,逐条落实防护措施 ③进入设备前,监护人应会同作业人员检查安全措施,统一联系信号 ④监护人与作业人员佩戴对讲机,保持通信畅通,不得脱离岗位
10	应急处置不当	①设备外备有空气呼吸器、长管呼吸器、急救绳、安全带 ②作业人员穿戴"五点式"安全带作业 ③应急人员急救必须佩戴相应器材
11	设备内遗留异物	对进、出受限空间人员、器材、物品进行清点、登记,防止受限空间遗留异物

(3) 盲板抽堵作业。

①应预先绘制盲板位置图,对盲板进行统一编号,并设专人统一指挥作业。

②应根据管道内介质的性质、温度、压力和管道法兰密封面的口径等选择相应材料、强度、口径和符合设计、制造要求的盲板及垫片。高压盲板使用前应经超声波探伤,并符合《锻造角式高压阀门标准》(JB/T 450)的要求。

③作业单位应按图进行盲板抽堵作业,并对每个盲板设标牌进行标识,标牌编号应与盲板位置图上的盲板编号一致,逐一确认并做好记录。

④作业时,作业点压力应降为常压,并设专人监护。

⑤在有毒介质的管道、设备上进行盲板抽堵作业时,作业人员应按《个体防护装备选用规范》(GB/T 11651—2008)的要求选用防护用具。

⑥在易燃易爆场所进行盲板抽堵作业时,作业人员应穿防静电工作服、工作鞋,并应使用防爆灯具和防爆工具;距盲板抽堵作业地点 30 m 内不应有动火作业。

⑦在强腐蚀性介质的管道、设备上进行盲板抽堵作业时,作业人员应采取防止酸碱灼伤的措施。

⑧介质温度较高、可能造成烫伤的情况下,作业人员应采取防烫措施。

⑨不应在同一管道上同时进行两处及两处以上的盲板抽堵作业。

盲板抽堵作业风险分析如表 2-19 所示。

表 2-19 盲板抽堵作业风险分析

序号	风险分析	安全管控措施
1	盲板有缺陷	盲板材质要适宜,厚度应经强度计算,高压盲板应经探伤合格,盲板应有一个手柄,便于辨识、抽堵,应选用与之相配的垫片
2	能量隔离不彻底	①在拆装盲板前,将管道压力泄至常压或微正压 ②严禁在同一管道上同时进行两处及两处以上抽堵盲板作业 ③气体温度应小于 60℃ ④作业人员严禁正对危险有害能量意外释放的方向,做好个人防护
3	火源	①在易燃易爆场所作业时,作业地点 30 m 内不得有动火作业 ②工作照明使用防爆灯具 ③使用防爆工具,禁止用铁器敲打管线、法兰等
4	操作失误	①抽堵多个盲板时,应按盲板位置图及盲板编号,由作业负责人统一指挥 ②不得无票作业,建立分级管控的盲板台账,编号明确 ③抽堵盲板按顺序进行
5	通风不良	①根据作业条件,采用强制通风或自然通风 ②通风不良时,作业人员佩戴防护器材

续表

序号	风险分析	安全管控措施
6	监护不当	①作业时应有专人监护
		②监护人取证并持证上岗
7	应急处置不当	①作业现场备有空气呼吸器、长管呼吸器、急救绳、安全带
		②高处作业时作业人员穿戴"五点式"安全带作业
		③应急人员急救必须佩戴相应器材
8	相关特殊作业	若涉及动火、受限空间、高处等危险作业时，应同时办理相关作业许可证
9	作业条件发生重大变化	若作业条件发生重大变化，应重新办理《盲板抽堵安全作业证》

（4）高处作业。作业高度 h 分为 4 个区段：$2\,m \leqslant h \leqslant 5\,m$；$5\,m < h \leqslant 15\,m$；$15\,m < h \leqslant 30\,m$；$h > 30\,m$。作业要求如下：

①作业人员应佩戴符合《坠落防护安全带》（GB 6095—2021）要求的安全带。

②带电高处作业应使用绝缘工具或穿均压服。

③Ⅳ级高处作业（30 m 以上）宜配备通信联络工具。

④高处作业应设专人监护，作业人员不应在作业处休息。

⑤在彩钢板屋顶、石棉瓦、瓦楞板等轻型材料上作业，应铺设牢固的脚手板并加以固定，脚手板上要有防滑措施。

⑥作业使用的工具、材料、零件等应装入工具袋，上下时手中不应持物，不应投掷工具、材料及其他物品。易滑动、易滚动的工具、材料堆放在脚手架上时，应采取防坠落措施。

⑦与其他作业交叉进行时，应按指定的路线上下，不应上下垂直作业，如果确需垂直作业应采取可靠的隔离措施。

⑧因作业必需，临时拆除或变动安全防护设施时，应经作业审批人员同意，并采取相应的防护措施，作业后应立即恢复。

高处作业风险分析如表 2-20 所示。

表 2-20 高处作业风险分析

序号	风险分析	安全管控措施
1	作业人员无证作业	①作业人员按要求取证
		②作业人员按要求接受三级教育
2	防护不当	①作业人员必须戴安全帽，使用"五点式"安全带，穿防滑鞋
		②作业现场无悬挂点的，应设置生命线

续表

序号	风险分析	安全管控措施
3	监护不当	①作业时应有专人监护
		②监护人取证并持证上岗
		③监护人认真检查确认安全措施落实到位，作业期间不得离岗
4	作业平台不符合要求	①搭设的脚手架、防护围栏应符合相关安全规程
		②跳板固定，脚手架、防护围栏应符合相关安全要求
		③在石棉瓦、瓦楞板等轻型材料上作业，应搭设并站在固定承重板上作业
5	高空坠物	①高处作业使用的工具、材料、零件必须装入工具袋，上下时手中不得持物
		②不准空中抛接工具、材料及其他物品。易滑动、易滚动的工具、材料堆放在脚手架上时，应采取措施防止坠落
		③高处作业正下方拉设警戒线，严禁站人
		④与其他作业交叉进行时，必须按指定的路线上下，禁止上下垂直作业。若必须垂直进行作业时，应采取可靠的隔离措施
6	作业环境不良	①在电气设备（线路）旁高处作业应符合安全距离要求。在采取地（零）电位或等（同）电位作业方式进行带电高处作业时，必须使用绝缘工具
		②高处作业应有足够的照明
		③30 m 以上高处作业应配备通信、联络工具，指定专人负责联系
		④如遇暴雨、大雾、6 级以上大风等恶劣气象条件应停止高处作业
7	作业禁忌	患有职业禁忌症和年老体弱、疲劳过度、视力不佳、酒后人员及其他健康状况不良者，不准高处作业
8	相关特殊作业	若涉及动火、盲板抽堵等危险作业时，应同时办理相关作业许可证
9	应急处置不当	①作业现场备有"五点式"安全带、安全绳、对讲机
		②管廊等高处作业时应设安全网
		③应急人员急救必须佩戴相应器材
10	作业条件发生重大变化	若作业条件发生重大变化，应重新办理《高处作业证》

（5）吊装作业。吊装作业按照吊装重物质量 m 不同分为：一级吊装作业（$m>100$ t）；二级吊装作业（40 t$\leqslant m \leqslant 100$ t）；三级吊装作业（$m<40$ t）。作业要求如下：

①三级以上的吊装作业，应编制吊装作业方案。吊装物体质量虽不足 40 t，但形状复杂、刚度小、长径比大、精密贵重，以及在作业条件特殊的情况下，也应编制吊装作业方案，吊装作业方案应经审批。

②吊装现场应设置安全警戒标志，并设专人监护，非作业人员禁止入内，安全警戒标志应符合《安全标志及其使用导则》（GB 2894—2008）的规定。

吊装作业风险分析如表 2-21 所示。

表 2-21 吊装作业风险分析

序号	风险分析	安全管控措施
1	无证操作	①吊装、指挥人员必须按要求取证
		②现场专人统一指挥,信号明确,器材、人员到位
2	作业环境	①有完善的吊装方案,划定警戒线,设置安全标志,禁止非施工人员入内
		②夜间作业现场要有足够的照明
		③遇暴雨、大雾及6级以上大风等恶劣气象条件,须停止作业
3	车辆、器具不完好	作业前应对车辆、器具进行检查,保证完好
4	未严格执行吊装作业"十不吊"	①指挥信号不明或乱指挥不吊
		②超负荷或物件重量不明不吊
		③斜拉重物不吊
		④光线不足,看不清重物不吊
		⑤重物下站人不吊
		⑥重物埋在地下不吊
		⑦重物坚固不牢,绳打结,绳不齐不吊
		⑧棱刃物件没有放垫措施不吊
		⑨安全装置失灵不吊
		⑩重物超过人头不吊
5	涉及危险作业组合,未落实相应的安全措施	①吊装过程中如需阻断道路交通,应办理《断路作业证》
		②吊装现场,作业人员登2 m以上高处作业时,应办理《高处作业证》
		③涉及其他危险作业须办理相关作业证

(6) 临时用电作业。在运行的生产装置、罐区和具有火灾爆炸危险场所内不应接临时电源,确需时应对周围环境进行可燃气体检测分析,分析结果应符合要求。

①各类移动电源及外部自备电源不应接入电网。

②动力和照明线路应分路设置。

③在开关上接引、拆除临时用电线路时,其上级开关应断电上锁并加挂安全警示标牌。

④临时用电应设置保护开关,使用前应检查电气装置和保护设施的可靠性。所有的临时用电均应设置接地保护。

临时用电作业风险分析如表 2-22 所示。

表 2-22 临时用电作业风险分析

序号	风险分析	安全管控措施
1	违章作业	①作业人员必须持有相应电气作业证
		②临时用电线路架空高度在装置内不低于2.5 m,道路不低于5 m
		③所有临时用电线路,不得采用裸线
		④临时用电线路架空线,不得在树上或脚手架上架设

续表

序号	风险分析	安全管控措施
2	电缆、设施损坏	①暗管埋设及地下电缆线路应设有走向标志和安全标志，电缆埋设深度大于 0.7 m ②临时用电设施应有漏电保护器 ③用电设备、线路容量、负荷应符合要求
3	配电盘、配电箱短路	现场临时用电配电盘、箱应有防雨措施
4	火灾爆炸	所使用的临时电气设备和线路须达到相应的防爆要求
5	作业条件发生重大变化	若作业条件发生重大变化，应重新办理《临时用电作业证》

(7) 动土作业。

①作业前应检查工具，现场支撑是否牢固、完好，发现问题应及时处理。

②作业现场应根据需要设置护栏、盖板和警告标志，夜间应悬挂警示灯。

③在破土开挖前，应先做好地面和地下排水，防止地面水渗入作业层面造成塌方。

④作业前应首先了解地下隐蔽设施的分布情况，动土临近地下隐蔽设施时，应使用适当工具挖掘，避免损坏地下隐蔽设施。如暴露出电缆、管线以及不能辨认的物品时，应立即停止作业，妥善加以保护，报告动土审批单位处理，经采取措施后方可继续动土作业。

动土作业风险分析如表 2-23 所示。

表 2-23 动土作业风险分析

序号	风险分析	安全管控措施
1	管线、电缆破坏	①电力电缆、电信电缆已确认，保护措施已落实 ②地下供排水管线、工艺管线已确认，保护措施已落实 ③动土临近地下隐蔽设施时，应轻轻挖掘，禁止使用抓斗等机械工具 ④已按施工方案图划线施工 ⑤道路施工作业已报交通、消防、调度、安全监督管理部门
2	发生坍塌	①多人同时挖土应保持一定的安全距离 ②挖掘土方应自上而下进行，不准采用挖地脚的办法，挖出的土方不准堵塞下水道和窨井 ③开挖没有边坡的沟、坑等必须设支撑，开挖前排除地表水，挖掘到地下水位以下时采取排水措施 ④已进行放坡处理和固壁支撑 ⑤作业人员必须戴安全帽，坑、槽、井、沟上端沿不准人员站立、行走
3	作业人员中毒	①备有可燃气体检测仪、有毒介质检测仪 ②作业人员必须佩戴防护器具 ③人员进出口和撤离保护措施已落实（如梯子、修边坡）

续表

序号	风险分析	安全管控措施
4	造成坠落	①作业现场围栏、警戒线、警告牌、夜间警示灯已按要求设置
		②作业现场必须佩戴防护器具
		③作业人员上下时要铺设跳板
5	涉及危险作业组合，未落实相应的安全措施	若涉及高处、断路等危险作业时，应同时办理相关作业许可证
6	施工条件发生重大变化	若施工条件发生重大变化，应重新办理《动土作业证》

（8）断路作业。

①作业前，作业申请单位应会同本单位相关主管部门制定交通组织方案，方案应能保证消防车和其他重要车辆的通行，并满足应急救援要求。

②作业单位应根据需要在断路的路口和相关道路上设置交通警示标志，在作业区附近设置路栏、道路作业警示灯、导向标等交通警示设施。

③在道路上进行定点作业，白天不超过2小时、夜间不超过1小时即可完工的，在有现场交通指挥人员指挥交通的情况下，只要作业区域设置了相应的交通警示设施，即白天设置了锥形交通路标或路栏，夜间设置了锥形交通路标或路栏及道路作业警示灯，可不设标志牌。

断路作业风险分析如表2-24所示。

表2-24 断路作业风险分析

序号	风险分析	安全管控措施
1	标识不明，信息沟通不畅，影响交通	①作业前，施工单位在断路路口设置交通挡杆、断路标识，为来往的车辆提示绕行线路
		②交管部门审批《断路作业证》后，立即通知调度等有关部门
2	安全措施落实不到位	①断路作业过程中，施工单位应负责在施工现场设置围栏、交通警告牌，夜间应悬挂警示红灯
		②在断路施工作业时，施工单位应设置安全巡检员，保证在应急情况下公路的随时畅通
		③在断路施工作业期间，施工单位不得随意乱堆放施工材料
3	作业结束后现场清理不彻底	①断路作业结束后，施工单位应负责清理现场，撤除现场和路口设置的围栏、断路标志、警告牌、警示红灯，报交管部门
		②交管部门到现场检查核实后，通知各有关单位断路工作结束，恢复交通
4	变更管理不严格	①断路作业应按《断路作业证》的内容进行，严禁涂改、转借《断路作业证》，严禁擅自变更作业内容、扩大作业范围或转移作业部位
		②在《断路作业证》规定的时间内未完成断路作业时，由断路申请单位重新办理
5	涉及危险作业组合，未落实相应安全措施	若涉及高处、动土等危险作业时，应同时办理相关作业许可证
6	施工条件发生重大变化	若施工条件发生重大变化，应重新办理《断路作业证》

2. 工序风险控制方法

（1）工序安全 BSH 原则。
①对自己操作或管理的工序负责，不让隐患在自己手上存在；
②每个人都要牢固树立不输送隐患的理念；
③在安全控制中上道工序不向下道工序移交隐患。
（2）BSH 原则的实施要点。
①工序质检安全基准和隐患认知的共有化；
②本道工序责任人自行更改；
③迅速反馈，下道工序对上道工序移交隐患要立即报告，使问题表面化；
④实施对策，上级应明确相关的管理者、监督者、操作者各自的责任、期限等；
⑤对策追踪，待责任部门彻底修正并经确认后，方可继续下道工序作业。

3. 过程风险控制方法

安全和应急管理可以归纳为生产过程中对人、设备、环境风险因素的评估、控制和消除的综合管理。企业在开展安全性评价工作的基础上，通过应用风险控制的基本方法，可以对企业的安全和应急管理起到积极的主导作用，促进安全生产良性循环。

每个企业的安全生产都有其自身的特点，在风险评估的基础上，可根据实际采取不同的方法，如消除法、代替法、隔离法、工程方法、个人防护、行政方法等。

4. 区域风险控制方法

区域风险分为企业内部关联性生产装置之间的区域风险的相互影响和同一区域内企业与企业之间风险的相互影响。其控制方法为：
（1）从设计上审查区域间风险相互影响设计措施的制定。
（2）可采用道化学指数法等，计算装置与装置之间风险相互影响的范围。
（3）区域中应建立装置与装置之间信息共享平台，及时发布安全生产及关联性信息，做到信息共享，采取的风险控制措施及时、有效。
（4）建立联动的区域风险相互支援、相互预防的预案体系，并开展培训和联动演练。

5. 设备风险控制方法

在设备风险控制的初级阶段，为避免因设备本身出现故障而造成装置停车及生产中断、设备报废等，对设备运行安全所进行的各种防控措施及手段都是设备管理的最低要求，必须从设计、制造、安装及运行几个环节去控制容易产生设备损坏的风险因素。在这个阶段，应尽力规避人为因素所造成的设备事故，并根据设备资产价格及生产中断给企业造成的损失，对设备进行分类，对于风险较高的一类设备，需要在管理上制定多重防控体系，包括设备及工艺方面的管理，需要在技术上采取最为可靠的保证措施。

在设备管理的高级阶段，为保证装置处于最优化的运行状态，包括节能、低耗等理想工况，对装置区域内各设备最佳运行效率进行评估，包括对动设备及静设备等单体设备的运行效率进行科学的统计，最大限度地挖掘单体设备的潜能，使设备各种效率指标达到最优化状态。

6. 组织风险控制方法

（1）明确管理组织机构。

成立安全风险管理领导小组，由企业主要负责人任组长，其他分管领导为副组长，业务部门负责人、管理人员为组员，全面负责安全风险管理。

（2）明确安全风险管理领导小组职责。

①认真贯彻和落实国家、行业主管部门有关安全生产的政策、法律、法规、条例、标准、规范和规定等；

②监督建立健全安全风险管理体系，健全组织机构，配齐管理人员，制定规章制度，完善安全风险管理责任制；

③组织安全风险管理领导小组会议，分析研究安全与应急管理体系运转情况，解决存在的重大问题，确保处于受控状态和良性运转状态；

④组织安全风险管理大检查，严格奖罚制度；促进安全风险管理工作的不断深入和管理水平的不断提高。

（3）厘清业务部门职责，安全监督管理部门职责为：

①负责安全风险管理的日常工作；

②对安全风险管理体系实行全过程、全方位的监督和动态管理；

③实行奖优罚劣制度，建立安全风险管理台账，收集信息和资料；

④组织安全风险管理检查，撰写检查报告；

⑤召开安全风险管理工作会，分析并研究安全管理体系的运转情况，对各级单位安全风险管理情况进行考核。

2.2.7　4类突发事件的风险管理

1. 自然灾害

自然灾害应急响应是灾害发生后所进行的一系列应对行动的总称，也是自然灾害应急管理的重要工作，包括灾情管理、抢险救援、转移安置、应急救助、广泛动员等环节。

（1）灾情管理。包括灾情的采集、统计、评估、报送、汇总、核定、发布等工作。企业要按照应急管理部制定的《自然灾害情况统计调查制度》《特别重大自然灾害损失统计调查制度》，通过"国家自然灾害灾情管理系统"开展灾情统计报送。

①灾情统计报送。常规性灾情统计报送依据《自然灾害情况统计调查制度》，自然灾害情况快报主要反映洪涝灾害，台风、风雹、低温冷冻、雪灾、沙尘暴等气象灾害地震灾害，山体崩塌、滑坡、泥石流等地质灾害，风暴潮、海啸等海洋灾害，森林草原火灾和重大生物灾害等自然灾害发生、发展情况和救援救灾工作情况。

②国家自然灾害灾情管理系统。国家自然灾害灾情管理系统是以《自然灾害情况统计调查制度》为基础，通过信息化、网络化手段，结合业务规范建设的统一的全国灾情报告系统。建立"互联网+手机app"报灾模式，具备光纤宽带网、移动互联网、北斗短报文三网合一的通信能力，实现对各类自然灾害损失、救灾工作、救助台账情况的一揽子综合管理。

（2）抢险救援。抢险救援坚持"党委领导，政府主导，属地管理，分级应对，以人为本，快速响应，协调联动，科学救援"的基本原则。

①抢险救援的主体。自然灾害抢险救援的责任主体是履行统一领导职责或者组织处置自然灾害的各级政府，企业在应急处置中应承担并履行相关义务。

②抢险救援的主要措施。一是救助性措施。企业有效组织人员对伤者进行救治，对受到或可能受到自然灾害影响的社会公众进行安全疏散，并予以妥善安置。二是控制性措施。企业迅速对危险源、危险区域和所划定的警戒区逐层实施有效的静态控制，同时进行交通管制以实施有效的动态控制，确保抢险救援行动有相对有利的外部环境。三是保障性措施。企业应当及时修复供排水、供电、通信等公共设施，有效保障应急救援队伍、装备和物资的运输。四是预防性措施。企业要排查有关设备、设施及工作、作业、活动场所潜在的风险，并采取有效的预防性措施，防止发生各种次生灾害和衍生灾害。

③抢险救援的基本流程。一是先期处置。自然灾害发生后，企业要立即采取措施控制事态发展，组织开展应急救援工作，并及时向上级单位报告。二是信息接报。企业应急值守人员接到自然灾害报告时，应详细询问、记录有关情况，主要包括事发时间、地点、性质、规模及人员伤亡或财产损失等。三是启动响应。企业按照分级响应的原则，迅速启动应急响应，调集应急救援队伍、物资，派出应急指挥人员和专家赶赴自然灾害现场，成立现场应急指挥部。四是组织指挥。按照不同应急响应分级，企业在政府部门统一指挥下，开展应对工作，制定并组织实施抢险救援方案，防止次生灾害和衍生灾害，部署做好维护现场秩序和当地社会稳定工作，及时报告抢险救援的进展情况，研究处理其他重大事项。五是信息管理。企业按照应急预案，向社会统一发布有关自然灾害事态

发展和抢险救援工作的信息，信息发布应当及时、真实、准确、全面，加强并做好社会舆论的引导工作。六是响应结束。抢险救援结束后，现场应急指挥部撤销，应急响应终止。七是调查评估。企业应当对自然灾害的起因、性质、影响、责任、经验教训等问题进行调查评估，并追究相关责任人的责任。

（3）转移安置。受灾企业在当地人民政府统一指挥下，配合对受灾人员采取就地、异地过渡性安置，因地制宜设立应急避难场所，统筹安排所必需的供水、供电、排污、环保、物资储备等设备设施。

（4）应急救助。企业按照政府部门统一部署，在实现受灾人员灾后应急救助"五有"基本目标（有饭吃、有衣穿、有临时安全住所、有干净水喝、有医疗服务）过程中，落实好企业的社会责任。

根据《自然灾害救助条例》，企业在县级以上人民政府或者人民政府的自然灾害救助应急综合协调机构启动自然灾害救助应急响应后，按照政府统一部署，发布应对措施和公众防范措施，配合紧急转移安置受灾人员，向受灾人员提供应急救助，协助受灾人员开展自救互救，并分析评估灾情程度和灾区需求，采取相应的自然灾害救助措施，组织捐赠活动。

（5）广泛动员。企业采取宣传、组织、引导、鼓励等方式，对员工进行动员，募集资金和物资，支持抢险救灾和灾后重建。

2. 事故灾难

事故灾难是指具有灾难性后果的事故，会造成大量的人员伤亡、经济损失以及严重环境污染。常见的事故灾难有火灾安全事故、矿山安全事故、危险化学品事故、建筑安全事故、交通安全事故和大型活动事故等。

（1）开展事故调查与责任追究。事故调查处理的目的是查明事故原因，明确事故责任，使责任人受到追究，总结经验教训，落实整改和防范措施，防止类似事故再次发生。

①基本原则。一是根据《安全生产法》，事故调查处理应当按照科学严谨、依法依规、实事求是、注重实效的原则，及时、准确地查清事故原因，查明事故性质和责任，总结事故教训，提出整改措施，并对事故责任者提出处理意见。事故发生单位应当及时全面落实整改措施，负有安全生产监督管理职责的部门应当加强监督检查。二是严格安全生产责任制，对责任不落实的，要严格按照事故原因未查清不放过、责任人员未处理不放过、整改措施未落实不放过、有关人员未受到教育不放过的"四不放过"原则，严肃追究责任人的责任。三是根据《生产安全事故应急条例》，按规定成立的生产安全事故调查组应当对应急救援工作进行评估，并在事故调查报告中做出评估结论。

②分级负责。根据事故造成的人员伤亡或者直接经济损失，事故一般分为特别重大

事故、重大事故、较大事故和一般事故4个等级。企业要按照法律法规要求和政府部门安排，主动配合做好各等级事故调查和分析。

③事故调查。一是事故调查组的组成应当遵循精简、效能的原则，根据事故的具体情况，由业务主管部门、安全监督部门以及工会派人组成。企业的纪检监察部门依法负责有关追责问责工作。事故调查组可以聘请有关专家参与调查。二是事故调查组组长按照企业事故管理制度确定。事故调查组成员应当具备事故调查所需要的知识和专长，并与所调查的事故没有直接利害关系。事故调查组成员在事故调查工作中应当诚信公正、恪尽职守，遵守事故调查组的纪律，保守事故调查的秘密。三是事故调查组应按照企业事故管理规定按时提交事故调查报告；特殊情况下，提交事故调查报告的期限可以适当延长。

④事故责任追究。一是生产经营单位发生生产安全事故，经调查确定为责任事故的，应当查明事故单位的责任并依法予以追究。二是根据《中共中央国务院关于推进安全生产领域改革发展的意见》要求，严格责任追究制度。建立企业生产经营全过程安全责任追溯制度。严格事故直报制度，对瞒报、谎报、漏报、迟报事故的单位和个人依法依规追责。三是严格落实安全生产"一票否决"制，对因发生生产安全事故被追究责任的责任人，按照企业管理制度，在相关时限内取消考核评优和评选先进资格，不得晋升职务、级别或者重用任职。对工作不力导致生产安全事故人员伤亡和经济损失扩大，或者造成严重社会影响的责任人，应当从重追究责任。对主动采取补救措施，减少生产安全事故损失或挽回社会不良影响的人员，可以从轻、减轻追究责任。四是根据《中国共产党问责条例》第七条规定，党组织、党的领导干部违反党章和其他党内法规，不履行或者不正确履行职责，履行管理、监督职责不力，职责范围内发生重特大生产安全事故、群体性事件、公共安全事件，或者发生其他严重事故、事件，造成重大损失或者恶劣影响的情形，应当予以问责。

(2) 强化事故教训吸取和调查评估。

①总结事故教训，提出防范和整改措施。

通过事故调查分析，在认定事故的性质和事故责任者的基础上，认真总结事故教训，主要是在安全生产管理、安全生产投入、安全生产条件、应急救援处置等方面存在哪些薄弱环节、漏洞和隐患，要认真对照问题查找根源。防范和整改措施是在事故调查分析的基础上提出的，要具备针对性、可操作性、普遍适用性和时效性。

②开展事故防范和整改措施落实情况评估。

按照《中共中央国务院关于推进安全生产领域改革发展的意见》要求，建立事故暴露问题整改督办制度，事故结案后一年内，企业要组织事故调查人员对事故教训吸取、防范措施落实等情况开展评估并予以公开，对履职不力、整改措施不落实的，严肃追究有关单位和人员的责任。

3. 公共卫生事件

传染病事件是公共卫生事件中最常见的一类事件，其中突发急性传染病事件虽然少见，但是危害更严重。这里重点以传染病事件的应急处置来介绍公共卫生事件的应急处置过程。

传染病事件的应急处置核心是及时采取控制措施，救治病人，防止疫情进一步扩散，尽快查明致病病原及传播、扩散的原因和风险，采取有针对性的防控措施。

企业要按照政府的统一安排，启动相应级别的应急响应，并采取一系列的控制措施，包括成立应急指挥部、组织协调参与事件处置、采取疫情控制措施、信息通报、健康宣教、事件评估及社会维稳等。应急响应结束后，应及时开展处置过程及恢复重建需求评估，并完成责任追究、奖励、抚恤和补助、征用物资和劳务的补偿等善后工作。

（1）传染病事件的基本控制措施。传染病的传播过程指病原体从传染源传播给易感宿主，无论何种传染病，其传播过程均需具备 3 个相互联系的条件，即传染源、传播途径和易感人群，被称为传染病传播过程的 3 个基本环节。所有传染病的防控措施均围绕传染病传播过程的 3 个基本环节开展，其中"早发现、早报告、早隔离、早治疗"（"四早"措施）是控制传染病的核心措施。

①早发现和早报告。及早发现传染病病例，可以及时发现疫情，采取控制措施，缩减疫情扩散时间。企业一旦发现了传染病病例，需要按规定及时报告给疾控机构，特殊疫情还要及时报告属地的卫生健康行政部门。甲类传染病要求 2 小时内报告，乙类、丙类传染病要求 24 小时内报告。

②病例隔离治疗。传染病病人是特殊病人，一般需要对其进行隔离治疗，病原致病率越高，隔离要求越严格。可以经飞沫、气溶胶传播的，往往要求隔离病房具备负压条件；可以经蚊媒传播的，需要病房具备防蚊防蝇条件。

③接触（暴露）者管理。通过对病例的流行病学调查，及时掌握病例的接触者或污染环境的共同暴露者，可以及时发现可能感染者，第一时间采取治疗和干预措施，降低疾病严重程度，同时，可以及早将此部分人员管理起来，防止疫情进一步扩散。企业要按照政府部门要求，落实集中医学观察、居家医学观察和健康随访等措施。

④消毒。消毒主要是通过使用消毒制剂杀灭物体和环境表面的病原体。根据病原体种类、污染范围和污染物种类，使用不同的消毒方法、消毒剂进行消毒，要强调消毒措施的针对性，避免漫无目的、随意的消毒，减少不必要的资源浪费，避免环境污染。

⑤媒介生物和动物控制。对媒介生物传播疾病，企业要按照政府统一要求，通过使用杀虫剂、灭鼠剂等杀灭措施，降低媒介密度，减少人群感染风险。对危害性较大的病

畜或野生动物，应予以捕杀、焚烧、深埋。

⑥特异性预防措施。特异性预防措施指采取疫苗、药物等，预防感染、减轻发病。疫苗预防指在疫情暴发或局部流行时，通过对一定范围的易感人群进行应急接种，减少发病，提高群体免疫力，从而阻断疾病的传播。药物预防指通过对易感人群进行预防性服用有效药物，从而实现减少发病的目的。

⑦个人防范和防护措施。当传染病暴发或流行时，企业应当通过风险沟通和健康教育，使员工正确认识传染病流行的风险，掌握相关防治知识，主动采取防范措施，做好戴口罩、保持手卫生、通风、合理休息和保证营养、提高免疫力等措施，提高个体防护能力。

⑧疫区（点）封锁。当传染病疫情在局部出现较大规模暴发和流行时，企业应当按照政府统一安排，采取封锁、隔离措施。

（2）突发急性传染病事件响应与处置。突发急性传染病是传染病中较为特殊的一类，虽不常见，但危害大，后果严重，这类传染病往往在短时间内突然发生，重症和死亡比例高，早期识别困难，缺乏特异和有效的防治手段，易导致大规模暴发和流行，构成突发公共卫生事件，造成或可能造成严重的社会、经济和政治影响，须采取紧急措施应对。由于突发急性传染病多数是新发传染病，因此，企业需要按照政府部署，主动积极开展宣传、教育，配合做好疾病监测、发现和病原确认、流行病学调查及病例救治、密接追踪、医院感染控制等，提高员工对公共卫生事件的认知水平和预防、自救互救能力，做到指令清晰、系统有序、条块畅达、执行有力。

4. 社会安全事件

（1）社会安全事件应急指挥与处置的基本原则。社会安全事件现场处置没有固定模式，一方面要遵循现场处置的一般原则；另一方面也需要根据事件的性质和影响范围灵活掌握、处理。

①统一指挥，协同联动。组建高效、顺畅、有力的指挥体系是成功处置社会安全事件的核心和关键。企业应根据事件的性质、规模、危害程度和涉及范围等情况，结合实际分级启动相应工作预案，迅速构建指挥体系，有效掌握、统一研判各类情报信息，统一部署现场处置工作，维护现场秩序，避免造成混乱局势，防止事态扩大、蔓延升级。指挥体系一般设为总指挥部和现场指挥部，总指挥部由企业主要负责人担任总指挥，相关业务部门负责人为总指挥部成员，可以下设多个工作组，由各相关部门牵头，按职责开展工作。

②快速反应，处早处小。社会安全事件具有突发性、连带性和不确定性等特点，整个过程发展变化迅速，能否在危机发生的初始阶段采取及时、准确的应急措施，争取在

最短时间内控制局势的发展，在很大程度上决定着应急处置的成败。现场处置过程中任何时间上的延误都有可能加大应急处置工作的难度，以致事件的损失扩大，引发更为严重的后果。久拖不决，将极易导致"小事拖大、大事拖炸"。

③积极稳妥，精准施策。要因情精准施策，积极稳妥地采取各项措施，引导事件发展方向，确保危险源尽快控制、矛盾尽快化解、危机尽快解除。准确把握政策、讲究策略、注重方法，采取与社会安全事件的规模、性质、危害程度相当的现场管控措施，既要避免反应不足造成的控制不力，又要避免因反应过度而激化矛盾、事态升级。

④依法处置、舆论引导、社会面管控"三同步"。坚持依法文明、理性、规范处置，根据预警情况，分级实施响应措施。要同步落实现场处置和社会面管控各项措施，严防因处置不当引发新的问题。要统筹推进"三同步"工作，第一时间发布权威信息、回应社会关切，牢牢把握舆论引导主动权。

(2) 社会安全事件应急处置措施。企业需要根据社会安全事件的类型、特点与规模进行应急处置。企业现场处置应包括成立现场指挥部、设置警戒区域、应急反应人力资源组织与协调、应急物资设备的调集、现场危险源控制、人员安全疏散、现场交通管制、现场以及相关场所的治安秩序维护、受害人救助与处理、重要目标与设施的保护等方面措施。

总之，社会安全事件的现场处置工作是多方面的，企业参与应急处置的各个部门、人员应在现场指挥协调人员的指挥下，发扬协作精神，本着以人为本的指导思想，通过共同努力，将人员的伤亡、财产的损失、环境的破坏、社会心理的冲击减少到最低程度，并积极为事后的恢复创造条件。

2.3　风险预控体系

《中共中央国务院关于推进安全生产领域改革发展的意见》《国务院安委会办公室关于印发标本兼治遏制重特大事故工作指南的通知》（安委办〔2016〕3号）等文件，对风险分级管控、隐患排查治理双重预防机制建设与运行提出了总体部署和现实要求。实现对安全风险的有效辨识、评估、监测、管控，对落实风险预控管理、遏制事故发生具有非常重大的意义。

2.3.1　风险分级管控

风险分级管控的目标是通过分级制定实施管控措施，将安全风险控制在可接受范围之内。

1. 制定有效的安全风险管控措施

安全风险管控措施指降低事故发生的可能性和减轻事故后果的管控措施。针对辨识出的每一项安全风险所制定的管控措施，都应该尽可能既包括降低事故发生可能性的措施，也包括减轻事故后果的措施。当两者无法兼顾时，必须强化其中某一个方面。

2. 确保安全风险管控措施有效实施

（1）层层落实管控责任。要根据安全风险分级结果，明确各等级安全风险相对应的企业、车间、班组和岗位人员分级管控的范围和责任，将责任分解到与生产过程相关的领导、部门、车间、班组的每个人。

（2）发挥岗位风险管控的核心作用。岗位风险管控是企业安全管理的核心和基础，在员工进入作业岗位时，必须按照安全风险分级管控表对岗位的安全风险状况和各项管控措施进行安全确认，并进行班组安全风险预知、设备检查等活动，消除不规范行为，做到任务到人、责任到岗、管控到位。企业现场安全管理人员做好安全风险预知预控的复核检查，确保管控措施有效落实。

（3）及时调整管控措施。对岗位出现的异常情况或临时生产活动，应该立即进行现场风险分析，制定相应对策措施，在管控措施落实后方可进行后续相关活动。

（4）把安全风险管控措施制度化、习惯化。风险管控措施很多时候不是一个临时性的措施，大部分措施都需要融入现有的制度、标准与文件中，或者需要考虑将风险管控措施常态化，这个过程很重要。企业要对现有管理流程进行梳理，优化并完善安全管理体系相关要求、标准和制度，推动每一位员工把辨识管控风险变成习惯，使风险管控措施真正落实到员工头上和企业的具体作业活动中，这样，一方面能确保风险管控的常态化；另一方面可避免出现"两张皮"的现象。

2.3.2 风险预控体系

1. 背景

当前大多数生产企业的应急管理工作存在缺乏专项管控手段或经验主导等问题，具体表现在：很多企业对事故发生、发展的具体情况分析不足，从而导致采取的预警行动和应急处置措施缺乏针对性。应急处置措施多为照搬照抄或经验之谈，仅表现出简单的、原则性的要求，没有落实具体操作的人员、顺序、方法、装备等，缺乏可操作性。

解决上述问题就要采用风险预控的方法，在扎实开展风险辨识、风险评价的基础上，形成危险源辨识结果清单，提取紧急情况相关内容。提取的紧急情况相关内容应包括可能发生的活动、过程、地点以及紧急情况发生的原因。针对不同的时间、地点、活动下的紧急情况制定针对性的预警信息和预警行动，以及相应的现场处置措施，帮助完善企业的各类专项应急预案和现场处置方案。

应急预案是应急行动的指导性文件，其直接目的是保证应急行动的快捷、有序和有效。为保证应急预案的针对性、实用性和可操作性，应急预案必须明确企业存在哪些重大事故风险，要采取哪些应急行动，各部门行动是如何分工、如何完成所承担的应急任务，需要用到哪些应急资源，整个应急行动该如何决策、指挥和协调。企业的重大风险情况直接决定预案编制的必要性，是预案中所有其他内容的编制基础。

风险预控的重点内容：主要危险化学品的种类、数量、分布、危险特征及危险工艺过程；可能发生的重大事故类型及其后果分析，包括可能影响的范围及程度、影响区域内的环境敏感点人员情况；可能诱发重大事故或影响应急救援工作的不利条件，如可能的恶劣自然气象条件、相邻企业重大事故对本企业可能造成的影响，发生的重大事故可能引发的次生事故影响。一旦明确了企业的重大事故风险情况，实际上就解决了企业为什么要编制应急预案、针对什么样的紧急情况来编制应急预案的问题。

2. 风险预控体系

风险预控体系的产生和发展造成了对传统安全管理体制的冲击，促进了现代安全管理体制的建立。它对现有安全技术的成效作出评判并提示新的安全对策，促进了安全技术的发展。

（1）风险预控管理的特点。与传统的安全管理相比，风险预控管理的主要特点表现在以下几个方面：

①确立了系统安全的观点。随着生产规模的扩大、生产技术的日趋复杂和连续化生产的实现，系统往往由许多子系统构成。为了保证系统的安全就必须研究每一个子系统，另外，各个子系统之间的"接点"往往因被忽略而引发事故，因此"接点"的危险性不容忽视。风险评价是以整个系统安全为目标的，因此不能孤立地对子系统进行研究和分析，而要从全局的观点出发，寻求最佳的、有效的防灾途径。

②开发了事故预测技术。传统的安全管理多为事后管理，即从已经发生的事故中吸取教训，这当然是必要的。但是有些事故的代价太大，必须预先采取相应的防范措施。风险预控管理的目的是预先发现、识别可能导致事故发生的危险因素，以便在事故发生之前采取措施消除、控制这些因素，防止事故的发生。

在某种意义上说，风险预控管理是一种创新，但它毕竟是从传统的安全分析和安全管理的基础上发展起来的。因此，传统安全管理的宝贵经验和从过去事故中吸取的教训对于风险预控管理依然是十分重要的。

（2）风险预控模式。风险预控模式反映了如下特点：

①安全管理理论上，从事故致因理论到风险管理理论、安全系统理论、本质安全理论。

②安全管理方式上，从静态的经验型管理到动态的全过程预防型管理。

③安全管理对象上，从事故、事件的事后对象管理到全面风险要素（隐患、危险源、危害因素）源头管理。

④安全管理目标上，从"老三零"（零死亡、零伤害、零污染）的结果性指标到"新三零"（零风险、零隐患、零违规）预防性指标。

⑤安全管理系统上，从事故问责体系到 OHSMS、HSE 管理体系、安全标准化和规范化科学体系。

⑥安全管理技巧手段上，从单一的行政手段到法制的、经济的、科学的、文化的等综合对策手段；从技术制胜到文化兴安。

⑦安全管理的功能作用上，从技术的功能安全、系统安全到社会的善治安全、组织或企业的本质安全、人的智慧安全等。

(3) 风险预控的优势。以风险为防控对象的安全管理方式抓住了事物的本质，体现了本质安全的要求，是现代先进的安全对策，科学、合理的预防机制，高效、可持续的安全方法措施，其优势在于：

①以生产系统安全要素管理为基础，针对生产系统存在的潜在风险，根据国家、企业最新要求和标准以及其他企业的实践成果，明确行业生产系统安全管理控制要点和安全质量标准化融合，并对生产系统以外的其他安全工作予以规定，全面体现全过程、全方位、全天候、全员"四全"的管理思想。

②实行危险源管理，通过分级管理，属地管理，解决行业安全管理中的突出问题。通过危险源识别确定管理对象，通过风险评价和分级设定管理重点；通过危险源监测和预警动态识别管理的薄弱环节；通过设置管理标准和风险消减措施明确管理的依据和降低风险。

③以人员不安全行为管理为重点，通过不安全行为控制措施，全面加强对员工不安全行为的控制与管理。通过安全文化的引领，有效地促使员工从"要我安全"向"我要安全、我会安全、我能安全"转变。通过员工准入管理、员工岗位规范，明确各岗位的工作任务，确定所需个人防护用品和工器具以及安全管理职责和安全行为标准。

④以过程管理和机制建设为先导，对安全生产的过程进行管理，切断事故发生的因果链，有效预防事故的发生，不仅是国际先进的重大工业事故预防和控制方法，也是企业及时消除安全隐患、预防事故、构建安全生产长效机制的重要基础性工作。

⑤强化现场作业安全事前控制管理。

⑥化学反应安全管理。事中关注化学反应风险，强调调度风险控制。

⑦建立科学的考核评价机制，将定期考核与动态控制、结果考核和过程控制相结合，

实现体系和日常安全管理工作的全面融合，保证管理的持续改进，同时，通过安全信息系统平台建设，构建安全生产的长效机制。

2.3.3 风险预控体系运行和应注意的问题

1. 运行方法

企业应该根据自身安全生产特点，选择适合自己的安全风险预控体系。根据体系文件的要求，建立、实施、保持和持续改进安全风险预控管理体系，确定如何满足以下要求，并形成文件：

（1）应满足国家安全生产政策法规、安全生产标准化、过程安全管理等要求。

（2）体系文件应基于"计划—实施—检查—改进（PDCA）"的方法基础。

（3）应界定其安全风险预控管理体系范围并形成文件。

企业若寻求建立符合该项安全风险预控管理体系，则可通过初始评审确定其安全风险现状。在确定如何满足该项的要求时，企业应考虑那些影响或可能影响人员安全的条件和因素，并考虑企业需要何种安全风险预控方针以及如何管理其安全风险。

安全风险预控管理体系的详尽和复杂水平、形成文件的程度和所投入的资源等，取决于企业的性质（如规模、结构和复杂性等）、活动及其管理机构能力。

企业建立体系运行的步骤：企业成立体系建设领导小组—任命管理者代表—编制、发布体系手册、程序文件、制度、记录—编制培训计划并实施—开展初始评审—落实不符合项整改—体系评审—持续改进。风险预控管理组织机构示例如图2-8所示，风险预控管理体系要素及职能分配示例如表2-25所示。

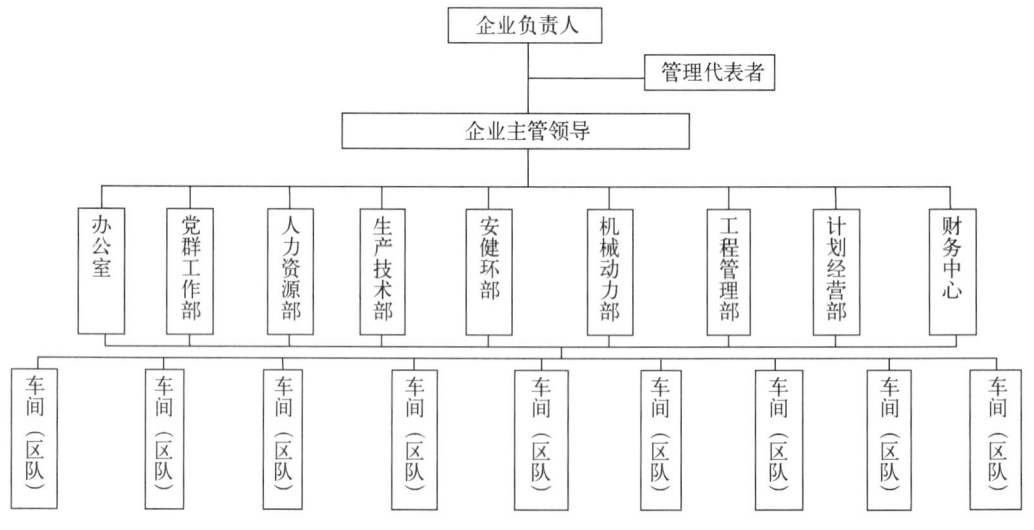

图2-8 风险预控管理组织机构示例

表 2-25 风险预控管理体系要素及职能分配示例

管理手册要求	总经理	党委书记	管理者代表	主管领导	安健环部	党群工作部	生产技术部	机械动力部	工程管理部	计划经营部	人力资源部	办公室	车间(区队)	车间(区队)	车间(区队)	车间(区队)	车间(区队)	生产建设单位
总要求	★	★	☆	☆	▲	●	○	○	○	○	○	○	○	○	○	○	○	●
安全生产方针	★	★	☆	☆	▲	●	○	○	○	○	○	○	○	○	○	○	○	●
风险预控体系策划	★	★	☆	☆	▲	●	○	●	○	○	○	○	●	●	●	●	○	●
体系文件			★	☆	▲	○	●	●	●	●	●	●	●	●	●	●	○	●
资源、机构、职责和权限	★	★	★	★	●	●	●	●	●	●	●	▲	●	●	●	●	●	●
危险源辨识、风险评价和控制措施确定	★	☆	☆	☆	▲	○	●	●	●	●	●	●	●	●	●	●	●	●
能力、培训、意识和文化	★	☆	☆	☆	●	○	○	○	○	○	●	○	○	○	○	○	○	●
建设项目	★		☆															●
生产系统运行控制	★	☆	☆	★	●	○	○	●	○	○	○	○	●	●	●	●	○	●
不安全行为控制	☆	★	☆	★	●	●	○	○	○	○	▲	○	●	●	●	●	○	●
其他要素控制	★	★	★	☆	●	●	○	○	○	○	○	○	●	●	●	●	○	●
相关方管理			★		▲													●
应急准备和响应	★	☆	☆	☆	●	○	○	○	○	○	○	▲	●	●	●	●	○	●

注：★——高层主管领导；☆——高层相关领导；▲——归口管理部门；●——主管部门、单位；○——相关部门、单位。

2. 应注意的问题

避免体系建设与日常管理"两张皮"，在实践过程中的方法是：

（1）若建立程序文件，则不再制定管理制度。

（2）明确体系建设"三张表"（《要素、制度、记录对应表》《要素、领导、部门、权重对应表》《工作任务、风险辨识、风险控制对应表》）。

（3）风险辨识的内容与执行统一，风险辨识所制定的管控措施与操作规程、工作标准、管理制度形成统一。落实制度、标准，就等于落实风险管控措施。

（4）体系建立得好与坏，关键是体系要素的要求能否落地；落地的关键是找到要素落地的载体和方法，让员工感受到要素与工作实际就是一回事，两者是统一的、一致的。

2.3.4 风险预控体系评审方法

1. 评审

企业应通过初始评审过程建立安全风险预控管理体系。在初始评审过程中，企业应系统、全面地识别其安全风险，评审对这些安全风险的控制措施，将安全风险的管理现状与该项的要求（包括适用的法律法规和其他要求）进行比较，以确定企业安全风险预控过程和方法的充分性或提升空间。

初始评审的目的是全面识别和考虑企业面临的所有安全风险，以作为建立安全风险预控管理体系的基础。

（1）初始评审内容。

在初始评审中，企业应考虑但不限于以下各项：

①危害因素辨识和风险评价；

②法律法规和其他要求；

③相关的安全评价；

④现有体系、惯例、过程和程序的检查；

⑤安全改进措施的评估；

⑥对以往的事故、事件和紧急情况的调查反馈的评估；

⑦相关管理体系和可利用的资源。

（2）初始评审方法。

适于初始评审的方法包括以下几个方面。

①使用适应的危害因素辨识和风险评价方法；

②使用检查表、面谈、直接检查和测量的方法收集信息；

③依企业活动的性质而使用以往管理体系审核或其他评审的结果；

④使用与职工、承包方或其他有关的外部相关方协商的结果。

如果企业已存有危害因素辨识和风险评价的过程，则应对照该项的要求评审其充分性。

企业应从工作活动或工作场所的角度，界定其安全风险预控管理体系的范围。企业可选择在整个企业内或企业的某一部分来实施安全风险预控管理体系。一旦工作场所被界定，工作场所内所有与企业或其某部分的活动和服务相关的工作均需包含在安全风险预控管理体系中。

管理评审计划示例如表 2-26 所示，审核检查表示例如表 2-27 所示，安全风险预控管理体系内部审核报告示例如图 2-9 所示。

表 2-26 管理评审计划示例

组织地点：	评审时间： 年 月 日

评审目的：对公司安全风险预控管理体系进行系统评价，以确保其持续的适宜性、充分性和有效性。
评审会议组织： 由公司总经理主持会议； 公司安健环部协助管理者代表进行管理评审各项准备，负责做好管理评审会议记录，编制管理评审报告； 公司办公室负责协助组织管理评审会议。
评审内容： 1. 公司安全风险预控管理体系内审情况及对内审发现问题的整改工作结果； 2. 适用的法律法规和其他要求的合规性评价结果； 3. 公司危害因素辨识、评价工作组织情况，辨识、评价结果以及对评价出中、高度风险的控制管理措施策划及实施情况。 ……
评审准备工作及要求： 一、人力资源部负责准备： 1. 年度培训工作总结报告； 2. 各级员工工作能力评价汇总、统计情况报告； 3. 公司人力资源现状评价结果报告及人力资源规划； 4. 本部门年度安全风险预控管理体系目标的分解下达情况，目标执行情况； …… 二、其他部门准备： ……
参加管评审理人员要求： 总经理、管理者代表、公司各分管副总经理、公司机关各部室负责人、公司所属各单位最高管理者及管理者代表。
管理评审会议议程安排： 1. 总经理主持召开管理评审会议，宣布管理评审会议开始并提出会议要求； 2. 由公司相关部室负责人对主管业务范围内安全风险预控管理体系运行情况作输入报告； 3. 公司各单位管理者代表就本单位安全风险预控管理体系运行情况，按计划要求作输入报告。 ……

编制： 审核： 批准：

表 2-27　审核检查表示例

被审核单位：管理层

序号	条款号	检查内容与方法	检查记录	标记
1	ISO9001　4.1　4.2 ISO14001　GB/T 28001—2007 4.4.4	是否按标准的要求建立了文件化的管理体系，识别出的过程是否都已形成文件化的程序，有无删减的过程，如何对外包过程进行控制		
2	ISO9001　5.1 5.2	是否向员工传达满足顾客要求的重要性，是否守法，如何满足顾客要求		
3	ISO9001　5.3 ISO14001　GB/T 28001—2007 4.2	本公司的方针是什么，如何确保组织内得到沟通和理解		
4	ISO9001　5.4 ISO14001　GB/T 28001—2007 4.3.3	公司 QEOHS 目标是什么，是否对其进行了分解细化，确保在各相关职能和层次上建立了目标、指标 是否对 QEOHS 管理体系进行了策划，以确保该体系满足方针和目标的要求		

安全风险预控管理体系内部审核报告（范例）			HXQC—03R—50A
			第 1 页共 2 页
审核日期	年　　月　　日	本次内审为　年度第　　次总第　　次	
审核目的	评价中心质量体系文件关于 Haccp 运行文件是否符合 CNAB 认可规范 AC11：2002、认监委关于《食品生产企业危害分析与关键控制点管理体系认证管理规定》及有关文件要求、中心的质量体系运行的有效性，以找出不足，达到持续改进的目的		
审核范围	涉及中心食品安全控制管理体系认证所覆盖的部门和场所		
审核依据	CNAB 认可规范 AC11：2002、认监委《食品生产企业危害分析与关键控制点管理体系认证管理规定》、质量手册、程序文件		
审核概况 本次审核共审核了五个部门，包括审核部、办公室、研究部、培训部、市场总部和管理层，分两个小组进行了审核，发现一般不合格项 1 项（见不合格报告），未发现严重不合格项，其中审核部 1 项			
对质量体系综合评价 本中心涉及食品安全控制管理体系的质量文件基本符合 CNAB 认可规范 AC11：2002、认监委关于《食品生产企业危害分析与关键控制点管理体系认证管理规定》要求，质量体系运行基本符合要求，运行基本有效，具备了实现质量方针、质量目标的能力，建立了自我改进、自我完善的机制			

图 2-9　安全风险预控管理体系内部审核报告示例

2. 体系评审应注意的事项与方法

（1）企业应建立体系审核员队伍，对审核员进行培训，掌握标准和要素要求，形成统一的标准和行为。

（2）制定年度审核计划。

（3）领导要全程参与审核首次会、末次会及审核过程。

（4）审核员要掌握审核方法，如"两据"和"七个对照"。

① "两据"：依据——审核时，要检查为什么干、按什么标准程序干的问题；证据——干了没有，谁干的，按标准干了没有，有什么证据证明干工作了。

② "七个对照"：审核时，要对照要素查制度，对照制度查执行，对照执行查记录，对照不符合查闭环，对照现象查延伸，对照分配查履职，对照问题查追责。

审核员要紧紧围绕"两据"和"七个对照"，进行体系要素落实的审核。发现问题和不符合项，要按照"两据"找主线，按照"七个对照"找深度和广度的问题，避免对问题、不符合项表象描述的根源和深层次原因，为管理评审提供真实、准确、详细的体系建设材料，为领导决策提供依据。

安全风险预控管理体系审查清单和内容示例如表 2-28 所示。

表 2-28 安全风险预控管理体系审查清单和内容示例

编　　号		工厂或组名称			
变更名称					
参加检查人员：					
序号	检查主题	情况描述	已有安全措施	行动项	备注

2.3.5　风险预控体系升级

（1）企业按照持续改进的原则，制定体系中长期建设、升级规划，明确年度体系目标，按照要素分工，将工作任务细化、分配到相关部门，分头抓好推进和落实。

（2）企业体系升级，分为内部达标和外部认证。在内部达标管理上，首先，应确定企业内部达标的等级和"路线图"；其次，依据目标对全员进行培训、宣贯，建立过程审核计划，在过程审核中发现体系升级中存在的问题和短板，有针对性地进行改进、提升；最后，年度管理评审中对达标规划、目标进行确认，持续提升，达到企业规划目标。

在外部认证上,选择具备相关资质的咨询机构,制定体系认证计划。在推进过程中,企业可参照危险化学品安全生产标准化认证程序和标准、方法。在获得内部达标、认可的基础上,取得外部认证,提升企业安全生产水平的外部影响力。

2.3.6 体系建立与运行案例

在推行风险预控管理体系的过程中,为使体系建设更有效地与应急管理相结合,避免体系建设"两张皮",使员工更好地理解体系要素的要求,搭建体系要素与应急管理实际工作之间的桥梁,找到体系落地的载体,让员工深切地感受到体系与自身实际工作息息相关,能让员工好记、好理解、好接受、好操作、好执行,汤卫林在实践中总结出了"七要点、十六化",收到了很好的效果。

1. "七要点、十六化"中相关的做法

(1) 明确体系建设"五关系"("5R"闭环)。体系因职责、工作、风险、制度(文件)记录构成前后关系,形成一个闭环并持续运行,即职责(Responsibility)产生工作(Running),工作产生风险(Risk),风险产生制度(Rule),制度产生记录(Record),记录支持职责。体系建设"5R"闭环,是体系建设最为关键的逻辑构架,如图2-10所示。

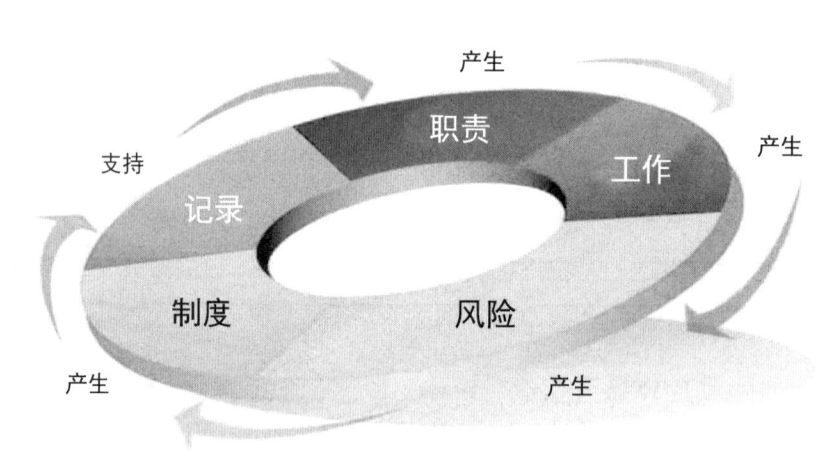

图 2-10 汤卫林体系建设"5R"闭环

(2)"一单五卡"到岗位,即将工作任务清单、风险辨识卡、风险控制卡、应急处置卡、能量隔离卡、质量验收卡落实到岗位。

(3) 体系落地"十六化",即风险辨识动态化、风险管控分级化、责任落实网格化、能量隔离上锁化、当班工作日清化、措施落实指述化、作业操作票证化、岗位创建完好化、生产现场目视化、外委管理统一化、事故经验分享化、领导干部示范化、安全技能

过关化、应急演练实战化、工作场所定置化、"三违"查处指标化等。

体系落地"十六化"在保持框架固定的前提下，进行动态发展、调整，经一个时期某"化"已达到"优异"评价后，即针对管理中存在的薄弱项更新为新"化"。通过让各部门、区队（车间）主管领导、员工，按照体系要素要求，将"十六化"与要素对应起来，对照工作职责和要求，找出工作对应的"十六化"内容。落实了"十六化"的要求，就落实了要素的要求，让员工将对体系的理解落实到"十六化"具体工作中，达到了体系要素与实际工作落实的统一，避免要求一套、干一套的"两张皮"的普遍现象，如图 2-11 所示。

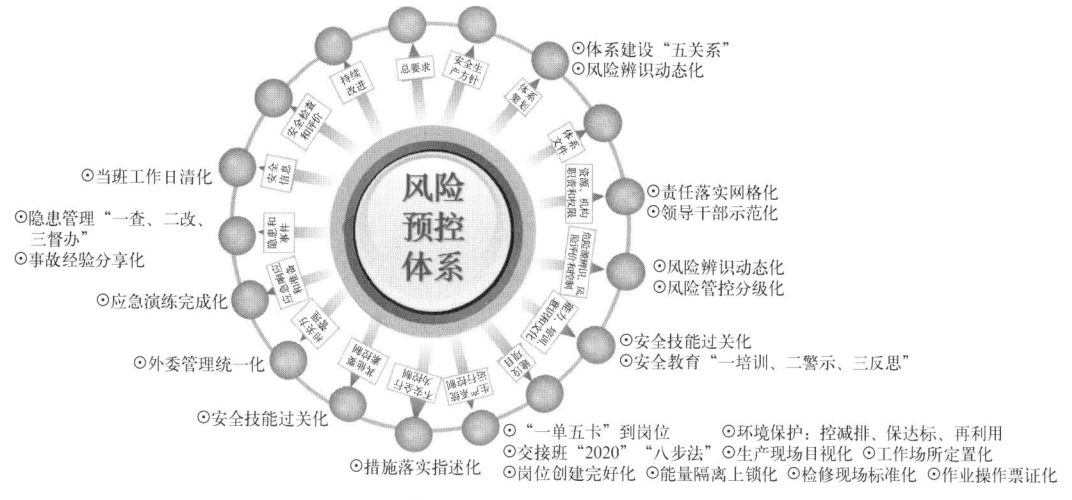

图 2-11 风险预控体系

2. "七要点、十六化"的实施效果

"七要点、十六化"先后在国家能源集团宁夏煤业煤制油化工企业、四川泸天化股份有限公司、宁夏宝丰能源集团等企业进行了广泛的实践应用，在风险辨识与管控、隐患排查治理、班组建设、直接作业环节安全管控、现场文明生产、不安全行为查处、体系落地、应急管理等方面均取得了显著的效果。

2.4 隐患排查体系构建和运行

企业应落实国务院安全生产委员会办公室（以下简称"国务院安委会办公室"）构建双重预防机制的部署，坚持风险预控、关口前移，安全风险自辨自控、隐患自查自治，全面推行安全风险分级管控，进一步强化隐患排查治理，推进应急管理科学化、信息化、标准化，实现把风险控制在隐患形成之前、把隐患消灭在事故前面。

2.4.1 隐患

隐患是企业生产经营过程中违反安全生产法律、法规、规章、标准和规程，或者因其他因素在生产建设活动中存在可能导致生产安全事故发生的人的不安全行为、物的危险状态、不良工作环境和管理方面的缺陷。

安全风险是某一特定危害事件发生的可能性与其后果严重性的组合。

安全风险点是指存在安全风险的设施、部位、场所和区域，以及在设施、部位、场所和区域实施的伴随风险的作业活动或以上两者的组合。

对风险所采取的管控措施存在缺陷或缺失时就形成了事故隐患。事故隐患分为"人、机、环、管"4个方面，即人的不安全行为、设备及设施的不安全状态、作业场所的不安全因素和管理上的缺陷。

事故隐患可分为一般事故隐患和重大事故隐患。一般事故隐患是指危害和整改的难度较小，发现后能够立即整改排除的隐患；重大事故隐患是指危害和整改的难度较大，需要全部或者局部停产停业，并经过一定时间的整改治理才能排除的隐患。

有关企业为了鼓励员工发现隐患，明确隐患治理的主体责任，根据各自组织结构，结合生产运行实际，将事故隐患级别进行了细分，分为班组级、车间（区队）级、厂（矿）级、公司级4个层级。隐患的细分为隐患的治理创造了有利条件。

企业是安全风险隐患排查治理的主体，要逐级落实安全风险隐患排查治理责任，对安全风险全面管控，对事故隐患治理实行闭环整改，保证安全生产。

《生产安全事故隐患排查治理暂行规定》规定，生产经营单位是事故隐患排查、治理和防控的责任主体；生产经营单位主要负责人对本单位事故隐患排查治理工作全面负责。

2.4.2 隐患评价方法

对重大事故隐患的判定标准，企业应根据各自行业特点和实际情况，制定对重大事故隐患的评价方法和判定准则。

重大事故隐患判定的基本原则：

(1) 违反国家法律法规、标准规范的；

(2) 国家管理部门已明确判定为重大事故隐患的；

(3) 造成人员伤害事故或重大经济损失和社会影响的；

(4) 用 LEC 等定量评价法判定，属于重大事故隐患的。

2.4.3 隐患控制方法

1. 隐患控制方法的原则

（1）不让风险变成隐患；
（2）不让小隐患变成大隐患；
（3）不让隐患变成事故。

2. 采取的方法

（1）设计阶段：应用技术手段，即消除危险能量、降低危险能量、距离弱化技术、时间弱化技术、蔽障防护技术、系统强化技术、危险能量释放技术、本质安全（闭锁）技术、无人化技术、警示信息技术；用 HAZOP 等方法进行评估，避免因设计产生隐患。

（2）施工阶段：运用项目全周期质量控制，严把施工标准，严控项目中交（"三查四定"），严格过程监理，严肃项目"三同时"。

（3）试生产阶段：细化试车方案，严格试车条件确认。

（4）生产运营阶段：严格执行操作、技术规程，定时巡回检查，完善装置在线和离线监测系统，确保报警、联锁、SIS 系统正常。

（5）检维修阶段：以安全质量为主线，推行标准化检维修，采取质量过程控制方法。

（6）人的方面：建立企业安全文化体系，规范员工安全意识和行为；技能方面有些企业采取"过关"培训，行为文化上推行准军事化管理；反"三违"检查；追究隐患制造者责任；按标准配备劳动防护设施、器材。

（7）机的方面：采用本质安全型设备设施，严格设备设施全生命周期管理。

（8）环的方面：推行"6S"管理，消除环境的不安全因素。

（9）管的方面：建立健全安全生产责任制和管理标准、技术标准、工作标准及规章制度；有的企业推行安全责任网格化管理，落实全员安全生产责任制。

2.4.4 隐患排查体系构建

隐患排查体系是基于安全风险管理理念的具体实践，是实现事故"纵深防御"和"关口前移"的有效手段，是构筑防范生产安全事故的一道"防火墙"，以安全风险辨识和管控为基础，从源头上系统辨识风险、分级管控风险，将各类风险源、风险点、风险单元管控好，使各种事故风险因素处于受控状态，风险水平处于可接受范围。

以隐患排查和治理为手段，认真排查风险管控过程中出现的缺失、漏洞和风险控制失效环节，坚决把隐患消灭在事故发生之前，是管控安全的一道防火墙。可以说，安全风险管控到位就不会形成隐患，隐患一经发现及时治理就不可能酿成事故。要通过隐排查治理机制，切实把每一个隐患都治理在形成之初，把每一起事故都消灭在萌芽状态，风险预控和隐患排查治理的关系也直接在此体现。隐患排查治理注重结果管理、要点管理、强制管理，风险预控是隐患排查治理的基础，隐患排查治理是风险预控的补充。通过隐患排查，可能发现新的风险点、危险源等。

2016年10月11日，国务院安委会办公室下发的《关于实施遏制重特大事故工作指南构建双重预防机制的意见》中明确提出："要引导企业将安全生产标准化创建工作与安全风险辨识、评估、管控，以及隐患排查治理工作有机结合起来，在安全生产标准化体系的创建、运行过程中开展安全风险辨识、评估、管控和隐患排查治理。"

企业在构建安全风险隐患排查治理体系时，主要从以下几个方面开展工作：

1. 建立安全风险隐患排查治理制度

企业应建立、实施和保持安全风险隐患排查治理制度，明确以下内容，并结合生产工艺特点，针对可能发生安全事故的风险点，全面开展安全风险隐患排查，做到安全风险隐患排查全覆盖、责任到人：

(1) 隐患排查内容；

(2) 隐患排查方式及频次；

(3) 隐患排查组织及参加人员；

(4) 隐患分级标准；

(5) 隐患闭环管理要求；

(6) 隐患上报要求；

(7) 其他有关要求。

企业应建立隐患排查治理长效机制，制定隐患排查标准，定期组织隐患排查，及时闭环整改事故隐患并消除其可能带来的后果或影响。

企业主要负责人对本单位事故隐患排查工作全面负责。员工应按要求参与事故隐患排查工作。

2. 安全风险隐患排查的内容

企业应结合自身安全风险及管控水平，按照安全管理要求，编制符合自身实际的安全风险隐患排查表，开展安全风险隐患排查工作。排查内容包括但不限于以下方面：

(1) 安全领导能力；

(2) 安全生产责任制落实；

(3) 岗位安全教育、操作技能培训及能力培训、素质提升；

(4) 安全生产信息管理；

(5) 安全风险管理;

(6) 设计管理;

(7) 试生产管理;

(8) 生产运行安全管理;

(9) 设备设施完好性;

(10) 作业许可管理;

(11) 承包商管理;

(12) 变更管理;

(13) 应急管理;

(14) 安全事故事件管理。

企业应对排查出的事故隐患进行登记、评估,按照事故隐患判定标准,判定隐患等级,分级建立隐患台账和信息档案,并绘制重大事故隐患分布电子图。

3. 安全风险隐患排查形式

安全风险隐患排查形式包括日常排查、综合性排查、专业性排查、季节性排查、重点时段及节假日前排查、事故类比排查、复产复工前排查和外聘专家诊断式排查等。

(1) 日常排查:是指基层单位班组、岗位员工的交接班检查和班中巡回检查,以及基层单位管理人员和各专业技术人员的日常性检查。日常排查要加强对关键装置、重点部位、关键环节、重大危险源的检查和巡查。

(2) 综合性排查:是指以安全生产责任制、各项专业管理制度、安全生产管理制度和安全管理各要素落实情况为重点开展的全面检查。

(3) 专业性排查:是指工艺、设备、电气、仪表、储运、消防和公用工程等专业人员对生产各系统进行的检查。

(4) 季节性排查:是指根据各季节特点开展的专项检查,主要包括春季以防雷、防静电、防解冻泄漏、防解冻坍塌为重点;夏季以防雷暴、防设备容器超温超压、防台风、防洪、防暑降温为重点;秋季以防雷暴、防火、防静电、防凝保温为重点,冬季以防火、防爆、防雪、防冻防凝、防滑、防静电为重点。

(5) 重点时段及节假日前排查:是指在重大活动、重点时段和节假日前,对装置生产是否存在异常状况和事故隐患、备用设备状态、备品备件、生产及应急物资储备、保运力量安排、安全保卫、应急、消防等方面进行的检查,特别是要对节假日期间领导干部带班值班、机电仪保运及紧急抢修力量安排、备件及各类物资储备和应急工作进行重点检查。

(6) 事故类比排查:是指对企业内或同类企业发生安全事故后,开展的举一反三的安全检查。

(7) 复产复工前排查：是指因节假日、设备大检修、生产原因等停产较长时间，在重新恢复生产前，需要进行人员培训，对生产工艺、设备设施等进行综合性隐患排查。

(8) 外聘专家诊断式排查：是指聘请外部专家对企业进行的安全检查。

安全风险隐患排查应当坚持定期排查与日常检查相结合，专业排查与综合排查相结合，一般排查与重点排查相结合，事故类比排查和全员诊断、安全行为观察相结合，做到全面覆盖、责任到人、专业管理。

4. 安全风险隐患排查频次

(1) 装置操作人员现场巡检间隔不得大于 2 小时，涉及"两重点一重大"生产、储存装置和部位的操作人员现场巡检间隔不得大于 1 小时。

(2) 基层车间（装置）直接管理人员（工艺、设备技术人员）、电气、仪表人员每天至少两次对装置现场进行相关专业检查。

(3) 基层车间应结合班组安全活动，至少每周组织一次安全风险隐患排查；基层单位应结合岗位责任制检查，至少每月组织一次安全风险隐患排查。

(4) 企业应根据季节性特征及本单位的生产实际，每季度开展一次有针对性的季节性安全风险隐患排查；重大活动、重点时段及节假日前必须进行安全风险隐患排查。

(5) 企业至少每半年组织一次，基层单位至少每季度组织一次综合性排查和专业排查，两者可结合进行。

(6) 当同类企业发生安全事故时，应举一反三，及时进行事故类比安全风险隐患专项排查。

5. 当发生以下情形之一时，应根据情况及时组织进行相关专业性排查

(1) 公布实施有关新法律法规、标准规范或原有适用法律法规、标准规范重新修订的；

(2) 组织机构和人员发生重大调整的；

(3) 装置工艺、设备、电气、仪表、公用工程或操作参数发生重大改变的；

(4) 外部安全生产环境发生重大变化的；

(5) 发生安全事故或对安全事故、事件有新认识的；

(6) 气候条件发生大的变化或预报可能发生重大自然灾害前。

企业安全风险隐患排查登记表如表 2-29 所示，企业安全隐患自查治理情况汇总表如表 2-30 所示。

表 2-29　企业安全风险隐患排查登记表

序号	隐患内容	发现人	发现时间	评价/级别	监控措施	责任人	备注

表 2-30　企业安全风险隐患自查治理情况汇总表

排查隐患总数	销号隐患总数	整改率	一般隐患			重大隐患							
^	^	^	隐患数	整改数	整改率	排查治理重大事故隐患			列入治理计划的重大事故隐患				
^	^	^	^	^	^	隐患数	整改数	整改率	隐患数	其中				累计落实资金
^	^	^	^	^	^	^	^	^	^	目标任务	经费物资	机构人员	时间节点	措施预案	^
项	项	项	项	项	%	项	项	%	项	项	项	项	项	项	万元
合计															

单位负责人：（签字）　　填表人：（签字）　　联系电话：　　填报日期：　　年　月

注：一般隐患是指危害和整改难度小，发现后能够立即整改排除的隐患。

2.4.5　隐患排查的运行机制

国家对隐患排查运行机制进行了明确要求，企业在运行隐患排查机制时要保证安全风险分级管控和隐患排查治理双重预防机制有效运行，两者不是两个平行的体系，更不是互相割裂的"两张皮"，必须实现有机的融合。因此，要对双重预防机制运行情况进行定期评估，及时发现问题和偏差，修订完善制度规定，保障双重预防机制的持续改进。从根源上管控高风险项目的准入，持续完善重大风险管控措施和重大隐患治理方案，保障应急联动机制的有效运行，确保双重预防机制常态化运行。

"冰山理论"和"海因利希法则"告诉我们，事故发生不是偶然的，一起事故的背后一定存在着事故隐患和不安全因素，要减少事故的发生，必须消减事故隐患和不安全因素的存量，即隐患是事故发生的基础，如果有效地消除或减少生产过程中的隐患，事故发生的概率就能大大降低。

企业应建立隐患排查、治理、奖罚、公示、告知、验收、备案制度或标准。

企业应组织开展常态化的全员事故隐患排查活动，建立奖罚机制，制定监控措施，组织事故隐患的整改，如实记录事故隐患排查治理情况，建立事故隐患排查治理台账，及时向员工通报、公示、告知监控措施及治理、验收结果，实现隐患排查治理的闭环管理。

企业应定期向属地应急管理部门或相关部门上报存在的重大隐患情况。重大安全隐患的报告内容应包括：事故隐患的现状及其产生原因；事故隐患的危害程度和治理难易程度分析；事故隐患的治理方案及治理前保证安全的管控措施。

企业应对确定的重大隐患项目建立档案，档案内容应包括：评价报告与技术结论；评审意见；事故隐患治理方案，包括资金概预算情况等；治理时间表和责任人；竣工验收报告；备案文件。

对于重大事故隐患，企业应制定并实施专项治理方案，做到责任、措施、资金、时限和预案"五落实"，挂牌督办，对整改效果进行评估、验收；对企业无力解决的重大事故隐患，应制定并落实有效的防范措施；书面向主管部门和当地政府、应急管理部门报告，说明无力解决的原因和采取的防范措施；对不具备整改条件的重大事故隐患，企业必须采取防范措施，纳入隐患整改计划，限期解决或停产；书面向主管部门和当地政府、应急管理部门报告，说明不具备整改条件的原因、整改计划和防范措施等。

对所有不能及时治理的事故隐患，企业均应制定落实监控措施，告知相关人员在紧急情况下应采取的应急措施。监控措施至少应包括：保证存在事故隐患的设备设施安全运转所需的条件；提出对生产装置、设备设施监测检查的要求；制定针对潜在危害及影响的防范控制措施；编制应急预案并定期进行演练；明确监控程序、责任分工和落实监控人员；设置明显标志，标明事故隐患风险等级、危险程度、治理责任、期限及应急措施。

企业应利用信息化手段实现事故隐患闭环管理的全程留痕，形成排查治理全过程记录信息数据库。

企业应建立隐患报告激励机制，对避免事故、发现威胁安全生产的事故隐患、应急抢险及时、控制危急状态等方面做出突出贡献的基层单位和个人进行表彰奖励。

企业应建立隐患排查治理信息系统，全过程记录报告隐患排查治理情况。

企业应保证隐患排查治理所需的资金，建立资金使用专项制度。

企业应建立隐患报告和举报奖励制度，鼓励、发动员工发现和排除隐患。对发现、排除和举报事故隐患的有功人员，应当给予物质奖励和表彰。

企业在隐患治理过程中应采取相应的安全防范措施，防止事故发生。隐患排除前或者排除过程中无法保证安全的，应当从危险区域内撤出作业人员，并疏散可能危及的其他人员，设置警戒标志，暂时停产停业或者停止使用；对暂时难以停产或者停止使用的相关生产储存装置、设施、设备，应当加强维护和保养，防止事故的发生。

在事故隐患排查治理实际运行实践中，"隐患管控一查、二改、三督办"的管理思路有很好的效果。

1. 一查：激励员工参与排查隐患

（1）排查机制。安全检查既是发现和消除事故隐患、落实安全措施、预防事故发生的重要手段，也是发动员工共同搞好安全生产的一种有效形式。企业隐患排查可以实行

"班组日查、车间周查、分公司月查、公司季查"的管理模式，即：

①班组人员按岗位巡检日查，发现隐患及时登记处理。

②车间（区队）领导每周带领技术人员对所管辖的生产装置、生产工艺管理、设备管理进行周检，发现隐患登记处理。

③厂（矿）每月组织业务部门对生产装置、生产工艺管理、设备管理、人员不安全行为等进行月度综合检查。发现隐患，下发隐患整改通知单，限期处理。

④公司每季度组织相关专业人员开展一次检查，并下发检查通报。各级查出的隐患分别及时上传至信息平台中，跟踪整改，把可能发生事故的各种因素消灭在萌芽状态，做到防患于未然。

⑤及时发现并推广安全生产先进经验。安全检查既是为了检查发现人的不安全行为、物的不安全状态以及管理上的缺陷和系统中潜在的危险，也可通过深入生产现场实地调查研究、比较分析，发现在安全生产中好的典型、先进的经验，并且树立这些典型、推广这些先进经验，做到以点带面，推动隐患排查治理长效机制的形成。

（2）奖励机制。为激励员工参与排查隐患，可以制定隐患排查奖励长效机制，按照班组级、车间（区队）级、厂（矿）级的标准分别进行奖励，并在员工月度安全绩效中直接兑现。

2. 二改：所有隐患必须进行闭环整改

隐患管控与治理是保证安全生产长周期稳定运行的有效手段，是将导致事故发生的风险逐步削减和控制的最有效方法。可以运用戴明环模式（PDCA）对隐患进行管控，确保隐患管理受控。

（1）隐患评价分级。基层单位可组织技术人员可采用 LEC 法（作业条件危险性评价）、专家法等对各级排查出的隐患进行评价，按照评价结果，将隐患分为四级管理，即班组级（$D<70$）、车间级（$70 \leqslant D<160$）、分公司级（$160 \leqslant D<320$）、集团公司级（$D>320$），并明确各级隐患的管理责任人。

（2）隐患治理与验收。按照"五定"（定隐患、定措施、定资金、定时限、定责任人）原则进行隐患治理与验收。班组级隐患由当班班组长负责组织制定整改措施，监督整改、验收；车间级隐患由车间主任负责组织制定整改措施，监督整改、验收；分公司级及以上隐患由各单位负责人负责监督整改。各单位主要负责人指定隐患整改责任人，责成立即整改或限期整改。由单位主管部门制定整改措施和安全防范措施，填写隐患治理方案，经本单位主管领导、主要负责人审核签字，报集团公司主管部门、安全监察局备案，各单位按治理方案监督落实整改。

被上级、政府部门查出的重大隐患或各单位认定的厂（矿）级及以上隐患，治理工作结束后,组织本单位技术委员会专家或委托具备相应资质的安全评价机构,对分公司级及以上隐患治理情况进行评估。

①厂(矿)级隐患验收:由隐患责任单位组织验收后消项,填写验收表后报企业安全监察部门备案。

②公司级隐患执行两级验收:隐患责任单位组织验收合格后申请由公司各主管部门验收,公司验收合格后填写验收表并报公司主管部门领导、分管副总经理审核确认后方可消项,报企业安全监察部门备案。

③上级、政府部门查出的重大隐患和主要问题执行三级验收:隐患责任单位组织验收后,申请公司各主管部门验收合格、公司主管部门领导、分管副总经理审核确认后(主要问题确认至公司业务主管领导),由企业安全监察部门报公司批准行文,申请上级或政府部门验收消项。

(3)隐患监控。对不能及时整改的隐患制定预防控制措施或应急方案,下发至车间(区队)、班组进行培训、学习,让员工熟知应急处置措施。厂(矿)级及以上重大隐患未治理完成前实行班组、车间(区队)、厂(矿)、公司四级监控,各单位负责人每月对治理方案的落实情况进行监督检查,并填写隐患监控记录。对到期未整改完成的厂(矿)级及以上重大隐患,各单位在计划时间节点前履行变更手续,经公司业务主管部门领导审批后,报企业安全监察部门备案。

3. 三督办:车间(区队)级以上隐患挂牌督办

(1)现场挂牌:对不能及时整改的车间(区队)级及以上隐患,在现场隐患部位按隐患级别分黄色、红色标识进行挂牌,让进入现场装置区域的人员清楚挂牌区域存在安全隐患,注意自身安全。车间(区队)级隐患挂黄色标识牌,厂(矿)级及以上隐患挂红色标识牌。

(2)公示、督办:厂(矿)、车间(区队)、班组对未治理隐患车间(区队)级及以上隐患分三级进行公示,厂(矿)监督整改,并定期进行公布和更新,让有关人员知道存在的未治理隐患有哪些,并清楚监控、应急处置措施,出现异常情况能够快速处置,防止事态扩大。岗位上在本岗位醒目位置对未治理的班组级及以上隐患进行公示。车间(区队)在本车间(区队)办公区域醒目位置对未治理隐患车间(区队)级及以上隐患进行公示。厂(矿)在办公楼电子大屏位置对未治理隐患厂(矿)级及以上隐患进行公示,滚动播放。厂(矿)每周将本单位查出的厂(矿)级及以上重大隐患及整改进展情况报企业安全监察部门,企业安全监察部门跟踪进行监督整改。各厂(矿)每周将存在的重大隐患整改进展情况在周调度例会进行通报,并对监控情况进行专人督察,建立监控记录,确保隐患管控到位。

企业隐患治理验收表如表 2-31 所示。

表 2-31 企业隐患治理验收表

验收单位： 验收时间： 年 月 日

隐患发现时间			隐患来源		
隐患具体位置					
隐患具体描述					
隐患等级		计划完成时间		实际完成时间	

隐患治理验收	验收项	验收标准（依据治理方案编制）	确认结果	确认人

验收人员签字	业务主管部门 年 月 日	安全监察部门： 年 月 日
验收评价	治理后，是否达到方案中的预期目标： 评价人员签字： 年 月 日	
业务部门分管领导确认	业务主管部门 年 月 日	安全监察部门： 年 月 日
公司分管领导确认	签字： 年 月 日	

思 考 题

1. 风险辨识的基本方法有哪些?
2. 风险评价的步骤和方法是什么?
3. 八类许可作业有哪些?
4. 风险预控体系建立的步骤是什么?
5. 风险预控体系运行中应该注意哪些问题?
6. 风险预控体系的评审方法有哪些?
7. 隐患评价方法有哪些?
8. 隐患控制方法有哪些?

第 3 章 重点行业领域应急管理

3.1 矿山企业安全应急管理

3.1.1 矿山行业应急管理法律法规要求

我国政府高度重视矿山应急救援工作，先后推出了一系列法律法规和制度标准来指导矿山应急救援工作，建立了矿山应急救援体系。1992 年，我国颁布了《中华人民共和国矿山安全法》，为矿山应急救援提供了法律层面的依据。2003 年，建立矿山应急救援指挥中心，负责指导全国范围的矿山应急救援工作。2016 年，新版的《煤矿安全规程》增加了"应急救援专篇"，用行业规范的形式凸显应急救援的重要性。除此之外，《中华人民共和国突发事件应对法》（以下简称《突发事件应对法》）《中华人民共和国安全生产法》（以下简称《安全生产法》）等通用法律法规中也对矿山企业应急管理提出了重点要求。

矿山企业应急管理法律法规重点要求如下：

(1)《突发事件应对法》(2007 年)：第二十三条规定"矿山、建筑施工单位和易燃易爆物品、危险化学品、放射性物品等危险物品的生产、经营、储运、使用单位，应当制定具体应急预案，并对生产经营场所、有危险物品的建筑物、构筑物及周边环境开展隐患排查，及时采取措施消除隐患，防止发生突发事件"。该条明确规定了矿山企业应针对突发事件编制应急预案。

(2)《安全生产法》(2021 年修订)：第二十四条规定"矿山、金属冶炼、建筑施工、运输单位和危险物品的生产、经营、储存、装卸单位，应当设置安全生产管理机构或者配备专职安全生产管理人员"。该条从管理人员方面对矿山企业安全生产进行了规范。

(3)《生产安全事故应急条例》(2019 年)：第八条规定"易燃易爆物品、危险化学品等危险物品的生产、经营、储存、运输单位，矿山、金属冶炼、城市轨道交通运营、建筑施工单位，以及宾馆、商场、娱乐场所、旅游景区等人员密集场所经营单位，应当至少每半年组织 1 次生产安全事故应急救援预案演练，并将演练情况报送所在地县级以上地方人民政府负有安全生产监督管理职责的部门"。该条对矿山企业的应急演练频次提出明确要求。

(4)《生产安全事故应急预案管理办法》(2022年)：第二十一条规定"矿山、金属冶炼、建筑施工企业和易燃易爆物品、危险化学品的生产、经营（带储存设施的，下同）、储存企业，以及使用危险化学品达到国家规定数量的化工企业、烟花爆竹生产、批发经营企业和中型规模以上的其他生产经营单位，应当对本单位编制的应急预案进行评审，并形成书面评审纪要"。第二十六条规定"生产经营单位应当在应急预案公布之日起20个工作日内，按照分级属地原则，向安全生产监督管理部门和有关部门进行告知性备案。中央企业总部（上市公司）的应急预案，报国务院主管的负有安全生产监督管理职责的部门备案，并抄送国家安全监督管理总局；其所属单位的应急预案报所在地的省、自治区、直辖市或者设区的市级人民政府主管的负有安全生产监督管理职责的部门备案，并抄送同级安全生产监督管理部门。前款规定以外的非煤矿山、金属冶炼和危险化学品生产、经营、储存企业，以及使用危险化学品达到国家规定数量的化工企业、烟花爆竹生产、批发经营企业的应急预案，按照隶属关系报所在地县级以上地方人民政府安全生产监督管理部门备案；其他生产经营单位应急预案的备案，由省、自治区、直辖市人民政府负有安全生产监督管理职责的部门确定。煤矿企业的应急预案除按照本条第一款、第二款的规定备案外，还应当抄送所在地的煤矿安全监察机构"。第三十五条规定"应急预案编制单位应当建立应急预案定期评估制度，对预案内容的针对性和实用性进行分析，并对应急预案是否需要修订作出结论。矿山、金属冶炼、建筑施工企业和易燃易爆物品、危险化学品等危险物品的生产、经营、储存企业、使用危险化学品达到国家规定数量的化工企业、烟花爆竹生产、批发经营企业和中型规模以上的其他生产经营单位，应当每3年进行一次应急预案评估。应急预案评估可以邀请相关专业机构或者有关专家、有实际应急救援工作经验的人员参加，必要时可以委托安全生产技术服务机构实施"。以上对矿山企业的应急预案的评审、公布、备案、评估等内容作出明确要求。

(5)《中华人民共和国矿山安全法》(2009年修订)：第三十一条规定"矿山企业应当建立由专职或者兼职人员组成的救护和医疗组织，配备必要的装备、器材和药物"，本条对矿山企业的应急救援队伍和物资装备提出明确要求。第三十条规定"矿山企业必须制定矿山事故防范措施，并组织落实"。第三十六条规定"发生矿山事故，矿山企业必须立即组织抢救，防止事故扩大，减少人员伤亡和财产损失，对伤亡事故必须立即如实报告劳动行政主管部门和管理矿山企业的主管部门"。第三十九条规定"矿山事故发生后，应当尽快消除现场危险，查明事故原因，提出防范措施。现场危险消除后，方可恢复生产"。第三十条、第三十六条和第三十九条对矿山事故应急救援提出明确要求。

(6)《矿山安全法实施条例》(1996 年)：第二十九条规定"矿长（含矿务局局长、矿山公司经理，下同）对本企业的安全生产工作负有下列责任：（六）制定矿山灾害的预防和应急计划；（七）及时采取措施，处理矿山存在的事故隐患；（八）及时、如实向劳动行政主管部门和管理矿山企业的主管部门报告矿山事故"。第三十一条规定"矿长应当定期向职工代表大会或者职工大会报告下列事项，接受民主监督：（五）重大事故处理情况"。第三十三条规定"矿山企业职工应当履行下列义务：（四）及时报告危险情况，参加抢险救护"。第三十八条规定"对矿长安全资格的考核，应当包括下列内容：（四）矿山事故处理能力"。第四十条规定"矿山企业应当每年编制矿山灾害预防和应急计划；在每季度末，应当根据实际情况对计划及时进行修改，制定相应的措施。矿山企业应当使每个职工熟悉矿山灾害预防和应急计划，并且每年至少组织一次矿山救灾演习"。第四十一条规定"矿山企业应当建立由专职的或者兼职的人员组成的矿山救护和医疗急救组织。不具备单独建立专业救护和医疗急救组织的小型矿山企业，除应当建立兼职的救护和医疗急救组织外，还应当与邻近的有专业的救护和医疗急救组织的矿山企业签订救护和急救协议，或者与邻近的矿山企业联合建立专业救护和医疗急救组织。矿山救护和医疗急救组织应当有固定场所、训练器械和训练场地。矿山救护和医疗急救组织的规模和装备标准，由国务院管理矿山企业的有关主管部门规定"。第四十二条规定"矿山企业必须按照国家规定的安全条件进行生产，并安排一部分资金，用于下列改善矿山安全生产条件的项目：（一）预防矿山事故的安全技术措施。第四十六条规定"矿山发生事故后，事故现场有关人员应当立即报告矿长或者有关主管人员；矿长或者有关主管人员接到事故报告后，必须立即采取有效措施，组织抢救，防止事故扩大，尽力减少人员伤亡和财产损失"。第四十七条规定"矿山发生重伤、死亡事故后，矿山企业应当在 24 小时内如实向劳动行政主管部门和管理矿山企业的主管部门报告"。第四十八条规定"劳动行政主管部门和管理矿山企业的主管部门接到死亡事故或者一次重伤 3 人以上的事故报告后，应当立即报告本级人民政府，并报各自的上一级主管部门"。第四十九条规定"发生伤亡事故，矿山企业和有关单位应当保护事故现场；因抢救事故，需要移动现场部分物品时，必须做出标志，绘制事故现场图，并详细记录；在消除现场危险，采取防范措施后，方可恢复生产"。

(7)《非煤矿山外包工程安全管理暂行办法》(2013 年)：第十五条规定"发包单位应当按照国家有关规定建立应急救援组织，编制本单位事故应急预案，并定期组织演练。外包工程实行总发包的，发包单位应当督促总承包单位统一组织编制外包工程事故应急预案；实行分项发包的，发包单位应当将承包单位编制的外包工程现场应急处置方案纳入本单位应急预案体系，并定期组织演练"。第十六条规定"发包单位在接到外包工程事故报告后，应当立即启动相关事故应急预案，或者采取有效措施，组织抢救，防止事故扩大,并依照《生产安全事故报告和调查处理条例》的规定,立即如实地向事故发生地县级以上人民政府安全生产监督管理部门和负有安全生产监督管理职责的有关部门报告"。第二十五条规定"外包工程实行总承包的,总承包单位应当统一组织编制外包工程应急预案。总承包单位和分项承包单位应当按照国家有关规定和应急预案的要求,分别建立应急救援组织或者指定应急救援人员,配备救援设备设施和器材,并定期组织演练。外包工程实行分项承包的,分项承包单位应当根据建设工程施工的特点、范围以及施工现场容易发生事故的部位和环节,编制现场应急处置方案,并配合发包单位定期进行演练"。第二十六条规定"外包工程发生事故后,事故现场有关人员应当立即向承包单位及项目部负责人报告。承包单位及项目部负责人接到事故报告后,应当立即如实地向发包单位报告,并启动相应的应急预案,采取有效措施,组织抢救,防止事故扩大"。

(8)《进一步加强安全生产应急救援体系建设的实施意见》(安委办〔2010〕25号):提出要大力加强矿山应急救援队伍体系建设。①加快国家矿山应急救援队建设步伐。依托黑龙江鹤岗、山西大同、河北开滦、安徽淮南、河南平顶山、四川芙蓉、甘肃靖远矿山救护队,抓紧建设7个国家矿山应急救援队,力争在2011年年底前全部建成。要充分利用企业现有资源和条件,按照总体规划的要求,突出特长和特色,重点投入,配备国际国内先进的尤其是高、精、尖的应急救援装备,在搞好本企业、本地区事故救援的同时,满足跨地区、重特大且抢险救援复杂、难度大事故的快速高效救援工作的需要。与此同时,要全面加强基础设施建设,加强素质能力建设,加强体制机制和管理创新,真正建成世界一流的国家矿山应急救援队。②加强区域矿山应急救援队建设。在争取国家支持的同时,各依托企业要参照国家矿山应急救援队的建设原则、标准和要求,在现有基础上,进一步加强建设。国家陆地搜寻与救护平顶山基地依托企业,要加快建设进度,重点提升矿山、建(构)筑物坍塌、隧道、地下空间、泥石流等灾害应急救援能力。③加强省级地方骨干矿山应急救援队建设。各省(自治区、直辖市)要根据本地区矿山企业分布情况和经济社会发展的需要,统筹规划,由地方和企业共同出资,依托大中型企业建设骨干矿山应急救援队,并在大型特殊救援装备配备、救援队伍运行经费等方面给予支持。④加强其他地方和基层矿山应急救援队建设。矿山企业特别是煤矿较多的市(地、州)、县(区、市)、乡(镇)和其他中小型矿山企业集中的地方要合理规划、整合资源、因地制宜,采取企业联合、政企联合或地方有关部门单独出资方式建设专业矿山应急救援队,或依托本行政区域综合应急救援队充实矿山应急救援技术装备和人员,以满足矿山事故应急救援工作的需要。⑤加强矿山企业应急救援队建设。所有大中型矿山企业特别是煤矿都要依法建立专业应急救援队,并按照有关救援队伍建设标准,不断提升建设水平尤其是装备水平,进而提高应急救援能力;小型矿山企业要因企制宜建立专职或兼职救援队;没有建立专职应急救援队的矿山企业,必须与邻近的具备相应能力的专职应急救援队签订应急救援协议。⑥加强矿山医疗救护体系建设。在国家(区域)矿山应急救援队布点区域,建设装备精良、高水准的国家(区域)矿山医疗救护队。各地要搞好规划、加强协调,将矿山医疗救护体系建设纳入安全生产应急救援体系和医疗卫生应急体系,同步规划、同步实施、同步推进,依托当地优势医疗资源建立骨干矿山医疗救护队,提高医疗救护技术和装备水平。矿山企业要发挥矿区医疗机构的作用,将矿山医疗救护点延伸到井(坑)口,形成网络。

3.1.2 矿山企业典型突发事件案例分析

1. 山东栖霞市笏山金矿"1·10"重大爆炸事故

(1) 事故概况。2021年1月10日13时13分许,山东五彩龙投资有限公司栖霞市笏山金矿在基建施工过程中,回风井发生爆炸事故,造成22人被困。经全力救援,11人获救,10人死亡,1人失踪,直接经济损失6847.33万元。事故现场如图3-1和图3-2所示。

图 3-1 爆炸事故现场(1)　　图 3-2 爆炸事故现场(2)

(2) 事故经过。2021年1月10日,新东盛工程公司施工队在向回风井六中段下放启动柜时,发现启动柜无法放入罐笼,施工队负责人李某排员工唐某和王某直接用气焊切割掉罐笼两侧手动阻车器,有高温熔渣块掉入井筒。

12时43分许,浙江其峰工程公司项目部卷扬工李某在提升六中段的该项目部凿岩、爆破工郑甘、李某、卢某3人升井过程中,发现监控视频连续闪屏;罐笼停在一中段时,视频监控已黑屏。李某于13时04分57秒将郑某等3人提升至井口。

13时13分10秒,风井提升机房视频显示井口和各中段画面"无视频信号",几乎同时,变电所跳闸停电,提升钢丝绳松绳落地,接着风井传出爆炸声,井口冒灰黑浓烟,附近房屋、车辆玻璃破碎。

五彩龙公司和浙江其峰工程公司项目部有关人员接到报告后，相继抵达事故现场组织救援。

14 时 43 分许，采用井口悬吊风机方式开始抽风。在安装风机过程中，因井口槽钢横梁阻挡风机进一步下放，唐某用气焊切割掉槽钢，切割作业产生的高温熔渣掉入井筒。

15 时 03 分左右，井下发生了第二次爆炸，井口覆盖的竹胶板被掀翻，井口有木碎片和灰烟冒出。

(3) 应急处置。接到报告后，山东省委、省政府迅即成立省、市、县一体化救援指挥部，由省委常委、常务副省长王书坚任总指挥，副省长汲斌昌及烟台市委、市政府主要负责人任副总指挥，组织开展现场救援工作。总指挥部下设综合协调、现场救援、专家、医疗救治、新闻舆情、安全保卫与交通保障、后勤保障与联络、家属接待、疫情防控、事故调查、生命通道联络保障 11 个工作组。1 月 12 日中午，应急管理部副部长、国家矿山安全监察局局长黄玉治带领工作组到达现场指导救援。

现场指挥部坚持科学施救、有序施救、安全施救，紧急调集省内外救援队伍 20 支，救援人员 690 余名，救援装备 420 余套，前期制定了井筒清障和地面打钻"两条腿并行"思路，后期调整为"3+1"总体救援方案，即以生命维护监测、生命救援、排水保障 3 条通道为主，探测通道为辅，同步推进；井筒清障突破后，迅速搜寻被困人员。

1 月 24 日，救援人员在四中段发现矿工刘某，于 11 时 13 分顺利升井，送医院救治。12 时 50 分清障至五中段后，分别于 13 时 33 分、14 时 07 分、14 时 44 分、15 时 18 分对五中段张某等 10 名被困矿工分四批升井，送医院救治。之后，10 名遇难矿工遗体陆续升井，仍有 1 名矿工失联。

1 月 27 日，指挥部决定现场紧急救援转为常态化搜救。

(4) 事故直接原因。经调查，本次事故发生的直接原因是井下违规混存炸药、雷管，井口实施罐笼气割作业产生的高温熔渣块掉入回风井，碰撞井筒设施，弹到一中段马头门内乱堆乱放的炸药包装纸箱上，引起纸箱等可燃物燃烧，导致混存乱放在硐室内的导爆管雷管、导爆索和炸药爆炸。

2. 重庆市永川区吊水洞煤业有限公司"12·4"重大火灾事故

(1) 事故概况。2020 年 12 月 4 日 16 时 40 分，重庆市永川区吊水洞煤业有限公司（以下简称"吊水洞煤矿"）井下发生重大火灾事故，造成 23 人死亡、1 人重伤，直接经济损失 2632 万元，事故现场如图 3-3 和图 3-4 所示。

图 3-3 重大火灾事故现场（1）　　图 3-4 重大火灾事故现场（2）

（2）事故经过。2020 年 12 月 4 日 8 时左右，胜杰回收公司回撤人员陆续到达吊水洞煤矿井下开展回撤工作。16 时 40 分左右，回撤人员在 -85 m 水泵硐室内违规切割 2#、3#水泵吸水管时，掉落的高温熔渣引燃了水仓吸水井内沉积的油垢，进而引燃了水仓中留存的岩层渗出油，油垢和岩层渗出油燃烧产生大量有毒有害烟气。16 时 57 分，调度值班员看见监控系统显示矿井总回风巷一氧化碳传感器超限报警，一氧化碳浓度不断上升，立即向矿长电话报告。17 时 17 分，吊水洞煤矿调度值班员见监控系统总回风一氧化碳传感器显示浓度一直在上升，立即向永川区能源局值班室报告了事故。永川区能源局接到事故报告后，于 17 时 50 分起陆续向永川区委区政府以及相关部门报告事故情况。事故共造成 24 人被困井下。传感器超限报警，一氧化碳浓度不断上升，立即向矿长电话报告。17 时 17 分，吊水洞煤矿调度值班员见监控系统总回风一氧化碳传感器显示浓度一直在上升，立即向永川区能源局值班室报告了事故。永川区能源局接到事故报告后，于 17 时 50 分起陆续向永川区委区政府以及相关部门报告事故情况。事故共造成 24 人被困井下。

（3）应急处置。事故发生后，应急管理部、国家矿山安监局和重庆市立即启动应急响应，全力组织救援工作。应急管理部主要负责同志与现场全程视频连线，国家矿山安监局主要负责同志迅速带领工作组赶赴现场指导抢险救援。重庆市、永川区党委政府主要负责同志立即到达现场，了解事故情况，成立了现场指挥部，迅速开展抢险救援工作。重庆市和应急管理部共调动 9 支抢险救援队伍，343 人参与救援。重庆市卫生健康部门共调集 24 辆救护车、100 余名医护人员全力做好救治保障和疫情防控工作。12 月 4 日 18 时 38 分起，救护队陆续赶到吊水洞煤矿实施救援。12 月 5 日 4 时 38 分，救出 1 名遇险人员，5 日 23 时 01 分，井下 23 名遇难者全部找到并运送出井。整个救援过程方案科学、指挥有力、调度有序、科学专业，救援过程中未发生次生事故。

（4）事故直接原因。胜杰回收公司在吊水洞煤矿井下回撤作业时，回撤人员在 -85 m

水泵硐室内违规使用氧气/液化石油气切割 2#、3#水泵吸水管时，掉落的高温熔渣引燃了水仓吸水井内沉积的油垢，油垢和岩层渗出油燃烧产生大量有毒有害烟气，在火风压作用下蔓延至进风巷，造成人员伤亡。

3.1.3 典型矿山企业应急管理实务分享

以某煤炭公司（煤炭公司 A）作为典型企业，分享"应急组织体系""应急预案体系"与"救援保障体系"等方面的应急管理实务；以某矿业公司（矿业公司 B）作为典型企业，分享"科技支撑体系"方面的应急管理实务。

1. 应急组织体系

为了全面加强应急管理工作，提升对突发事件的处置能力，2014 年 4 月，煤炭公司 A 成立了以第一责任人（董事长）为组长，其他公司主要领导为副组长，公司副总师、部门和二级单位主要负责人为成员的应急管理领导小组，明确了应急管理职责，全面负责公司应急管理工作。

应急管理领导小组下设应急管理办公室和应急值守办公室。应急管理办公室是专职的公司应急管理办事机构，负责公司日常应急管理工作。应急值守办公室是公司应急值守机构，设在公司总调度室，负责公司 24 小时应急值守，接收、处置应急信息，统一调度、协调救援力量参加应急救援。其他公司各部门是公司应急管理工作机构，在应急管理领导小组的领导下，按照各自职责，相互协作，完成相关应急管理工作。各煤矿单位成立了以矿长为组长，其他矿领导为副组长，副总师、机关部门和基层单位负责人为成员的应急管理领导小组。应急管理领导小组下设应急管理办公室、应急值守办公室和应急管理工作机构，负责本单位应急管理工作。应急管理领导小组在应对突发事件时转变为应急指挥部，全面负责应急处置工作。从而建立了上下统一，横向协作，从日常到应急，完整的应急管理机构，形成了"统一领导、综合协调、分类管理、分级负责"的应急管理体制。

2. 应急预案体系

煤炭公司 A 在国家安全生产应急救援指挥中心的指导下，作为煤炭行业的试点单位，按照"简明化、专业化、卡片化"的思路，对应急预案进行了结构性、系统性优化，力求科学合理、切实可行。

（1）简化预案结构，形成一体化应急预案。

煤炭公司 A 在坚持专业、系统、实用的基础上，将专项应急预案中的"处置措施"融入综合应急预案，同时缩减不必要的文字性描述和部分冗余内容，更加注重预案精髓的提炼。通过预案优化，篇幅急剧缩小，更加简洁，易记易懂，培训普及更加顺畅。

通过综合预案与专项预案的有机结合，形成了一体化的《生产安全事故应急预案》。

（2）突出现场处置，优化现场处置方案。

煤炭公司 A 通过风险评估和应急能力分析，结合井下各个生产作业场所的灾害类别和应急资源配置，确立了"不同场所、不同位置、不同灾害、不同处置措施、不同避灾路线"的"五不同"编制思路，对现场处置方案进行了优化。优化后的现场处置方案主要包括事故风险分析、应急工作职责、事故应急处置程序、各类灾害处置措施、联系方式、注意事项和各类避灾路线图。避灾路线图注明了供水施救、压风自救、避难硐室、自救器过渡站和撤离距离，增强了现场处置方案的实用性和针对性。

（3）提炼预案精髓，编制应急响应流程册和应急处置卡。

针对应急预案和现场处置方案篇幅依然相对较长，公司结合应急预案有关内容，配套编制了应急响应流程册和现场应急处置卡。应急响应流程册以流程图的形式，针对重要应急指挥人员，以岗位为主体，以处置动作为主线，突出该动作的执行岗位，明确了事故发生后该做什么，怎样做，谁来做的问题，每个岗位对应一张流程图，一目了然。现场应急处置卡以卡片形式，针对井下现场人员，提炼归纳了现场处置方案的核心内容，包括应急响应流程示意图、职责分工、处置程序、处置措施、避灾路线和注意事项，制作成方便随身携带的卡片，方便阅读和记忆。优化后的应急预案体系，文字篇幅和结构更加简洁，应急响应流程更加规范，职责分工更加明确，处置措施更加科学，形成了"层次分明、结构清晰、简单明了、通俗易懂"的特点。2016 年 6 月，煤炭公司 A 优化的应急预案被国家安监总局作为煤炭行业的预案范本，在国家安监总局的官网上进行公布。

3. 救援保障体系

（1）国家层面。我国建立了由应急管理部领导，安全监察机构、应急救援管理机构、应急救援队伍、应急救援专家协同的应急救援管理体系。目前，已建立了 14 个国家级矿山事故救援基地。对煤矿安全应急救援体系的完善使我国的煤矿事故死亡人数得到了一定程度的控制，但仍然没有实现"零死亡"，煤矿安全问题仍较为突出。我国目前的矿山应急救援指挥机构共分为 3 个层次，即国家级救援指挥中心，省级救援指挥机构和市、县级应急管理机构。依托于目前的煤矿安全应急救援体系，能在一定程度上针对煤矿水害、煤矿顶板坍塌等事故进行救援，但因为我国的煤炭储量较大且煤炭分布的区域面积较大，而且大多数煤矿的应急救援环境都较差，所以当前的煤矿安全应急救援体系仍存在诸多问题，不能全面地预防和处置煤矿紧急安全事故。

（2）矿山企业层面。大部分矿山企业对矿山安全应急资源的配置都足够的重视，对每个矿山企业而言，无论其规模大小，均按照国家要求配备了专、兼职救护队，以满足开展应急救援活动的需要。此外，矿山企业还需配备安全应急救援资源（表3-1），通过合理配置矿山企业内外部安全应急资源，保证在矿山安全事故发生时能及时地开展救援活动。

表3-1 矿山安全应急救援资源

矿山企业内部应急救援资源			矿山企业外部应急救援资源	
应急指挥部	应急救援队伍	应急保障	外部救援支持	专职救援队伍
统筹管理矿山安全、指挥应急救援活动	负责通信联络、抢险救援、医疗救护、治安、物资供应、应急环境监测、技术支持	应急经费、应急物资装备、应急交通运输	互助矿山、公安部门、消防部门、环保部门、电信部门、医疗等位等	社会专职救援力量

煤炭公司A在应急保障方面做了大量的工作，建立了相对完善的应急保障体系，为应急救援提供了可靠的保障。

①应急队伍。煤炭公司A的应急救援队伍包括救护消防大队、总医院、兼职矿山救护队和技术专家库。神东救护消防大队作为国家矿山救援鄂尔多斯基地，拥有力量雄厚、装备精良、技术精湛、训练有素的8个中队，救援力量覆盖整个神东矿区，并承担周边地区的应急救援责任和义务。

煤炭公司A总医院是神东所属的二级甲医院，作为国家医疗救护神东分中心，主要承担着神东及周边地区的矿山创伤医疗救护、综合医疗、健康体检、健康管理、职业病筛查、预防接种及突发公共卫生事件处理等医疗服务工作。

各煤矿单位均建有兼职矿山救护队，配合专职矿山救护队共同进行应急处置，更加高效。虽然按照《矿山安全规程》要求，神东各矿井均有专职矿山救护队为其服务，完全可以不建立兼职矿山救护队。但考虑到本矿员工对井下环境更为熟悉，对井下各系统之间的联系掌握更加清楚，为提升现场应急处置能力，提高处置效率，各煤矿均按照《矿山救护规程》标准组建了兼职矿山救护队，并按照要求严格进行培训与训练。

煤炭公司A及所属单位根据风险评估结果，建立覆盖所有重要灾害类型的应急救援技术专家库，为现场救援、决策咨询等提供技术支持。公司建立了由专业队伍、兼职队伍构成的"统一领导、专兼并存、优势互补、保障有力"的应急救援队伍体系。训练有素、业务精湛、快速反应的应急救援队伍，高素质、高水平、高效率的应急救援人员，为应急救护提供了强有力的应急救援队伍保障。

②应急物资。煤炭公司A的应急物资管理原则是定额储备、专业管理、保障急需、定期更新、专物专用。为了有针对性地储备应急物资，既满足应急需求，又减少资源浪费，使应急物资储备更加科学合理，公司依据风险评估，将所属矿井分为高瓦斯矿井、水文地质条件复杂矿井和一般矿井3种类型。确定了不同类型矿井的应急物资储备标准。

其中，大型设备及与之配套的相关附件由公司统一储备，制定了《煤炭公司A应急物资储备计划》。公司应急物资存放于公司应急物资专用库房，统一管理，供全公司调用。基层单位应急物资存放在各自应急物资专用库房，自行管理。同时，制定了应急物资储备、维护、检测、调用等环节的具体管理办法，规范管理，保证在应急状态下能用、管用、好用。

③资金投入。煤炭公司A要求各单位主要负责人对应急投入保障工作全面负责，保障应急投入落实到位。严格按照《煤炭公司A安全投入保障管理办法》，将应急管理所需资金列入年度安全专项费用计划，并据实列支，审计部门按规定进行审计监督，保证专款专用，按规定范围安排使用，不得挪用或挤占。

④后勤服务。常言道"兵马未动，粮草先行"，说的就是后勤保障的重要性。在处理事故时，现场常包括本单位员工、矿山救护队员、医疗救护人员、上级单位派出人员、地方政府人员、相关员工家属及亲友、媒体记者和其他各类关注事故的人员，人员流动性大、数量多，需要做好后勤服务以保障各类人员的餐饮、住宿和行动等。

煤炭公司A的后勤服务统一由神东矿业服务公司来提供，专业的管理保证了专业的服务，通过培训和演练，后勤保障已经规范化，形成了一套高效的管理方法和服务程序，为应急救援活动提供了坚实的后勤保障。

4. 科技支撑体系

目前，我国为有效管理煤矿应急资源、增强突发事件应对能力，将应急物资装备、应急救援队伍、应急专家、应急预案（方案）、应急培训基础知识等应急资源整合至煤矿应急平台救援数据库管理系统中，但该平台主要功能是进行信息共享，缺少应急资源智能调用、应急指挥决策、信息报送等重要功能。

矿业公司B建立了完善的应急指挥中心系统、人员定位系统、监测监控系统、供水施救系统、压风自救系统、避险系统、移动通信系统、矿井语音广播系统、网络化视频指挥系统统、井下"一掌通"信息管理系统等十大应急管理系统，全面提升矿井安全保障能力、应急救援能力和灾害处置能力，保障矿井人员的生命安全。

3.2 危险化学品企业安全应急管理

3.2.1 危险化学品企业应急管理法律法规要求

涉及危险化学品企业应急管理的法律法规较多，本节结合多项法律法规要求，总结提炼主要重点要求如下：

其中《突发事件应对法》《生产安全事故应急条例》和《生产安全事故应急预案管理办法》中对危险化学品行业的应急管理要求，参考本章第一节第一部分内容，此处不再赘述。

（1）《安全生产法》（2021年修订）：对危险化学品事故的应急救援提出了以下几点基本要求：第一，在危险化学品事故发生时，应急救援团队应该立即组织营救受害人员，组织他们撤离或者采取其他措施保护受害人员远离危险区域。第二，应急救援人员应该迅速控制事故的事态，对事故造成的危害进行估测，并且分析危险化学品的性质、事故所涉及的危害区域和程度，在数据分析的基础上消除危害后果，做好现场恢复的准备。第三，应急救援团队应该对危险化学品事故所造成的环境污染与生态破坏的状况进行评估，采取相应的环境治理策略和生态恢复对策。

（2）《危险化学品安全管理条例》（2013年）：第十三条规定"生产、储存危险化学品的单位，应当对其铺设的危险化学品管道设置明显标志，并对危险化学品管道定期检查、检测。进行可能危及危险化学品管道安全的施工作业，施工单位应当在开工的7日前书面通知管道所属单位，并与管道所属单位共同制定应急预案，采取相应的安全防护措施。管道所属单位应当指派专门人员到现场进行管道安全保护指导"。第七十条规定"危险化学品单位应当制定本单位危险化学品事故应急预案，配备应急救援人员和必要的应急救援器材、设备，并定期组织应急救援演练。危险化学品单位应当将其危险化学品事故应急预案报所在地设区的市级人民政府安全生产监督管理部门备案"。第七十一条规定"发生危险化学品事故，事故单位主要负责人应当立即按照本单位危险化学品应急预案组织救援，并向当地安全生产监督管理部门和环境保护、公安、卫生主管部门报告；道路运输、水路运输过程中发生危险化学品事故的，驾驶人员、船员或者押运人员还应当向事故发生地交通运输主管部门报告"。第七十三条规定"有关危险化学品单位应当为危险化学品事故应急救援提供技术指导和必要的协助"。

（3）《危险化学品重大危险源监督管理暂行规定》（2015年修正本）：第十七条规定"危险化学品单位应当对重大危险源的管理和操作岗位人员进行安全操作技能培训，使其了解重大危险源的危险特性，熟悉重大危险源安全管理规章制度和安全操作规程，掌握本岗位的安全操作技能和应急措施"。第十八条规定"危险化学品单位应当在重大危险源所在场所设置明显的安全警示标志，写明紧急情况下的应急处置办法"。第十九条规定"危险化学品单位应当将重大危险源可能发生的事故后果和应急措施等信息，以适当方式告知可能受影响的单位、区域及人员"。第二十条规定"危险化学品单位应当依法制定重大危险源事故应急预案，建立应急救援组织或者配备应急救援人员，配备必要的防护装备及应急救援器材、设备、物资，并保障其完好和方便使用；配合地方人民政府安全生产监督管理部门制定所在地区涉及本单位的危险化学品事故应急预案。对存在吸入性有毒、有害气体的重大危险源，危险化学品单位应当配备便携式浓度检测设备、空气呼吸器、化学防护服、堵漏器材等应急器材和设备；涉及剧毒气体的重大危险源，还应当配备两套以上（含本数）气密型化学防护服；涉及易燃易爆气体或者易燃液体蒸气的重大危险源，还应当配备一定数量的便携式可燃气体检测设备"。第二十一条规定"危险化学品单位应当制定重大危险源事故应急预案演练计划，并按照下列要求进行事故应急预案演练：（一）对重大危险源专项应急预案，每年至少进行一次；（二）对重大危险源现场处置方案，每半年至少进行一次。应急预案演练结束后，危险化学品单位应当对应急预案演练效果进行评估，撰写应急预案演练评估报告，分析存在的问题，对应急预案提出修订意见，并及时修订完善"。

3.2.2 危险化学品企业典型突发事件案例分析

1. 江苏响水天嘉宜化工有限公司"3·21"特别重大爆炸事故

（1）事故概况。2019 年 3 月 21 日 14 时 48 分许，位于江苏省盐城市响水县生态化工园区的天嘉宜化工有限公司（以下简称"天嘉宜公司"）发生特别重大爆炸事故，造成 78 人死亡、76 人重伤，640 人住院治疗，直接经济损失 198 635.07 万元，事故现场如图 3-5 所示。

图 3-5　爆炸事故现场

（2）事故经过。事故调查组调取了 2019 年 3 月 21 日现场有关视频，发现有 5 处视频记录了事故发生过程。

① "6#罐区"视频监控显示：14 时 45 分 35 秒，旧固废库房顶中部冒出淡白烟，如图 3-6 所示。

图 3-6 "6#罐区"视频监控

②"新固废库外南"视频监控显示：14 时 45 分 56 秒，有烟气从旧固废库南门内由东向西向外扩散，并逐渐蔓延扩大，如图 3-7 所示。

图 3-7 "新固废库外南"视频监控

③"新固废库内南"视频监控显示：14 时 46 分 57 秒，新固废库内作业人员发现火情，手提两个灭火器从仓库北门向南门跑去试图灭火，如图 3-8 所示。

图 3-8 "新固废库内南"视频监控

④"6#罐区"视频监控显示：14 时 47 分 03 秒，旧固废库房顶南侧冒出较浓的黑烟，如图 3-9 所示。

图 3-9 "6#罐区"监控房顶冒黑烟

⑤"6#罐区"视频监控显示：14 时 47 分 11 秒，旧固废库房顶中部被烧穿并有明火出现，火势迅速扩大，如图 3-10 所示。14 时 48 分 44 秒视频中断，判断为发生爆炸。

图 3-10 "6#罐区"监控出现明火

从旧固废库房顶中部冒出淡白烟至发生爆炸历时 3 分 9 秒。

(3) 应急处置。事故发生后,在党中央、国务院坚强领导下,江苏省和应急管理部等立即启动应急响应,迅速调集综合性消防救援队伍和危险化学品专业救援队伍开展救援,至 3 月 22 日 5 时许,天嘉宜公司的储罐和其他企业等 8 处明火被全部扑灭,未发生次生事故;至 3 月 24 日 24 时,失联人员全部找到,救出 86 人,搜寻到遇难者 78 人。江苏省和国家卫生健康委全力组织伤员救治,至 4 月 15 日,危重伤员、重症伤员经救治全部脱险。生态环境部门对爆炸核心区水体、土壤、大气环境密切监测,实施堵、控、引等措施,未发生次生污染;至 8 月 25 日,除残留在装置内的物料外,生态化工园区内的危险物料全部转运完毕。

(4) 事故直接原因。天嘉宜公司旧固废库内长期违法贮存的硝化废料持续积热升温导致自燃,燃烧引发硝化废料爆炸。事故调查组通过调查逐一排除了其他起火原因,认定为硝化废料分解自燃起火。

2. 河北沧州鼎睿石化"5·31"火灾事故

(1) 事故概况。2021 年 5 月 31 日 14 时 28 分,位于沧州市渤海新区南大港产业园区东兴工业区的鼎睿石化有限公司发生火灾事故,直接经济损失 3872.1 万元,未造成人员伤亡,事故现场如图 3-11 所示。

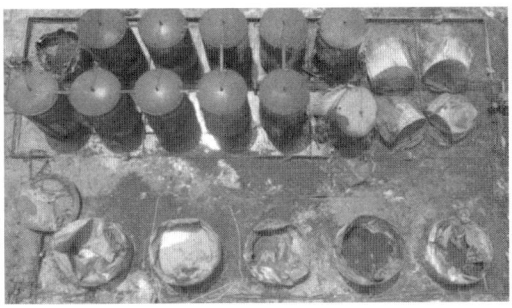

图 3-11 火灾事故现场

(2) 事故经过。2021 年 5 月 30 日,鼎睿石化有限公司东厂区进行油气回收装置安装工作,东厂区厂长刘某安排工人张某进行油气回收装置管线与储罐油气回收集气管线连接作业,工人王某、刘某、王某、马某协助张某作业。当天完成储罐油气回收集气管线盲板拆除、法兰连接工作。

5 月 31 日上午,张某、王某、刘某、王某、马某 5 人在储罐防火堤外预制连接管道。工作完成后,14 时 20 分左右,张某和王某进入储罐防火堤内进行切割作业,张某在 1#与 2#储罐间的油气回收集气管上选定切割点位后,14 时 28 分左右,开始用气割枪切割,几秒钟后,一声闷响,2#、3#、4#、5#储罐顶部几乎同时起火,随即 1#储罐顶部起火,

2#储罐顶盖掀翻到地面。张某和王某迅速跑出防火堤，随即同防火堤外的刘某、王某、马某3人一起躲到厂内的仓库避险。

5月31日23时13分，3#储罐发生喷溅，引起6#储罐闪爆起火。

6月3日12时，5#储罐火被扑灭；12时25分，3#储罐、4#储罐火被扑灭；20时10分，1#储罐、2#储罐火被彻底扑灭；6月4日2时30分，6#储罐火被扑灭。火情持续84小时。

(3) 应急处置。

①事故报告情况。5月31日14时37分，鼎睿石化有限公司东厂区厂长刘某拨打119向消防报警。5月31日15时10分，东兴工业区管委会向南大港产业园区党政办报告事故情况；15时28分，南大港安全监管局向沧州市应急管理局报告事故情况；16时01分，南大港产业园区管委会向渤海新区管委会报告事故情况；16时02分，渤海新区管委会向沧州市政府报告事故情况；16时30分，沧州市应急管理局向河北省应急管理厅报告事故情况；16时45分，沧州市政府向河北省政府报告事故情况。

②事故救援情况。事故发生后，应急管理部、河北省政府和现场指挥部迅速构建了协同作战指挥体系，及时视频研判会商，科学决策部署，有效处置火情。现场指挥部坚决贯彻执行应急管理部和河北省委、省政府决策部署，高效组织、果断处置，在事故核心区、1 km、2km范围连续设置三道警戒线，严防无关人员进入事故现场，果断组织园区内企业及附近村庄人员有序撤离，防止发生次生事故、造成人员伤亡；及时应对9次大的沸溢喷溅（火焰高达50～200 m，辐射热影响范围最高达1000 m），10次小的沸溢喷溅，准确判断了32次罐体喷沸和异动突变；采取远输搭架放空燃烧，注氮置换方式，及时消除南侧港盛公司LNG储罐爆炸风险。应急、公安、消防、生态环境、气象等相关部门各司其职、协调联动，公安部门严格现场管控、组织人员疏散、控制事故企业相关人员；应急管理部门对事故单位厂区地下管网实施封堵，紧急调用挖掘机、装载机、翻斗车、吸污车等工程机械参与救援；生态环境部门实时监测，对现场消防废水及管道中的油水、污水进行收集处理；气象部门密切关注风向变化和强降雨天气，全程做好气象预警；卫健部门为现场应急、消防救援人员提供医疗保障；宣传部门第一时间正面发声，始终坚持"一个声音对外"，正确引导舆论导向，舆情平稳。天津和山东2个消防救援总队以及国家危化应急救援天津石化队，石家庄、唐山等6个消防救援支队和华北油田消防支队及7个化工灭火救援编队、2个战勤保障编队先后驰援沧州；共351辆消防车、1547名消防指战员参与火灾扑救。经各方力量通力协作，事故被成功处置。主要救援处置过程如下：

5月31日14时55分，南大港辖区兴港路消防救援站到场。现场指挥员立即部署力量冷却着火罐、扑救地面流淌火，对6#储罐进行水幕保护。

5月31日16时30分，沧州消防支队全勤指挥部及后续增援力量到场，部署力量冷却1#～5#着火罐体，扑灭流淌火，部署供水系统为前方战斗车辆不间断供水。

5月31日20时至23时，河北省、天津市、山东省消防总队增援力量先后到场，现场指挥部及时调整力量部署，进一步加大着火罐、临近罐区的火势压制和冷却降温。

5月31日23时13分，3#2000 m^3储罐发生第一次喷溅，引燃厂区东南侧6#1000 m^3储罐。现场指挥部立即组织力量全力扑救流淌火，在6#储罐和毗邻企业港盛公司3台3000 m^3储罐之间设置水幕隔离火势。组织搬运沙袋构筑防护堤，部署专门力量对港盛公司LNG储罐进行保护，确保南侧罐区安全。

6月1日18时07分，在安全专家指导下，工艺处置队对港盛公司LNG储罐采取远输搭架放空燃烧措施，16小时后储罐内LNG排空，并实施注氮置换保护，消除了LNG储罐爆炸风险。

6月2日1时36分左右，现场突降大雨，沸溢喷溅风险加大。现场9门移动炮、1辆高喷车对港盛公司3台3000 m^3储罐进行持续冷却，设置水幕隔离墙，确保南侧罐区安全。

6月3日11时起，对火场态势充分研判后，现场指挥部决定发起灭火总攻，对5#储罐实施冷却降温和泡沫覆盖。12时许，5#储罐明火被彻底扑灭。12时25分许，3#储罐、4#储罐明火被彻底扑灭。20时18分，1#储罐、2#储罐明火被彻底扑灭。

6月4日2时13分，现场指挥部命令对6#储罐发起总攻，在南侧设置两门重型车载泡沫炮，东侧两部高喷车协同配合攻击。2时30分，6#储罐明火被成功扑灭。随后，现场指挥部组织力量，利用测温仪、无人机等持续进行温度检测，利用移动炮对罐体实施冷却保护，确保罐体温度趋于稳定，无复燃可能。

③现场处置情况。南大港产业园区管委会制定了事故废水和危险废物收集和处置工作方案，封堵了事故企业周边管网，在雨水泵站收集池四周建立围堰，防止消防废水过大造成外溢，设置拦油索防止石油类污染物入河、入海，污染环境。在事故现场紧急建设了33 000 m^3的废水收集池和28 200 m^3的危废收集池，均使用防渗布进行了防渗漏处理。委托河北益清环保工程有限公司对消防废水、雨排污油水等事故废水进行治理；委托辽河油田溢油应急处置中心对事故产生的残油、地面污油泥、边角油泥、其他油沾染物等危险废物进行收集清理。

事故废水共29 850 m^3，其中应急池内22 850 m^3，地下雨污管网中7000 m^3，于6月19日全部完成治理。事故产生的危险废物主要分布在事故现场、周边道路和绿化带中。至6月13日，清理完毕事故现场周边道路、绿化带和事故厂区内罐区围堰以外的危险废物，共清理面积24 000 m^2，收集处置危险废物约6200 m^3。至7月10日，完成事故现场生产设施和储罐的拆解清理工作。至8月16日，事故现场及周边所有危险废物已全部清理完毕。

6月11日，南大港产业园区管委会对鼎睿公司西厂区违规储存的2667.3吨国六柴油进行转运，于6月12日23时全部转运完毕。剩余的沥青和船舶燃料油在储罐中已冷却凝固，暂未转运。

渤海新区监控中心对现场周边及河流重点点位进行持续监测，未发现超标问题，未发生次生事故和环境事件。

(4) 事故直接原因。未在油气回收管线安装阻火器和切断阀，违规动火作业，引发管内及罐顶部可燃气体闪爆，引燃罐内稀释沥青。

3.2.3 典型企业应急管理实务分享

以某炼化企业（炼化公司A）为例，分享危险化学品企业应急管理实务。

1. 应急组织体系

在应急组织方面，炼化公司A建立了由应急领导小组、应急领导小组办公室、专项突发事件应急领导小组、专项突发事件应急领导小组办公室、应急专家组、应急信息组、现场应急指挥部等组成的应急组织体系，如图3-12所示。

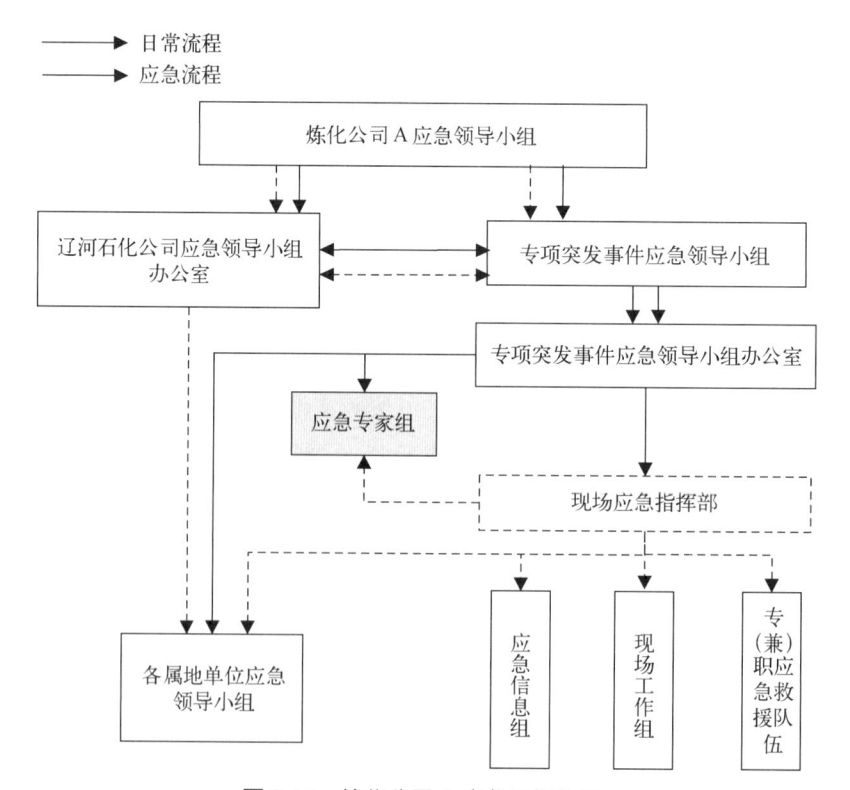

图3-12 炼化公司A应急组织体系

2. 应急预案体系

在应急预案方面，炼化公司 A 按照国家应急预案管理法律法规与政策标准要求，结合企业风险特征与组织机构特点，建立了"1+14"的应急预案体系，包括自然灾害应急预案 1 项、事故灾难类专项应急预案 7 项、社会安全类专项应急预案 5 项和公共卫生突发事件专项应急预案 1 项，如图 3-13 所示。此外，炼化公司 A 所属基层站（队）、班组级单位针对危险性较大的场所、装置或者设施，编制现场处置方（预）案；在所属基层站（队）、班组级单位建立的重点岗位清单基础上，组织编制重点岗位应急处置卡，应急处置卡规定了重点岗位、人员的应急处置程序和措施，以及相关联络人员和联系方式，与现场应急处置方案对应衔接。

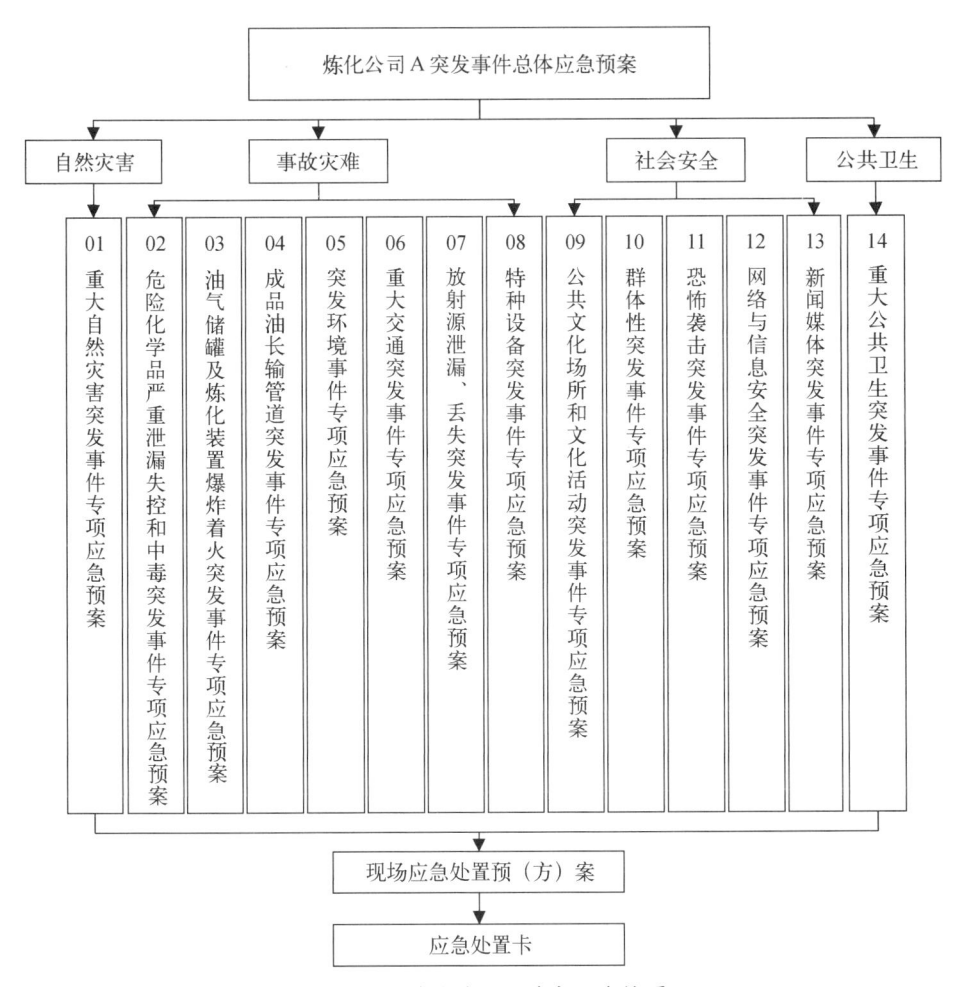

图 3-13 炼化公司 A 应急预案体系

3. 救援保障体系

在应急救援保障方面,炼化公司 A 建立了通信与信息保障、应急专家、应急队伍和物资装备保障。

(1) 通信与信息保障。炼化公司 A 建立健全公用网络和专用网络相结合的应急通信系统,保障文本、语音、图像和视频等信息即时传输,确保应急领导小组与所属单位的应急通信联络畅通。

(2) 应急专家保障。各专项突发事件应急领导小组办公室负责建立专业应急专家库。应急响应启动后,专项突发事件应急领导小组办公室迅速调集专家到指定地点,为应急处置提供专业技术支持。

(3) 应急队伍保障。

①专业应急抢险救援队伍:炼化公司 A 委托的辖区消防支队石化大队是炼化公司 A 应对火灾爆炸、危险化学品泄漏等突发事件的专业应急救援力量,负责灭火作战、气防急救和各类抢险救援工作。

②环境监测队伍:炼化公司 A 环境监测站是炼化公司 A 突发事件现场应急监测的骨干力量,必要时由质量安全环保处负责联络当地政府生态环境部门对事故现场进行监测。

③保卫队伍:炼化公司 A 保卫部(信访稳定办公室)是突发事件治安保障和抢险救援的重要力量,必要时可联系辖区派出所及公安部门支持和配合。

④交通运输保障队伍:炼化公司 A 委托的油品拉运运输公司、客运运输公司及在炼化公司 A 作业的施工队伍运输机具是炼化公司 A 应对突发事件的专业应急救援运输力量,由应急领导小组办公室负责协调安排各类抢险救援工作人员和机具运送工作。

⑤应急医疗救护队伍:炼化公司 A 委托周边医院负责各类突发事件的第一时间医护专业应急救援和伤员转运工作。

(4) 物资装备保障。以各基层单位按应急所需配备为基础,建立了炼化公司 A 应急物资库,在应急状态下,由炼化公司 A 应急领导小组统一调配使用。

4. 科技支撑体系

在应急科技与平台支撑方面,炼化公司 A 建立了应急管理平台,由应急领导小组办公室负责支撑体系建设和维护;各专项突发事件的主管部门负责研究应急监测、预警、处置等新技术、新方法,提高应急技术水平;技术发展部协调提供应急管理工作中的技术支持,组织开展应急技术研究,推广应急应用开发项目。

3.3 建筑企业安全应急管理

3.3.1 建筑企业应急管理法律法规要求

《突发事件应对法》《安全生产法》《生产安全事故应急条例》和《生产安全事故应急预案管理办法》中对建筑行业的应急管理要求，参考本章第一节第一部分内容，此处不再赘述。除此之外，《中华人民共和国建筑法》（以下简称《建筑法》）和《建设工程安全生产管理条例》中提出了与应急管理相关的重点要求。

(1)《建筑法》（2019年修订）：第三十六条规定"建筑工程安全生产管理必须坚持安全第一、预防为主的方针，建立健全安全生产的责任制度和群防群治制度"。第四十四条规定"建筑施工企业必须依法加强对建筑安全生产的管理，执行安全生产责任制度，采取有效措施，防止伤亡和其他生产安全事故的发生。建筑施工企业的法定代表人对本企业的安全生产负责"。第五十一条规定"施工中发生事故时，建筑施工企业应当采取紧急措施减少人员伤亡和事故损失，并按照国家有关规定及时向有关部门报告"。第七十一条规定"建筑施工企业违反本法规定，对建筑安全事故隐患不采取措施予以消除的，责令改正，可以处以罚款；情节严重的，责令停业整顿，降低资质等级或者吊销资质证书；构成犯罪的，依法追究刑事责任。建筑施工企业的管理人员违章指挥、强令职工冒险作业，因而发生重大伤亡事故或者造成其他严重后果的，依法追究刑事责任"。

(2)《建设工程安全生产管理条例》（2004年）：第四十八条规定"施工单位应当制定本单位生产安全事故应急救援预案，建立应急救援组织或者配备应急救援人员，配备必要的应急救援器材、设备，并定期组织演练"。第四十九条规定"施工单位应当根据建设工程施工的特点、范围，对施工现场易发生重大事故的部位、环节进行监控，制定施工现场生产安全事故应急救援预案。实行施工总承包的，由总承包单位统一组织编制建设工程生产安全事故应急救援预案，工程总承包单位和分包单位按照应急救援预案，各自建立应急救援组织或者配备应急救援人员，配备救援器材、设备，并定期组织演练"。该条例还对安全事故的上报和调查处理进行了规范。

3.3.2 行业典型突发事件案例分析

1. 福建省泉州市欣佳酒店"3·7"坍塌

(1) 事故概况。2020年3月7日19时14分，位于福建省泉州市鲤城区的欣佳酒店所在建筑物发生坍塌事故，如图3-14所示。该事故造成29人死亡、42人受伤，直接经济损失5794万元。

图 3-14 坍塌现场

(2) 事故经过。2020 年 3 月 7 日 17 时 40 分许,欣佳酒店一层大堂门口靠近餐饮店一侧顶部一块玻璃发生炸裂。18 时 40 分许,酒店一层大堂靠近餐饮店一侧的隔墙墙面扣板出现 2~3 mm 宽的裂缝。19 时 06 分许,酒店大堂与餐饮店之间钢柱外包木板发生开裂。19 时 09 分许,隔墙鼓起 5 mm;2~3 min 后,餐饮店传出爆裂声响。19 时 11 分许,建筑物一层东侧车行展厅隔墙发出声响,墙板和吊顶开裂,玻璃脱胶。19 时 14 分许,目击者听到幕墙玻璃爆裂巨响。19 时 14 分 17 秒,欣佳酒店建筑物瞬间坍塌,历时 3 秒。事发时楼内共有 71 人被困,其中外来集中隔离人员 58 人、工作人员 3 人(1 人为鲤城区干部、2 人为医务人员)、其他入住人员 10 人(2 人为欣佳酒店服务员、5 人为散客、3 人为欣佳酒店员工朋友)。

(3) 应急处置。事故发生后,应急管理部和福建省立即启动应急响应。应急管理部、住房和城乡建设部负责同志率领工作组连夜赶赴现场指导救援,福建省和泉州市、鲤城区党委政府主要负责同志及时赶赴现场,应急管理部主要负责同志与现场全程连线,各级政府以及公安、住建等有关部门和单位积极参与,迅速组织综合性消防救援队伍、国家安全生产专业救援队伍、地方专业队伍、社会救援力量、志愿者等共计 118 支队伍、5176 人开展抢险救援。3 月 7 日 19 时 35 分,泉州市消防救援支队所属力量首先赶到事故现场,立即开展前期搜救。随后,福建省消防救援总队从福州、厦门、漳州等 9 个城市及训练战勤保障等 10 个支队调集重轻型救援队、通信和战勤保障力量共 1086 名指战员,携带生命探测仪器、搜救犬,以及特种救援装备,进行救援处置。国家卫生健康委、福建省卫生健康委调派 56 名专家赶赴泉州支援伤员救治,并在事故现场设立医疗救治点，调配 125 名医务人员、20 部救护车驻守现场，及时开展现场医疗处置、救治和疫情防控工作。经过 112 小时的全力救援，至 3 月 12 日 11 时 04 分，人员搜救工作结束，搜救出 71 名被困人员，其中 42 人生还，29 人遇难。整个救援过程行动迅速、指挥有力、科学专业，效果明显。救援人员、医务人员无一人伤亡，未发生疫情感染，未发生次生事故。

（4）事故直接原因。事故单位将欣佳酒店建筑物由原四层违法增加夹层改建成七层，达到极限承载能力并处于坍塌临界状态，加之事发前对底层支承钢柱违规加固焊接作业引发钢柱失稳破坏，导致建筑物整体坍塌。

2. 上海"5·16"坍塌重大事故

（1）事故概述。2019 年 5 月 16 日 11 时 10 分左右，上海市长宁区昭化路 148 号 1 幢厂房发生坍塌重大事故，如图 3-15 和图 3-16 所示。事故造成 12 名作业人员死亡、10 名作业人员重伤、2 名管理人员和 1 名作业人员轻伤，①幢厂房局部坍塌。依据《企业职工伤亡事故经济损失统计标准》（GB 6721—1986），核定事故造成直接经济损失约为 3430 万元。

图 3-15　事故现场　　　　　　图 3-16　事故现场救援

（2）事故经过。2019 年 5 月 16 日 11 时 10 分左右，上海市长宁区昭化路 148 号①幢厂房内，沙某找来的 15 名人员在 2 层东南侧就餐，隆耀公司 4 名人员在 2 层东南侧临时办公室商谈工作，刘某、沙某分别找来的 6 名人员分别在 2 层（A—3 轴）扎钢筋、1 层柱子（A—4 轴）底部周围挖掘、2 层楼梯间楼板拆除时，厂房东南角 1 层（南北向 A0—B 轴，东西向 3—7 轴）突然局部坍塌，引发 2 层（南北向 A0—D 轴，东西向 1—7 轴）连锁坍塌，将以上 25 名人员埋压。

（3）应急处置。2019 年 5 月 16 日 11 时 14 分，上海市应急联动中心接到长宁区昭化路 148 号①幢厂房坍塌、多人被埋压的报警，按照《上海市突发公共事件应急处置暂行办法》，立即组织调度公安、消防、卫生、住建、应急、供电、供气等联动单位先期到场处置。

11时17分，上海市应急联动中心（消防指挥区）接到报警，上海市应急救援总队立即调派21个中队的41辆消防车、10台重型救援设备、300余名指战员和搜救犬队，上海市医疗急救中心调派14辆救护车，紧急赶赴现场，并于11时24分到场进行救援处置。

上海市委、市政府相关领导赶赴现场，组织市应急、住建、卫生等相关部门及长宁区委、区政府，按照《生产安全事故应急条例》有关规定，启动《上海市生产安全事故灾难专项应急预案》《上海市处置建设工程事故应急预案》，市长应勇在救援现场，宣布成立事故处置工作现场指挥部，指定市政府副秘书长赵奇担任总指挥，指挥部下设现场救援、医疗救治、新闻发布、事故调查、善后处置和综合保障等工作组。在市政府事故处置工作现场指挥部统一指挥下，调派7台大型工程车辆进场，消防救援、医疗急救、供电、供气等各部门通力配合，克服场地狭小、被埋人员数量不清、情况不明、仍有连续坍塌危险等困难，全力展开抢险。

至5月17日1时45分，现场共救出25名被埋人员，经反复确认无其他被埋人员后，搜救工作结束。

（4）事故直接原因。昭化路148号①幢厂房1层承重砖墙（柱）本身承载力不足，施工过程中未采取维持墙体稳定措施，南侧承重墙在改造施工过程中承载力和稳定性进一步降低，施工时承重砖墙（柱）瞬间失稳后部分厂房结构连锁坍塌，生活区设在施工区内，导致群死群伤。

3. 丰城电厂"11·24"特大事故

（1）事故概述。2016年11月24日，江西丰城发电厂三期扩建工程发生冷却塔施工平台坍塌特别重大事故，造成73人死亡、2人受伤，直接经济损失10 197.2万元，事故现场及救援如图3-17所示。

图3-17 事故现场及救援

(2) 事故经过。2016年11月24日6时许,混凝土班组、钢筋班组先后完成第52节混凝土浇筑和第53节钢筋绑扎作业,离开作业面。5个木工班组共70人先后上施工平台,分布在筒壁四周施工平台上拆除第50节模板并安装第53节模板。此外,与施工平台连接的平桥上有2名平桥操作人员和1名施工升降机操作人员,在7号冷却塔底部中央竖井、水池底板处有19名工人正在作业。7时33分,7号冷却塔第50~52节筒壁混凝土从后期浇筑完成部位(西偏南15°~16°,距平桥前桥端部偏南弧线距离约28 m处)开始坍塌,沿圆周方向向两侧连续倾塌坠落,施工平台及平桥上的作业人员随同筒壁混凝土及模架体系一起坠落,在筒壁坍塌过程中,平桥晃动、倾斜后整体向东倒塌,事故持续时间24秒。

(3) 应急处置。

①事故报告及初期处置情况。2016年11月24日7时43分,江西省丰城市公安局110指挥中心接到河北亿能公司现场施工人员报警,称丰城发电厂三期扩建工程发生坍塌事故。110指挥中心立即将接警信息通知丰城市公安消防大队、120急救中心、丰城市政府应急管理办公室等单位和部门。

8时07分,丰城市委、市政府主要负责同志立即调派公安、安全监管、住房城乡建设、医疗、交通等单位携带挖掘机、吊车、铲车等重型机械设备赶赴现场处置。8时15分,丰城市委办公室、市政府应急管理办公室分别向宜春市委值班室、市政府应急管理办公室电话汇报事故情况。8时50分,丰城市委办公室、市政府应急管理办公室分别向宜春市委值班室、市政府应急管理办公室报告事故信息。

9时03分,江西省政府相关负责同志调度了解事故现场伤亡情况后,启动省级生产安全事故灾难应急预案。

9时13分,宜春市政府值班室向江西省政府值班室报告事故信息。

9时30分,国家安全生产应急救援指挥中心调度国家(区域)矿山应急救援乐平队、江西省矿山救护总队、丰城大队、新余大队、丰城市矿山救护队及部分安全生产应急救援骨干队伍携带无人机、生命探测仪、破拆及发电等设备参加救援。

9时50分,江西省政府值班室向国务院应急办报告事故信息。

10时30分,江西省政府主要负责人抵达事故现场,对人员搜救等工作做出安排,决定成立事故救援指挥部(以下简称"救援指挥部"),由江西省政府相关负责人担任救援指挥部总指挥,救援指挥部下设现场救援、安全保卫、医疗等7个小组。

11时20分,江西省委主要负责人抵达事故现场指导救援和善后工作。

②事故现场应急处置情况。救援指挥部调集3370余人参加现场救援处置,调用吊装、破拆、无人机、卫星移动通信等主要装备、车辆640余台(套)及10条搜救犬。救援指挥部通过卫星移动通信指挥车、微波图传、4G单兵移动通信等设备将现场图像

实时与国务院应急办、公安部、安全监管总局、江西省政府联通，确保了救援过程的精准研判、科学指挥。

救援指挥部按照"全面排查信息、快速确定埋压位置、合理划分救援区域、全力开展搜索营救"的救援方案，将事故现场划分为东1区、东2区、南1区、南2区、西区、北1区、北2区7个区，每个区配置2个救援组轮换开展救援作业。按照"由浅入深、由易到难，先重点后一般"的原则，救援人员采取"剥洋葱"的方式，用挖掘机起吊废墟、牵引移除障碍物，每清理一层就用雷达生命探测仪和搜救犬各探测一次，全力搜救被埋压人员。

11月24日18时和11月25日11时，救援指挥部分别召开了新闻发布会，通报事故救援和善后处置工作情况。

截止到2016年11月25日12时，事故现场搜索工作结束，在确认现场无被埋人员后，救援指挥部宣布现场救援行动结束。

③医疗救治及善后情况。丰城市120急救中心接报后立即派出第一批3辆救护车赶赴事故现场将伤员送往医院。丰城市人民医院开辟"绿色通道"，安排事故伤员直接入院检查、治疗，按照一级护理标准提供24小时专人护理服务。11月24日11时，救援指挥部调集的南昌大学第一附属医院第一批医疗专家赶到丰城市指导救助伤员。

救援指挥部成立了善后处置组，下设9个工作服务小组，按照每名遇难者一个工作班子的服务对接工作机制，做好遇难者家属的情绪疏导、心理安抚、赔偿协商、生活保障等工作。截止到2016年11月30日，事故各项善后事宜基本完成。

(4) 事故直接原因。施工单位在7号冷却塔第50节筒壁混凝土强度不足的情况下，违规拆除第50节模板，致使第50节筒壁混凝土失去模板支护，不足以承受上部荷载，从底部最薄弱处开始坍塌，造成第50节及以上筒壁混凝土和模架体系连续倾塌坠落。坠落物冲击与筒壁内侧连接的平桥附着拉索，导致平桥也整体倒塌。

3.3.3 典型建筑施工企业应急管理实务分享

建筑施工企业工作环境主要是露天野外，生产、生活条件相对恶劣，员工作业环境安全风险相对较高，因此建筑施工企业安全生产和应急管理在企业经营管理中更为重要。对于建筑行业，建筑施工安全生产应急管理体系建设在围绕"一案三制"的基础上，根据企业自身的规模、业务类型、市场环境等条件，通过全面的危险源分析，建立起适应企业特点并重点针对建筑施工现场的应急管理体系，如图3-18所示。

第 3 章 重点行业领域应急管理

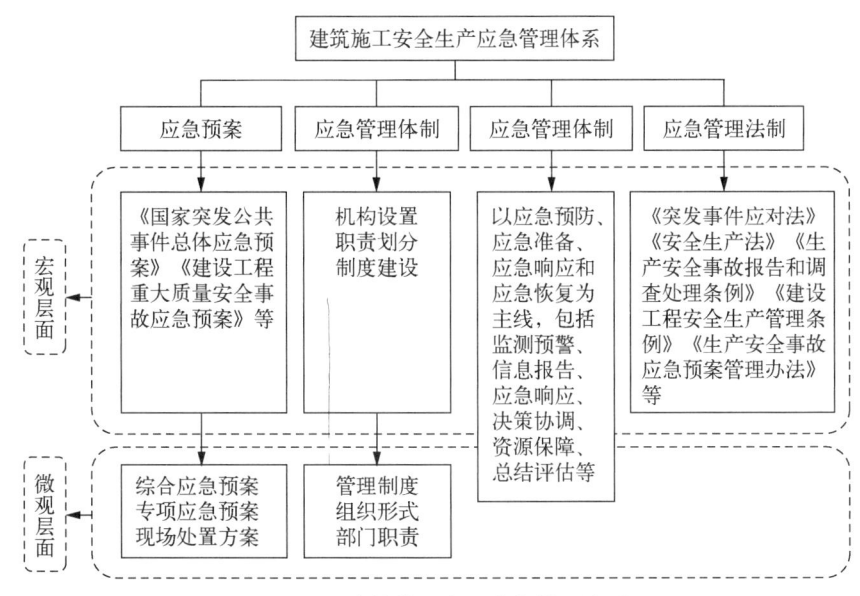

图 3-18 建筑施工企业应急管理体系

1. 应急组织体系

如图 3-19 和图 3-20 所示分别为某企业级与某项目级应急管理机构。

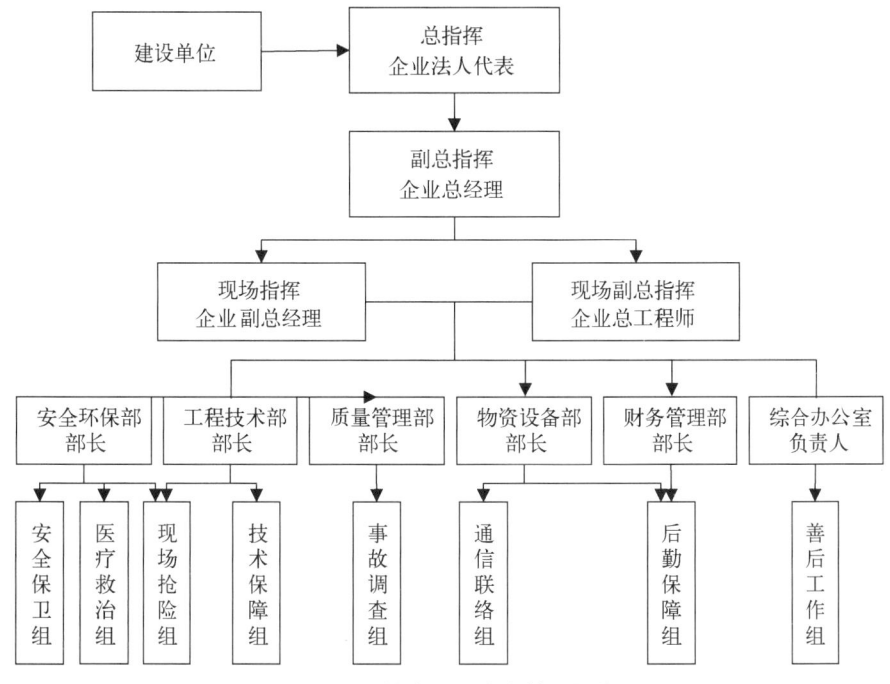

图 3-19 某企业级应急管理机构

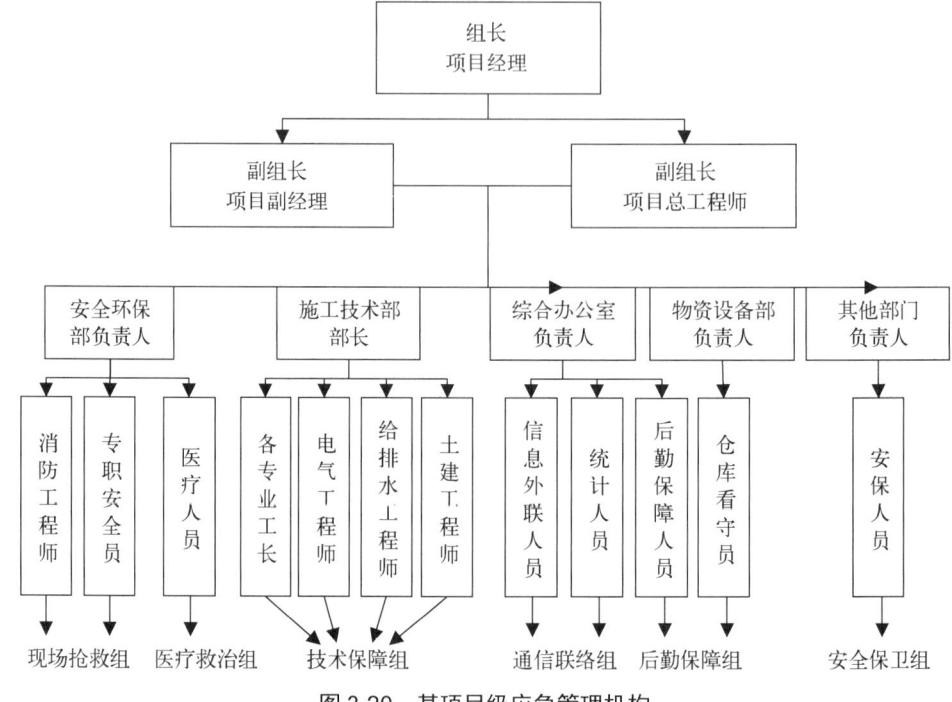

图 3-20　某项目级应急管理机构

2. 应急预案体系

建筑施工企业的安全应急预案应该本着以下几个原则制定：

(1) 以人为本，要把"预防"作为建筑安全施工的核心要素，想要从源头上对建筑事故发生进行阻止，就必须制定好预防措施，防止施工过程中出现人员伤亡的问题。

(2) 要加强施工作业人员的自我保护能力，通过技术培训以及安全知识宣传等方法让员工的头脑中形成自我保护意识，同时保障安全事故发生时施工作业人员可以以最快的速度撤离事故发生现场，争取更多的逃生时间。

(3) 在建筑工程安全事故的救援措施开展当中，要本着救援的科学原则，保障应急措施可以及时有效地开展，只有这样统一领导，综合预防，才能将安全事故的发生扼杀在摇篮之中，防患于未然。

(4) 应急预案主要参考《安全生产法》《建筑法》《安全生产许可证条例》《工程建设重大事故报告和调查程序规定》《建设工程重大质量安全事故应急预案》和《建设工程安全生产管理条例》进行编制。

3. 救援保障体系

(1) 应急队伍保障。

建筑施工企业应急队伍主要来自政府的应急力量和建筑施工单位本身的应急力量。

①政府的应急力量。根据住房和城乡建设部《建设工程重大质量安全事故应急预案》的规定，各省、自治区、直辖市建设行政主管部门要组织好 3 支建设工程重大质量安全事故应急工作力量。

工程设施抢险力量：主要由施工、检修、物业等人员组成。担负事故现场的工程设施抢险和安全保障工作。

专家咨询力量：主要由从事科研、勘察、设计、施工、质检、安监等工作的技术专家组成，担负事故现场的工程设施安全性鉴定、研究处置和应急方案、提出相应对策和意见的任务。

应急管理力量：主要由建设行政主管部门的各级管理干部组成，担负接收同级人民政府和上级建设行政主管部门的应急命令、指示，组织各有关单位对建设工程重大质量安全事故进行应急处置，并与有关单位进行协调及信息交换的任务。

②建筑施工单位本身的应急力量。主要包括机关有关部门负责人、项目部成员、顾问专家组、业主、监理等。建筑施工单位生产部、储运部、采购部、质检部、人力资源部、财务部及各施工队应急队伍是应急救援的专（兼）职队伍和骨干力量。人力资源部是应急救援队伍保障的牵头部门，根据项目实际规模、复杂程度等情况，组建人数与之匹配的应急救援队伍。定期进行安全生产、交通疏导、防洪抢险、灭火等应急救援训练和技能培训，建立联动协调机制，提高装备水平，动员全员有组织地参与应急救援工作。

（2）应急物资装备保障。

建筑施工单位的应急物资装备的配备通常根据项目经理部施工场区所在位置的具体条件以及周边应急可用资源情况，按半小时自救的应急能力，配置合理的应急行动物资装备资源。配备的应急物资和设备主要包括医疗器材、抢救工具（一般工地常备工具即基本满足要求）、照明器材、通信器材、交通工具和灭火器材。

（3）应急资金保障。

2018 年，交通运输部发布的《公路水运工程生产安全事故应急预案》中规定"项目建设、施工单位应建立应急资金保障制度，制定年度应急保障计划，设立应急管理台账，按照国家有关规定设立、提取和使用安全生产专项费用，按要求配备必要的应急救援器材、设备。监理单位应加强对施工单位应急资金使用台账的审核"。一般情况下，建筑施工企业公司级事故、事故应急救援行动和应急救援物资的保障资金，按规定程序列入部门预算。而项目的应急资金从项目安全生产费用中提取，纳入年度财务预决算。

4. 科技支撑体系

目前，很多建筑施工企业都建立了公司内部的安全管理平台，对安全管理工作进行统一管理，使安全隐患排查，安全风险分析和评价，以及安全培训等信息实现了信息化发布和处理。部分企业在安全管理平台中设施了应急管理信息系统，对应急管理相关信息进行统一处理。信息化平台是以计算机网络系统为基础，以有线和无线通信系统为纽带，以接处警系统为核心，集成地理信息系统、移动目标定位监控系统、计算机辅助指挥 CAD、图像监控系统和综合信息管理系统为"一体化"系统。能及时、准确地收集、处理和存储实时突发事件信息及其他相关信息，以多媒体（文字、声光影像等）方式显示各类信息，通过各种基础数据有机集成，能够更加快捷、灵敏、科学、高效地实现信息上传、采集、录入、管理、分析、决策指挥和应急处置，是提高应急管理工作效率的重要技术手段。

3.4 交通运输企业安全应急管理

3.4.1 交通运输企业应急管理法律法规要求

《突发事件应对法》《安全生产法》《生产安全事故应急条例》和《生产安全事故应急预案管理办法》中对交通运输企业的应急管理要求，参考本章第一节第一部分内容，此处不再赘述。除此之外，《中华人民共和国道路运输条例》《交通运输突发事件应急管理规定》《道路危险货物运输管理规定》和《危险化学品安全管理条例》等法律法规中提出了与交通运输企业安全应急管理相关的重点要求。

(1)《中华人民共和国道路运输条例》（2022 年修订）：第三十一条规定"客运经营者、货运经营者应当制定有关交通事故、自然灾害以及其他突发事件的道路运输应急预案。应急预案应当包括报告程序、应急指挥、应急车辆和设备的储备以及处置措施等内容"。

(2)《交通运输突发事件应急管理规定》（2012 年）：共 7 章 47 条。第一章总则，主要明确了适用范围和管理体制；第二章应急准备，主要明确了应急能力基本建设规划、应急预案编制要求以及应急队伍建设要求；第三章监测与预警，主要明确了危险源管理和预警期的监测、应对准备要求；第四章应急处置，主要明确了突发事件发生后的应急处置措施；第五章终止与善后，主要对突发事件应急处置结束后的工作进行规范；第六章监督检查，主要规定了对交通运输突发事件应急管理工作的监督检查要求；第七章附则，对水上交通安全和船舶污染突发事件的应对以及一般生产事故的应急处置做了特别规定，同时规定了实施日期。

(3)《道路危险货物运输管理规定》（2019 年修订）：第二十九条规定"危险货物托运人应当严格按照国家有关规定妥善包装并在外包装设置标志，并向承运人说明危险货物的品名、数量、危害、应急措施等情况。需要添加抑制剂或者稳定剂的，托运人应当按照规定添加，并告知承运人相关注意事项"。第三十三条规定"专用车辆应当配备符合有关国家标准以及与所载运的危险货物相适应的应急处理器材和安全防护设备"。第四十六条规定"道路危险货物运输企业或者单位应当加强安全生产管理，制定突发事件应急预案，配备应急救援人员和必要的应急救援器材、设备，并定期组织应急救援演练，严格落实各项安全制度"。第四十八条规定"在危险货物运输过程中发生燃烧、爆炸、污染、中毒或者被盗、丢失、流散、泄漏等事故，驾驶人员、押运人员应当立即根据应急预案和《道路运输危险货物安全卡》的要求采取应急处置措施，并向事故发生地公安部门、交通运输主管部门和本运输企业或者单位报告。运输企业或者单位接到事故报告后，应当按照本单位危险货物应急预案组织救援，并向事故发生地安全生产监督管理部门和环境保护、卫生主管部门报告。道路危险货物运输管理机构应当公布事故报告电话"。

(4)《道路货物运输及站场管理规定》(2019年)：第三十二条规定"道路货物运输经营者应当制定有关交通事故、自然灾害、公共卫生以及其他突发公共事件的道路运输应急预案。应急预案应当包括报告程序、应急指挥、应急车辆和设备的储备以及处置措施等内容"。第四十六条规定"货运站经营者应当制定有关突发公共事件的应急预案。应急预案应当包括报告程序、应急指挥、应急车辆和设备的储备以及处置措施等内容"。

(5)《放射性物品运输安全管理条例》(2010年)：第六条规定"放射性物品运输容器的设计、制造单位应当建立健全责任制度，加强质量管理，并对所从事的放射性物品运输容器的设计、制造活动负责。放射性物品的托运人（以下简称"托运人"）应当制定核与辐射事故应急方案，在放射性物品运输中采取有效的辐射防护和安全保卫措施，并对放射性物品运输中的核与辐射安全负责"。第二十九条规定"托运放射性物品的，托运人应当持有生产、销售、使用或者处置放射性物品的有效证明，使用与所托运的放射性物品类别相适应的运输容器进行包装，配备必要的辐射监测设备、防护用品和防盗、防破坏设备，并编制运输说明书、核与辐射事故应急响应指南、装卸作业方法、安全防护指南"。

(6)《危险化学品安全管理条例》(2013年)：第四十五条规定"运输危险化学品，应当根据危险化学品的危险特性采取相应的安全防护措施，并配备必要的防护用品和应急救援器材。用于运输危险化学品的槽罐以及其他容器应当封口严密，能够防止危险化学品在运输过程中因温度、湿度或者压力的变化发生渗漏、洒漏；槽罐以及其他容器的溢流和泄压装置应当设置准确、起闭灵活。运输危险化学品的驾驶人员、船员、装卸管理人员、押运人员、申报人员、集装箱装箱现场检查员，应当了解所运输的危险化学品的危险特性及其包装物、容器的使用要求和出现危险情况时的应急处置方法"。第五十一条规定"剧毒化学品、易制爆危险化学品在道路运输途中丢失、被盗、被抢或者出现流散、泄漏等情况的，驾驶人员、押运人员应当立即采取相应的警示措施和安全措施，并向当地公安机关报告。公安机关接到报告后，应当根据实际情况立即向安全生产监督管理部门、环境保护主管部门、卫生主管部门通报。有关部门应当采取必要的应急处置措施"。第五十七条规定"通过内河运输危险化学品，应当使用依法取得危险货物适装证书的运输船舶。水路运输企业应当针对所运输的危险化学品的危险特性，制定运输船舶危险化学品事故应急救援预案，并为运输船舶配备充足、有效的应急救援器材和设备"。第五十九条规定"用于危险化学品运输作业的内河码头、泊位应当符合国家有关安全规范，与饮用水取水口保持国家规定的距离。有关管理单位应当制定码头、泊位危险化学品事故应急预案，并为码头、泊位配备充足、有效的应急救援器材和设备"。第六十三条规定"托运危险化学品的，托运人应当向承运人说明所托运的危险化学品的种类、数量、危险特性以及发生危险情况的应急处置措施，并按照国家有关规定对所托运的危险化学品妥善包装，在外包装上设置相应的标志。运输危险化学品需要添加抑制剂或者稳定剂的，托运人应当添加，并将有关情况告知承运人"。

3.4.2　交通运输企业典型突发事件案例分析

1. 浙江温岭"6·13"槽罐车爆炸事故

（1）事故概况。2020年6月13日，一辆满载液化石油气的槽罐车行至浙江省温岭市G15沈海高速公路往福建方向温西出口下匝道中段发生爆炸事故，引发周边民房及厂房倒，事故共造成175人入院治疗（其中24人重伤），20人遇难，经济损失9477.815万元。事故现场如图3-21和图3-22所示。

图 3-21　事故现场　　　　图 3-22　事故现场

（2）事故经过。2020年6月13日5时51分，浙CM9535/浙CF138挂槽罐车从温州昌泰电力燃气有限公司梅屿储备站出发驶往宁波，11时45分，到达宁波百地年液化石油气有限公司，充装25.36吨液化石油气后于13时02分出发返回温州。16时40分54秒，该车驶入沈海高速公路温州方向温岭西出口匝道，16时41分16秒，半挂车后部开始向右倾斜，16时41分18秒车体完全向右侧翻，碰擦匝道外侧旋转式防撞护栏并向前滑行，16时41分19秒罐体与匝道跨线桥混凝土护栏端头发生碰撞，罐体破裂、解体，牵引车和半挂车分离，其中罐体残片及半挂车向不同方向飞出，罐体中的液化石油气迅速泄出、汽化、扩散并蔓延。16时42分58秒，扩散至沈海高速公路温州往宁波方向跨线立交桥下的石油气首先发生爆燃，火势向西蔓延，16时43分06秒，发生大面积剧烈爆炸。事故造成重大人员伤亡，附近车辆、道路、周边良山村部分民房、厂房不同程度损坏。

(3) 应急处置。6月13日16时42分许，温岭市110指挥中心接警后立即电话告知温岭市应急管理局应急值班中心，温岭市应急管理局立即启动应急联动预案，组织多方救援力量到场，做好现场灭火、伤员救治、现场勘查、交通疏导和秩序维护等工作。浙江省委、省政府紧急调集14支专业救援队驰援温岭，组织危化、建筑等领域专家赶赴现场指导救援。现场救援共投入大型抢险救援设备30多台(套)，出动各类救援车辆151辆、医疗救护车38辆，参与救援人员2660多人次，如图3-23和图3-24所示。自事故发生起至14日8时，14小时内完成现场搜救。立即成立医疗救治工作专班，组织630余名医疗专家和医护人员参与伤员救治。在做好"分类检伤，集中救治"同时，根据伤势评估，分两批将22名危重症伤员及时送到浙医二院救治。至2020年6月15日，现场大规模搜救工作基本结束，后续搜救及各项善后工作有序进行。

图 3-23　现场救援　　　　　图 3-24　现场救援

(4) 事故直接原因。谢某驾驶车辆从限速60 km/h路段行驶至限速30 km/h的弯道路段时，未及时采取减速措施导致车辆发生侧翻，罐体前封头与跨线桥混凝土护栏端头猛烈撞击，形成破口，在冲击力和罐内压力的作用下快速撕裂、解体，罐体内液化石油气迅速泄出、汽化、扩散，遇过往机动车产生的火花爆燃，最后发生蒸汽云爆炸。

2. 江苏无锡"9·28"特别重大道路交通事故

(1) 事故概况。2019年9月28日7时许，长深高速公路江苏无锡段发生一起大客车碰撞重型半挂汽车列车的特别重大道路交通事故，造成 36 人死亡、36 人受伤，直接经济损失 7100 余万元。事故现场如图 3-25 所示。

图 3-25 事故现场

(2) 事故经过。2019 年 9 月 28 日 5 时 08 分，驾驶人李某驾驶河南国立旅游汽车客运有限公司（以下简称"国立公司"）号牌为豫 A5072V 的大型普通客车，核载 69 人、实载 71 人（含 4 名免票儿童，未超员），从浙江省绍兴市柯桥区杨汛桥镇发车，驶往安徽省阜阳市临泉县，行驶途中未上下客，经沪昆高速、杭州绕城高速、长深高速，于 6 时 42 分经过长深高速父子岭收费站驶入江苏省境内。7 时 00 分 40 秒，当该车行驶至长深高速江苏省无锡市宜兴市境内 2154 km 616 m 处时（车速约 127 km/h），左前轮爆胎，车辆失控，两次碰撞中央隔离护栏，越过中央隔离带冲入对向车道，在 2154 km 356 m 处与对向安某正常驾驶的徐州三联运输有限公司号牌为苏 CF3658/苏 C12F1 挂重型半挂汽车列车（载 2 名驾驶员）相撞，两车前部严重变形，造成 36 人死亡、36 人受伤，另有 1 名儿童未受伤。

(3) 应急处置。事故发生后，无锡市及宜兴市公安、交通运输、应急管理、卫生健康部门及宜兴市 120 急救中心、蓝天救援队等单位人员赶到现场开展事故处置和救援。7 时 40 分起，公安交警及交通运输部门实施交通分流，并及时发布交通管制信息。事故现场共投入 80 余辆抢险救援车辆，350 余名抢险救援人员。至 16 时，事故现场清理完毕，道路恢复通行。

江苏省立即启动应急响应，省委、省政府相关负责同志带领省直有关部门及高速公路管理企业主要负责人赶到事故现场，指导事故救援处置等各项工作。无锡市、宜兴市相关负责人及有关部门人员赶到现场开展救援工作。江苏省成立由省长任总指挥，无锡市委市政府、宜兴市委市政府主要负责人以及公安、交通运输、卫生健康、应急管理等有关部门负责人参加的现场应急处置指挥部，设置综合协调、伤员救治、交通疏导、安全保障、现场救援、事故调查、舆情导控、善后安置、后勤保障9个工作组有序开展工作。

国家卫生健康委和江苏省、无锡市抽调20名医疗专家、460名医护人员，对受伤人员开展"一对一"医疗救治，为每位伤员制定专门救治方案，确保伤员得到妥善治疗，救治过程中无一人死亡。无锡市、宜兴市政府抽调385名工作人员成立善后工作小组，按照"一对一"原则认真做好事故伤亡人员家属接待及安抚工作、遇难者身份确认和赔偿等工作，保持了社会稳定。

(4) 事故直接原因。经调查认定，事故直接原因是：李某驾驶豫A5072V大客车在高速行驶过程中左前轮轮胎发生爆破，导致车辆失控，两次与中央隔离护栏碰撞，冲入对向车道，与对向正常行驶的大货车相撞。

经专业机构检验检测和专家综合分析论证，认为轮胎爆破与轮胎气压过高、车辆高速行驶、车辆重载引起轮胎气密层与内衬层脱层有关。排除大客车左前轮轮胎爆破系碰撞碾压路面异物所致。大客车上大部分乘员未系安全带，在事故发生时脱离座椅，被挤压或甩出车外，加重了事故伤亡后果。

经现场调查、检测鉴定，排除了人为故意以及大客车驾驶人身体疾病、酒驾、毒驾等因素导致大客车失控碰撞的嫌疑。

3.4.3 典型交通运输企业应急管理实务分享

1. 应急组织体系

目前，各省（自治区、直辖市）交通运输部门的普遍情况是建立了以行政一把手为组长的交通运输应急工作领导小组，同时结合自身实际成立应急管理办公室作为日常办事机构，承担日常事务性工作及突发事件应急处置工作。该体制主要是公路、水路突发事件应急机构的一般做法。此外，针对海上搜救和重大海上溢油事件等，部际联席会议制度作为指挥协调组织机构，研究、议定海上搜救、重大海上溢油事件重要事宜，指导全国应急反应工作。

2. 应急预案体系

《国家海上搜救应急预案》和《国家处置城市轨道交通运营突发事件应急预案》属于国务院发布的28个专项预案。此外，交通运输部已经完成了《国家重大海上溢油应急处置预案》这个国家专项应急预案，并上报国务院应急办待批。近年来，交通运输部陆续修订、颁布公路、水路、海上搜救、道路运输等各领域、各层次的应急预案，交通运输应急预案体系逐步完善。部门预案包括《公路交通突发事件应急预案》《水路交通突发事件应急预案》《公路水运工程生产安全事故应急预案》3个预案。部门专项分预案包括《交通运输行业突发公共事件新闻宣传应急预案》《水路煤炭运输保障应急预案》《水路交通非重点物资运输保障应急预案》《水路原油保障运输应急预案》《水路粮食运输保障应急预案》《民用航空器海上遇险应急预案》《防抗台风等极端天气应急预案》30多个部门分预案。从交通运输突发事件应急预案体系可以看出，现有预案在编制时层级不明确，特别是30多个相关司局制定的部门专项分预案，在国家应急预案体系和《突发事件应急预案管理办法》中没有"分预案"这一层次的预案。

3. 救援保障体系

目前，我国交通运输应急救援人员总数已达数十万人，有了一定规模。在铁路、公路、民航、水上搜救等方面，形成了多种形式相结合的应急救援队伍，并具备了一定规模的应急救援技术与装备。在铁路方面，形成了按铁路局设置的应急救援队伍，各铁路局在规定地点设特、一等救援列车，在无救援列车的编组站、区段站和二等及以上车站或较大中间站设事故救援队；在公路方面，形成了以基层公路养护队和高速公路养护公司为主体的公路应急抢险保通队伍，同时在各级道路运输管理部门和运输企业都有一定规模的救援队伍；在水上搜救方面，已经初步建立以海上搜救和救捞为主的水上应急救援队伍，在沿海与长江、黑龙江设有数百个站点，船艇近千艘，应急救援人员近万人。

例如，黑龙江省政府在2018年12月，增设8个省级安全应急救援基地，依托国有和地方重点企业、航运等部门的应急救援基地，根据地理位置、交通条件、灾害特点、救援能力和救援半径等条件以及救援队伍快速反应、及时有效地处理突发事故的需要，加强全省救援基地建设，使全省范围协调、指挥能力和救援能力大幅度提高，很好地协调配合了公路交通运输系统的应急工作。除此之外，对专业抢险救援队伍工作明确划分，调配并补充完善物资和设备，促进以矿山救护、危险化学品应急救援、水上搜救等为核心的专业队伍建设。完善水上搜救力量布局，补充更新救援设备，依托省航运救捞站建立水路交通应急救援基地，进一步提升全省生产安全事故应急处置能力。

4. 科技支撑体系

为提高处理紧急突发公共事件的能力，保障社会安全，辽宁省于2008年构建了应急指挥中心并成功投入实践。通过整合普通公路监控数据，以及路段信息处理和综合信息处理平台，利用信息处理技术，对监控视频进行编码格式转换，利用无线数据传输等技术，构建公路交通整体监控网络、车流量计算、GPS监控等信息系统，并将这些信息向应急救援中心实时汇报，从而更好地根据实际情况进行救援工作的指挥。结合应急预案，配备相应的救援抢险车队，不仅提升了普通公路应急救援能力，也提高了应急工作的效率，实现了救援系统的科学化、智能化、高效化。

思 考 题

1. 国家对重点行业领域的企业所编制的应急预案在应急演练、应急预案评估修订与应急预案备案方面有哪些具体要求?
2. 新的《安全生产法》中对危险化学品事故的应急救援提出的基本要求有哪些?
3. 矿山企业、危险化学品企业、建筑企业和交通运输企业在发生重特大事故时,应该分别向国家哪些主管部门汇报事故信息?

第 4 章　系统安全分析

4.1　系统安全分析概述

1. 系统安全分析的定义

系统安全分析（System Safety Analysis，SSA）是使用系统工程的原理和方法，查明系统中的危险源，分析可能出现的危险状态，估计事故发生的概率、可能产生的伤害及造成后果的严重程度，为系统的安全风险控制提供依据。

2. 系统安全分析的目的

尽管系统安全分析的最终目的是辨识危险源，但在实际工作中还往往要达到一些更为具体的目的，如查明系统中存在的所有危险源并列出清单、列出由危险源可能导致的潜在事故隐患清单、列出降低危险性的措施和需要深入研究部位的清单、将所有危险源按照危险性的大小进行排序，以及为定量的危险性评价提供数据等。具体来说，系统安全分析目的如下：

（1）分析系统的各种潜在危险，并把这种潜在危险降低到允许范围之内。

（2）在应用新工艺、新技术、新材料、新产品时，把可能产生的危险降低到最低程度。

（3）对在系统设计或生产过程中不能排除的危险，要采取控制危险的措施，以达到安全生产的目的。

3. 系统安全分析的内容

系统安全分析是安全系统工程的核心内容之一。通过系统安全分析，人们可以充分地认识和了解系统中存在的危险、估计事故发生的可能性以及可能造成伤害和损失的程度，为确定哪些危险能够通过修改系统设计或变更系统运行程序来进行预防提供重要依据。系统安全分析通常包括以下内容：

（1）对系统中可能出现的初始的、诱发的及直接引起事故的各种危险因素及其相互关系进行调查和分析。

(2) 对与系统有关的人员、设备、环境条件及其他有关的各种因素进行调查和分析。

(3) 对能够利用适当的设备、规程、工艺或材料控制或根除某种特殊危险因素的措施进行分析。

(4) 对系统中可能出现危险因素的控制措施以及实施这些措施的最好方法进行调查和分析。

(5) 对系统中不能根除的危险因素失去或减少控制可能导致的后果进行调查和分析。

(6) 对系统中危险因素一旦失去控制，为防止伤害和损害而应采取的安全防护措施进行调查和分析。

4. 系统安全分析方法

系统安全分析是在事故发生之前对系统的各个方面进行调查分析，预防事故的发生。随着安全系统工程学科的发展，出现了很多分析方法。这些方法都有各自的特点，有相似的地方，也有不同之处，可以互为补充。用一种方法也许不能查明所有的危险性，而增加另一种方法却能揭示这些危险性的存在。

按照分析的量化程度，系统安全分析可分为定性分析（如安全检查表、预先危险性分析）和定量分析（如事故树分析）。从逻辑的观点出发可分为归纳方法（如事件树分析、故障类型和影响分析）和演绎方法（如事故树分析）。常用的系统安全分析方法有：安全检查表、预先危险性分析、故障类型及影响分析、因果分析图法（鱼刺图分析）、事件树分析、事故树分析、作业条件危险性分析法、风险矩阵分析法等。

4.2 安全检查表

4.2.1 安全检查表分析基础

1. 安全检查表的定义

安全检查表（Safety Checklist，SCL）是依照相关的法律、法规、标准及技术要求等对已知的危险类别、设计缺陷以及与一般工艺设备、操作、管理有关的潜在危险性和有害性进行判别检查。一般情况下，为了系统地发现工厂、车间、工序或机器、设备、装置以及各种操作管理和组织措施中的不安全因素，事先把检查对象加以剖析，把大系统分割成小的系统，找出不安全因素所在，然后确定检查项目，以提问的方式，将检查项目按系统或子系统顺序编制成表，以便进行检查和避免漏检，这种表就叫安全检查表。

安全检查表的内容应包括所有能导致伤亡事故的不安全状态和不安全行为。若用其他系统安全分析方法找出事故最危险点，用这些问题来编制安全检查表，那么这种安全检查表就能真正查出危险因素，以便制定防范措施。

2. 安全检查表与传统安全检查的区别

在传统安全工作中，安全检查是一种行之已久的方法。安全检查的形式很多，有工人在岗位上的自我检查，安监人员的定期检查，各级领导自上而下的检查，或大节日的定期检查等。这些检查虽然对安全生产起到了一定的作用，但是由于缺乏系统的检查提纲，往往只凭几个有经验的人根据各自的经验进行检查，因此难免会出现以下几方面的缺陷：

（1）对安全检查的范围、内容、掌握信息和信息反馈的渠道及传递时间等，缺乏明确的规定和文字记录，难以得到能充分、正确地反映实际安全状况的信息。

（2）各级安全管理部门之间，以及管理人员之间，缺乏明确的分工，容易造成对有些问题的重复检查，而对有些问题则漏检，难以保证安全检查的系统性和全面性。

（3）安全检查缺乏计划性、连续性，时紧时松、时有时无，常常漏掉系统中的事故隐患，更难控制事故的发生。

安全检查表克服了传统安全检查的缺点，是发现隐患、防止事故发生的有效手段，使用它能够提高检查质量，避免检查时出现上述弊端。由于安全检查表是在吸收了以往工作中的经验和教训的基础上，经过事先的周密研究和考虑，再经过编制人员的详细推敲，以系统的观点，按系统的顺序编制出的安全检查提纲，因而它的使用，对于安全检查工作不仅可起到指导和备忘录的作用，而且会使安全检查工作更为系统、全面和准确。

3. 安全检查表的优点

安全检查表是安全系统工程最基础也是最初步的手段。它具有全面性、直观性和广泛性的特点，其优点如下：

（1）全面性、系统性。由于在编制安全检查表之前，有条件组织熟悉检查对象的人员，有充足的编制和讨论的时间，因而可以做到系统性、全面性，能够使导致事故的隐患不被遗漏，克服了盲目、走过场的安全检查，提高了安全检查的效果。

（2）能够根据现有规章制度、规程、标准等，检查遵守的情况，得出准确的评价，并可逐步实现安全工作的标准化、规范化。

（3）安全检查表是以有问有答的提问方式表现的，给人的印象深刻。能使人们知道如何做才是正确的，因而可以起到安全教育的作用。尤其在督促各项安全规章制度的实施、制止违章指挥和违章作业的工作中能起到指导和提示的作用。

（4）可以和安全生产责任制相结合。由于不同的检查对象有不同的检查表，易于分清责任，因而可以作为安全检查人员履行职责的依据。同时，在检查表的备注中填写改进措施的要求，因而隔一段时间可有针对性地检查改进的情况。

（5）安全检查表是定性的检查方法，是建立在原有安全工作基础之上的，简明易懂，还可以为进一步使用其他的系统安全分析方法打下基础。

4.2.2 安全检查表的编制

安全检查表可以根据生产系统、车间、工段编写，也可以按专题编写。如重要设备，就可以编写该设备的安全检查表。为了使编制的检查表符合实际，应采取安全管理人员、生产技术人员和工人三者相结合的方式编写，而且在实践检验下不断修改，使之日趋完善。经过一段时间之后，这类安全检查表便可以标准化。

安全检查表也可以通过编制事故树查出基本事件，作为检查表的基本检查项目。

最简单的安全检查表只具备4个栏目，即序号、检查项目、"是""否"栏和备注栏（注明采取措施的要求或其他事项）。

为了使检查表进一步具体化，还可以增添项目，将各检查项目的标准或参考标准列出，使检查者和被检查者知道怎样做是正确的，有利于提高检查的效果和检查表的质量，如表4-1所示，表中还可以列出改进措施。

表4-1 安全检查表

序号	检查项目和内容	检查结果		依据	备注
		是	否		

被检查单位：　　　　　　　　　　　　　检查日期：
检查人签字：　　　　　　　　　　　　　被检查单位负责人签字：

注：安全检查表应列举需查明的所有导致事故的不安全因素，检查项目和内容通常采用提问方式，并以"是"或"否"来回答，"是"表示符合要求，"否"表示还存在问题，有待于进一步改进，回答"是"的符号表示为"√"，回答"否"的符号为"×"。

安全检查表的评价依据主要包括：

（1）有关标准、规程、规范及规定；

（2）国内外事故案例；

（3）系统安全分析事例；

（4）研究的成果等有关资料。备注中可以填写现场发现的实际问题和需要进一步改进的措施，每张检查表均需要注明检查单位、检查时间、检查人等，以便分清责任，落实整改措施。

此外，在以上安全检查表基础上，还可以变换成打分模式的安全检查表，如表4-2所示。

表 4-2　打分模式的安全检查表

序号	检查项目和内容	检查结果		依据	备注
		可判分数	判给分数		
	检查条款	0-1-2-3（低度危险）			
		0-1-3-5（中度危险）			
		0-1-5-7（高度危险）			
		总的满分	总的判分		
百分比 = 总的分数÷总的可能的分数 = 判分/满分					

注：选取 0-1-2-3 时条款属于低危险程度，对条款的要求为"允许稍有选择，在条件许可的条件下首先应该这样做"；选取 0-1-3-5 时条款属于中等危险程度，对条款的要求为"严格，在正常的情况下均应这样"；选取 0-1-5-7 时条款属于高危险程度，对于条款的要求为"很严格，非这样做不可"。

对于各个项目的轻重也可以列出标记，便于检查者特别重视有可能更危险的项目。检查表一定要在表末注明检查者、检查日期，以备参考。

在编制安全检查表时，应注意下列问题：

（1）根据工程经验和生产实践，列举所有的不安全状态。

（2）充分了解安全动态，搜集同类或类似事故教训、安全经验及试验研究的成果，使提出的问题切中要害。

（3）查找有关的规程、规范和标准，做到提出问题有依据。

4.2.3　安全检查表应用实例

1. 专业性安全检查表

以专用工具——手持灭火器的安全检查表来说明专业性安全检查表的应用。此表依据《建筑灭火器配置设计规范》（GB 50140—2005）及《建筑灭火器配置验收及检查规范》（GB 50444—2008）制定。

说明：手持灭火器用于消灭开始状态的火灾，必须保证随用随有，尽可能地放在易发生火灾的地点，或放在工作地点以及车间的出入口或过道旁边，以便随时取用。取用灭火器的通道在任何时候都必须畅通无阻。

每种灭火器只能用于一定范围的物质发生的火灾，根据物质及其燃烧特性可以将火灾划分为 A、B、C、D、E 5 种。每种灭火器的使用范围可以从出厂标志和使用说明辨别。

根据火灾种类及作业场所（车间）的面积确定配置灭火器的数量，可根据《建筑灭火器配置设计规范》计算得到。

手持灭火器安全检查表的具体形式如表 4-3 所示。

表 4-3 手持灭火器安全检查表

编号	安全检查项目	检查结果 是	检查结果 否	检查依据	备注
1	是否配备了足够数量的灭火器			《建筑灭火器配置设计规范》(GB 50140—2005)第 6.1 条	
2	灭火器的放置地点能否使任何人都容易马上看到(容易看到,加标记但不宜放置太高)			《建筑灭火器配置设计规范》(GB 50140—2005)第 5.1.1、第 5.1.3 条	
3	通往灭火器的通道是否畅通无阻(任何时候通道上不应有障碍物)			《建筑灭火器配置设计规范》(GB 50140—2005)第 5.1.1 条 《建筑灭火器配置验收及检查规范》(GB 50444—2008)第 3.1.3 条	
4	每个灭火器上是否都有有效的证书及标志(规定至少每两年由专门人员检查一次)			《建筑灭火器配置验收及检查规范》(GB 50444—2008)第 2.2.1 条	
5	各灭火器是否对要扑灭的火灾适用(湿式灭火器或泡沫灭火器对电气火灾不适用)			《建筑灭火器配置设计规范》(GB 50140—2005)第 4.2 条	
6	……			……	

检查人：　　　　　　　　　　　检查日期：

2. 车间安全检查表

某车间检查评分采用安全检查表的方式,如表 4-4 所示。

表 4-4 某车间安全检查表

序号	检查内容	标准要求	得分 标准	得分 实得	备注
1	新工人上岗前是否进行过安全教育	考试合格	5		
2	班组安全是否正常（发言人占 75%）	每周,次	10		
3	交接班检查是否执行操作牌制度	严格认真	5		
4	班组生产设备、安全罩、防护罩是否齐全	完好牢固	5		
5	工具箱是否在规定地点放整齐	分类放齐	5		
6	电器线路是否有乱搭挂、裸露、漏电	绝缘、线路完整	10		
7	电器开关是否有乱搭物、完整	绝缘完整	5		
8	岗位上的除尘罩、管道是否漏灰尘	完整无漏	5		
9	岗位上水冲地坪、胶管是否乱拖放	用完盘好	5		
10	岗位上取暖火炉烟囱是否完好	有外接烟囱	5		
11	安全检查表是否每周检查填报一次	有记录为准	15		
12	事故隐患、整改卡是否按规定填报	有记录为准	15		
13	通道走廊是否畅通	安全无阻	5		
14	水沟、矿槽盖板是否齐全、盖严	不影响行走	5		

检查人：　　　　　　　　　　　检查日期：

4.3 预先危险性分析

4.3.1 预先危险性分析基础

1. 预先危险性分析的定义和目的

预先危险性分析（Preliminary Hazard Analysis，PHA），又称为初步危险分析或初步危害分析，是指在某一项工程活动（包括设计、施工和生产）之前，首先对系统存在的危险性类别、出现条件、导致的后果做概略的分析。

预先危险性分析的目的是尽量防止采用不安全的技术路线，避免使用危险性的物质、工艺和设备。它的特点是在行动之前进行分析，避免由于考虑不周而造成的损失。预先危险性分析的重点应放在系统的主要危险源上，并提出控制这些危险源的措施。通过预先危险性分析，可以有效地避免不必要的设计变更，比较经济地确保系统的安全性。预先危险性分析的结果可作为系统综合评价的依据，还可作为系统安全要求、操作规程和设计说明书中的内容。同时，预先危险性分析为以后要进行的其他危险性分析打下基础。

2. 预先危险性分析的步骤

预先危险性分析的基本步骤如下：

（1）确定系统：明确所分析系统的功能及分析范围。

（2）调查、收集资料：调查生产目的、工艺过程、操作条件和周围环境。收集设计说明书、本单位的生产经验、国内外事故报告及有关标准、规范、规程等资料。

（3）系统功能分解：一个系统是由若干个功能不同的子系统组成的，如动力、设备、结构、燃料供应、控制仪表、信息网络等，其中还有各种连接结构；同样，子系统也是由功能不同的部件、元件组成，如动力、传动、操纵、执行等。

（4）分析、识别危险性：确定危险类型、危险来源、初始伤害及其造成的危险性，对潜在的危险点要仔细判定。

（5）确定危险等级：在确认每项危险之后，按可能导致的后果对其进行分类，危险性等级划分如表 4-5 所示。

表 4-5 危险性等级划分

级别	危险程度	可能导致的后果
Ⅰ	安全的	不会造成人员伤亡及系统损坏
Ⅱ	临界的	处于事故的边缘状态，暂时还不至于造成人员伤亡
Ⅲ	危险的	会造成人员伤亡和系统损坏，要立即采取防范措施
Ⅳ	灾难的	造成人员重大伤亡及系统严重破坏的灾难性事故，必须予以果断排除并进行重点防范

(6）制定措施：根据危险等级，从软件（系统分析、人机工程、管理、规章制度等）和硬件（设备、工具、操作方法等）两方面制定相应的消除危险性的措施和防止伤害的办法。

4.3.2 PHA 表格的格式

预先危险性分析的结果可以列成表格，目前使用的分析表格种类很多，内容基本相似，如表 4-6～表 4-9 所示。

表 4-6 PHA 表格（形式 1）

第 1 列	第 2 列	第 3 列	第 4 列	第 5 列
危险/意外事故	阶段	原因	危险等级	对策
事故名称	发生阶段，如生产、运行、运输、维修等	危害产生的原因	依据表 5-5，指出对人员及设备的危害等级	消除、减少或控制危害的措施

表 4-7 PHA 表格（形式 2）

第 1 列	第 2 列	第 3 列	第 4 列	第 5 列	第 6 列	第 7 列	第 8 列
潜在事故	危险因素	触发事件	现象	原因事件	事故后果	危险等级	预防措施

表 4-8 PHA 表格（形式 3）

第 1 列	第 2 列	第 3 列	第 4 列	第 5 列	第 6 列	第 7 列	第 8 列	第 9 列
名称	运行形式	故障模式	概率估计	危害状况	影响	危险等级	预防方法	确认

表 4-9 PHA 表格（形式 4）

第 1 列	第 2 列	第 3 列	第 4 列	第 5 列	第 6 列	第 7 列	第 8 列
危险因素	触发事件	现象	原因事件	事故情况	事故后果	危险等级	预防措施

4.3.3 预先危险性分析应用实例

高压罐供气装置，如图 4-1 所示，高压罐的作用是储存一定量的高压气体。一般情况下，在停止供气的时候，回路的开关是断开的。当需要供给高压气体时，操作人员闭合电路开关，电动机转动，气体通过放气阀流出。如果气体没有按照规定释放出去，则罐内压力增高。当压力超过极限时，传感器感知，通过感应圈的作用使电流回路断开，电动机停止转动，罐内气压就不会继续增加。另外，设备安装有压力表，操作人员通过观察压力表指示压力大小来控制线路开关。如果所有的压力控制系统都失效了，则气体可通过安全阀释放出去。依据表 4-8，编制高压罐供气装置预先危险性分析表，如表 4-10 所示。

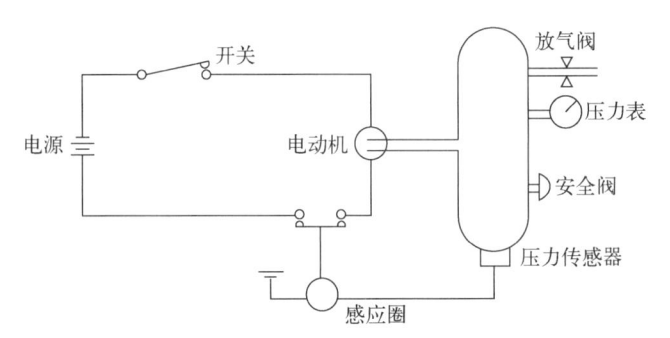

图 4-1 高压罐供气装置

表 4-10 高压罐供气装置 PHA

名称	运行形式	故障模式	概率估计	危害状况	影响	危险等级	预防方法	确认
高压罐子系统	高压	低于最大设计压力情况下罐体破坏	很少出现	罐体遭到严重破坏	由于冲击波的作用和破碎罐体碎片的飞射使附近人员遭到伤害，设备遭到破坏	Ⅲ级	采用罐体隔离的方法	如果认可上述的危险分析，可确定对罐的强度进行分析
		由于超压，罐体破坏	偶然出现			Ⅳ级	罐体隔离；设置安全装置	

燃气热水器，如图 4-2 所示，热水器中装有温度和煤气开关联锁装置，当水温超过规定温度时，联锁装置将煤气关小，如果发生故障，则由泄压安全阀放出热水，防止发生事故。

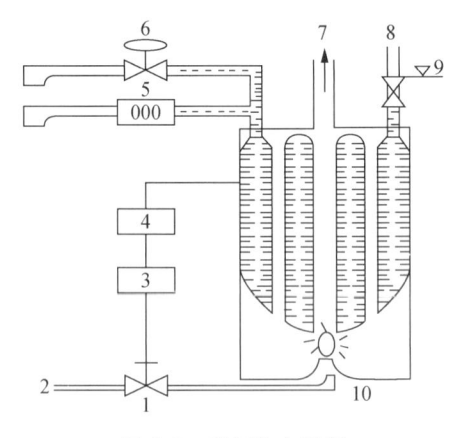

图 4-2 燃气热水器图

1——煤气阀；2——煤气；3——调节装置；4——温度比较器；5——泄放安全阀；
6——热水间；7——废气出口；8——进水；9——逆水阀；10——空气进口

燃气热水器的危险因素包括水压高、水温高、煤气、燃烧不完全、火嘴着火、排气口高温等。如表 4-11 所示为燃气热水器 PHA 表。

表 4-11　燃气热水器 PHA

危险因素	触发事件	现象	原因事件	事故情况	后果	危险等级	预防措施
水压高	煤气连续燃烧	有气泡产生	安全阀不动作	热水器爆炸，水过热	人员伤亡，财产损失	Ⅲ级	装爆破板、定期检查安全阀
水温高	煤气连续燃烧	有气泡产生	安全网不动作	水过热	人烫伤	Ⅱ级	定期检查安全阀
……	……	……	……	……	……	……	……

4.4　故障类型及影响分析

4.4.1　故障类型及影响分析基础

1. 故障类型及影响分析概述

故障类型及影响分析（Failure Modes and Effects Analysis，FMEA）是系统安全分析的重要方法之一。它采用系统分割的概念，根据实际需要分析的水平，把系统分割成子系统或进一步分割成元件，然后逐个分析各个子系统或元件可能发生的故障和故障呈现的状态（即故障类型），分析故障类型对子系统以及整个系统产生的影响，最后采取措施加以解决。

使用故障类型及影响分析，基本上能够查明元件发生各种故障时带来的危害性，是比较周密和完善的系统分析方法。FMEA 既可以用于定性分析，又可以用于定量分析。在系统进行初步分析后，对于其中特别严重甚至会造成人员死亡或重大财产损失的故障类型，则可以单独拿出来进行分析。这种方法称为致命度分析（Criticality Analysis，CA），和 FMEA 结合使用时，称为故障类型影响及致命度分析（FMECA）。

1957 年，美国开始在飞机发动机上使用 FMEA 法。美国航空航天局和陆军进行工程项目招标时，都要求承包方提供 FMECA。美国航空航天局还把 FMECA 当作保证航天飞机可靠性的基本方法。目前，FMECA 已在核电站、动力工业、仪器、仪表、冶金工业中得到了广泛的应用。

故障类型及影响分析的特点是：

（1）能够明确地表示局部故障将给系统带来的整体影响，确定对系统安全性给予致命影响的故障部位。因此，对组成单元或子系统可靠性的要求更加明确，并且能够提出它们的重要度。利用 FMEA 也很容易从逻辑上发现设计方面遗漏和疏忽的问题。

（2）能用定性分析法来判断可靠性和安全性的大小或优劣，并能提出问题和评价其重要度。

（3）对系统的评价是非常有利。FMEA 法不仅用于产品设计、制造、可靠性设计等方面，还可以把设计和质量管理、可靠性管理等活动有机地结合起来。

（4）重要故障类型不能忽略。应用时，若把重要的故障类型忽略了，则所进行的分析，特别是所进行的预测将是徒劳无用的。

（5）为定量地进行系统安全性预测、评价和其他安全性研究提供一定的数据资料。

2. FMEA 的基本原理

为了正确使用 FMEA，需要对它涉及的一些概念加以阐述。

（1）故障和故障类型。故障是指元件、子系统、系统在运行时，不能达到设计规定的要求，因而不能完成规定任务或任务完成不好。并不是所有故障都会造成严重后果，而是其中有一些故障会影响系统不能完成任务或造成事故损失。

元件是构成系统、子系统的单元或组合件，它分为 3 种：

①功能件。由一些零部件构成，具有独立的功能。

②组件。由两个以上零部件构成，在子系统中保持特定的性能。

③零件。不能进一步分解的单个部件，具有设计规定的性能。

故障类型是故障出现的状态，也是故障的表现形式。元件发生故障时，其呈现的类型可能不止一种。例如，一个阀门发生故障，至少可能有内部泄漏、外部泄漏、打不开和关不紧 4 种类型，它们都会对子系统甚至系统产生不同程度的影响。一般可从以下 5 个方面考虑故障类型：

①运行过程中的故障；

②过早地启动；

③规定的时间内不能启动；

④规定的时间内不能停车；

⑤运行能力降低、超量或受阻。

造成元件发生故障的原因，大致有以下 5 种：

①设计上的缺点。由于设计所采取的原则、技术路线等不当，带来先天性的缺陷、图纸不完善或有错误等。

②制造上的缺点。加工方法不当或组装方面的失误。

③质量管理方面的缺点。检验不够或失误以及工程管理不当等。

④使用上的缺点。误操作或未按设计规定条件操作。

⑤维修方面的缺点。维修操作失误或检修程序不当等。

(2) 故障等级。故障等级是衡量故障对系统任务、人员和财物安全造成影响的尺度。人们根据故障造成影响的大小而采取相应的处理措施，因此评定故障等级很有必要。评定时可以从故障影响大小、对系统造成影响的范围、故障发生的频率、防止故障的难易、是否重新设计等几个方面考虑。评定故障等级有下述几种方法。

①简单划分法。将故障对子系统或系统影响的严重程度分为 4 个等级，如表 4-12 所示，可根据实际情况进行分级。

表 4-12 故障类型分级

故障等级	影响程度	可能造成的危害或损失
Ⅰ级	致命性	可能造成死亡或系统损坏
Ⅱ级	严重性	可能造成严重伤害、严重职业病或主要系统损坏
Ⅲ级	临界性	可造成轻伤、轻职业病或次要系统损坏
Ⅳ级	可忽略性	不会造成伤害和职业病，系统也不会损坏

②评点法。在难以取得可靠性数据的情况下，可采用评点法，此法比简单划分法精确。它从几个方面来考虑故障对系统的影响程度，用一定的点数表示程度的大小，通过计算，求出故障等级。有两种方法求评点数 C_a，一种是利用下式计算：

$$C_a = \sqrt{C_1 \cdot C_2 \cdots C_i} \tag{4-1}$$

式中：C_a——总点数，$0 < C_a < 10$；

C_i——点数，$0 < C_i < 10$；

i——评点因素。

评点因素和点数如表 4-13 所示。

表 4-13 评点因素和点数

评点因素	点数 C_i
(1) 故障影响大小 (2) 对系统造成影响的范围 (3) 故障发生的频率 (4) 防止故障的难易 (5) 是否重新设计的工艺	$0 < C_i < 10$ $i = 1, 2, 3, 4, 5$

点数 C_i 的确定可采取专家座谈会法，又称头脑风暴法，即由 3~5 位有经验的专家座谈讨论，提出该给 C_i 什么数值；另一种方法是德尔菲法，即函询调查法，将提出的问题和必要的背景材料用通信的方式寄给有经验的专家，然后把他们的答案进行综合，再反馈给他们。如此反复多次，直到认为满意为止。

另一种求评点数的方法为查表法。这种方法是根据评点因素表（表 4-14），求出每个项目的点数后，按下式相加，计算出总点数 C_a。

$$C_a = F1 + F2 + F3 + F4 + F5 \tag{4-2}$$

表 4-14 评点参考

评点因素	内 容	点 数
故障影响大小（F1）	造成生命损失	5.0
	造成相当损失	3.0
	功能损失	1.0
对系统造成影响的范围（F2）	对系统造成 2 个以上的重大影响	2.0
	对系统造成 1 个以上的重大影响	1.0
	对系统无太大影响	0.5
故障发生的频率（F3）	易于发生	1.3
	能够发生	1.0
	不太发生	0.7
防止故障的难易（F4）	不能	1.3
	能够防止	1.0
	易于防止	0.7
是否重新设计的工艺 F5	相当新的内容设计	1.2
	类似的设计	1.0
	同一设计	0.8

由以上两种方法求出的 C_a，均可按表 4-15 所示评定故障等级。

表 4-15 C_a 与故障等级评定

故障等级	评 成	内 容	应采取措施
Ⅰ 致命	7~10	完不成任务，人员伤亡	变更设计
Ⅱ 重大	4~7	大部分任务完不成	重新讨论设计，也可变更设计
Ⅲ 轻微	2~4	部分任务完不成	不必变更设计
Ⅳ 小	<2	无影响	不采取其他措施

③风险矩阵法。综合考虑故障发生的可能性和故障发生后引起的后果后会得出比较准确的衡量标准，这个标准称为危险度（也称风险率），它代表故障发生的概率和伤害的严重程度的综合评价。

严重程度是指故障类型对系统功能的影响程度，分为 4 个等级，如表 4-16 所示。

表 4-16 严重程度的等级与内容

严重程度等级	内　　容
Ⅰ　低的	①对系统任务无影响 ②对子系统造成的影响可忽略不计 ③通过调整，故障易于消除
Ⅱ　主要的	①对系统的任务虽有影响但可忽略 ②导致系统的功能下降 ③出现故障，但能够立即修复
Ⅲ　关键的	①系统的功能有所下降 ②子系统的功能严重下降 ③出现故障，不能立即通过检修予以修复
Ⅳ　灾难性的	①系统的功能严重下降 ②子系统的功能全部丧失 ③出现的故障需经彻底修理才能消除

故障概率是指在某一特定时间内，故障类型出现的次数。时间可规定为一年或一个月，或大修间隔期，或完成一项任务的周期。单个故障类型的概率可以使用定性和定量方法确定。

用定性方法给故障概率分类的原则是：

Ⅰ级：故障概率很低，元件操作期间出现机会可以忽略。

Ⅱ级：故障概率低，元件操作期间不易出现。

Ⅲ级：故障概率中等，元件操作期间出现机会可达 50%。

Ⅳ级：故障概率高，元件操作期间易出现。

用定量方法给故障概率分类的原则为：

Ⅰ级：在元件工作期间，任何单个故障类型出现的概率少于全部故障概率的 0.01。

Ⅱ级：在元件工作期间，任何单个故障类型出现的概率多于全部故障概率的 0.01，而少于 0.10。

Ⅲ级：在元件工作期间，任何单个故障类型出现的概率多于全部故障概率的 0.10，而少于 0.20。

Ⅳ级：在元件工作期间，任何单个故障类型出现的概率多于全部故障概率的 0.20。

有了严重程度和故障概率的数据之后，就可以用风险矩阵法。有些故障类型虽然发生概率较高，但造成危害的严重程度很低，因而危险度也低。另一种情况，即使危害的严重度很大，但发生概率很低，所以危险度也不会高。综合这两个特性，以发生概率为纵坐标，严重程度为横坐标，绘制风险矩阵图，如图 4-3 所示。将所有故障类型按其严重程度和发生概率填入矩阵图中，就可以看出系统风险状况。处于右上角方块中的故障类型危险度最高，依次左移逐渐降低。

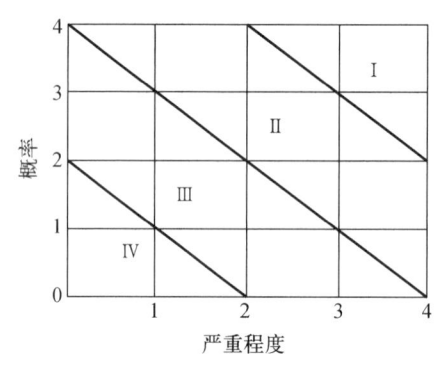

图 4-3 风险矩阵图

对于复杂的系统，为了说明子系统间功能的传输情况，可用可靠性框图表示系统状况。可靠性框图也称逻辑图，如图 4-4 所示。

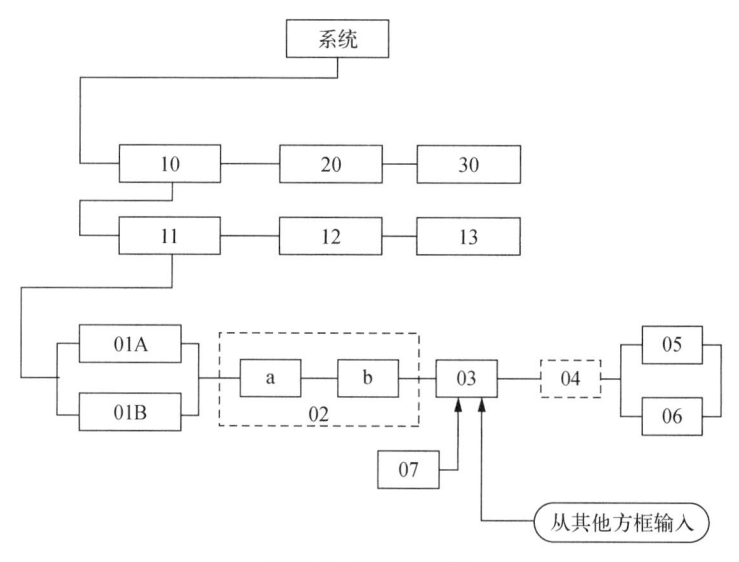

图 4-4 可靠性框图

从图 4-4 中可以明确地看出系统、子系统和元件之间的层次关系，系统以及子系统间的功能输入及输出，串联和并联方式。各层次要进行编码，和将来制表的项目编码相对应。

图 4-4 说明了这些问题：主系统分成 3 个子系统，即 10、20、30，每一个子系统发生故障，都会对主系统产生影响；子系统 10 又包括组件 11、12、13；组件 11 受元件 01A、01B、02、03、04、05 与 06 的影响，它们在串联的情况下进行工作；元件 01A、01B 是冗余系统；元件 02 由两个零件 a 和 b 组成；从功能上来看，元件 03 同时受到元件 07 和来自其他系统的影响；虚线所包含的元件 04 在特定的情况下发生作用；正常运行时，元件 07 不工作；元件 05 和元件 06 是备件，在某些特定的情况下，元件 06 发生故障时，元件 05 起作用。

可靠性框图与流程图或设备布置图不同，它只表示系统与子系统间功能流动情况，而且可以根据实际需要，对风险大的子系统进行深入分析，问题不大的则可放置一边。

3. 故障类型影响和致命度分析

把故障类型及影响分析从定性分析发展到定量分析，则形成了故障类型影响和致命度分析，包括故障类型影响分析和危险度（或致命度）分析两方面。如故障等级为Ⅰ级的故障类型，有可能导致人员死亡或系统损坏，可进一步进行致命度分析。

例如，起重机制动装置和钢丝绳的部分故障类型影响和致命度分析如表4-17所示。

表4-17 起重机的故障类型影响和致命度分析（部分）

项目	构成元素	故障模式	故障影响	危险程度	故障发生概率	处理方法	应急措施
制动装置	电气元件 机械部件 制动瓦块	动作失灵 变形、摩擦 间隙过大	过卷、坠落 破裂 摩擦力小	大 中 小	10^{-2} 10^{-4} 10^{-3}	仪表检查 观察 检查	立即检修 及时检修 调整
钢丝绳	股 钢丝	变形、磨损 断丝超标	断绳 断绳	中 大	10^{-4} 10^{-1}	观察 检查	更换 更换

注：1. 危险程度分为：危险；中、临界；小、安全。2. 应急措施：立即停止作业，及时检修，注意。3. 发生概率：非常容易发生，1×10^{-1}；容易发生，1×10^{-2}；偶尔发生，1×10^{-3}；不常发生，1×10^{-4}；几乎不发生，1×10^{-5}；很难发生，1×10^{-6}。

致命度分析的目的在于评价每种故障类型的危险程度，通常采用故障概率和故障后果的严重程度来评价故障类型的危险度。采用该方法进行致命度分析时，通常把概率和严重度划分为若干等级。例如，美国的杜邦公司把危险程度划分为3个等级，把概率划分为6个等级（见表4-17中注）。

当用致命度一个指标来评价时，可使用下式计算出致命度指数C_r，它表示元件运行100万小时（次）发生的故障次数。

$$C_r = \sum_{i=1}^{n} \alpha \times \beta \times k_1 \times k_2 \times \lambda \times t \times 10^6 \tag{4-3}$$

式中：n——导致系统重大故障或事故的故障类型数目；

α——导致系统重大故障或事故的故障类型数目占全部故障类型数目的比例；

β——导致系统重大故障或事故的故障类型出现时，系统发生重大故障或事故的概率，其参考值如表4-18所示；

k_1——实际运行状态的修正系数；

k_2——实际运行环境条件的修正系数；

λ——元素的基本故障率；

t——元素的运行时间，单位为h（小时）。

表 4-18　β 的参考值

影响程度	实际损失	可预计的损失	可能出现的损失	没有影响
发生概率（β）	$\beta=1.00$	$0.10\leqslant\beta<1.00$	$0<\beta<0.10$	$\beta=0$

4. FMEA 的优缺点

故障类型及影响分析是从系统的末一级向上一级分析，即从小的、局部的至整个系统进行分析，其优点是书写格式简单，可用较少的人力且无须经过特别的训练就可以进行分析。它的缺点是缺乏逻辑性，难以分析各个元素之间的影响，若两个以上元素同时发生故障，分析就比较困难。

通常情况下，FMEA 方法中的元素局限于"物"的因素，难以查出人的原因。当然，对某一元素而言，也可以包括人的误操作。

4.4.2　FMEA 的分析步骤

（1）明确系统的组成和任务。进行 FMEA，首先要熟悉有关资料，从设计说明书等资料中了解系统的组成、任务等情况，查出系统含有多少子系统，各子系统又含有多少单元或元件，了解它们之间如何结合，熟悉它们之间的相互关系、相互干扰以及输入和输出等情况。

（2）确定分析程度和水平。FMEA 一开始便要根据所了解的系统情况，决定分析到什么水平，这是一个很重要的问题。如果分析程度太浅，就会漏掉重要的故障类型，得不到有用的数据；如果分析程度过深，一切都分析到元件甚至零部件，则会造成手续复杂，采取措施也很难。一般来讲，经过对系统的初步了解后，就会知道哪些系统比较关键，哪些次要。对关键的子系统可以分析得深一些，不重要的分析得浅一些，甚至可以不进行分析。对于一些功能件，像继电器、开关、阀门、储罐、泵等，都可当作元件看待，不必进一步分析。

（3）详细说明分析系统的情况。这包括系统说明和可靠性框图两部分。系统说明部分包括元件的数目、用途、动作方式、性能等。

（4）列出所有故障类型并选出对系统有影响的故障类型。按照可靠性框图，根据过去经验和有关故障资料，列出所有故障类型，填入 FMEA 表格内，然后从其中选出对子系统以及系统有影响的故障类型。

（5）对故障类型进行分析。深入分析故障的影响后果、故障等级、故障原因和应采取的措施。如果经验不足，考虑不周到，将会给分析带来麻烦。因此，这是一件技术性较强的工作，最好由安全管理人员、生产技术人员和工人三方结合进行。对危险特别大的故障类型，如故障等级为 I 级，则要进行致命度分析。

4.4.3 FMEA 应用举例

以手电筒为例，说明 FMEA 的过程。确定了手电筒的功能和决定了分解的等级程度之后，就可画出系统可靠性框图，如图 4-5 所示。

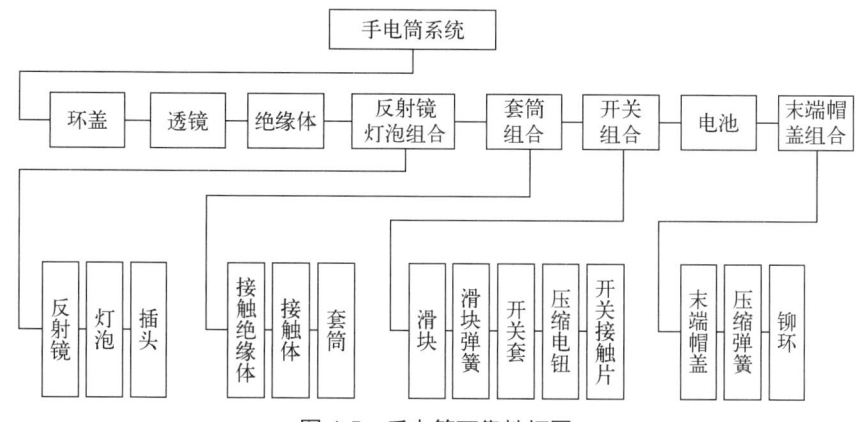

图 4-5 手电筒可靠性框图

如表 4-19 所示为参考同类产品的故障类型而选定的手电筒的故障类型。完成填写故障类型表格之后，分析这些故障类型，查找出这些故障的原因（一个故障可能有多种原因），查明每个故障可能给系统运行带来的影响，并且确定故障检测方法和故障危险等级。以上内容可以采用如表 4-20 所示的格式填写，在备注一栏内填写前面各栏中不包括的内容。表 4-20 仅提供了手电筒部分零件、组合件 FMEA 的内容。

表 4-19 故障类型一览表

零件或组合件名称	故障类型
环盖	①脱落　②变形而断　③影响透镜功能
透镜	①脱落　②破裂　③模糊
绝缘体	①折断　②脱落
反射镜灯泡组合	①灯丝烧毁 ②灯泡松弛 ③灯丝与焊口导通不良 ④灯泡反射镜螺纹生轴 ⑤反射镜与接触片导通不良 ⑥反射镜装不进套筒
套筒组合	①与环盖连接不良 ②与末端帽盖螺纹连接不良 ③与开关组件连接松弛 ④套筒与开关之间的导通不良 ⑤接触片变形 ⑥接触片绝缘体的绝缘不良

续表

零件或组合件名称	故障类型
套筒组合	⑦开关滑动不灵 ⑧开关与套筒脱落 ⑨接触片、电池间空隙过小
电池	①电池放电 ②电池装配不良 ③电池与灯泡间的导通不良 ④电池间导通不良 ⑤电池与控制弹簧间导通不良 ⑥电池与套筒绝缘不良 ⑦电池与开关接触片绝缘不良 ⑧电池阳极生锈
末端帽盖组合	①压缩弹簧功能失灵 ②末端相流与套筒接触不良 ③末端帽盖脱落 ④末端帽盖断而变形 ⑤螺纹部生锈 ⑥末端帽盖与弹簧接触不良

表 4-20 手电筒 FMEA 一览表（部分）

序号	零件或组合件	故障类型	故障原因	故障的影响 (零件或组合件)	故障的影响 (系统)	检测方法	危险等级	备注
1	环境	影响透镜功能	变形	功能不全	可能功能失灵	目测	Ⅱ	
		脱落	①螺丝磨耗 ②操作不注意	功能不全	功能失灵	目测	Ⅰ	
		断而变形	压坏	功能不全	降低功能	目测	Ⅱ	
2	透镜	脱落	①破损脱落 ②操作不注意	功能不全	功能不全	目测	Ⅱ	
		开裂	操作不注意	降低功能	功能下降	目测	Ⅲ	
		模糊	保管不良	降低功能	功能下降	目测	Ⅳ	
3	绝缘体	折断	①装配不良 ②材质不良	有不闭灯的可能性	可能缩短使用时间	拆开目视	Ⅲ	
		脱落	①装配失灵 ②由于断损	不闭灯	使用时间缩短	拆开目视	Ⅱ	
4	反射镜灯泡组合	灯丝烧损	①寿命问题 ②冲击	不能开灯	功能失灵	拆开目视	Ⅰ	
		灯泡松弛	①嵌合不良 ②冲击	造成回路切断的可能性	功能失灵的可能性	轻微振动	Ⅳ	
		灯泡焊口的缺陷	①磨耗 ②加工不良	造成回路切断的可能性	功能失灵的可能性	拆开目视	Ⅱ	
		灯丝螺丝生锈	①保管不良 ②材质不良	造成回路切断的可能性	功能失灵的可能性	拆开目视	Ⅱ	

完成表 4-20 之后，把故障类型等级为 I 类的致命的项目，即严重影响系统功能的零件、组合件另列表格，如表 4-21 所示，可进行致命度分析。

表 4-21 手电筒致命影响（等级为 I）的项目

序号	项目	故障类型	影响	防止措施
1	环盖	脱落	功能失灵	$\beta = 0$
2	反射镜灯泡组合	①灯丝烧损 ②灯泡焊锡与电池导通不良 ③反射镜与接触片之间导通不良 ④反射镜与套筒嵌合不良	功能失灵 功能失灵 功能失灵 功能失灵	
3	套筒组合	套筒与开关之间导通不良	功能失灵	
4	开关组合	①开关滑块不能滑动 ②开关与套筒组合脱落	功能失灵 功能失灵	
5	电池	①电池放电 ②电池安装不良	功能失灵 功能失灵	

4.5 因果分析图法

1. 因果分析图法的定义

因果分析图简称因果图，俗称鱼刺图。因果分析图法是以结果作为特性，以原因作为因素，在它们之间用箭头联系表示因果关系。事故发生的因素多种多样，这些因素往往又错综复杂地交织在一起。只有准确地找出问题产生的根源才能从根本上解决问题。因果分析图就是寻找事故产生原因的一种有效方法，它能清晰、有效地整理和分析出事故和诸因素之间的关系。

2. 因果分析图法的特点

(1) 优点。因果分析图法是针对某一结果，通过分析制作因果图，并查明和确认主要原因的方法。此方法简便实用，易于推广，适合对事故进行系统原因分析。

(2) 缺点。因果分析图法通常需要分析人员充分开动脑筋，针对问题寻找可能引起事故的原因，一般需要多人集思广益，把所有可能的原因都列出来，共同分析事故的原因。使用该法寻找事故原因时，应防止只停留在罗列的表面现象，而不深入分析因果关系的情况，原因表达要简练明确。此方法只能定性不能定量。

3. 因果分析图法的步骤

因果分析图法是一种充分发动员工动脑筋、查原因、集思广益的好办法,将相关问题方面的专家聚集在一起,通过召开"诸葛亮"会来集思广益地解决问题,可针对问题发动大家寻找可能的原因,使每个人都畅所欲言,把所有可能的原因都列出来,形成鱼刺状,如图 4-6 所示。

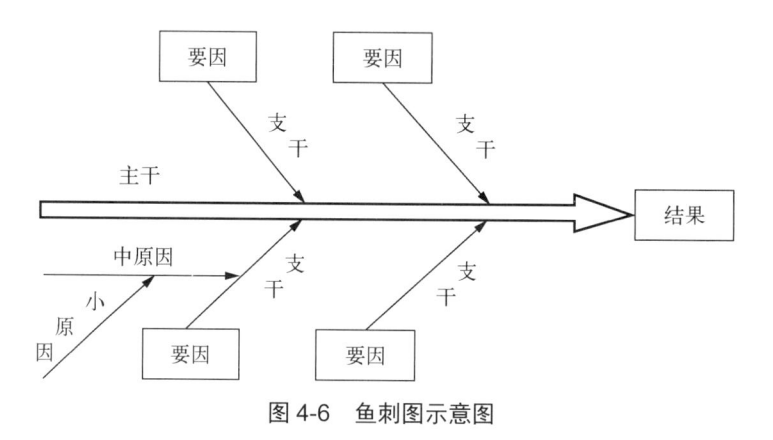

图 4-6 鱼刺图示意图

注:"结果"表示不安全问题,事故类型;主干是一个长箭头,表示某一事故现象;长箭头两边有若干"支干"——"要因",表示与该事故现象有直接关系的各种因素,它是综合分析和归纳的结果;"中原因"则表示与要因直接有关的因素。依此类推便可以把事故的各种大小原因客观地、全面地找出来。

具体步骤如下所述:

(1) 明确要解决问题的准确含义,并用确切的语言把事故类型表达出来,并用方框画在图面的最右边;

(2) 从事故出发先分析大原因,再以大原因作为结果寻找中原因,然后以中原因为结果寻找小原因,甚至更小的原因;

(3) 画出主干线,主干线的箭头指向事故,再在主干线的两边依次用不同粗细的箭头线表示出大、中、小原因之间的因果关系,在相应箭头线旁边注出原因内容;

(4) 找出主要原因,用显著记号或图把主要内容圈起来,以示突出;

(5) 记录因果分析图的绘制日期、参加讨论的人员及其他备查的事项。

因果分析图法一般从人、物、环境和管理 4 个方面查找影响事故的因素,每一个方面作为一个分支,然后逐次向下分析,找出直接原因、间接原因和基本原因,依次用大、中、小箭头标出。典型的鱼刺图如图 4-7 所示。

第 4 章 系统安全分析

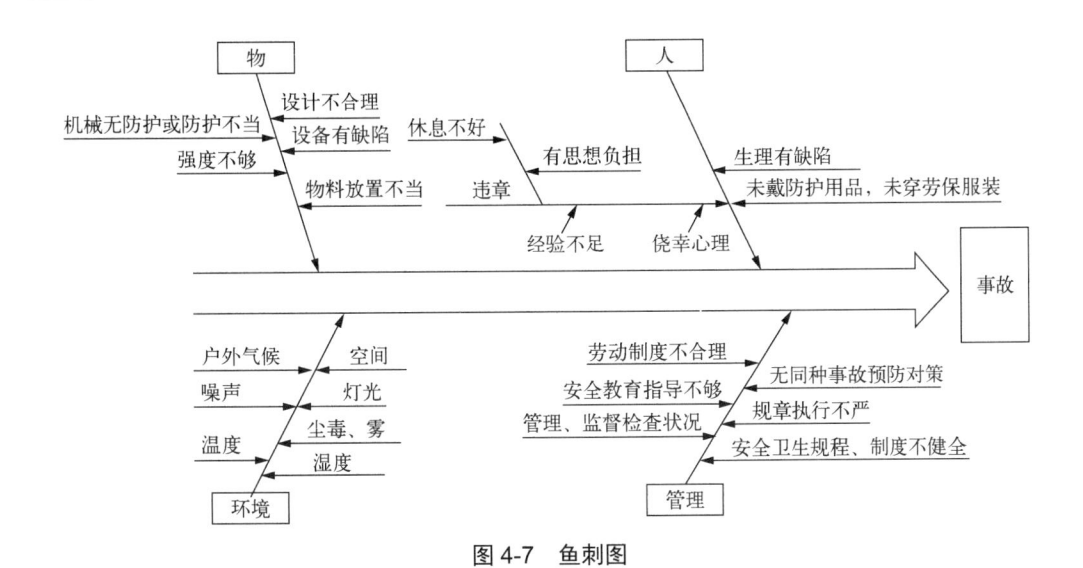

图 4-7 鱼刺图

鱼刺图分析具有主次原因分明、逻辑关系清晰、事故过程一目了然、容易掌握等特点，应用比较广泛。

4. 因果分析图法的应用实例

如图 4-8 所示是对一起翻车事故所做的鱼刺图。

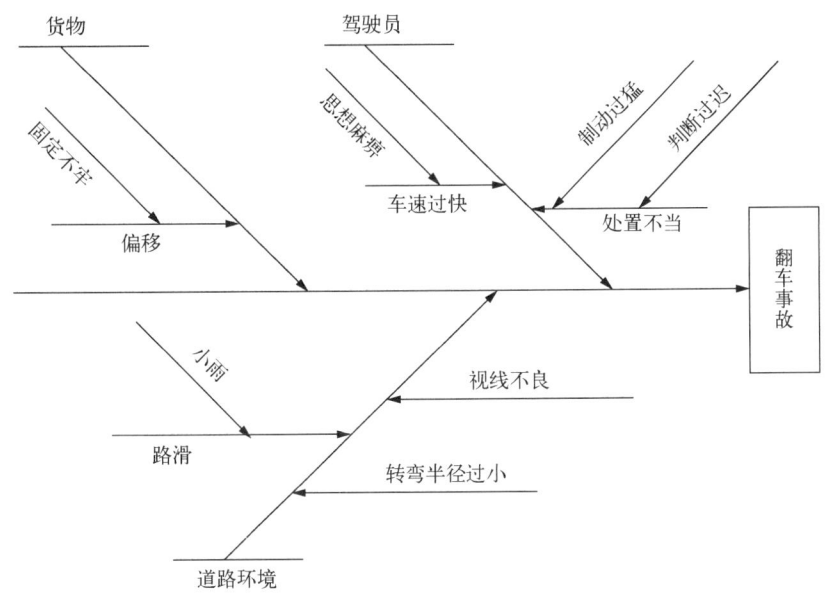

图 4-8 翻车事故鱼刺图

由图 4-8 可知，这起事故的主要原因是驾驶员麻痹大意，在小雨、路滑、视线不良的弯道上不提前减速，以至于在对面来车时，避让不及，造成车辆侧滑。车载货物固定不牢，重心偏移，导致车辆倾覆。在找出这起事故的主要原因和次要原因的基础上，便可以有针对性地采取措施。

4.6 事件树分析法

1. 事件树分析法基础

事件树分析法（Even Tree Analysis，ETA）是安全系统工程的重要分析方法之一，它是从某一初因事件开始，顺序分析各环节事件成功或失败的发展变化过程，并预测各种可能结果的分析方法，即时序逻辑的分析方法。其中，初因事件是指在一定条件下能造成事故后果的最初的原因事件；环节事件是指出现在初因事件后一系列造成事故后果的其他原因事件。各种可能结果在事件树分析中称为结果事件。

事件树分析法是一种宏观、动态、归纳的分析方法。事件树分析的作用是：

（1）能够指出如何不发生事故，以对职工进行直观的安全教育。

（2）能够指出消除事故的根本措施，改进系统的安全状况。

（3）从宏观角度分析系统可能发生的事故，掌握事故发生的规律。

（4）可以找出最严重的事故后果，为事件树分析确定顶上事件提供依据。

2. 事件树分析法步骤

事件树分析法的理论基础是系统工程的决策论。决策论中的一种决策方法是用决策树进行决策的，而事件树分析法则是从决策树引申而来的分析方法。

事件树分析法最初用于可靠性分析，它是用元件的可靠性表示系统可靠性的系统分析方法之一。系统中的每一个元件都存在具有或不具有某种规定功能的两种可能。元件正常，说明其具有某种规定功能；元件失效，则说明元件不具有某种规定功能。把元件正常状态称为成功，其状态值为1；把失效状态称为失败，其状态值为0。按照系统的构成状况，顺序分析各元件成功、失败的两种可能性，一般将成功均作为上分支，将失败均作为下分支，不断延续分析，直到最后一个元件，最终形成一个水平放置的树形图。

任何事故都是一个多环节事件发展变化过程的结果，因此事件树分析法也称为事故过程分析。其实质是利用逻辑思维的规律和形式，分析事故的起因、发展和结果的整个过程。利用上述分析系统可靠性的方法进行事故过程的分析，是安全管理所需要的事件树分析。所不同的是，系统可靠性分析以硬件系统为分析对象，分析元件的正常状态和失效状态；而后者则是以人、物和环境的综合系统为对象，分析各事件成功与失败的两种情况，从而预测各种可能的结果。

一起伤亡事故总是由许多事件按着时间的顺序相继发生和演变而成的，后一事件的发生以前一事件为前提。瞬间造成的事故后果，往往是多环节事件连续失效而酿成的。所以，用事件树分析法宏观地分析事故的发展过程，对掌握事故规律，控制事故的发生是非常有益的。事件树分析法适用于多环节事件或多重保护系统的危险性分析，应用十分广泛。

3. 事件树分析法应用实例

例：泵和两个阀门串联的物料输送系统，如图 4-9 所示。物料沿箭头方向顺序经过泵 A、阀门 B 和阀门 C。组成系统的元件 A、B、C 都有正常和失效两种状态。根据系统的构成情况，当泵 A 接到启动信号后，可能有两种状态：一种是正常启动后开始运行；另一种是失效，不能输送物料。将正常作为上分支，失效作为下分支。理论上，n 元素两种状态的组合应有 2^n 种，但事件树的结构是按照系统的具体情况作出的。因此，阀门 B 的正常与失效只接在泵的正常状态分支上。泵 A 处于失效状态系统就失效。阀门 B 和阀门 C 对此结果没有影响，不再延续分析。同样地，阀门 B 失效也能导致系统失效，不再继续分析阀门 C 的状态，从而只分析阀门 B 正常时阀门 C 的两种状态。这样，得到 4 种系统状况的结果，如图 4-10 所示的物料输送系统的事件树。

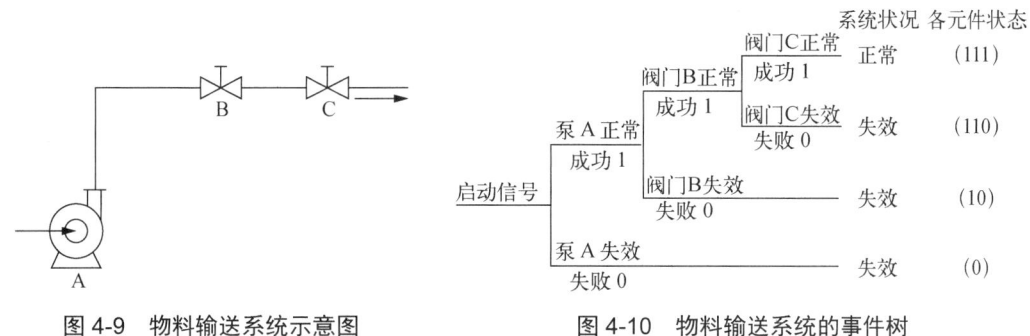

图 4-9 物料输送系统示意图

图 4-10 物料输送系统的事件树

从事件树中可以看出，只有泵 A 和阀门 B、阀门 C 均处于正常状态（3 个元件状态值均为 1）时，系统才能正常运行，而其他 3 种状态组合均导致系统的失败。若各元件的可靠度是已知的，可根据元件可靠度求取系统可靠度。例如，元件 A、B、C 的可靠度分别为 R_A、R_B、R_C，则系统可靠度 R_S 为元件 A、B、C 均处于正常状态时的概率，即 3 个事件的积事件概率，即

$$R_S = R_A \cdot R_B \cdot R_C \tag{4-4}$$

用这种方法，也可以比较相同元件不同结构系统的可靠性。如改变一下图 4-9 中物

料输送系统的结构,将串联阀门 B 和阀门 C 改为并联,将阀门 C 作为备用阀。当阀门 B 失效时,阀门 C 开始工作。其系统流程图如图 4-11 所示,变更后的系统事件树如图 4-12 所示。

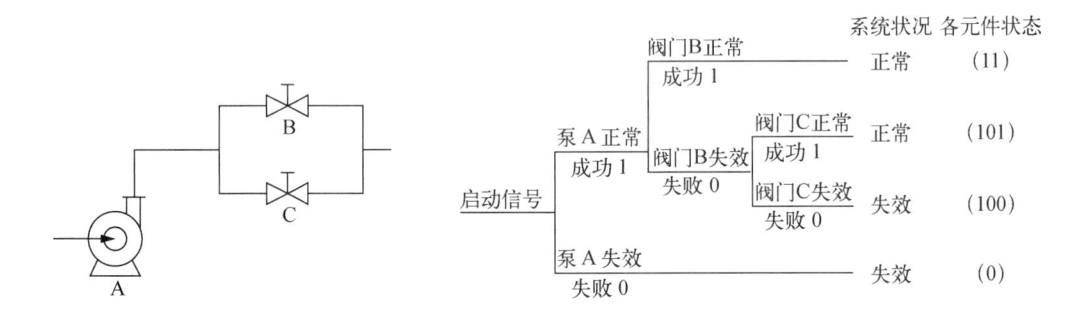

图 4-11 物料输送系统(改后)示意图　　图 4-12 物料输送系统(改后)的事件树

从图 4-12 中的事件树看出,元件 A、B 正常或元件 A、C 正常、元件 B 失效时系统处于正常状态。根据事件树作图规则,4 种系统状态是相互排斥事件,则系统的可靠度为

$$R_S = R_A \cdot R_B + R_A(1-R_B) \cdot R_C \tag{4-5}$$

显然,阀门并联的系统可靠度比阀门串联的系统大得多。这就是以低可靠度的元件构成高可靠度系统的系统论思想的体现。

对于复杂的系统,仍可根据上述原则绘制事件树。

例:行人过马路,就某一段马路而言,可能有车来往,也可能无车通行。当无车时过马路,当然会顺利通过;若有车,则看你是在车前通过还是在车后通过。若在车后通过,当然也会顺利通过;若在车前通过,则看你是否有充足的时间。如果有,则不会发生车祸,但却很危险;如果没有,则看司机是否采取紧急制动措施或避让措施,若未采取则必然会发生撞人事故,导致人员伤亡;若采取措施,则取决于制动或避让是否奏效。奏效,则人幸免于难;失败,则必然造成人员伤亡。其事件树如图 4-13 所示。

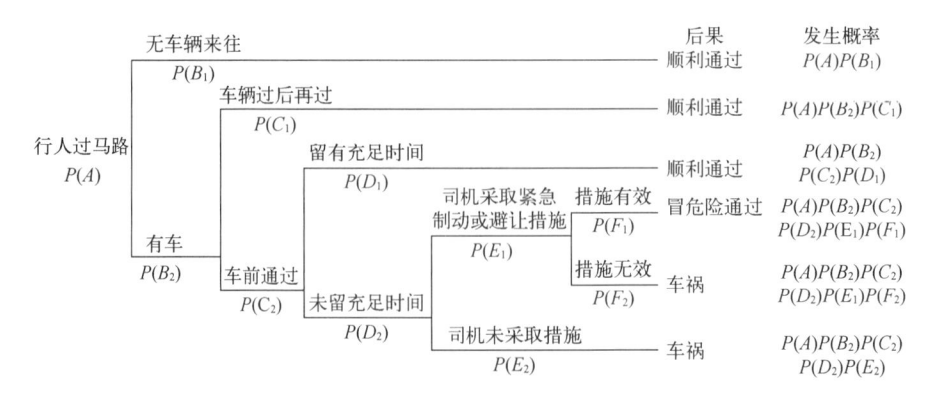

图 4-13 行人过马路事件树

这是一个以行人、司机、车辆、马路为分析对象的综合系统。它是以行人过马路为初始事件，经过对 5 个环节事件的分析判断而得出 6 种结果。其中 4 种为我们希望得到的结果，两种是我们不希望的结果。各事件的发生概率标于图上，则发生车祸的概率为：

$$P = P(A)P(B_2)P(C_2)P(D_2)P(E_1)P(F_2) + P(A)P(B_2)P(C_2)P(D_2)P(E_2) \quad (4\text{-}6)$$

4.7 事故树分析法

4.7.1 事故树分析法基础

1. 事故树分析法的概念

事故树（Fault Tree Analysis，FTA），又称为故障树，是 20 世纪 60 年代以来迅速发展的一种系统可靠性分析方法，它采用逻辑方法，将事故因果关系形象地描述为一株有方向的"树"，把系统可能发生或已发生的事故（称为顶上事件）作为分析起点，将导致事故原因的事件按因果逻辑关系逐层列出，用树形图表示出来，构成一种逻辑模型，然后定性或定量地分析事件发生的各种可能途径及发生的概率，找出避免事故发生的各种方案并优选出最佳安全对策。

2. 事故树分析法的特点

事故树分析法直观明了、表达简洁，思路清晰、逻辑性强、易于掌握，具有广泛的应用性，该方法既可以做定性分析也可以做定量分析，但 FTA 步骤较多，计算也比较复杂。

此方法要求安全评价人员、管理人员要具有丰富的经验，全面、系统、深入地了解和掌握各项事故防护的要点。许多事故树模型可通过分析一个较大的工艺过程得到，实际的模型数目取决于危险分析人员选定的顶上事件数，一个顶上事件对应着一个事故树模型。使用 FTA 需要详细懂得装置或系统的功能、详细的工艺图和操作程序以及各种故障模式和它们的结果，良好训练和富有经验的分析人员是有效和高质量运用 FTA 的保证。

事故树分析法形象、清晰，逻辑性强，它能对各种系统的危险性进行识别评价，主要具有如下 4 个优点：

（1）既可定性分析，又可定量分析。定性分析详细分析事故发生的各种原因。事故树分析法也可用于分析复杂系统，并定量预测发生事故可能性的大小；

（2）逻辑性强，灵活性高，适应范围广。它不仅考虑设备及其部件的故障，而且还考虑环境因素和人为失误。既能分析已发生的事故，又能预测发生事故的可能性；

（3）既能找到引起事故的直接原因，又能揭示事故发生的潜在原因，并能概括导致事故发生的各种情况；

（4）简单适用，宜于推广。掌握一般数学知识的人可以应用它，具有高等文化水平的人也有深入研究它的余地。

事故树分析法可用来分析事故，特别是重大、特别重大事故的因果关系，也可应用于事故的调查分析、系统的危险性评价、事故的预测、安全措施的优化决策、系统的安全性设计等很多方面。

4.7.2 事故树分析法

1. 分析目的

通过事故树的安全分析，达到如下目的：

（1）识别导致事故的基本事件（基本的设备故障)与人为失误的组合，可为人们提供设法避免或减少导致事故基本原因的线索，从而降低事故发生的可能性；

（2）对导致灾害事故的各种因素及逻辑关系能作出全面、简洁和形象的描述；

（3）便于查明系统内固有的或潜在的各种危险因素，为设计、施工和管理提供科学依据；

（4）使有关人员、作业人员全面了解和掌握各项防灾要点；

（5）便于进行逻辑运算，进行定性、定量分析和系统评价。

事故树分析法是对既定的生产系统或作业中可能出现的事故条件及可能导致的灾害后果，按工艺流程、先后次序和因果关系绘成的程序方框图，表示导致灾害、伤害事故（不希望事件)的各种因素之间的逻辑关系。它由输入符号或关系符号组成，用以分析系统的安全问题或系统的运行功能问题，并为判明灾害、伤害的发生途径及与灾害、伤害之间的关系，提供一种最形象、最简洁的表达形式。

2. 分析步骤

（1）熟悉系统。要详细了解系统状态及各种参数，绘出工艺流程图或布置图。

（2）调查事故。收集事故案例，进行事故统计，设想给定系统可能要发生的事故。

（3）确定顶上事件。要分析的对象事件即为顶上事件。对所调查的事故进行全面分析，从中找出后果严重且较易发生的事故作为顶上事件。

（4）确定目标值。根据经验教训和事故案例，经统计分析后，求解事故发生的概率（频率)，作为要控制的事故目标值。

(5) 调查原因事件。调查与事故有关的所有原因事件和各种因素。

(6) 画出事故树。从顶上事件起，一级级找出直接原因事件，直到所要分析的深度，按其逻辑关系，画出事故树。

(7) 分析。按事故树结构进行简化，确定各基本事件的结构重要度。

(8) 事故发生概率。确定所有原因发生概率，标在事故树上，并进而求出顶上事件(事故)发生概率。

(9) 比较。分可维修系统和不可维修系统进行讨论，前者要进行对比，后者求出顶上事件发生概率即可。

(10) 定量分析。原则上是上述 10 个步骤，在分析时可视具体问题灵活掌握，如果事故树规模很大，可借助计算机进行。目前，我国 FTA 一般都考虑到第 7 步进行定性分析为止，也能取得较好的效果。

3. FTA 的符号及运算

FTA 使用布尔逻辑门（如与，或)产生系统的故障逻辑模型来描述设备故障和人为失误是如何组合导致顶上事件的。许多事故树模型可通过分析一个较大的工艺过程得到，实际的模型数目取决于危险分析人员选定的顶上事件数，一个顶上事件对应着一个事故树模型。事故树分析人员常对每个事故树逻辑模型求解产生故障序列，称为最小割集，由此可导出顶上事件。这些最小割集序列可以通过每个割集中的故障数目和类型定性排序。一般地，含有较少故障数目的割集比含有较多故障数目的割集更可能导致顶上事件。最小割集序列揭示了系统设计、操作的缺陷，对此分析人员应提出提高过程安全性的可能途径。

使用 FTA 需要详细懂得装置或系统的功能、详细的工艺图和操作程序以及各种故障模式和它们的结果，良好训练和富有经验的分析人员是有效和高质量运用 FTA 的保证。

(1) 事故树符号的意义。

① 事件符号。

☐　　　　　顶上事件、中间事件符号，需要进一步往下分析的事件。

○　　　　　基本事件符号，不能再往下分析的事件。

◇　　　　　正常事件符号，正常情况下存在的事件。

⬠　　　　　省略事件，不能或不需要向下分析的事件。

②逻辑门符号。

或门，表示 B_1 或 B_2 任一事件单独发生（输入）时，A 事件都可以发生（输出）。

与门，表示 B_1 或 B_2 两事件同时发生（输入）时，A 事件才发生（输出）。

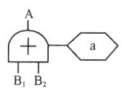

条件或门，表示 B_1 或 B_2 任一事件单独发生（输入）时，还必须满足条件 a，A 事件才发生（输出）。

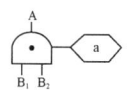

条件与门，表示 B_1 或 B_2 两事件同时发生（输入）时，还必须满足条件 a，A 事件才发生（输出）。

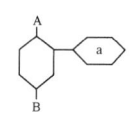

限制门，表示 B 事件发生（输入）且满足条件 a 时，A 事件才发生（输出）。

③转移符。

转入符号，表示在别处的部分树，由该处转入（在三角形内标出从何处转入）；

转出符号，表示这部分树由该处转移至他处，由该处转入（在三角形内标出向何处转移）。

(2) 布尔代数与主要运算法则。在事故树分析中常用逻辑运算符号（·，+）将各个事件连接起来，此连接式称为布尔代数表达式。在求最小割集时，要用布尔代数运算法则，简化代数式。这些法则有：

①交换律：$A \cdot B = B \cdot A$
$A + B = B + A$

②结合律：$A + (B + C) = (A + B) + C$
$A \cdot (B \cdot C) = (A \cdot B) \cdot C$

③分配律：$A \cdot (B + C) = A \cdot B + A \cdot C$
$A + (B \cdot C) = (A + B) \cdot (A + C)$

④吸收律：$A \cdot (A + C) = A$
$A + A \cdot B = A$

⑤互补律：$A + A' = \Omega = 1$
$A \cdot A' = 0$

⑥幂等律：$A \cdot A = A$
$A + A = A$

⑦狄摩根定律： $(A+B)'=A'\cdot B'$
$(A\cdot B)'=A'+B'$

⑧对合律： $(A')'=A$

（3）事故树的数学表达式。为了进行事故树定性、定量分析，需要建立数学模型，写出它的数学表达式。把顶上事件用布尔代数表现，并自上而下展开，就可得到布尔表达式。

例如：有事故树如图 4-14 所示。

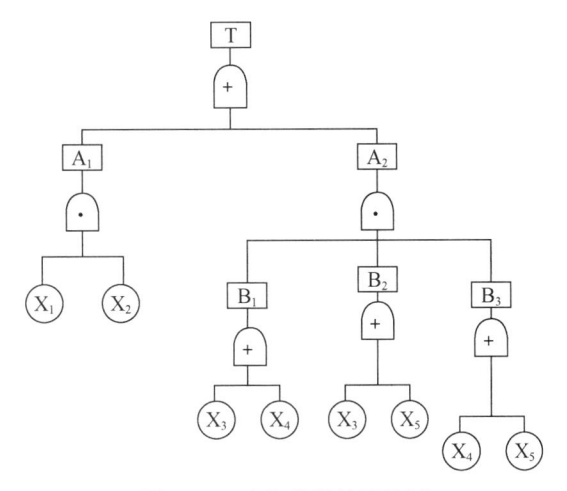

图 4-14 未经化简的事故树

未经化简的事故树，其结构函数表达式为

$$\begin{aligned}T &= A_1 + A_2 \\ &= A_1 + B_1B_2B_3 \\ &= X_1X_2 + (X_3+X_4)(X_3+X_5)(X_4+X_5) \\ &= X_1X_2 + X_3X_3X_4 + X_3X_4X_4 + X_3X_4X_5 + X_4X_4X_5 \\ &\quad + X_4X_5X_5 + X_3X_3X_5 + X_3X_5X_5 + X_3X_4X_5\end{aligned}$$

（4）最小割集的概念和求法。

①最小割集的概念。能够引起顶上事件发生的最低限度的基本事件的集合称为最小割集。换句话说：如果事故树所有最小割集不发生，顶上事件就绝不发生。一般割集不具备这个特性。如本事故树中 $\{X_1, X_2\}$ 是最小割集，$\{X_3, X_4, X_3\}$ 是割集，但不是最小割集。

②最小割集的求法。利用布尔代数化简法，将上式归并、化简。

$$T = X_1X_2 + X_3X_3X_4 + X_3X_4X_4 + X_3X_4X_5 + X_4X_4X_5 +$$
$$X_4X_5X_5 + X_3X_3X_5 + X_3X_5X_5 + X_3X_4X_5$$
$$= X_1X_2 + X_3X_4 + X_3X_4X_5 + X_4X_5 + X_3X_5 + X_3X_4X_5$$
$$= X_1X_2 + X_3X_4 + X_4X_5 + X_3X_5$$

得到 4 个最小割集 $\{X_1,X_2\}$、$\{X_3,X_4\}$、$\{X_4,X_5\}$、$\{X_3,X_5\}$

即：$K_1 = \{X_1,X_2\}$　$K_2 = \{X_3,X_4\}$　$K_3 = \{X_4,X_5\}$　$K_4 = \{X_3,X_5\}$

用最小割集表示的等效事故树，如图 4-15 所示。

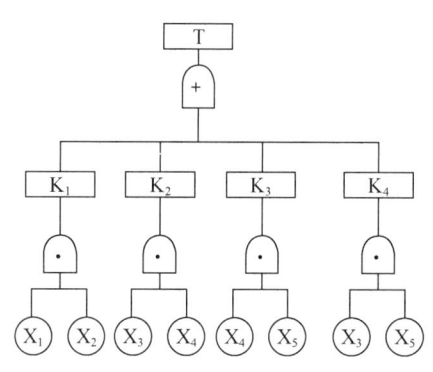

图 4-15　用最小割集表示的等效事故树

③最小割集的作用。表示系统的危险性，每个最小割集都是顶上事件发生的一种可能渠道。最小割集的数目越多，越危险。其分述如下：

首先，表示顶上事件发生的原因，事故发生必然是某个最小割集中几个事件同时存在的结果。求出事故树全部最小割集，就可掌握事故发生的各种可能，对掌握事故的规律，查明事故的原因大有帮助。

其次，一个最小割集代表一种事故模式。根据最小割集，可以发现系统中最薄弱的环节，直观判断出哪种模式最危险，哪些次之，以及如何采取预防措施。

最后，可以用最小割集判断基本事件的结构重要度，计算顶上事件概率。

(5) 最小径集的概念和求法。

①最小径集的概念。如果事故树中的某些事件不发生，则顶上事件就不发生，这些基本事件的集合称为径集。最小径集就是顶上事件不发生所需的最低限度的径集。

最小径集的求法是利用最小割集的对偶性，首先画出与事故树对偶的成功树，即把原来事故树的与门换成或门，而或门换成与门，各类事件发生换成不发生，利用上述方法求出成功树的最小割集，再转化成为事故树的最小径集。

②最小径集的求法。以如图 4-16 所示的事故树为例。首先画出与事故对偶的成功树，如图 4-17 所示。

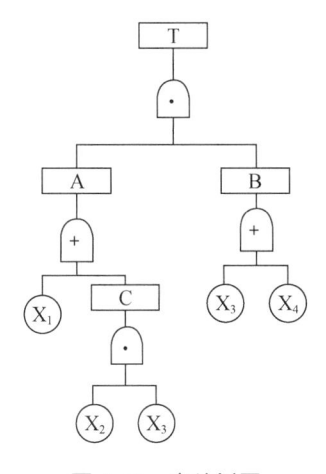

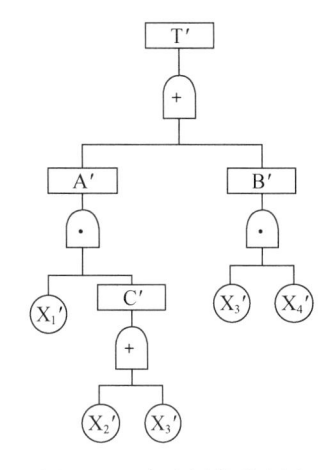

图 4-16 事故树图　　　　　　　图 4-17 事故树的成功树

求成功树的最小割集

$$T' = A' + B'$$
$$= X_1'C' + X_3'X_4'$$
$$= X_1'(X_2' + X_3') + X_3'X_4'$$
$$= X_1'X_2' + X_1'X_3' + X_3'X_4'$$

成功树有 3 个最小割集,就是事故树的 3 个径集,即:$P_1 = \{X_1, X_2\}$,$P_2 = \{X_1, X_3\}$,$P_3 = \{X_3, X_4\}$

用最小径集表示的事故树式为

$$T = (X_1 + X_2)(X_1 + X_3)(X_3 + X_4)$$

成功树的等效图如图 4-18 所示。

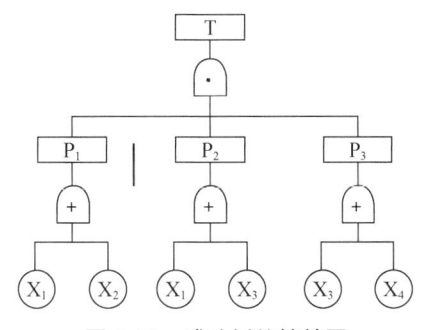

图 4-18 成功树的等效图

4. 结构重要度分析

结构重要度分析是分析基本事件对顶上事件的影响程度,为改进系统安全性提供重要信息的手段。

事故树中各基本事件对顶上事件的影响程度是不同的。从事故树结构上分析各基本事件的重要度（不考虑各基本事件的发生概率)或假定各基本事件发生概率相等的情况下，分析各基本事件的发生对顶上事件发生的影响程度，叫结构重要度。结构重要度分析是一种定性分析方法，但在目前缺乏定量分析数据的情况下，这种方法显得重要。

结构重要度分析方法归纳起来有两种：一种是用最小割（径）集近似判断各基本事件的结构重要度的大小，并排列次序；另一种是计算出各基本事件的结构重要系数，将各基本事件的结构重要系数由大到小排列。本教材仅介绍第一种方法。

（1）用最小割（径）集分析判断方法进行结构重要度判断有以下几个原则：

①一阶（单事件）最小割（径）集结构重要度大于所有高阶最小割集中基本事件的结构重要系数。

如在$\{X_1\}$、$\{X_2, X_3\}$、$\{X_2, X_4, X_5\}$中，第一个最小割（径）集为基本事件X_1，因此，$I_\phi(1) > I_\phi(i)$，i=2，3，4，5。

②仅在同一最小割（径）集中出现的所有基本事件，结构重要系数相等[在其他割（径）集中不再出现]。

如在$\{X_1, X_2\}$、$\{X_3, X_4, X_5\}$、$\{X_6, X_7, X_8, X_9\}$中，$I_\phi(1)=I_\phi(2)$；同理：$I_\phi(3)=I_\phi(4)=I_\phi(5)$；$I_\phi(6)=I_\phi(7)=I_\phi(8)=I_\phi(9)$。

③几个最小割（径）集均不含有共同元素，则低阶最小割（径）集中基本事件重要系数大于高阶割（径）集中基本事件重要系数。阶数相同，重要系数相同。

如上例$\{X_1, X_2\}$、$\{X_3, X_4, X_5\}$、$\{X_6, X_7, X_8, X_9\}$中，$I_\phi(1)>I_\phi(3)>I_\phi(6)$；

在$\{X_1, X_2, X_3\}$、$\{X_4, X_5, X_6\}$中，$I_\phi(1)=I_\phi(4)$。

④比较两个基本事件，若与之相关的割（径）集阶数相同，则两个事件结构重要系数大小，由它们出现的次数决定，出现次数大的系数大。

相比较的两个事件仅出现在基本事件个数不等的若干最小割集中。

若它们重复在各最小割（径）集中出现次数相等，由在少事件最小割（径）集中出现的基本事件结构重要系数大。如在$\{X_1, X_3\}$、$\{X_2, X_3, X_5\}$、$\{X_1, X_4\}$、$\{X_2, X_4, X_5\}$中，X_1出现两次，X_2也出现两次，但X_1出现在少事件割（径）集中，所以$I_\phi(1)>I_\phi(2)$。

在少数事件中，出现次数少，多事件割（径）集中，出现次数多，以及它的复杂情况，可以用近似判别式

$$I(i) = \Sigma K_i (1/2)^{n-1}, X \in K \tag{4-7}$$

式中：$I(i)$——基本X_1的重要系数近似判别值；

K_i——包含X_i的(所有)割集；

n——基本事件 X_i 所在割集中基本事件个数。

$I(1) = I(3) > I(4) > I(2) > I(5)$。

在用割（径）集判断基本事件结构重要系数时，必须按上述原则，先行判断近似式是迫不得已而为之，不能完全用它。

（2）用最小割集判别基本事件结构重要度与用最小径集判别结果一样。

（3）凡对最小割集适用的原则，对最小径集同样适用。

4.7.3 事故树分析法应用实例

锅炉结垢事故树分析如图 4-19 所示。

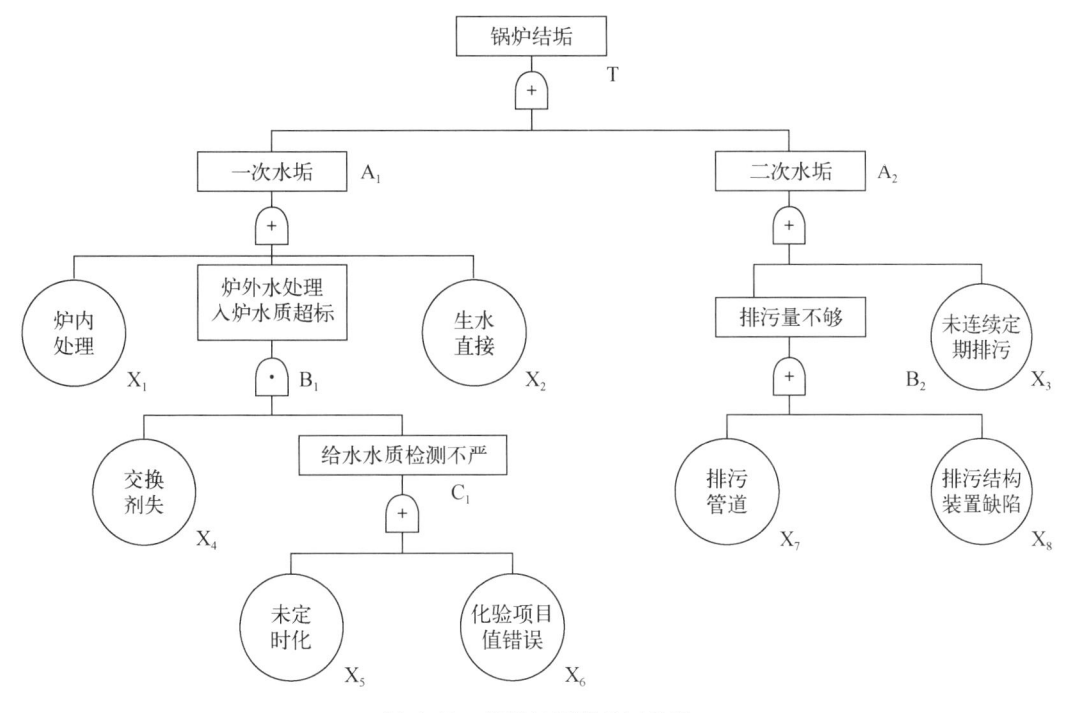

图 4-19 锅炉结垢事故树分析

1. 求最小割（径）集

事故树结构函数如下：

$$\begin{aligned} T &= A_1 + A_2 = X_1 + X_2 + B_1 + X_3 + B_2 \\ &= X_1 + X_2 + X_4 C_1 + X_3 + X_7 + X_8 \\ &= X_1 + X_2 + X_4(X_5 + X_6) + X_3 + X_7 + X_8 \\ &= X_1 + X_2 + X_4 X_5 + X_4 X_6 + X_3 + X_7 + X_8 \end{aligned}$$

从而得到 7 个最小割集为：

$K_1 = \{X_1\}$，$K_2 = \{X_2\}$，$K_3 = \{X_3\}$，$K_4 = \{X_4, X_5\}$，
$K_5 = \{X_4, X_6\}$，$K_6 = \{X_7\}$，$K_7 = \{X_8\}$。

2. 结构重要度分析

按一次近似计算得出以下结论。因为 X_1、X_2、X_3、X_7、X_8 是一阶最小割集中的事件，所以 $I_\phi(1)$、$I_\phi(2)$、$I_\phi(3)$、$I_\phi(7)$、$I_\phi(8)$ 最大。

由计算得

$$I_{(4)} = \frac{1}{2^{2-1}} + \frac{1}{2^{2-1}} = 1$$

$$I_{(5)} = \frac{1}{2^{2-1}} = \frac{1}{2}$$

$$I_{(6)} = \frac{1}{2^{2-1}} \frac{1}{2}$$

各基本事件结构重要度顺序为

$$I_\phi(1) = I_\phi(2) = I_\phi(3) = I_\phi(7) = I_\phi(8) > I_\phi(4) > I_\phi(5) = I_\phi(6)$$

4.8 作业条件危险性分析法

作业条件危险性分析法（Likelihood‐Exposure‐Consequence，LEC），由美国安全专家格雷厄姆和金尼提出，是一种简便易行的衡量人们在某种具有潜在危险的环境中作业危险性的评价方法，可以对已识别的风险进行半定量评估，具有一定的科学性和适用性。

LEC 方法以与系统风险有关的 3 种因素（发生事故的可能性大小、人体暴露在危险环境中的频繁程度、一旦发生事故可能会造成的损失后果）指标值之积来评价系统人员伤亡风险的大小，并将所得作业条件危险性数值与规定的作业条件危险性等级相比较，从而确定作业条件的危险程度。

1. 作业条件危险性分析法的特点

（1）作业条件危险性分析法的优点。作业条件危险性分析评价人们在某种具有潜在危险的作业环境中进行作业的危险程度。该方法简单易行，危险程度级别划分比较清楚、醒目。

(2) 作业条件危险性分析法的缺点。此方法只能定性不能定量，方法中影响危险性因素的分数值主要是根据经验来确定的，因此具有一定的主观性和局限性。

2. 作业条件危险性分析法的应用范围

该方法一般用于企业作业现场的局部性评价（如员工抱怨作业环境差），不能普遍适用于整体、系统的完整评价。

3. 作业条件危险性分析法的步骤

（1）以类比作业条件比较为基础，由熟悉类比条件的设备、生产、安技人员组成专家组。

（2）对于一个具有潜在危险性的作业条件，确定事故的类型，找出影响危险性的主要因素、发生事故的可能性大小、人体暴露在这种危险环境中的频繁程度、一旦发生事故可能会造成的损失后果。

（3）由专家组成员按规定标准对 L、E、C 分别评分，取分值集的平均值作为 L、E、C 的计算分值，用计算的危险性分值（D）来评价作业条件的危险性等级。用公式来表示，则为：

$$D = L \times E \times C \tag{4-8}$$

式中：L——发生事故的可能性大小，取值如表 4-21 所示；

E——人员暴露于危险环境中的频繁程度，取值如表 4-22 所示；

C——发生事故产生的后果，取值如表 4-23 所示；

D——风险值，确定危险等级的划分标准如表 4-24 所示。

表 4-21 事故发生的可能性

分数值	事故发生的可能性	分数值	事故发生的可能性
10	完全可以预料	0.5	很不可能，可以设想
6	相当可能	0.2	极不可能
3	可能，但不经常	0.1	实际上不可能
1	可能性小，完全意外		

表 4-22 人员暴露于危险环境的频繁程度

分数值	人员暴露于危险环境的频繁程度	分数值	人员暴露于危险环境的频繁程度
10	连续暴露	2	每月一次暴露
6	每天工作时间内暴露	1	每年几次暴露
3	每周一次或偶尔暴露	0.5	罕见地暴露

表 4-23 发生事故可能产生的后果

分数值	发生事故可能会造成的损失后果	分数值	发生事故可能会造成的损失后果
100	大灾难，许多人死亡，或造成重大财产损失	7	严重，重伤，或较小财产损失
40	灾难，数人死亡，或造成很大的财产损失	3	很大，致残，或很小财产损失
15	非常严重，1 人死亡，或造成一定的财产损失	1	引人注目，不利于基本的安全卫生要求

表 4-24 危险等级划分标准

D 值	危险程度	危险等级
>320	极其危险，不能继续作业，停产整改	5
160~320	高度危险，需立即整改	4
70~160	显著危险，需要整改	3
20~70	一般危险，需要注意	2
<20	稍有危险，可以接受，注意防止	1

一般情况下，事故发生的可能性越大，则风险越大；人员暴露于危险环境的频繁程度越大，风险越大。运用作业条件危险分析法进行分析时，危险等级为 1 级、2 级的，可确定为属于可接受的风险；D 值大于 70 时，确定为属于不可接受的风险，需要整改。

4.9　风险矩阵分析法

4.9.1　风险矩阵分析法的简介及其特点

1. 风险矩阵

风险矩阵是一种表格式的危险事件或者事故场景发生的可能性和事故后果的严重程度的表示方法。风险矩阵可以根据危险事件的重要程度对它们进行排序，筛掉不重要的事件，或者评估每一个事件在降低风险方面的需求。

风险矩阵通常作为一种风险分析工具，用于确定哪些风险需要更细致地分析，或是应首先处理哪些风险，或者需要提到一个更高层次的管理；也可以作为一种筛查工具，以挑选哪些风险此时无须进一步考虑。风险矩阵也被广泛用于给定的风险是否可被广泛接受或不接受的判定。

风险矩阵的输入数据为具体的结果及可能性等级，以及将两者结合起来的矩阵。

2. 可能性（P）分级

可能性标度也可为任何数量的点。需要选择的可能性的定义应尽量避免含混不清。

如果使用数字来界定不同的可能性，那么应给出单位。在大多数情况下，仅仅使用频率（此时频率既是一个风险指标，也是一个安全绩效指标）对事故可能性进行分级也就足够了，如表4-25所示提供了一种频率的分级方法。在定义频率级别的时候，通常会让后一个级别中的频率比前一个级别高出10倍。根据这种方法，级别的编号可以近似为对数刻度。

表4-25 频率等级

等 级	频率（每年）	描 述
5（相当平常）	1~10	预计事件会经常发生
4（有时发生）	$10^{-1} \sim 1$	事件现在会发生，以后碰到也很正常
3（可能发生）	$10^{-3} \sim 10^{-1}$	稀有事件，人的一生中可能会碰到
2（很少发生）	$10^{-5} \sim 10^{-3}$	非常稀有的事件，在同类的工程中也不见得能碰到
1（非常罕见）	$0 \sim 10^{-5}$	几乎不可能发生的事件

3. 后果（C）分级

后果等级应涵盖需分析的各类不同的结果（如经济损失、安全、环境或其他取决于背景的参数），并应从最大可信结果拓展到最小结果。标度可以为任何数量的点，最常见的是有3、4或5个点的等级。如表4-26所示列出了一种常见的后果分级方法。

表4-26 后果分级

级别	后果类型		
	人	环境	财产
1（轻微破坏）	轻微受伤、烦躁和干扰	有轻微的环境破坏	轻微的财产损失
2（破坏）	医护治疗和短期受伤	当地环境遭到短期破坏	轻微的系统破坏，对生产有轻微影响
3（严重破坏）	永久性残疾、长期住院治疗	生态资源恢复的时间不多于2年	无法忽视的系统破坏，生产停顿数周
4（重大损失）	1人死亡	生态资源恢复的时间为2~5年	系统主要部分损失，造成数月的生产停顿
5（灾难性）	严重伤亡	生态资源恢复的时间不少于5年	系统全部损失，系统遭受重大破坏

4. 风险指数

风险R可以通过事件发生概率P（或者频率）与事件后果C获取，因此有$R=C \times P$。如果在这个表达式两边取对数，则：

$$\lg R = \lg C + \lg P \tag{4-9}$$

如上所述，在对数轴上划分频率和后果的不同级别是非常普遍的方法，因此使用的是以 10 为底的对数时，某一个级别的频率和后果应该比前一个高出 10 倍。

危险事件的风险指数定义为事件相关风险的对数值，由事件的频率等级和严重度等级的数值相加得到。风险指数可以被称为危险事件的风险优先级（Risk Priority Number, RPN）。在风险矩阵中，可以计算矩阵中不同组合的风险指数。因此，具有相同风险指数的事件基本上也会拥有同样的风险，可以据此来划分危险事件，将风险指数在某一特定范围内的事件合成一种，使用类似的方法进行处理。

绘制矩阵时，后果等级在一个轴上，可能性在另一个轴上。如图 4-20 所示中的风险矩阵带有 6 个后果等级和 5 个可能性等级。矩阵中的每一个单元格都代表频率和严重度的一种组合，并被赋予一个优先级或者其他的风险描述符。不同的等级可以使用定性或者定量的方法描述，可能包括事故对人、环境、资产和声誉造成的后果。

可能性等级	E	IV	III	II	I	I	I
	D	IV	III	III	II	I	I
	C	V	IV	III	II	I	I
	B	V	IV	III	III	II	I
	A	V	V	IV	III	II	II
		1	2	3	4	5	6
		\multicolumn{6}{c}{后果等级}

图 4-20 风险矩阵示例

风险矩阵中分级评分和矩阵可以用定量等级进行建立。例如，在人的可靠性背景中，可能性等级可以用人因差错概率表示，而后果的严重性等级可以根据人因差错造成的损失来划分。

4.9.2 风险矩阵分析法的应用范围

某公司利用国际上通行的风险评价方法对某炼油厂炼油工艺装置（区域）的风险等级进行了评价。被评价装置包括：两套综合的常压/减压分馏装置、延迟焦化装置、减压渣油蒸气裂解装置、两套减压柴油/石脑油加氢处理装置、催化裂化（FCC）装置和气体分离装置以及硫回收装置。各工艺装置等级及各个范围的内在风险系数如表 4-27 所示。内在风险系数可由风险矩阵表推导得出。总体装置事件的可能性可通过装置等级系统推导。总体事件的后果风险系数可通过各工艺装置事件分析所用的风险系数加权推导。风险矩阵分析法通过选择关键的工艺装置或风险区域，评价炼油厂风险的规模和属性。

(1) 风险属性。采用风险评价系统对以下内容进行风险评价和核查：各种安全设计；紧急情况控制要素；控制室；管理；容器检查区域的工作运行体制。

(2) 风险程度。使用分析方法对下列内容进行评价和测定：泄漏着火；蒸汽云爆炸；毒气泄漏（氟化氢、氨气）；运行中断（利润损失包括不可预见的结果）；机械设备损坏；第三方责任。

(3) 风险矩阵表。每个工艺装置总体风险系数采用上述 5 类评价风险指标和 5 种评价的风险后果来进行评价。该总体工艺的风险系数可作为安排装置/区域进行安全改善先后顺序的参考依据。

采用的权重如下：有毒物 0.2；火灾损失 0.1；蒸汽云爆炸（VCE）损失 0.2；运行中断 0.3；机械设备 0.1；责任 0.1。

(4) 风险改善建议。该评价采用下列类型的建议：A 型建议，工艺装置/区域的具体建议；B 型建议，工艺装置/区域具体的，但可在炼油厂总体基础上使用的建议；C 型建议，对将来项目安全设计原理或炼油厂标准变更方面的建议。

表 4-27 某炼油厂工艺装置风险等级一览表

装置	可能性等级*	后果							风险区
		有毒物	火灾损失	VCE 损失	运行中断	机械设备	责任	加权平均	
1 套常减压	1.8	低-中	中-高	低-中	高	低	低	中-高	3
2 套常减压	2.1	低-中	中-高	低-中	很高	低	低	高	3
1 套加氢处理	2.3	低-中	高	中-高	低-中	高	低	中-高	2
2 套加氢处理	2.5	低-中	高	中-高	中-高	高	低	中-高	2
蒸气裂解	2.1	中-高	高	中-高	低-中	中-高	低	中-高	3
延迟焦化	2.0	中-高	高	中-高	低-中	高	低	中-高	3
FCC	未进行	低-中	高	高	高	高	低	高	3
液态储罐	3.0	低	高	低-中	低-中	低	低-中	低-中	1
常压储罐	2.7	低	高	低-中	低-中	低	低	低-中	1

可能性	装置等级	装置以往事故	后果				
			低	低-中	中-高	高	很高
很高	0~1.2	装置发生几次，每年一次	5	4	3	2	1
高	1.3~2.0	装置发生几次，每 10 年一次	10	8	6	3	2
中-高	2.1~2.6	某石化公司发生过几次，每 100 年一次	15	12	9	6	3
低-中	2.7~3.4	行业中发生过，每 1000 年一次	20	16	12	8	4
低	3.5~4.0	行业中从未听说，每 10000 年不到一次	25	20	15	10	5
中毒		人员受伤	急救	可记录	可能损失时间	1 人死亡	多人死亡
火灾或爆炸		损失/百万美元	<0.5	<0.2	1	<50	>50
		伤亡	急救	可记录	可能损失时间	1 人死亡	多人死亡

续表

可能性	装置等级	装置以往事故		后果				
				低	低-中	中-高	高	很高
设备损坏		停车时间	无	周	多周	>3个月		>9个月
		利润损失/百万美元	<0.5	<2	<10	<50		<50
机械损坏		损失/百万美元	无	>0.2	<1	<5		>5
		备件配备	无	安装备件	装置内备件	装置外备件		无备件
责任		受影响人数人力	无	1~5	>5	>50		>500
		损失+污染/百万美元	<0.5	<2	<10	<50		>50
风险区				得分				
	4	不可接受		13				
	3	不合要求		46				
	2	可控制的		812				
	1	可接受的		1525				

思 考 题

1. 常用的系统安全分析方法有哪些?
2. 尝试编制本人作业场所的安全检查表。
3. 简述预先危险性分析的特点与步骤。
4. 简述使用因果分析图法时应注意的问题。
5. 试写出故障类型和影响分析的分析步骤。
6. 简述事件树分析法的基本程序。
7. 简述最小割集在事故树分析法中的作用。
8. 采用作业条件危险性分析法时，对于窖井中清淤作业，发生事故的可能性为3，作业人员暴露于环境中的频率为6，发生事故可能的后果为15，试计算作业条件的危险性。

第5章 自然灾害的防治

5.1 洪涝灾害防治

5.1.1 洪涝灾害的分级

洪涝灾害是指因降雨、融雪、冰凌、溃坝（堤闸）、风暴潮、热带气旋等造成的江河洪水、渍涝、山洪、滑坡和泥石流等所造成的损失，以及由其引起的次生灾害。其分为4个级别，即特别重大洪涝灾害、重大洪涝灾害、较大洪涝灾害和一般洪涝灾害，如表5-1所示。

表5-1 洪涝灾害分级简表

灾情	特别重大	重大	较大	一般
受灾死亡人口	死亡人口达到100人，受灾人口1000万以上或受灾人口占区域人口20%以上	死亡人口达到50人不足100人，受灾人口500万~1000万人或受灾人口占区域人口15%~20%	死亡人口达到10人不足50人，受灾人口100万~500万人或受灾人口占区域人口10%~15%	死亡人口不足10人，受灾人口不足100万或受灾人口占区域人口不足10%
农作物受灾面积	1500（10^3 hm^2）以上或农作物受灾面积占区域耕地面积的60%以上	1000~1500（10^3 hm^2）或农作物受灾面积占区域耕地面积的30%~60%	500~1000（10^3 hm^2）或农作物受灾面积占区域耕地面积15%~30%	不足500（10^3 hm^2）或农作物受灾面积占区域耕地面积不足15%
倒塌房屋	10万间以上	5万~10万间	1万~5万间	1万以下
直接经济损失	200亿元或直接经济损失占上一年区域生产总值的3%以上	100亿元不足200亿元或直接经济损失占上一年区域生产总值的1.5%~3%	占上一年区域生产总值的0.5%~1.5%	占上一年区域生产总值不足0.5%
城市受灾	受淹3天以上、生命线工程中断72小时以上、交通运输中断48小时以上、城市主要街道中断24小时以上等	受淹2~3天、生命线工程中断48~72小时、交通运输中断24~48小时、城市主要街道中断12~24小时等	受淹1~2天、生命线工程中断24~48小时、交通运输中断12~24小时、城市主要街道中断6~12小时等	受淹0.5~1天、生命线工程中断24小时内、交通运输中断6~12小时、城市主要街道中断3~6小时等

5.1.2 洪涝灾害的防治

洪涝灾害的防治包括两个方面的内容，即防与治，防是在洪涝灾害未发生前所采取的减少洪涝灾害的措施；治是在洪涝灾害发生后所采取的措施，其目的是使已发生的洪涝灾害损失降到最低。

1. 洪涝灾害防治原则

在洪涝灾害防治工作中应当采取蓄泄统筹，标本兼治相结合，治水与治山相结合，工程防治与生物防治相结合，合理规划，综合治理，将下降的水量进行合理再分配，减少洪涝灾害造成的损失。

2. 洪涝灾害防治措施

(1) 提高气象、水库的监测、预报水平，准确预报洪涝灾害的发生和变化。

(2) 增强忧患意识，建立防洪防涝抢险的应急体系和应急预案演练制度，减轻洪涝灾害所造成的损失。

(3) 山区做好水土保持，多植树、多绿化，保护大自然的生态环境，不乱砍滥伐，上游建库、中下游筑堤，洼地开沟，做到调节蓄水、有蓄有排，收到既防洪，又能防旱的效果。

(4) 从整个流域上、中、下游以及山区、平原、丘陵、洼地全面规划和治理，疏通河道，加强河道整治、堤防建设，做到河库相通，塘堰相连，大、中、小水利工程结合起来，化水患为水利。

(5) 增强水患意识，提高大江大河防洪除涝能力。在江河的上游和各河流汇集的地方兴修水库，拦蓄洪水，调节河流夏涝冬枯的变化。

(6) 扭转重库轻堤，重建轻管的倾向。增加防洪投入，提高防洪工程标准，尽快扭转江河防洪能力普遍偏低的被动局面。修筑江海堤围，做好防治屏障，并建立排灌两用抽水机站。

(7) 切实抓好城市防洪防涝设施建设维护，有序控制城市特别是大城市人口增长，防止人口剧增给城市防治洪涝灾害造成巨大压力以及不利影响。

(8) 开展洪涝灾害保险服务，一方面可以增加保险公司业务范围；另一方面可以有效地减轻洪涝灾害给企业、个人造成的损失。

3. 企业洪涝灾害防治

企业是国民经济的重要支柱，特别是近年来我国经济发展迅速、规模巨大，如果遭受洪涝灾害，不仅会严重影响企业发展，有时还会给企业特别是中小型企业造成灭顶之灾。因此，企业洪涝灾害防治在社会经济建设中尤为重要。

（1）增强忧患意识，积极宣传洪涝灾害防治知识，建立防洪防涝抢险的应急预案、体系，开展应急演练，减轻洪涝灾害所造成的损失。

（2）专人负责洪涝灾害应急相关工作，建立应急值班制度，做到专人专职。

（3）建立洪涝灾害防治物资器材储备，定期维护更新，做到灾害发生时物质器材有效可用。

（4）企业在建设生产经营区域时，应与国家防洪标准的规定相适应，尽量远离地势比较低洼的地区（特别是生产车间和仓库），避免发生洪涝灾害。如靠近滨海区的中型及以上的工矿企业，应按相应的防洪标准确定的设计高潮位低于当地历史最高潮位时，还应采用当地历史最高潮位进行校核。

（5）建立与企业有关设备、厂房等相适应的防洪设施；切实抓好企业生产区、职工生活区防洪防涝设施建设维护，保持泄洪通道、逃生通道畅通。

5.1.3 洪涝灾害的应急监测

对洪涝灾害的监测是防治洪涝灾害的重要手段，包括日常监测和应急监测。日常监测是指定期对某地的有关水情进行监测。应急监测是指洪涝灾害发生后进行的应急监测，如监测站的加密观测、新设监测点观测、调度卫星以及无人机进行临时观测等。应急监测可分为地面监测和遥感观测。

1. 地面监测

（1）气象监测：是指对气象环境状况进行监测，以确定降雨量、风速、风向、空气温度、空气湿度、气压等气象环境数据。可以是固定站监测或移动监测，监测仪器主要是由采集传感器、气象监控主机、供电系统、通信模块等部分构成。

（2）环境监测：洪涝灾害发生后，特别是洪水、渍涝等发生后，对环境产生极大的影响，如水质、土壤成分、植物体等。可以分为观测站监测、流动点监测。监测过程一般为接受任务、现场调查和收集资料、监测计划设计、优化布点、样品采集、样品运输和保存、样品的预处理、分析测试、数据处理、综合评价等。

（3）水位观测：在河道控制面，设立直立式水尺，观测水尺读数；也可以运用水位计进行观测，如雷达水位计、电容式水位计、浮球水位计等。

（4）流速观测：流速观测是洪涝灾害应急监测内容之一，可以获取洪水运动速度及方向。可以人工观测，如在水面投放浮标等示踪物来量测流速；仪器监测，如使用电磁测速仪、热丝流速仪、热膜流速仪、激光流速仪、超声波测速仪等进行监测。

(5) 流量观测：采用流量计连续测量河流或溃坝溃口流量，主要是运用流速仪及水位计完成，采用非接触方式测量获得表面流速及水位高度。对于规则的河道或渠道断面，运用常规数学公式计算得到流量结果。对于不规则河道或渠道断面，运用描点法和微积分计算得到流量结果。

(6) 地下水观测：地下水变化对泥石流、融雪洪灾等形成具有重要作用，通常采用测井和泉水露头进行观测。

(7) 土壤含水量观测：尤其是饱和含水量对土壤有重要作用，用剖面取样分析方法或土壤含水量计进行测试，从而可以确定泥石流、融雪洪灾等是否发生。

(8) 融雪观测：融雪可以造成洪涝灾害，特别是在我国西部和东北山区，其监测除了近年来发展起来的遥感观测外，还有监测点和移动观测。观测内容包括气温、土温、热辐射、积雪厚度、地表融雪雨量、下渗融雪雨量以及雪周围地下水及其土壤含水量等变化。

(9) 冰凌观测：冰凌观测可以分为人工观测、仪器观测两种。人工观测即由观测员全天进行目估、记录和计算冰凌变化情况。仪器观测是利用高清摄像机采集河段的冰凌图像，通过计算机视觉技术、大数据分析及曲线相关关系算法将河道冰凌进行图像数据分析，计算出各类所需数据。

2. 遥感观测

由于洪涝灾害空间分布具有多发、少发和不发等频度变化大的特性，设立有限地面监测站点只能代表局部点的信息，缺乏宏观性和全局性，难以满足洪涝灾害全空间区域的监测，而遥感观测具有多平台、全方位立体监测；周期性、多时相动态监测；全空间宏观监测；资料费用低且易获取等特点。遥感观测主要运用可见光、红外和微波等方式采集信息，搭载在无人机或卫星等运载工具上，可以有效获取风暴潮、热带气旋、降雨等气象以及融雪、溃坝、蓄滞洪区、流域性凌情、汛情监测等洪涝灾情信息。

5.1.4 洪涝灾害的排危除险

洪涝灾害是指强降雨、风暴潮等因素造成的水灾和涝灾。其排危除险一般采取制定预案、培训演练、应急处置、应急响应总结等措施。

1. 制定预案

排危除险预案是指根据评估分析或经验，针对潜在的或可能发生的洪涝灾害突发事件的类别和影响程度而事先制定的应急处置方案。通常对人员的职责分工、平时的准备和洪涝灾害发生时的紧急处置等内容进行计划或规定，并对如何启动应急响应进行规范。

我国各级政府、企事业单位是洪涝灾害排危除险组织实施和监督管理的责任主体，需要制定相应的排危除险预案。

2. 培训演练

建立排危除险预案体系后，应组织开展相应人员的洪涝灾害排危除险应急培训工作，熟悉工作组织、流程、仪器设备等。为了能够快速、高效、逼真地进行洪涝灾害排危除险工作，时刻保证洪涝灾害排危除险能力处于高水平，只进行培训工作是远远不够的，还需要进行不定期、不同灾害级别的洪涝灾害排危除险演练。洪涝灾害排危除险演练分为有预案的演练和无预案的演练。有预案的演练是在演练前专门制定详细周到的演练预案，参演人员按预案执行；无预案的演练是演练前无预案，突然通知相关人员按平时制定的洪涝灾害排危除险预案进行应急工作。

3. 应急处置

洪涝灾害应急处置可以分为自救互救和应急响应。

（1）自救互救。自救互救是指灾区以外的排危除险人员到达之前，灾区人员采取各种排危除险措施，如财产、人员转移，人员安置等自救互救措施。

①及时关注有关雨、水、涝等预报情况。

②受到洪涝威胁时，如果时间充裕，按照预定路线撤离。应有组织、有次序地向高处转移；在时间不充裕的情况下，特别是已经被洪水包围时，要尽可能地快速撤离，可以利用木排、门板、木床等器具。

③在洪水来得太快的情况下，如果来不及转移时，要立即爬上屋顶、楼房高屋、大树、高墙，等待援救。不要在不知水深的情况下单身涉水转移。

④在山区，如果遭受连降大雨，容易暴发山洪、泥石流等。应该注意避免涉水、渡河，防止被山洪、泥石流等冲走，还要注意防止山体滑坡、滚石、泥石流等伤害。

⑤在城市，特别是平原城市，如果遭受连降大雨，应及时转移诸如车辆等财物，防止城市内涝所造成的损失。行人行走或车辆出行时，应尽量避开危墙、危险区域，注意人身、车辆安全。

⑥如果发现电线低垂或断折、高压线铁塔倾倒等情况，要尽量远离避险，不可触摸或接近，防止触电，发生意外。

（2）应急响应。洪涝灾情发生后，应根据不同灾情进行不同应急相应。在国家层面分为Ⅰ级应急响应、Ⅱ级应急响应、Ⅲ级应急响应、Ⅳ级应急响应等，主要内容如表5-2所示。

表 5-2 国家洪灾应急响应简表

内容	Ⅰ级	Ⅱ级	Ⅲ级	Ⅳ级
灾情	①某个流域发生特大洪水;②多个流域同时发生大洪水;③大江大河干流重要河段堤防发生决口;④重点大型水库发生垮坝	①一个流域发生大洪水;②大江大河干流一般河段及主要支流堤防发生决口;③数省(区、市)多个市(地)发生严重洪涝灾害;④一般大中型水库发生垮坝	①数省(区、市)同时发生洪涝灾害;②一省(区、市)发生较大洪水;③大江大河干流堤防出现重大险情;④大中型水库出现严重险情或小型水库发生垮坝	①数省(区、市)同时发生一般洪水;②大江大河干流堤防出现险情;③大中型水库出现险情
响应	防总总指挥主持会商,防总负责统一领导、指挥和协调抗洪救灾工作;相关省、自治区、直辖市的防汛抗旱指挥机构启动Ⅰ级响应	防总副总指挥主持会商,防总负责统一领导、指挥和协调抗洪救灾工作;相关省、自治区、直辖市防汛抗旱指挥机构可根据情况,依法宣布本地区进入紧急防汛期	防总秘书长主持会商,防总负责统一领导、指挥和协调抗洪救灾工作;相关省、自治区、直辖市的防汛抗旱指挥机构具体安排防汛工作	防总办公室常务副主任主持会商;相关省、自治区、直辖市的防汛抗旱指挥机构具体安排防汛工作

具体洪涝灾害应急响应实施,一般按以下 5 个步骤展开:

①应急启动。接到洪涝灾害报告后,有关单位立即启动应急预案,召集有关人员召开紧急会议,根据洪涝灾害类型、规模、发生时间、危险程度、波及范围采取相应应急措施。

②封控现场。到达现场后,划定警戒区域,转移现场内居民,疏散围观群众,劝阻盲目救助,派出警戒人员,封锁现场。

③制定方案。通过询问、调查等方法了解灾害情况,用人工搜索、仪器搜索等方法搜寻探察建筑物、树上、掩埋空穴等,及时发现与确定幸存者的准确位置;运用察看、勘测等确定险情,如溃坝、滑坡、泥石流等。

④实施排险。使用专用冲锋舟、救生衣、抽水机、绳索、挖掘器械、推土机、运输车辆以及沙袋(石)等,开辟救援通道,抵达幸存者所在位置,组织施行营救与排险。

⑤医疗救护。对救援的幸存者,首先实施医疗包扎、固定,并进行心理安慰,然后迅速转移。

4. 应急响应总结

洪涝灾害排危除险工作完成后,各参加单位应该及时进行管理和技术总结,解决救援工作中存在的问题和不足,不断完善排危除险应急预案与应急组织体系,提高洪涝灾害应急救援能力;及时有效地整理、保养救援器材与装备,更换损坏设备器材、淘汰陈旧落后的设备器材,使装备器材快速地处于最优工作状态。

5.2 地质灾害防治

1. 地质灾害的分级

地质灾害分灾情和险情两类，按危害程度和规模大小分为特大型、大型、中型、小型 4 级，如表 5-3 所示。

表 5-3 地质灾害分级

内容	特大型	大型	中型	小型
灾情	因灾死亡 30 人以上，或因灾造成直接经济损失 1000 万元以上	因灾死亡 10 人以上、30 人以下，或因灾造成直接经济损失 500 万元以上、1000 万元以下	因灾死亡 3 人以上、10 人以下，或因灾造成直接经济损失 100 万元以上、500 万元以下	因灾死亡 3 人以下，或因灾造成直接经济损失 100 万元以下
险情	搬迁转移人数在 1000 人以上，或潜在可能造成的经济损失 1 亿元以上	搬迁转移人数在 500 人以上、1000 人以下，或潜在经济损失 5000 万元以上、1 亿元以下	搬迁转移人数 100 人以上、500 人以下，或潜在经济损失 500 万元以上、5000 万元以下	搬迁转移人数在 100 人以下，或潜在经济损失 500 万元以下

2. 地质灾害的防治

崩塌、滑坡、泥石流等地质灾害因其突发性、隐蔽性，发生数量最多，造成危害最严重，主要工程防治措施如下。

（1）崩塌灾害防治的工程措施（图 5-1）。

图 5-1 某危岩"桩板墙+被动防护网"防护

①拦挡。包括遮挡或拦截工程，拦截工程有落石平台或槽、拦石堤或墙等，遮挡工程有明洞、棚洞等；支撑与坡面防护，针对悬臂状或桥拱状危岩，可采用墩、柱、墙及其组合支撑加固，对危岩带以及存在软弱夹层或结构面的危岩区，应首先清除不稳定块体，然后对坡面进行保护，安装主动防护网。

②锚固。利用预应力锚杆（索）对板状、柱状和倒锥状危岩体进行加固，减小临空面岩体裂缝宽度，一般与主动防护网等防护措施配合使用，防止发生崩塌。

③削坡与清除。通过削去危岩体上部的不稳定块体实现减载，从而增加危岩体稳定性，同时可对规模小、危险程度高的危岩体进行爆破或手工清除。

④基座加固。通过对危岩基座喷浆护壁，减缓风化，增加软基强度，若基座底部已形成风化槽，则应对其嵌补或支撑加固。

⑤绕避。对可能发生大规模崩塌的地段，即使是采用坚固的建筑物，也经受不了大型崩塌的破坏，故铁路或公路必须设法绕避，或移至稳定山体内以隧道通过。

（2）滑坡灾害防治的工程措施（图5-2）。

图5-2 青海某黄土滑坡"格构+锚索"坡面防护

①防排水。滑坡的发生与水的作用密切相关，采用坡面加固方式减少地表水渗入滑体，强化地下水排出，提高滑坡体稳定性。

②减重与加载。在滑坡主滑地段或牵引地段削坡减载和在滑坡抗滑地段填方加载，减缓滑坡变形速率，增强滑坡稳定性，在滑坡应急处置过程中应用较多。

③挡墙。中小型滑坡常修建挡墙工程，具有对山体平衡影响较小、稳定较快的优点。

④锚索。通过将施工预应力钢绞线，压紧结构面，增大摩擦阻力，提高边坡稳定性。

⑤抗滑桩。通过抗滑桩锚固滑体和滑床，提升二者整体性，常见的有木桩、钢板桩、钢筋混凝土桩等，效果良好。

(3) 泥石流灾害防治的工程措施（图 5-3）。

图 5-3　西南高山峡谷区某泥石流拦挡停防护工程

①跨越。通过在泥石流上方修筑桥梁、涵洞等排泄通道，确保道路畅通。

②穿越。通过在泥石流下方修筑隧道、明洞和渡槽避开泥石流排泄，使下方交通不受影响。

③防护。通过修筑护坡、挡墙等防护工程，提升建构筑物抵御泥石流冲刷、侧蚀和淤埋等危害。

④排导。通过修筑导流堤、急流槽、束流堤，引导泥石流流动，增大排泄能力。

⑤拦挡。通过修筑拦沙坝、固床坝、停淤场、支挡或截洪工程，减少泥石流固体物源和改变雨洪径流，削弱泥石流的能量，减缓泥石流的破坏力。

3. 灾害的应急监测

(1) 简易监测。

①采用埋桩法、埋钉法、贴水泥浆片或纸片法，监测滑坡体裂缝或滑坡体上建筑物结构裂缝变化。

②监测频率取决于滑坡所处阶段以及降水条件等，裂缝简易监测精度不低于 0.5 mm。

③崩塌简易监测应关注后缘裂缝、垂直裂缝布设，可采用钢卷尺、游标卡尺等量测裂缝。

④对危岩块体进行编号，并用油漆标记，对已掉落的危岩块体，查找其标记的编号，并详细记录掉落位置。

（2）专业监测。

①利用高分辨率的光学影像检测设备、无人机搭载不同传感器开展滑坡、崩塌应急监测，快速获取拟监测区域遥感影像，辅助应急决策和综合研判。

②采用全站仪、三维激光扫描仪、地基雷达、毫米波雷达等非接触式手段实现滑坡、崩塌的多期次监测，及时发现变化趋势并发出预警。

③采用简易预警伸缩仪监测滑坡、崩塌体裂缝或灾害体上建筑物结构裂缝变化，当裂缝变化值大于报警阈值时，应先迅速避险。

④采用"视频监控+人工智能算法"融合技术，实现灾害体动态特征连续、实时监控，捕捉滑坡或崩塌运动过程，全方位监控灾害发生及其危害对象情况。

4. 地质灾害的排危除险

（1）滚石。

①路面清理。及时清理影响灾害应急排查和救援的路面滚石，保障人员、车辆、工程机械、救援物资运送通道的通畅。

②被动防护网。根据灾害排查、调查成果，安装布设被动防护网，防止滚石坠落造成人员伤亡、财产损失。

（2）崩塌。

①危岩清除。崩塌排危应以全部或部分清除崩塌或危岩体为主要措施，对于规模小、危险性大的崩塌或危岩体可采用爆破或开挖的方法全部清除，消除隐患。对于难以全部清除的崩塌或危岩体，可以将其上部岩土体部分清除，降低临空面高度，减小坡度和减轻上部荷载，提高坡体的稳定性。当不宜清除或清除困难时，可选择加固、拦截等治理设计方案。

②拦挡工程。岩体坡面破碎或危岩单体特征不明确的危岩带应优先考虑主动防护网、被动防护网等柔性防护网治理设计方案。同时采用拦石沟、落石平台、拦石桩、障桩、拦石墙、拦石网等将崩落过程中的岩土体消能拦挡，隔离崩塌体与受灾体。

③凹腔封填与支撑。滑移式危岩可根据危岩体的完整性采用卸载等治理设计方案，并对危岩基座进行加固设计，采用支撑墩、支撑墙等支撑措施，或采用灌浆加固增强岩土体的整体性。

④排水防渗工程。受大气降水或地下水影响易产生崩塌或二次崩塌的陡斜坡，在崩塌或危岩体及其周围地带，设置地面排水系统和堵塞裂隙空洞，排走积水。

(3) 滑坡。

①削方减载。通过降低滑坡下滑力，促使滑体快速趋于基本稳定，为应急救援和撤离争取时间，主要工程措施有后缘减载、不稳定体清除、削坡降低坡度以及设置马道等。

②回填压脚。通过在滑坡前缘堆载增加抗滑力，提高滑坡体稳定性，反压工程可有多种形式，如前缘地形比较开阔，可采用填堤的形式；当滑坡前缘为狭窄的沟道时，可采用在沟中作涵洞或盲沟而在其上填土压脚稳定滑坡；当沟道较宽时，可局部改沟而在前缘压脚。

③其他排危工程。采用钢管桩、排水沟、裂缝封填等简易措施，降低地表水对滑坡体稳定性的影响。

(4) 泥石流。

①排导措施。通过在下游堆积区修筑排洪道、急流槽、导流堤等应急设施，固定沟槽、约束水流、改善沟床平面等，避免泥石流对保护对象造成危害。

②清淤措施。及时清理沟道、受阻江道河道，必要时可实时爆破引流，保持排水畅通，防止形成堰塞湖。

③拦挡措施。结合泥石流形成机制和成灾特点，充分利用现场石料，制作格宾石笼拦挡坝，其具有施工便捷、透水性好、耐腐蚀、柔韧性强、整体性优等特点，实现泥石流固体物质的有效拦挡。

(5) 地面塌陷。

①填堵法。适用于较浅小塌陷坑，使用编织袋装黏土或粉质黏土或大于 20 cm 的块石对塌洞进行回填，上面 2 m 用黏土覆盖并夯实，防止积水入渗造成垂向潜蚀；对建筑物附近的地面裂缝应及时填塞，地面的塌陷坑周应拦截地表水，防止其注入。

②跨越法。适用于较深大的塌陷坑、土洞。对直径较大且深的单个塌陷坑，或直径小、密集的群体塌陷坑的场地，可先绕避通过。

③强夯法。适用于消除土体厚度小，地形平坦的土洞。通过夯实塌陷后松软的土层和塌陷坑内的回填土，提高土体强度，同时消除隐伏土洞和软弱带。

④注浆法。适用于埋深较深的岩溶洞穴、溶蚀裂隙、溶沟。通过钻孔至溶洞、土洞或岩溶裂隙中，注入水泥浆液或其他化学浆液，采用加压泵送的方法，将浆液注入待处理部位。

5.3 地震灾害防治

5.3.1 地震灾害的分级

地震造成的灾害重、范围大、影响深远,分为特别重大、重大、较大、一般4级,如表5-4所示。2008年四川汶川8.0级地震烈度达到XI度,地震波及大半个中国及亚洲多个国家和地区,严重破坏地区超过10万 km^2,同时产生严重的次生灾害,共造成69 227人死亡,374 643人受伤,17 923人失踪,是中华人民共和国成立以来破坏力最大的地震。

表5-4 地震灾害分级表

内容	特别重大	重大	较大	一般
灾情	300人以上死亡(含失踪),或者直接经济损失占地震发生地省(自治区、直辖市)上年国内生产总值1%以上的地震灾害	50人以上、300人以下死亡(含失踪)或者造成严重经济损失的地震灾害	10人以上、50人以下死亡(含失踪)或者造成较重经济损失的地震灾害	10人以下死亡(含失踪)或者造成一定经济损失的地震灾害
地震	人口较密集地区发生7.0级以上地震,人口密集地区发生6.0级以上地震	人口较密集地区发生6.0级以上、7.0级以下地震,人口密集地区发生5.0级以上、6.0级以下地震	人口较密集地区发生5.0级以上、6.0级以下地震,人口密集地区发生4.0级以上、5.0级以下地震	人口较密集地区发生4.0级以上、5.0级以下地震

5.3.2 地震灾害的防治

地震灾害的防治是指人类发挥自身主观能动性,自觉地采取防治措施以求力所能及地避免或减轻地震灾害造成的损失,包括工程地震灾害防治与非工程地震灾害防治。

1. 工程地震灾害防治

工程地震灾害防治是指人们为了防止建(构)筑物在地震时遭受破坏而采取的防治措施,包括选择场地,采取适当的地基处理措施,合理的结构布局、抗震设计演算和构造措施,合适的材料,以及严格按抗震设计施工和维护保养措施。

(1) 工程场地选址。我国是多地震发生的国家之一,为了做好地震灾害防治工作,在工程场地选址方面颁布了很多规范和标准,如《工程场地地震安全性评价》(GB 17741—2005)、《中国地震动参数区划图》(GB 18306—2015)、《建筑抗震设计规范》(GB 50011—2010,2016年版)。工程场地选址应该遵守相关规范和标准。

（2）工程地基处理。工程地基不仅起着支撑构筑物的作用，同时也是把地震力传给构筑物的介质，地基与构筑物相互作用与影响。因此，地基就成了地震工程与防治中必须考虑的问题，为此国家相关部门出台了工程地基相应规范与处理措施，如《建筑抗震设计规范》（GB 50011—2010）、《岩土工程勘察规范》（GB 50021—2001），对工程地基沙土液化判定标准、处理方法等给出了相应的规定。

（3）工程抗震布局设计措施。在工程建设前，设计单位应根据抗震设计要求，合理进行工程布局，提高建筑结构整体的稳固性，精确设计建筑工程抗震方案，实现对建筑抗震提出"三个水准"的设防目标，即"小震不坏、中震可修、大震不倒"。

（4）合适的材料。《工程场地地震安全性评价》《建筑物抗震设计规范》等对建筑物地基、建筑物等提出明确要求，设计部门根据这些要求给出了建筑材料要求，建设单位、施工单位以及监理单位应该严格按照要求施工，选取合适的材料，使其达到抗震设计水准，确保地震发生时，建筑物安全稳固。

（5）按抗震设计施工和维护保养。在工程地震灾害防治过程中，除了选取合适的材料进行工程建设外，还应严格按抗震设计进行施工，确保建筑物符合抗震设计要求；在工程建设完成并验收后，应该定期对工程进行监测、维护保养，使其处于最佳的抗震水准。

2. 非工程地震灾害防治

非工程地震灾害防治是指工程地震灾害防治以外的措施，如各项减灾活动，包括地震灾害风险调查、地震监测预测预警、防震减灾知识宣传、地震灾害保险等。

（1）地震灾害风险调查。地震灾害风险调查就是摸清我国地震灾害风险底数，包括查清房屋、桥梁、输油管线等工程建筑设施抗震性能；地震活动断层活动情况，即断层分布、活动特征等，为高效、科学地开展地震灾害风险防治奠定基础。

（2）地震灾害风险评估。基于地震活动断层和潜在震源特性、工程场地特征、房屋设施抗震能力等开展各类地震灾害风险评估，包括重大工程地震风险评估、区域性地震风险评估、地震灾害风险区划、地震灾害风险防治区划等。

（3）地震灾害风险治理。根据地震灾害风险评估结果，在建筑规划诸如选址、抗震设计、抗震加固、应急避难场所规划等方面开展地震灾害风险治理，提升建筑物抵御地震灾害风险的水平，包括抗震防灾规划、新建住宅和公共设施抗震设计、地震易发区房屋设施抗震加固、应急避难场所规划和恢复重建规划、抗震新技术应用等。

（4）地震监测预测研究。地震灾害是造成人类重大损失的自然灾害之一，严重影响我国国民经济的发展，虽然在目前的科学技术条件下，无法有效预测，但开展地震监测预测研究是地震灾害防治的重要手段之一，是为未来有效进行地震灾害防治而无法回避的基础科学工作。

(5) 建立健全抗震救灾工作体系。增强忧患意识，建立抗震救灾工作体系、预案，实时进行应急演练，减轻地震灾害所造成的损失。

(6) 建立抗震救灾资金和物资储备、避难场所。针对地震灾害无法预测的问题，各城市（特别是大城市）应该建立避难场所，建立抗震救灾资金和物资储备，包括个人资金和物资储备，以备地震灾害发生时有效使用，促进地震灾害损失减小。

(7) 开展地震巨灾保险。地震灾害是重大自然灾害，给国家、企业、个人将造成严重的影响，引导保险公司开展企业、个人地震巨灾保险，一方面可以增加保险公司业务范围；另一方面可以有效地减轻地震灾害给企业、个人造成的损失。

5.3.3 地震灾害的应急监测

根据目的不同，地震监测分为日常监测和应急监测。地震日常监测是指定期对某地的地震活动、地震前兆等进行监测，包括流动监测、固定监测；地震应急监测是在地震紧急情况下或在地震发生后不久进行监测，可以是在日常监测地监测项目的加密观测，也可以是新增监测地监测项目的监测。应急监测可分为地面监测和遥感监测。

1. 地面监测

震后地面监测可以适时获取地震科学数据，有利于研究地震动态过程表现、研判余震和区域地震趋势。

(1) 地震监测。

①流动地震监测：是指在震区架设流动地震活动观测仪器，观测余震发生。如，2010年4月14日青海玉树7.1级地震后，地震系统第一时间在玉树地震区及邻区开展应急流动地震监测，在确定地震的发震构造、地震发展趋势、地下构造及介质特征等方面发挥了重要作用，对于抗震救灾、稳定社会秩序、恢复重建和地震科学研究至关重要。

②强震动监测：是指针对场地和工程结构布设的强震动观测台网，监测强烈地震近场地面运动过程和工程结构地震反应，包括地面地震动的特性、强度、频谱、持续时间及其影响因素，以及各种工程结构的地震反应特性。强震动仪一般采用触发运动方式，平时处于待触发状态。

(2) 形变监测。形变监测是指在固定测点（站）、新增测点等进行形变变化监测，如跨断层流动形变水准基线（测距）监测、形变台（站）加密地倾斜地应变监测、GNSS加密观测、InSAR等，可以观测地壳水平和垂直等变化量。

(3) 地球物理场观测。地球物理场观测是指利用各种仪器对地球物理场所进行的观测，如电磁、重力等。

①电磁监测：通过应急监测震区及其邻近地区电场、磁场等变化判定地震趋势变化，

可以是流动监测、固定台站加密观测等。我国地磁台站分为基准台站、基本台站、台阵，电场有地电阻率观测台站和地电场观测站，主要分布在南北地震带部分地区、首都圈、郯庐断裂带和东北松辽地区等。

②重力监测：重力监测是指流动重力监测、固定重力台站加密监测。我国重力观测分为相对重力监测和绝对重力监测，流动重力和大部分重力台站测量为相对重力监测，使用仪器主要为拉科斯特重力仪；很少部分重力台站是绝对重力监测，使用仪器为FG5/232绝对重力仪。重力监测一般要成网，然后对资料进行归一化、平差等一系列处理。

(4) 流体监测。流体监测分为流体物理监测和流体化学监测，流体物理监测是指水位、水温等监测，流体化学监测是指流体化学成分监测，如地下水、地下气体等的化学成分监测，如氢、氦、氮、二氧化碳、二氧化硫、汞、钙离子、镁离子、钠离子、钾离子等，这些可以为断层活动、地震趋势变化等判定提供重要的技术支撑。

2. 遥感监测

震后遥感监测以快速获取灾情为主，为地震应急救援提供信息支持。

(1) 卫星监测。地震灾害特别是重大地震灾害具有影响范围广、破坏强度大、灾情复杂多变等特点，经常造成道路中断，仅依靠地面人员进行灾害监测，无法在短时间内全面有效获取灾情信息，严重影响地震灾害应急救援工作开展。而卫星遥感具有全时空、大范围、多尺度动态综合观测的特点，已经成为地震灾害应急监测的重要支撑技术手段之一。

(2) 无人机监测。随着现代航空科技和信息科技的发展，无人机搭载采集器已成为有效进行地震灾害监测和分析的重要工具，能够完成以前人工无法完成或不易完成的监测工作。如汶川 8.0 级地震灾害中，民政部门使用无人机采集数据、评估灾情、监测灾后恢复重建进展情况，提高了灾害预警监测、快速评估、恢复重建等方面的效率。

5.3.4 地震灾害的应急救援

地震是具有强大毁灭性的一种天灾，对人类的生命安全以及财产等造成很大的伤害。地震灾害的应急救援包括震前应急准备和震后应急处置等内容。

1. 震前应急准备

(1) 应急准备。应急准备包括应急预案的制定和培训演练。地震应急预案是指在破坏性地震发生前预先制定的，应对地震灾害意外发生时和发生后紧急避险、抢险救灾的计划方案。地震应急预案通常对人员的职责分工、平时的准备和震时的紧急处置等内容进行计划或规定，并对如何启动应急响应进行规范。按照地震应急预案，做好应急避难场所建设、救援物资分级储备等各项临震紧急避险和抢险救灾准备。我国地震应急预案制定坚持"纵向到底、横向到边",纵向到底就是各级人民政府都已经制定了地震应急预案,横向到边就是所有的政府部门、各行业企事业单位都要编制地震应急预案,成为同级政府地震应急预案细化的依据。

(2)应急救援培训演练。应急救援培训演练是为了检验地震灾害发生时政府、单位、个人等应对能力和效率的活动,可以分为定期和不定期、有预案和无预案、上至国家下至各单位各社区等各种类型的演练,检验人、财、物高效结合应对地震灾害的能力。

2. 震后应急处置

地震灾害发生后的应急救援主要是指根据破坏性地震发生后,通过掌握地震(发震时间、地点、震级)信息和快速测定地震灾害的可能等级,组织实施相应等级的地震应急预案,开展抢险救灾。一般来说,抢险救灾工作包括受灾人员抢救、伤病员救治和防疫、次生灾害处理、生命线工程抢险和灾民紧急安置、恢复生产等。

(1)分级响应。根据地震灾害分级情况,国家层面将地震灾害应急响应分为Ⅰ级、Ⅱ级、Ⅲ级和Ⅳ级,如表5-5所示。

表5-5 国家地震灾害应急响应简表

响应	Ⅰ级	Ⅱ级	Ⅲ级	Ⅳ级
国家	国务院抗震救灾指挥部负责统一领导、指挥和协调全国抗震救灾工作	国务院抗震救灾指挥部根据情况,组织协调有关部门和单位开展国家地震应急工作	中国地震局等国家有关部门和单位根据灾区需求,协助做好抗震救灾工作	中国地震局等国家有关部门和单位根据灾区需求,协助做好抗震救灾工作
地方	灾区所在省级抗震救灾指挥部领导灾区地震应急工作	灾区所在省级抗震救灾指挥部领导灾区地震应急工作	在灾区所在省级抗震救灾指挥部的支持下,由灾区所在市级抗震救灾指挥部领导灾区地震应急工作	在灾区所在省、市级抗震救灾指挥部的支持下,由灾区所在县级抗震救灾指挥部领导灾区地震应急工作

资料来源:《国家地震应急预案》。

(2)应急救援。地震灾害救援可以分为自救互救和专业救援。自救互救即指在地震灾害发生后,灾民自己或相互帮助的救援方式;专业救援是指灾区以外的专门对地震灾区进行的救援,可以是专门从事地震救援的救援队,也可以是部队、志愿救援力量等。

①自救互救。地震灾害具有破坏性大、影响范围广等特点,灾害发生后,由于各种原因可能存在外围救援力量很难及时到达灾害现场的现象,如2008年汶川8.0级地震。因此,地震灾害发生后,灾民自救互救就尤为重要,开展自救互救会大大提高幸存者生存的概率;而在震后安置、社会安定等各方面,训练有素的社区组织、志愿者和居民也能够起到不可代替的作用。

②专业救援。破坏性地震发生后，通过自救互救，许多被困人员被救出；但对于那些埋压较深、较复杂情况下且需要专业设备救援的被埋压人员，必须依靠专业地震救援队伍的救援。专业地震救援队伍一般按以下步骤展开救援：第一，评估：确定是否存在幸存者、建筑结构稳定性以及水电气设施安全状况等，保证救援区域安全。第二，封控：划定警戒区域，转移现场内居民，疏散围观群众，封锁现场。第三，搜索：运用各种方法搜索幸存者和确定幸存者准确位置，包括现场询问了解、搜索犬搜索、仪器搜索等。第四，营救：使用各种专用设备进行顶升、扩张、剪切、钻孔、挖掘等，破除建筑物残骸，营救被困人员。第五，救护：对救出的被困人员进行心理安慰，实施包扎、固定，迅速转移。

（3）应急抢险。地震的发生，特别是重特大地震的发生对震区的房屋、道路、通信等造成毁灭性的破坏，在抢救被埋人员的同时，相关各行各业将按灾前预案进行相应的应急抢险救灾工作，保证整个地震灾害应急救援工作快速高效地开展，如通信、电力、交通等部门组织抢修通信、电力、交通等基础设施，保障抢险救援通信、电力以及救灾人员和物资交通运输的畅通；医疗卫生防疫部门开展伤病员和受灾群众医疗救治、卫生防疫、心理援助工作，组织跨地区大范围转移救治伤员，恢复灾区医疗卫生服务能力和秩序；地震部门进行紧急会商、应急加密观测、损失评估等。

3. 应急后期

地震灾害应急工作完成后，各参加单位应该及时进行管理和技术总结，解决应急工作中存在的问题和不足，不断完善应急预案、应急组织体系以及提高应急工作能力。同时在灾害应急响应结束后，需要开展灾后科考、恢复重建等工作。

5.4 森林火灾防治

1. 森林火灾的分级

森林火灾是当今世界一种发生面广、危害性大、时效性强、处置救助极难的自然灾害。森林火灾不仅对生态环境、自然景观和野生动植物造成巨大危害，而且还严重危及人民生命财产安全，严重干扰社会稳定和经济建设。我国《森林防火条例》中规定，按照对林木是否造成损失及过火面积的大小，可把森林火灾分为一般森林火灾、较大森林火灾、重大森林火灾和特别重大森林火灾，具体如表5-6所示。

表 5-6 森林火灾分级简表

灾情	特别重大	重大	较大	一般
受害森林面积	在 1000 hm² 以上	在 100 hm² 以上 1000 hm² 以下的	在 1 hm² 以上 100 hm² 以下的	在 1 hm² 以下
人员伤亡情况	死亡 30 人以上的,或者重伤 100 人以上的	死亡 10 人以上 30 人以下的,或者重伤 50 人以上 100 人以下的	死亡 3 人以上 10 人以下的,或者重伤 10 人以上 50 人以下的	死亡 1 人以上 3 人以下的,或者重伤 1 人以上 10 人以下的

2. 森林火灾的防治

森林防火工作是我国自然灾害应急管理的重要内容,也是我国防灾减灾救灾工作的重要组成部分。森林防火工作实行"预防为主,积极消灭"的方针,实行各级人民政府行政领导负责制。

我国森林火灾应急管理体系逐步完善。2009 年实施的《森林防火条例》适用于我国境内非城市市区森林火灾的预防和扑救。该条例明确规定了森林火灾的预防、扑救、灾后处置和法律责任,是森林火灾应急管理的根本制度。2020 年,国务院办公厅发布《国家森林草原火灾应急预案》,本预案适用于我国境内发生的森林草原火灾应对工作,明确国家森林草原防灭火指挥部负责组织、协调和指导全国森林草原防灭火工作,并明确公安部门、应急、林草、森林消防等部门在森林防灭火中的工作职责并建立协调机制。

其中,国家林草局履行森林草原防火工作的行业管理责任,具体负责森林草原火灾预防相关工作,指导开展防火巡护、火源管理、日常检查、宣传教育、防火设施建设等。地方林火防治的具体措施如下:

(1) 修建森林防火隔离带。森林防火隔离带既能作为天然防火线,又能作为消防救援通道。

①有机结合林区防火道路,在靠近城镇、乡村居民点,特别是临近学校、医院、加油站等重点设施的周边,积极设立森林防火隔离带。

②电力、通信、油气管线、重要设施和目标周边必须按规定修建森林防火隔离带。

③在林业资源集中连片地带修建森林防火隔离带。

(2) 定期清理林间可燃物。加大森林火灾隐患的排查力度,定期清除林区可燃物。

①计划火烧。要根据不同的营林用火目标,制定相应的用火计划和计划火烧面积,规定专人负责实施,点烧现场必须保证足够的扑火力量。

②对林区内的风倒木、枯立木、杂灌、落叶、杂草等易燃可燃物进行割除和清理,并对清理出来的可燃物进行安全、环保处置。

(3) 加大森林防火的科技投入。

①加强对森林火灾的预报和监测。运用空、天、地立体监测手段快速定位森林火灾的位置、面积、扩展方向、蔓延速度等;建设森林火险预报系统,预报林火发生和林火

行为，为森林防灭火工作提供信息支撑。

②采用雷击火预防技术，及时安装避雷设备。采用飞机、火箭向雷雨云播撒碘化银等催化剂，从而消除雷击火。雷击林火发生的区域相对固定，也可通过安装避雷设备，降低森林雷击火灾的发生率。

（4）加强落实基层森林防火工作。

县级以上地方人民政府应当根据本地区护林防火特点，明确规定森林防火期。乡镇政府、林草等单位要把预防工作落实到位，通过宣传教育活动，在火灾高发期要禁止农户发生任何野外用火行为，真正做到全民防火。还要在重点路段设立森林防火检查站，切实消除各类森林火灾隐患。

3. 森林火灾的应急监测

目前，我国在森林防火工作中已初步实现了高空有卫星、中空有飞机、近地面有瞭望塔和视频监控、地面有巡护人员的立体监测手段，构成了森林火灾的三维监测网，能够及时发现火警火情，从而判定起火点位置和探测林火发生发展的全过程，其中，卫星遥感森林火灾监测已成为各地发现火灾最重要的技术手段，并取得了很好的应用效益。卫星遥感森林火灾监测以其覆盖范围广、监测时次多和监测成本低、受人为因素影响小等特点，被誉为森林草原防火工作的"千里眼"。在森林草原火灾的日常监测和重特大森林草原火灾的跟踪监测中发挥了重要作用，是火情、火险和指挥扑救火灾的重要信息来源。

（1）卫星监测。具有热红外波段的卫星影像能检测到地表热异常变化。基于国内外遥感卫星，特别是气象卫星数据，建立卫星林火监测系统，可以实现高频次林火热点异常普查排查，时间探测频次可达每 10 min 一次，最小可监测到 15 m^2 左右的火情，能够及时掌握热点变化情况，初步判定森林火灾的位置和火场范围，从而实现了大地域范围的林火监测。

（2）航空巡护。航空巡护包括传统飞机和无人机两种不同的载体，飞机巡护又分为人工巡护和自动巡护。人工巡护主要由机载监测人员使用望远镜监测；自动巡护则使用机载摄像机和热红外探测仪等传感器获取图像及热点信息。由于飞机飞行成本高昂，飞机巡护区域一般是火灾经常发生、火险等级较高地区。近年来，随着无人机技术趋于成熟，无人机巡护已经成为重要的手段。通过森林消防飞机的巡护侦查，可实现对卫星判定的森林火灾热点异常点开展核查。

（3）近地面监测。近地面监测主要包括瞭望塔和基站视频监测等手段。瞭望塔应布设在林场、居民点附近的制高点，由瞭望员在塔台上通过肉眼或望远镜进行环绕查看，以便在第一时间发现火情，并随时监测火势蔓延、发展和变化。基站视频监测是在基站铁塔上可搭载可见光和热红外传感器，结合视频图像处理技术和无线传输等技术，实现较大范围、全天候的监控。

（4）地面巡护。森林防火专业人员步行或乘坐交通工具按一定的路线在林区巡查、检查、监督防火制度的实施。地面巡护是有效控制火源、及时发现火灾隐患和迅速采取扑救的一种有效措施。此外，要充分发挥在基层林草部门成长起来的"乡土专家"和森林防灭火专业技术人员的作用，根据近地表核查结果，进一步查明火情，研判林火趋势，为森林防灭火指挥部门提供可靠的森林火灾信息和依据。

4. 森林火灾的应急处置

为保证森林火灾的应急处置高效有序，依据《国家森林草原火灾应急预案》，建立健全科学、规范的森林火灾应急处置运行机制至关重要。

（1）分级响应。森林火灾的分级响应是指根据森林草原火灾初判级别、应急处置能力和预期影响后果，综合研判确定本级响应级别。一般情况下，随着灾情的不断加重，森林火灾灭火指挥机构的级别也相应提高。根据发生的火情，预判可能发生一般、较大森林草原火灾，由县级森林（草原）防（灭）火指挥机构为主组织处置；预判可能发生重大、特别重大森林草原火灾，分别由设区的市级、省级森林（草原）防（灭）火指挥机构为主组织处置；必要时，应及时提高响应级别。国家森林草原火灾应急预案主要是针对重大森林火灾，而森林火灾现场情况复杂，火势可能蔓延较快，且影响难以预估，地方的森林火灾应急预案一般相应分为4级。

（2）应急响应措施。森林火灾发生后，要先研判气象、地形、环境等情况及是否威胁人员密集居住地和重要危险设施，科学组织施救。扑救森林火灾由当地人民政府森林防灭火指挥部统一组织和指挥，参加扑火的所有单位和个人必须服从火场前线指挥部的统一调度指挥，坚持由上到下的逐级指挥体系。各扑火力量明确任务分工，落实扑救责任，科学组织扑救，在确保扑火人员安全的情况下，迅速有序开展扑救工作，严防各类次生灾害发生。森林扑火力量组织与应急通信是森林火灾应急处置中的重要组成部分，扑火力量组织是应急处置的主体；而应急通信在很大程度上影响应急处置的能力。

①扑救森林火灾救援力量构成。扑救森林火灾应就地就近组织地方专业防扑火队伍、应急航空救援队伍、国家综合性消防救援队伍等力量参与扑救，力争将火灾扑灭在初起阶段。必要时，组织协调当地解放军和武警部队等救援力量参与扑救。

如当地扑火力量不足时，由本级森林防灭火指挥部提出申请，上一级指挥部可调动跨区域机动力量增援，以国家综合性消防救援队伍为主，地方专业防扑火队伍和军队为辅；就近增援为主，远距离增援为辅；从林火低风险区调集为主，高风险区调集为辅。

②扑火安全。扑火人员必须明确是保障自身安全的前提下，尽可能地扑火救援，抢救生命，减少国家和社会的财产损失。首先，现场指挥员要认真分析地理环境、气象条

件和火场态势,在扑火队伍行进、宿营地选择和扑火作业时,加强火场管理,时刻注意观察天气和火势变化,提前预设紧急避险措施,确保各类扑火人员安全。其次,地方各级人民政府预先制定紧急疏散方案,落实责任人,明确安全撤离路线。当居民点、农牧点等人员密集区受到森林草原火灾威胁时,及时采取有效阻火措施,按照紧急疏散方案,有组织、有秩序地及时疏散居民和受威胁人员,确保人民群众生命安全。此外,如有伤病员迅速送医院治疗,必要时对重伤员实施异地救治。视情派出卫生应急队伍赶赴火灾发生地,成立临时医院或者医疗点,实施现场救治。

③保护重要目标。当军事设施、核设施、危险化学品生产储存设施设备、油气管道、铁路线路等重要目标物和公共卫生、社会安全等重大危险源受到火灾威胁时,迅速调集专业队伍,在专业人员指导并确保救援人员安全的前提下全力消除威胁,组织抢救、运送、转移重要物资,确保目标安全。

④应急通信。林区大多地处偏远山区,山高林密,地形较为复杂。火灾发生后,由于公网通信信号差,森林防灭火指挥部难以及时掌握火场实时情况,现场扑救队伍之间无法有效通信。当地电信部门要及时建立火场应急通信系统,保障在紧急状态下森林火灾现场的通信畅通。

⑤发布信息。森林火灾和扑火动态等信息要由当地森林防灭火指挥部统一发布。信息的发布形式主要通过授权发布、发新闻稿、接受记者采访、举行新闻发布会和通过专业网站、官方微博、微信公众号等多种方式、途径。森林火灾的信息发布应当及时、准确、客观、全面,回应社会关切。加强舆论引导和自媒体管理,防止传播谣言和不实信息,及时辟谣澄清,以正视听。

(3) 后期处置。在森林火灾应急响应结束后,需要开展火灾评估与赔付、灾后恢复、责任追究和工作总结等后期处置。要重点总结火灾发生的原因和处置的经验教训,提出改进措施。地方各级森林防灭火指挥部应及时向上级政府和森林防灭火指挥部上报森林火灾的工作总结。

思 考 题

1. 洪涝灾害、地质灾害、地震灾害和森林火灾如何分级及其特征?
2. 洪涝灾害、地质灾害、地震灾害和森林火灾如何防治与减轻灾害?
3. 洪涝灾害、地质灾害、地震灾害和森林火灾发生后如何开展应急监测?
4. 地震灾害如何分级响应以及专业地震救援队伍如何开展灾害现场救援?
5. 森林火灾的应急措施包括哪些方面?

第 6 章　城市安全运行管理

城市是经济发展、人口活动、财富聚集的集中区域，而城市安全是城市可持续发展的必要条件，没有城市经济、社会与生态环境的稳定与安全就不可能有城市的可持续发展。随着我国城镇化进程的加快，潜藏的城市安全风险因子也愈演愈烈，尤其是近些年爆发了一系列城市安全事故，如 8·12 天津滨海新区爆炸事故、12·31 上海外滩踩踏事件、3·9 石家庄众鑫大厦起火事件、7·20 郑州特大暴雨等，这些事故既反映了城市系统的脆弱性，也折射出城市安全风险防控存在诸多不足。因此，我们必须增强城市安全风险意识，加强城市安全风险排查治理，提升城市安全风险识别、防范和管控能力，为实现城市安全发展提供重要屏障。

6.1　城市安全风险排查治理

城市是一个复杂的系统，城市安全风险具有多样性、复杂性、隐蔽性、后果严重性等特征。做好城市安全风险排查并落实相关风险管控和治理措施，对于提升城市韧性、稳固城市安全屏障、推动城市安全发展等都具有重要意义。下面从城市系统的重要风险点和危险源着手，对基础设施风险排查治理、危险源管理、重点行业领域安全风险隐患排查治理、人员密集场所安全、城市安全运行、火灾隐患排查治理与消防、自然灾害引发的城市安全风险排查治理和城市安全风险分级管理 8 个方面进行概要介绍，为城市安全风险排查治理工作提供借鉴。

6.1.1　基础设施风险排查治理

1. 基础设施概念及分类

基础设施的概念可以从广义和狭义两个方面来进行定义。广义的基础设施指的是公共设施，主要为物质生产和居民生活提供一般条件，从功能上，可以分为技术性和社会性两大类型。技术性基础设施主要指的是水、电、油、气以及交通、通信、环境、防灾等基础设施；社会性基础设施主要指能够推动城市社会发展的各类基础设施，包括科、教、文、卫以及行政管理、商业服务、金融保险等技术设施。狭义的基础设施特指为物质生产和居民生活提供基础条件的技术性基础设施。

根据近年来中共中央办公厅和国务院等部门印发的相关文件中关于城市基础设施建设和风险排查治理的重点来看，城市基础设施主要是指交通、供水排水、供热、供电和垃圾处理设施等。根据城市基础设施的概念以及城市基础设施建设和风险排查治理的重点，基础设施主要是指狭义的基础设施，并将风险排查治理中的城市基础设施分为城市交通设施、城市给排水设施、城市能源设施、城市防灾设施4种类型。城市交通设施包括轨道、公路、铁路、水运、民航等基础设施；城市给排水设施包括供水设施和排水设施；城市能源设施包括供电、供气和供热设施；城市防灾设施包括消防、防洪防汛、防抗地震设施等。

2. 基础设施风险类型

城市基础设施风险指的是影响城市基础设施正常运行，进而影响居民正常生产和生活秩序的各种可能性和不确定性。城市基础设施风险的产生有两个基本条件：一是影响城市基础设施的危险要素；二是城市基础设施的脆弱性，这两个基本条件共同作用就容易产生城市基础设施风险。危险要素指的是影响城市基础设施正常运行、可能造成损失的事件。从事件的主要特点来看，包括自然危险要素和人为危险要素。脆弱性指的是城市基础设施应对危险要素的能力评价，包括针对人为风险的控制力和针对自然风险的承受力。

可以根据城市基础设施的类型来划分城市基础设施风险的类型，如表6-1所示。

表6-1 城市基础设施风险类型

风险类型	风险内容
城市交通设施风险	城市公共交通设施风险、城市轨道交通设施风险、城市水上交通设施风险和城市其他交通设施风险等
城市给排水设施风险	城市给水设施风险、城市排水设施风险等
城市能源设施风险	城市供电设施风险、城市供气设施风险和城市供暖设施风险等
城市防灾设施风险	防洪工程设施风险、防涝工程设施风险、抗震设施风险、消防设施风险和人防工程设施风险等

3. 基础设施风险排查的内容与方法

城市基础设施风险排查的内容主要包括是否明确责任主体；是否建立安全隐患排查评估机制；是否执行管理和运行的标准规范；是否完善相关应急管理体制机制等方面。

(1) 责任主体。基础设施风险排查中的责任主体既包括管理单位、运行维护单位，也包括安全监管单位等。在基础设施风险关于责任主体的排查中，既要排查这些责任主体是否明确、职责是否履行、规定资质是否具备、相关立项审批程序是否办理等，还要排查这些基础设施状况记录是否记录完备、工程质量是否达到要求、评价和验收要求是否能够达标、安全生产许可证是否取得等。

(2) 排查机制。安全隐患排查机制包括安全风险评估机制、安全隐患识别机制、安全风险防控机制以及安全参数跟踪分析机制等多个方面。在基础设施风险关于安全隐患排查评估机制的排查中，要重点排查这些机制是否建立、是否运行、是否发挥作用。

(3) 标准规范。基础设施风险管理和运行中的标准规范，包括设计标准规范、施工标准规范、维护标准规范和运行标准规范等。在基础设施关于标准规范的排查中，要重点排查这些标准规范是否符合、是否执行。

(4) 体制机制。基础设施风险管理中的应急管理体制机制排查，包括应急管理体制中的机构设置与权责划分是否明确，应急预案是否完备、是否具有针对性、是否具有可操作性，是否进行了预案演练，应急保障和应急资金保障是否充分，监测与预警体系是否健全，应急救援力量是否能够满足需要，善后工作机制是否健全等。

城市基础设施风险排查的方法主要包括以下4个方面：一是企业自查自改，根据基础设施风险排查工作方案和排查要求，企业结合本单位实际情况制定具体的风险排查方案，列出风险隐患清单，逐一进行治理和整改，对于短时间内难以治理的风险隐患，要根据整改要求合理制定延期整改计划和应急监控预案，限期达到整改目标。二是普查，各级政府部门和各行业主管部门，针对本辖区范围内的所有城市基础设施风险隐患进行全面普查，做到无死角、全覆盖。三是抽查，相关行业主管部门成立联合检查组，对相关重点单位、重点项目、重点基础设施、主要风险点和危险源进行集中检查和随机抽查，发现并整改安全风险隐患。四是督查，各级政府部门和各行业主管单位成立检查督导组，重点督查风险隐患排查治理工作、安全生产主体责任、企业安全生产投入、隐患治理资金落实、应急措施修订以及风险隐患登记整改情况，对重点单位和重点行业的突发问题进行复查，巩固风险排查工作成果。

4. 基础设施风险治理

(1) 建立基础设施安全风险信息库。建议由应急管理部门主导、相关行业主管部门共同参与建设安全风险信息库，负责对本辖区内的所有基础设施安全风险隐患进行登记、备案和分级分类管理。责任主体应该根据本单位的类型和安全风险的特点，严格遵照相关安全风险排查办法和要求，依托单位内部专业人员或者成立专家小组，制定符合本单位实际情况的安全风险辨识程序和方法，比照安全风险隐患清单排查本单位存在的安全风险隐患，进行安全风险等级评定，并将相关安全风险隐患信息及时录入安全风险信息库，由政府部门进行统一汇总和动态监管。基础设施安全信息库的建设，不仅有助于政府部门对本辖区内的基础设施风险隐患有一本清晰的台账，而且可以实现基础设施风险隐患排查治理的针对性、即时性和有效性。

（2）建立健全基础设施风险治理的标准规范体系。在已有宏观和中观层面的通用标准规范基础上，由应急管理部门、相关行业主管部门以及科研机构，根据不同行业、不同领域以及不同类型企业的特点，分行业、分领域、分企业来制定更加具体和更加详尽的安全风险分级管控和隐患排查治理的制度规范，细化安全风险分类、设计安全风险详单，同时科学化和合理化安全风险评估分级的依据和方法，最后形成具有可操作性的安全风险分级管控和隐患排查治理的实施细则，为相关责任主体落实对标对准和制定符合本单位安全风险排查治理要求的风险排查治理办法提供依据。

（3）构建多元主体协同共治的基础设施风险治理体系。基础设施风险治理，需要各级地方政府、各个行业主管部门、企业、公众以及全社会等共同参与，不仅需要企业与政府部门互联互通，还需要各个行业主管部门互联互通，同时需要公众乃至于全社会共同参与风险隐患排查和风险治理。政府部门主要承担风险治理的安全监管职责和安全风险源头管控职责，对基础设施风险进行分级分类安全监管，激励企业对风险隐患的自查自治，奖励职工群众对风险隐患举报和参与治理，对安全风险进行源头管控。企业需要对安全风险进行分级分类和即时上报，针对风险评估结果和安全风险特点进行管控和化解，制定并实施风险隐患治理方案。在基础设施风险治理中，还可以引入有资质的第三方参与，提高风险治理效率。

6.1.2 危险源管理

1. 城市危险源的概念及分类

城市危险源指的是影响城市居民人身安全和财产安全的各种危险物品、场所和设施。危险源不仅包括危险物品，还包括危险物品存放的场所和设施，不仅危险物品本身是危险源，危险物品的生产、搬运、使用以及储存等各个环节也是危险源。与事故隐患的概念不同，危险源是客观存在的，在危险源防护降低甚至失效的情况下，可以称之为隐患。

例如，广东省安全生产委员会从单位、场所、部位、活动、建设项目、设施设备等方面列出风险点和危险源分类参考目录，如表6-2所示。

表 6-2　风险点危险源分类

风险点危险源分类	参考目录
单位类	各类生产经营单位
场所类	各类人员密集场所
部位类	交通事故易多发路段、余泥渣土（建筑垃圾）受纳场、垃圾填埋场和焚烧站、危楼危房、老旧房屋、烂尾楼、人防工程，以及易发地质灾害和内涝灾害的重点区域和部位
活动类	大型群众性活动现场
建筑项目类	大型建设项目
设施设备类	轨道交通、电力设施、隧道桥梁、管线管廊、通信等重点设备设施和各类重点交通运输设备设施

2. 危险源辨识与评估

危险源辨识指的是辨别危险源是否存在，并确定其可能产生风险后果的过程。危险源辨识包括分辨和识别两个方面：一方面对危险源进行分辨，厘清哪些属于危险源，哪些不属于危险源；另一方面要对危险源进行识别，即识别相关物品、场所和设施等有没有构成危险源。危险源辨识主要针对各种事故的致因进行辨识和明确，其目的是对危险源进行预控，而不是针对已经出现的各类危险征兆进行安全隐患排查整治。在进行城市危险源辨识时，可以依据危险源的特点以及已有危险源辨识的方法，因时因地采取某一种方法或这些方法的组合来进行辨识。

城市危险源的评估包括两个方面：一是事故发生的可能性评估；二是事故发生的后果严重性评估（表 6-3）。事故发生的可能性评估一般分为 5 个级别，从 1 级到 5 级由高到低排序，1 级是极有可能发生事故，2 级是很可能发生事故，3 级是可能发生事故，4 级是较不可能发生事故，5 级是基本不可能发生事故。

表 6-3　风险评级（风险矩阵）

风险等级		后果				
		影响特别重大	影响重大	影响较大	影响一般	影响很小
可能性	极有可能发生	25	20	15	10	5
	很可能发生	20	16	12	8	4
	可能发生	15	12	9	6	3
	较不可能发生	10	8	6	4	2
	基本不可能发生	5	4	3	2	1

图例：■ 极高风险（红）　■ 高风险（橙）　■ 中风险（黄）　■ 低风险（蓝）

注：评级结果为无颜色区域的风险点、危险源不列入清单管理。

根据《生产安全事故报告和调查处理条例》关于生产安全事故等级的相关规定，

《广东省安全生产领域风险点危险源排查管控工作指南》,事故发生后果的严重性评估也被分为 5 个级别,从 1 级到 5 级由高到低排序,如表 6-4 所示。

表 6-4 事故发生后果严重性分析

级别	说 明	描 述
1	影响特别重大	造成 30 人以上死亡或 100 人以上重伤(包括急性工业中毒,下同),巨大财产损失,造成极其恶劣的社会舆论和政治影响
2	影响重大	造成 10 人以上 30 人以下死亡或者 50 人以上 100 人以下重伤,严重财产损失,造成恶劣的社会舆论,产生较大的政治影响
3	影响较大	造成 3 人以上 10 人以下死亡或 10 人以上 50 人以下重伤,需要外部救援才能缓解,较大财产损失或赔偿支付,在一定范围内造成不良的社会舆论,产生一定的政治影响
4	影响一般	造成 3 人以下死亡或 10 人以下重伤,现场处理(第一时间救助)可以立即缓解事故,中度财产损失,有较小的社会舆论,一般不会产生政治影响
5	影响很小	无伤亡、财产损失轻微,不会造成不良的社会舆论和政治影响

3. 危险源管理

危险源管理指的是根据危险源辨识和风险评估的结果,为预防出现各类风险、危机和事故,从源头上采取相关手段和措施对各类危险源进行控制或者消除的工作。近些年来,我国出台了多个危险源管理的相关法律、法规和管理办法,对危险源管理工作提供了具体依据。

(1)加强危险源信息库建设。在应急管理部门的主导下,依据危险源清单目录,明确危险源信息搜集的对象和范围,组织专家对危险源进行普查、辨识和评估,根据危险源辨识和评估进行普查登记、审核、校正并统筹本辖区内的风险点和危险源等级,建立危险源信息库。危险源信息库建设不仅包含了危险源的名称、类型、风险等级、地域分布、责任单位、主管部门等基本信息,同时还包括了与危险源管理相关的应急预案、应急救援队伍配备情况、应急物资保障情况、监测预警平台等信息。

(2)落实危险源管理主体责任。企业作为危险源管理的直接责任主体,对本单位危险源的辨识、评估和预控承担直接责任,并建立企业法定代表人或实际控制人负责制。相关企业要根据所在单位的实际情况,建立完善危险源安全管理规章制度和安全操作规程,成立专门部门负责对危险源进行监控管理,加强对相关从业人员的安全教育培训,检查安全标志设置情况。根据企业实际情况制定危险源辨识的标准和依据,进行危险源的风险等级评价,定期做好危险源辨识和风险控制情况的检查。根据危险源的辨识结果和风险等级评价制定相应的应急预案,落实各项危险源的监测预警工作,做好各项应急保障工作,根据相关规定及时向相关监管部门报送管控清单,采取各项技术措施、防护措施和管理措施进行风险控制。

(3) 建立健全危险源管控制度,加强对危险源的企业自查、政府部门普查、行业主管部门抽查和督查工作,督促相关企业做好危险源辨识、风险等级评价工作,完备危险源管理台账,指导企业相应应急预案的编制和演练,加强危险源的监测预警工作。将重大危险源的控制纳入城市建设规划中,加强对重大危险源的控制、管理与整改,对重大危险源进行迁移。

6.1.3 重点行业领域安全风险隐患排查治理

自2007年国务院办公厅发布《关于在重点行业和领域开展安全生产隐患排查治理专项行动的通知》以来,各省、市、县、乡镇以及各类生产经营单位和各行业主管部门纷纷开展了重点行业领域安全风险隐患排查治理工作,强化企业主体责任和行业监管责任,提升各类风险隐患的防范和化解水平。

1. 重点行业领域安全风险隐患排查内容

近年来,各级政府部门定期或非定期开展重点行业领域安全风险隐患排查治理行动,各级安全生产委员会也纷纷发布重点行业领域安全风险隐患清单及相应的防控整改措施清单,对煤矿、消防、交通安全等重点行业领域的安全风险隐患进行排查治理。其中,山东省人民政府安全生产委员会列出18项重点行业领域重大安全风险隐患清单,江苏省重点行业领域安全风险隐患排查主要包括13个重点行业领域。根据各级政府部门发布的相关文件,重点行业领域安全风险隐患排查的主要内容如表6-5所示。

表6-5 重点行业领域安全风险隐患排查内容

重点行业领域	安全风险隐患排查内容
煤矿	①要加强瓦斯、水害、顶板、冲击地压、机电运输设备的安全管理和灾害治理,根治重大安全隐患,管控重大安全风险;②要开展炸药、雷管等矿用爆炸物品的安全专项检查,严查超量存放、违规运输、野蛮装卸等;③严厉打击各类违法违规开采行为;④关停存在安全隐患的矿井,逐步关停小型煤矿;五是坚决杜绝超能力、超强度生产
消防	①要加强对大型商业综合体、学校、医院、商场、公共娱乐等人员密集场所和高层建筑、文博等消防重点单位安全管理和隐患排查,及时消除火灾隐患;②要整治在高层建筑公共门厅、疏散走道、楼梯间、安全出口停放电动自行车或者为电动自行车充电行为,严防火灾事故发生
交通运输	①针对车流量大,要根据交通流量变化和安全形势,及时向社会发布交通安全预警信息、事故多发路段和易拥堵路段,以应对大车流挑战;②针对交通事故源头,要加强"两客一危一货"等重点车辆以及重点车船、重点部位、重点路段的安全管理,推进危险化学品运输车辆、停放场所专项整治;③严厉打击"三超一疲劳"、非法改装、非法营运、酒驾、醉驾等违法违规行为
建筑施工	①要加强建筑施工现场安全管理,开展房屋建筑和市政基础设施工程起重机械、高支模、深基坑、城市轨道交通工程专项治理;②要重点整治未取得施工许可擅自施工、擅自改变建筑物结构和用途等突出问题;③要严防受限空间和高空作业人员的中毒、窒息、坠落事故;④要排查市政基础设施安全隐患,严防城市内涝造成安全事故和人员伤亡

续表

重点行业领域	安全风险排查内容
城市燃气	①要加强对重点场所的隐患排查，严厉打击燃气新建、改造工程违规转包、违法分包等行为；②要加强燃气企业、餐饮场所、家庭用户等方面以及商住综合体、农贸市场、老旧小区等重点场所的问题隐患排查；③要全面开展地下管网普查，加快老旧燃气管道更新改造改线，构建城市智慧管网系统，建立城镇燃气安全风险监测预警平台；④要做好队伍准备、物资准备和应急演练，增强全民安全意识，加大安全防护知识宣传力度
烟花爆竹	①要严厉打击采购和销售非法生产经营的烟花爆竹产品和质量不符合国家标准或者行业标准规定的烟花爆竹；②要排查烟花爆竹成品库存积压、违法储存、超量储存等问题；③要严处私自储存、燃放、运输的单位或个人；④要落实城市区域内禁止燃放烟花爆竹的要求，制定退出烟花爆竹生产、运输、经营（储存）、燃放领域工作方案
危险化学品	加强对重大危险源和涉及易燃易爆、剧毒化学品等重点企业的安全管理，重点排查危险化学品储存、经营、使用和运输环节的安全隐患问题

资料来源：根据各级政府部门重点行业领域安全风险隐患排查整治工作的相关文件整理所得。

2. 重点行业领域安全风险隐患排查措施

重点行业领域安全风险隐患排查方法主要有企业自查、行业抽查、属地检查、应急管理部门督查等。

（1）企业自查。企业作为安全风险隐患排查工作最重要的责任主体，既是安全风险隐患排查工作的直接利益相关者，也是安全风险隐患排查整治防控工作的主要践行者。各类企业要根据本单位事故易发部位和环节，依据相关主管部门发布的重点行业企业安全风险隐患排查治理办法，对照安全风险隐患清单和生产安全事故隐患判定标准，在内部全面开展安全风险隐患排查、评估和预警，如实及时填报重点行业领域安全风险隐患排查整改清单，并落实各项安全风险防控和整改措施。

（2）行业抽查。各类生产经营单位所对应的行业主管部门，作为安全风险隐患排查治理工作的监管单位，要根据本行业安全风险隐患的基本特点和主要类型，及时梳理并发布本行业领域的安全风险隐患清单和整改措施清单，并依据清单抽查所属行业的生产经营单位安全风险隐患排查治理情况，全面检查所属重点行业领域的生产经营单位安全风险隐患排查治理情况，对存在安全风险隐患的生产经营单位的整治工作进行持续跟踪和定期督促。

（3）属地检查。重点行业领域生产经营单位所在的工业园区、城镇、街道等部门，要落实属地监管责任，建立属地内重点行业领域生产经营单位清单及安全风险隐患清单，对照清单对属地内所有生产经营单位及其安全风险隐患进行检查，尤其是要加大对存在重要安全风险隐患的相关行业领域的监督检查力度，并持续跟踪其安全风险隐患整改措施的落实情况，站好重点行业领域安全风险隐患排查工作的第一班岗。

（4）应急管理部门督查。各级应急管理部门作为重点行业领域安全风险隐患排查的专业督查机构，要发挥其督查工作的专业性和针对性，对重点监管的行业领域进行全面督查。不仅要全面检查相关生产经营单位安全风险隐患自查工作落实情况，也要全面检查相关生产经营单位安全风险隐患整改措施的落实情况。

3. 重点行业领域安全风险防控

加强煤矿、交通运输等重点行业领域安全风险防控，在政府部门加强监管的同时，企业也要认真落实安全风险隐患排查工作的各项要求。

（1）加强政府监管。

①政府部门要制定和完善重点行业领域安全风险隐患排查工作的各项标准，为加强重点行业领域安全风险治理提供技术支撑和保障；

②建立常态化的重点行业领域安全风险隐患排查工作机制，规范和完善重点行业企业安全生产标准化评估要求；

③政府部门和相关行业主管部门要认真开展重点行业领域安全风险隐患排查治理行动，分类制定重点行业领域安全风险排查治理方案，根据所辖区域实际情况制定安全风险隐患清单及相应的防控和整改措施，并落实到相关责任单位。

④要对重点行业领域安全风险隐患排查治理行动进行全过程督查督办，要求企业及时报送风险排查整改清单和整治情况，对存在重大安全生产隐患且排查整治不到位的相关企业及负责人进行问责。

（2）落实主体责任。

①各生产经营单位要根据本单位实际情况制定科学的安全风险隐患辨识方法和辨识程序，对本单位存在的安全风险隐患进行系统、全面和无漏洞的辨识，根据事故发生的可能性大小和事故后果的严重程度对安全风险隐患进行分类分级，对照所处行业领域的安全风险隐患清单及对应的防控和整改措施，积极开展自查自治，做到责任、措施、资金、时限和预案"五落实"，并将本单位安全风险隐患排查情况和整改情况及时报送给相关行业主管部门。

②要重视并且加强对相关从业人员的安全风险教育和安全技能培训，提高全员安全风险意识和安全风险防范能力。③推动安全隐患排查工作的全方位、全覆盖和全员参与。

6.1.4 人员密集场所安全风险及治理

随着经济社会的不断发展，人员密集场所逐渐成为城市经济文化的主要载体，在城市居民生活中发挥着越来越重要的作用。由于人员密集场所的人群密集度高、流动性大，其安全风险更具复杂性和不确定性，所发生突发事件造成的人员伤亡和财产损失更为严重。为此，加强人员密集场所安全监管，提升人员密集场所的安全风险治理能力，对于加强安全城市建设具有重要意义。

1. 人员密集场所的概念及特点

《中华人民共和国消防法》明确人员密集场所指的是公众聚集场所，并且明确列出了人员密集场所清单。根据相关法律文件所述，人员密集场所是指基于某种功能性需要而形成大量人员聚集流动，容易发生各类安全事故，需要专业人员对其安全风险进行防控的特定区域和场所。人员密集场所一般依据如下特点：

(1) 人员密集度高，数量大。

(2) 人员流动性强，人员组成复杂。

(3) 安全隐患多。

(4) 事故类型复杂，并且容易发生次生灾害和衍生灾害。特别是新冠肺炎疫情暴发以来，许多确诊病例都是在人员密集场所接触和感染病毒的，这也是新冠肺炎疫情传播的一个重要渠道。

2. 人员密集场所安全风险类型及影响因素

根据近些年来的事故灾难统计，人员密集场所的典型事故包括拥挤踩踏事故、火灾事故、爆炸事故和治安事件等，最为典型的安全风险类型为拥挤踩踏和火灾爆炸。近年来，我国人员密集场所拥挤踩踏事故，如表6-6所示。从人员密集场所安全风险影响因素来看，可以将其概括为人的因素、物的因素、管理因素和环境因素4个方面。

(1) 人的因素。主要是指人的不安全行为，包括人员整体的安全意识是否淡薄，相关从业人员素质有没有达到基本要求，是否存在违章操作情况，以及存不存在老、幼、病、残或女性、学生等容易引发安全风险的群体等。

(2) 物的因素。主要是指物的不安全状态，包括建筑消防是否符合标准，建筑结构是否科学合理，开放程度的高低，疏散设施是否完善，各类设备是否符合规定要求等。从发生于人员密集场所的各类事故来看，可以发现建筑设计问题、场所设施设备问题等，都是造成事故的常见原因。

(3) 管理因素。主要包括安全应急管理机构和责任体系是否建立健全，安全应急管理制度是否完善，应急预案是否完备，是否具有针对性和实用性，应急演练是否落实，安全检查是否执行到位等。在实际工作中，一些管理主体因为缺乏安全意识，对所管辖场所相关区域发生事故的可能性、危险性以及危险等级缺乏必要的风险识别和风险管控能力，或者存有侥幸心理，无视安全管理制度，无视安全操作规程，不仅缺乏各类事故的应急预案和安全疏散预案，也缺乏必要的日常演练，同时预警机制失效以及应急响应滞后，应急处置资源和能力匮乏，最终导致了各类事故的发生。

（4）环境因素。包括是否处于人员密集程度的高峰期，空间是否狭小，楼层的高低，周边交通状况是否拥堵，离救援站或消防站的远近以及适时的天气情况等。

表6-6　近年来我国人员密集场所拥挤踩踏事故表

时间	事件名称	事件描述	伤亡情况
2010年11月29日	11·29新疆阿克苏第五小学踩踏事故	新疆阿克苏市第五小学课间操下楼时发生踩踏事故。当时正是课间操时间，学生从楼上蜂拥而下，前面的学生摔倒后引起踩踏，楼梯扶手被挤歪，造成孩子被挤伤或摔伤，近百名孩子被送往医院	41人受伤
2011年7月5日	7·5北京地铁4号线电梯事故	北京地铁4号线动物园站A口上行电扶梯发生设备故障，正在搭乘电梯的部分乘客由于上行的电梯突然之间进行倒转，原本是上行的电梯突然下滑，很多人防不胜防，人群纷纷跌落，导致踩踏事件的发生	1人死亡，28人受伤
2012年11月28日	11·28长沙育英二小踩踏事故	湖南长沙芙蓉区育英二小发生学生意外踩踏事故。当时正是育英二小的大课间操时间，部分学生纷纷往操场走去，一些学生到操场后发现有积水便折回。在一、二层楼梯间，虽有老师在进行引导，但上、下行学生仍挤成一团，进而发生意外踩踏事故	33人受伤
2013年4月17日	4·17深圳小学生电梯踩踏事故	龙华新区书香小学600余名学生，在罗湖东门汇国际轻纺城6楼迪可可儿童职业体验馆参加活动后，乘手扶电梯下楼，在4楼下3楼时发生学生摔倒踩踏事件	10人受伤
2013年6月20日	6·20同济大学踩踏事件	中超联赛形象大使贝克汉姆亮相上海同济大学引发混乱。现场数千观众、球迷一度冲开操场大门造成踩踏事件	5人受伤
2014年1月5日	1·5宁夏踩踏事故	当日上午，部分群众到西吉县北大寺参加已故宗教人士忌日纪念活动，13时左右，为信教群众散发油香过程中，由于群众相互拥挤，发生意外踩踏事故	4人死亡，10人受伤
2014年9月26日	9·26昆明市盘龙区明通小学踩踏事件	云南昆明明通小学学生从宿舍前往教室，在下楼过程中，由于靠墙的其中一块海绵垫平倒在一楼过道，造成通道不畅，先期下楼的学生在通过海绵垫时发生跌倒，后续下楼的大量学生情况不明，继续向前拥挤造成相互叠加挤压，导致踩踏事故发生	6人死亡，26人受伤
2014年12月31日	12·31上海外滩踩踏事件	正值跨年夜活动，因很多游客、市民聚集在上海外滩迎接新年，上海市黄浦区外滩陈毅广场东南角通往黄浦江观景平台的人行通道阶梯处底部有人失衡跌倒，继而引发多人摔倒、叠压，致使拥挤踩踏事件发生	36人死亡，49人受伤
2015年4月20日	4·20深圳地铁踩踏事故	上班高峰期，深圳地铁5号线黄贝岭站一名女乘客在站台上晕倒，引起乘客恐慌情绪，部分乘客奔逃踩踏，引发现场混乱	12人受伤
2017年3月22日	3·22濮阳小学踩踏事故	河南省濮阳县第三实验小学当日组织月考，按照原计划，8时20分早读课结束，8时30分开考，因此出现学生"集体上厕所"的情况，并出现混乱，导致踩踏事故	1人死亡，22人受伤

12·31上海外滩踩踏事件发生的原因有以下几个方面：从人的因素来看，活动现场人数过多、人流量异常增多、人员密集度极高；从物的因素来看，观景台台阶过窄，台阶上人员密度过高导致危险程度增加且不利于人群流动；从管理因素来看，一是公安机

关对当晚活动人流量预估不足导致安保力量严重不足；二是缺乏必要的交通管制措施；三是活动场地变更没有得到有效的宣传；四是缺乏有效的应对预案和演练，民警未能及时进入事故核心区域采取措施，无法及时确定疏散路线和区域。

3. 人员密集场所安全风险治理

加强人员密集场所的安全风险治理，需要政府主管部门、安全责任主体和公众等利益相关者共同发挥作用。

（1）普及安全教育，提高公众的安全防范意识和自救互救能力。各级政府部门尤其是应急管理部门、公安机关，可以通过多种渠道特别是网络渠道，采取多元化的宣传方式和教育手段，呼吁和引导公众关注公共安全问题，提升安全意识，普及消防法律法规、消防知识，提升自救互救技能。

（2）强化安全管理，提升安全责任主体的安全意识和风险管理能力。人员密集场所发生的各类安全事故，往往与建筑物的质量、安全规格以及安全管理因素息息相关。人员密集场所的管理者和经营者作为风险防控主体，需要在这些场所建设初期按照国家标准、规范和要求进行设计、施工和管理；需要根据本单位实际情况制定安全隐患排查工作方案，加强风险隐患排查并按期、按要求进行整改；需要加强对本单位工作人员的消防专业技术培训，提升其风险识别能力、风险控制能力和应急处置能力；需要在行业主管部门的指导下，结合本单位具体情况制定相应的应急预案并积极开展应急预案演练；积极采用现代化的安全设备和手段，如视频监控系统、人群密度检测仪和智能分析技术，提升安全风险识别技术水平，提高安全风险控制能力。

（3）加强安全监管，全方位提升政府主管部门的应急管理能力。①建立健全人员密集场所安全风险管理的标准规范，为人员密集场所安全风险管理提供具体依据；②要压实相关监督管理主体责任，建立常态化的人员密集场所安全风险隐患排查治理工作机制，组织进行定期或不定期的抽查、检查、督查和复查，确保人员密集场所各项安全管理要求能够落实到位。③进行人员密集场所安全风险分级分类管理，科学制定并分级分类依据，并根据不同的风险等级，制定相应的安全风险管理方案，采取不同的监管措施和监管力度。

6.1.5 火灾隐患排查治理与消防

1. 火灾隐患的基本概念及分类

火灾是日常生活中最为常见的事故之一，给广大人民群众的生命健康和财产安全带来了重大损失，近年来发生的火灾事故如表6-7所示。造成火灾事故风险的影响因素种类繁多，主要包括人员因素、设备因素、管理因素以及环境因素等，其中，人员因素包括工作人员安全意识淡薄，消防安全知识缺乏；设备因素包括用火用电设备多造成火灾隐患，消防器材和安全疏散设施不符合规范等；管理因素包括消防安全管理制度不健全等；环境因素包括人员密集场所功能分区多，结构复杂，造成通道曲折，加大逃生和扑救难度。火灾隐患的排查能够最大限度降低火灾的发生风险，2021年4月修订的《中华人民共和国消防法》明确规定了各级政府应当按时开展消防安全检查，及时整改火灾隐患。

表6-7 近年来我国火灾事故

时间	事件名称	事件描述	伤亡情况
2010年11月15日	11·15上海静安区高层住宅大火	上海余姚路胶州路一栋教师公寓大楼起火，是一起因违法违规生产建设行为所导致的特别重大责任事故	58人遇难，70余人受伤
2012年12月4日	12·4广东汕头纵火案	广东省汕头市潮南区陈店镇一内衣厂发生火灾。曾在这家内衣厂打工的刘某因和老板之间500元钱的劳资纠纷，当日买了两个打火机和40元汽油到该厂放火后逃离现场	14人死亡，1人重伤
2013年6月3日	6·3吉林德惠禽业公司火灾事故	位于吉林省德惠市的吉林宝源丰禽业有限公司发生特大火灾爆炸事故。吉林宝源丰公司主厂房部分电气线路短路，引燃周围可燃物，燃烧产生的高温导致氨设备和氨管道发生物理爆炸	121人死亡，70人受伤
2014年1月14日	1·14浙江温岭鞋厂火灾	位于温岭市城北街道杨家渭村台州大东鞋厂西侧钢棚北半间的电气线路故障，引燃周围鞋盒等可燃物引发火灾	16人死亡、5人受伤
2015年1月2日	1·2哈尔滨仓库火灾事故	位于黑龙江省哈尔滨市道外区太古头道街的北方南勋陶瓷大市场的三层仓库起火，可能是电暖气超负荷引发重大火灾	5人死亡，14人受伤
2017年2月5日	2·5台州天台重大火灾事故	浙江省台州市天台县赤城街道春晓路足馨堂足浴店发生火灾。该足浴中心2号汗蒸房西北角墙面的电热膜导电部分出现故障，产生局部过热，温度持续升高，引燃周围可燃物并蔓延成灾	18人死亡，18人受伤
2019年9月29日	9·29浙江宁海重大火灾事故	位于浙江省宁海县梅林街道梅林南路195号的宁波锐奇日用品有限公司发生重大火灾事故，公司员工孙某松将加热后的异构烷烃混合物倒入塑料桶时，因静电放电引起可燃蒸气起火并蔓延成灾	19人死亡，3人受伤
2021年6月13日	6·13十堰燃气爆炸事故	湖北省十堰市张湾区艳湖小区发生天然气爆炸事故，41厂菜市场被炸毁，爆炸造成多人受困。事发建筑物在河道上，铺设在负一层河道中的燃气管道发生泄漏，因建筑物负一层两侧封堵不通风，泄漏天然气聚集，并向一楼和二楼扩散，达到爆炸极限后，遇火源引爆	25人死亡、138人受伤
2021年6月25日	6·25柘城武术馆火灾事故	河南省商丘市柘城县远襄镇北街村739号柘城县震兴武馆发生重大火灾事故，武馆老板陈某的母亲余某芝使用蚊香不慎导致	18人死亡，16人受伤
2021年7月24日	7·24长春物流仓库火灾事故	李氏婚纱梦想城二层"婚礼现场"摄影棚上部照明线路漏电，击穿其穿线蛇皮金属管，引燃周围可燃仿真植物装饰材料，导致物流仓库发生火灾	15人死亡，25人受伤

目前，火灾隐患概念的界定还存在一定分歧，主要有4种观点：

（1）指可能引起火灾发生的隐蔽的、潜藏的祸患或灾难；

(2) 泛指各类可能引发火灾的不安全因素，其中可能造成重大经济损失和人员伤亡以及严重政治不良影响的，称为重大火灾隐患；

(3) 在日常的生产和生活中可能引发火灾或爆炸危险的所有的不安全因素；

(4) 泛指工业、农业、商业、交通、卫生、文化以及其他社会生活中有可能造成火灾危害的不安全因素。2012年颁布的《消防监督检查规定（修订版）》则从灭火救援行动、消防设施、防火分区、安全规定、消防安全布局、火灾风险6个方面规定了火灾隐患的情形。关于火灾隐患的定义虽侧重点有所不同，但归纳起来，火灾隐患可以定义为生产和生活中可能造成火灾危害的各类不安全因素。

当前，火灾隐患的分类方法主要有3种：

(1) 按照危险程度，可以把火灾隐患分为特大、重大、一般3类，其中特大火灾隐患需要政府挂牌监察，在政府相关部门指导下进行整改。

(2) 根据对火灾危害的影响不同，可以将火灾隐患划分为增加火灾发生可能性和损害两类，前者主要是指用火用电、易燃易爆材料使用和储存等不符合消防安全规定为主要问题的火灾隐患，这类火灾隐患容易整改，但也容易再次形成。后者则主要是指防火间距、内部疏散、避难设施、防火分隔设施、建筑构件构造、耐火极限及外部施救条件不符合消防安全要求为主要问题的火灾隐患，这类问题整改比较困难，但整改之后不容易再次形成。

(3) 根据火灾危害形成的原因，可分为建设时消防安全措施没落实形成的火灾隐患、建筑设施使用不当形成的火灾隐患和管理不善形成的火灾隐患。建设时消防安全措施没落实形成的火灾隐患主要是指建设时未完全按照消防规范进行设计或者施工没有完全按照消防安全设计从而形成的火灾隐患；建筑设施使用不当形成的火灾隐患则是指改变使用性质或改变使用规模后，建筑设施所具有的消防安全功能不能满足需要形成的火灾隐患；管理不善形成的火灾隐患是伴随着生产、生活过程随时随地形成的。

2. 火灾隐患排查的目标场所、内容和措施

火灾隐患排查一直是各级人民政府和消防机构安全风险排查工作的重要内容，国务院安全生产委员会先后颁布了一系列火灾隐患排查方案，明确规定了火灾隐患排查的场所，应急管理部则制定了更为详细的火灾隐患排查专项工作方案，对部分场所的火灾隐患排查工作提出了更为细致的要求。同时，地方各级人民政府和相关部门也根据国务院安全生产委员会和应急管理部的火灾隐患排查工作部署出台具体工作方案。结合火灾隐患排查方面的政策文件和工作方案，目前火灾隐患排查主要集中于4类场所，分别是人员密集场所、易燃易爆化学物品生产和储存场所、"三合一"场所以及高层（地下）建筑和在建工程施工工地。根据不同场所的火灾隐患特点，隐患排查的内容也有所不同，涉及可燃物、消防设施、指示标志、消防通道以及消防安全责任落实等诸多方面，火灾隐患排查的场所和内容如表 6-8 所示。

表 6-8 火灾隐患排查的场所及内容

排查场所	场所分类	场所示例	排查内容
人员密集场所	公众聚集场所	宾馆、饭店、公共娱乐场所等	消防安全责任落实；易燃、可燃装修材料；消防指示标志、消防疏散通道、安全出口；火灾自动报警及灭火系统；火灾应急广播系统；违法乱搭乱建棚、房等违章建筑；消防车通道和防火门等
	医院和学校	医院门诊楼和住院楼、中小学、幼儿园、托儿所等	
	交通站点	火车站、汽车站、机场等	
	图书馆	公共图书馆、公共阅览室等	
	生产企业	人口密集的生产型企业及员工宿舍等	
	国家机关	党政机关、人大、政协、法院、检察院及群团组织办公楼等	
	通信枢纽	广播台、电视台等	
易燃易爆化学物品生产、储存场所	生产场所	易燃易爆化学物品及其原材料的生产工厂等	易燃易爆化学物品安全距离；储配站、调压和输配管道；易燃易爆化学物品存放场所及方式；违章建筑、消防通道；消防水源、灭火设施和防雷、防爆、防静电设施等
	储存场所	储存仓库、灌装站和常储存量达 500 kg 以上的商店等	
	专业运输单位	加油站、加气站、换瓶站等	
"三合一"场所	成片开发的商场	招商城、商业城、连片的商铺及其员工宿舍等	建筑物防火间距；疏散楼梯、疏散通道；消防设施配备；防火防烟分区；消防安全管理制度；应急电源；用火、用电安全；停车泊位；物品存放场所等
	门面房	沿街连片的经营、加工、仓储的门面房及其员工宿舍等	
	零星建造的经营、加工、仓储场所	民用建筑、住宅小区内零星建造的经营、加工、仓储场所及其员工宿舍等	
	家庭作坊	员工宿舍与小型生产加工、修理或可燃物品仓库混合的作坊等	
	餐饮娱乐场所	员工宿舍与餐饮娱乐场所混合设置的场所	
高层（地下）建筑和在建工程施工工地	高层（地下）建筑	高层办公楼、公寓楼、停车场、地下铁道和观光隧道等	防火检查巡查制度；消防设施配备；燃气管道、仪表、阀门、报警装置和建（构）筑物防雷装置；消防车通道；作业区、活动板房、安全网、外脚手架；施工材料堆放等
	工程施工工地	粮库、棉花库及重点工程施工工地等	

同时，针对不同场所的火灾隐患的排查措施虽然略有不同，但总体上可以归纳为 4 种，分别是单位自查、行业或系统行政主管部门复查、火灾隐患排查整治领导小组组织检查和政府挂牌督办。

（1）单位自查。根据各级人民政府、应急管理部门和公安消防机构的相关工作方案要求，各单位自行组织火灾隐患的排查，排查的内容和范围严格按照专项工作方案要求；

各单位将火灾隐患自查的结果上报行业或本系统行政主管部门或火灾隐患排查整治领导小组并按照专项工作方案要求自行整改,涉及特别重大的火灾隐患的单位同时需要报公安消防机构备案,并定期开展火灾隐患排查。

(2) 行业或系统行政主管部门复查。各单位的上级行业或系统行政主管部门组织专门人员对下级单位报送的火灾隐患排查结果和整改情况进行核查,并将核查结果报火灾隐患排查整治领导小组;上级行业或系统行政主管部门对未能如实排查火灾隐患或整改的单位督促其排查和整改并依规给予相关责任人员处分。

(3) 火灾隐患排查整治领导小组组织检查。各级人民政府成立火灾隐患排查整治领导小组,领导小组在分析、研究行业或系统行政主管部门复查和无主管部门单位自查整改情况后,对工作不到位、措施不落实的,责令重新开展自查、复查并上报情况。对无法排除重大火灾隐患或整改措施不达标的单位依法责令停产停业并及时与相关职能部门协调解决。

(4) 政府挂牌督办。经火灾隐患排查整治领导小组批准后,对存在重大火灾隐患或长期整改不到位的单位,公安消防部门和人民政府实施挂牌督办,排查整治领导小组对督办重大火灾隐患整改落实情况进行督查。

3. 火灾隐患排查治理

当前形势下,各级人民政府和消防部门都积极开展火灾隐患排查,但由于我国城市化进程加快推进,社会结构也在快速发生变化,各类新型火灾隐患不断涌现,如何完善火灾隐患排查治理一直是应急管理工作的重中之重,下面就这一问题,提出3点治理措施:

(1) 坚持政府为主导,全面提升隐患排查能力。

①建立健全火灾隐患排查的常态化机制,各级人民政府会同应急管理部门和公安消防机构制定常态化的火灾隐患排查工作方案及复查、反馈、督查以及惩戒机制,发挥政府部门的主导作用,将消防规划建设纳入城市发展规划。

②全面提升消防信息化管理能力,建立健全火灾隐患排查和消防安全信息平台,大力推动电子政务和消防信息大数据建设,综合运用物联传感、视频监控等感知和火灾烟雾监测等消防安全技术,全面提高消防安全管理的信息化水平;

③加大宣传力度,积极组织各种形式的消防安全宣传活动,提高全体居民的消防安全意识,充分发挥网格员、管理单位人员和社区工作人员的作用,积极开展消防安全知识培训,全面提升消防安全素养。

(2) 完善多部门联合执法机制,提高综合管理水平。

①完善多部门联合执法的工作机制,建设、规划、房管、工商、消防等部门要建立健全工程消防监督联合管理制度,完善信息沟通协调机制,安监、工商、文化、治安、

消防、电力等部门要建立健全消防安全联合执法制度。

②建立健全多部门联合执法平台，依托信息技术建立多部门联合执法和工作协调的信息化平台，整合不同职能部门的优质资源，提高综合管理水平。

③整合基层消防力量，充分整合基层派出所、乡镇安全生产办公室等基层组织的消防安全力量，积极开展联合治安巡逻和安全检查等工作，提高基层消防管理水平。

（3）以企业为主体，提高隐患自查自改能力。

①建立完善的火灾隐患排查制度，由企业负责人牵头，严格落实安全生产工作规定，定期开展火灾隐患排查和整改工作，建立严格的火灾隐患的内部自查、督查和惩戒制度。

②制定火灾隐患排查工作方案，明确企业内部火灾隐患排查的范围、内容和方式，逐级细化火灾隐患排查责任，推动全员参与自主排查隐患。

③完善企业火灾风险防控机制，建立健全企业火灾风险管控制度和火灾风险警示报告制度，科学制定安全风险辨识程序，认真落实企业、车间、班组和岗位的管控责任。

6.1.6 自然灾害引发的城市安全风险排查治理

自然灾害一直是人民生命财产安全的重要威胁，同时往往引起伴生性的生产安全事故，增加了城市安全风险，给城市应急管理带来诸多挑战。例如，地震、大风和风暴潮、强降雨、暴雪、雷电、洪涝、泥石流、浓雾、高温天气以及冰冻灾害等自然灾害除了直接给人民群众的生命健康和财产安全造成严重损失，同时引起城市火灾、停水停电、城市基础设施损坏和生产安全事故等一系列的伴生事故。长期以来，自然灾害及其引发的生产安全事故隐患一直是城市安全风险排查的重要工作内容。早在 2008 年，国务院安委会就制定了《防范和应对自然灾害引发生产安全事故应急预案》，细化了各级人民政府和相关职能部门对自然灾害引发的城市安全风险排查程序和处置流程。

1. 自然灾害引发的城市安全风险

不同的自然灾害造成的损害程度不同，引发的城市安全风险也有所不同，分类管理和排查自然灾害引发的城市安全风险隐患是城市应急管理工作的核心内容之一，根据《防范和应对自然灾害引发生产安全事故应急预案》和地方各级人民政府制定的各类与防范自然灾害引发的城市安全风险相关的政策文件，可以将自然灾害分为以下几种类型：

（1）地震。地震是危险程度最大和造成损失最为严重的自然灾害之一，其可能对城市的建筑、桥梁、道路、线路和管道等基础设施造成严重破坏，其不仅会造成城市停水停电，交通运输和通信中断，还可能造成危险化学品泄漏和矿井坍塌透水等严重的生产安全事故。

(2) 大风和风暴潮。这类自然灾害可能伴生的城市安全风险主要有：矿山、电力、建筑施工、人员密集场所和危险化学品生产、经营、使用、运输等风险；可能带来生产经营单位的基础设施与生产设备造成毁坏，引发大面积停电、大型施工机械倾覆和户外广告牌、简易工棚等构筑物垮塌，导致人员踩踏、物体打击、高处坠落、火灾、爆炸和中毒等城市安全风险。

(3) 强降雨（暴雨、山洪）。这类灾害对地处易受淹地区的生产经营单位可能产生直接影响，存在引发山体滑坡、泥石流等衍生灾害的风险；也可能进一步增加交通事故、建筑施工基坑灌水、边坡坍塌、淹井、水淹生产区和宿舍、井工矿透水等安全风险。

(4) 暴雪。暴雪可能导致交通堵塞和简易工棚、厂房、库房、构筑物垮塌，增加生产安全事故风险，同时也可能导致输电线路垮塌，造成大面积停电事故以及对农业生产造成影响。

(5) 雷电。雷电可能造成高层建筑物、公寓楼等受损，增加建筑施工等领域的生产安全风险，同时对航空器及其地面设施造成损害以及损坏电气设备。

(6) 山体滑坡、泥石流。这类灾害可能掩埋房屋，造成严重的人员伤亡，并可能导致尾矿库垮坝，路桥垮塌被埋，同时也会对交通运输和通信设施造成影响。

(7) 洪涝灾害。这类灾害可能导致严重的城市内涝，堤坝坍塌，淹没城市主体功能区，造成次生火灾，城市内部交通运输、通信中断以及人员伤亡。

(8) 极端浓雾和雾霾天气。这类灾害可能影响的行业和领域包括交通运输、户外工作人员、建筑工地等。浓雾和雾霾天气造成能见度低，极易增加交通事故、建筑工地塔吊事故发生的风险，同时也可能对户外工作人员的身体健康造成损害等。

(9) 极端高温天气。这类灾害可能影响的行业和领域主要包括矿山、建筑施工和危险化学品储运等，主要对室外作业人员的健康可能产生影响，增加中暑、食物中毒等风险，同时加大了危险化学品泄漏、着火爆炸的风险。

(10) 冰冻灾害。这类灾害可能影响的行业和领域主要包括矿山、建筑施工和电力、交通运输等，对室外作业产生较大影响，增加了高处坠落、机械伤害等风险，同时可能对电力传输线路、道路交通运输等产生不利影响。

2. 自然灾害引发的城市安全风险排查内容和方式

定期开展自然灾害风险的普查能够最大限度降低自然灾害引发的城市安全风险，由于自然灾害的种类繁多，造成的危害程度差异较大且涉及范围较广，各级人民政府和应急管理部门应严格组织自然灾害综合普查。常见排查的自然灾害有地震灾害、洪涝灾害、气象灾害、森林火灾等，排查的内容具体如表6-9所示。

表 6-9 自然灾害引发的城市安全风险排查内容

自然灾害类型	安全风险排查内容
地震灾害	①基于本行政区及各行业承灾载体调查数据；②居民住宅、中小学、幼儿园和托儿所、大型商场综合体等人员密集型场所建筑的功能，基于住建部门房屋普查工作获得的抗震设防情况，建筑结构设计、施工、改造情况，以及场地地震危险性条件、使用情况、现存病害等；③办公、文化、体育等社会服务设施建筑和市政设施等生命线系统（包括市政重要桥梁、市政供水厂站等），基于住建部门房屋和市政基础设施普查工作获得的抗震设防情况、建筑结构设计、施工、改造情况、使用情况等以及场地地震危险性条件；④土质松软和易发山体滑坡的作业工地及涵洞等
洪涝灾害	①辖区内的大型湖泊、水库等项目施工情况以及相关安全责任落实情况；②正在施工的水利实施是否符合相关标准；③城市内部排水管网设施检修情况以及蓄水湖建设情况；④流域内的水土保持工程的建设标准是否达标以及其他水保工程的建设情况
气象灾害	①通信设施的检修情况，交通通道的路面管控情况；②电力供应和安全保障工作的落实情况，特别是输电线路的检修情况，以及各类场所的安全供电情况；③航空飞行器及地面设施维护情况、特殊天气的放行标准和滞留旅客的综合管理
森林火灾	①林区范围内野外火源信息以及其他可能引发森林火灾的火源隐患；②防火管理队伍、消防专业队伍、护林员队伍、航空护林站、林区阻隔带以及防火道路等；③林业管护站、森林消防专业队营房及其他用于防范森林火灾的站点建设和维护情况

除此以外，目前各地关于自然灾害引发的城市安全风险的排查方式并不统一，但同时也具有共性特点，基本上采用自查自改、全面排查和整改排查的方式进行。

（1）自查自改。建设、消防、防汛等相关职能部门按照同级人民政府和上级主管部门对自然灾害风险普查的工作要求，对辖区内所有风险隐患和避灾点进行排查，并将排查结果和执法清单向上级人民政府和应急管理部门汇报辖区内风险隐患排查情况；辖区内各企业和单位向所在乡镇（街道）汇报风险隐患自查情况，并向辖区减灾委员会办公室报送。

（2）全面排查。除了各职能部门进行自查自改之外，各级人民政府根据自然灾害风险隐患排查的现实工作需要组织专门的工作人员对上报的隐患排查情况进行全覆盖排查，存在重大安全隐患或整改不到位的建立整改清单，并将排查整治情况上报上级人民政府减灾委员会办公室。

（3）整改排查。自然灾害风险隐患排查完毕后，各级人民政府和应急管理部门组织专门人员根据整改清单对风险隐患排查工作进行再次复查和验收，对整改措施落实不到位的单位责令其限期整改并依规给予责任人相关处分。

3. 风险排查治理

自然灾害引发的各类风险一直是我国城市规划和建设时不容忽视的基本内容之一，各级人民政府及职能部门可能面临更加复杂的自然灾害风险管理工作，如何最大限度地减少自然灾害伴生的各类突发事故是亟待解决的重要问题，综合考虑自然灾害引发的各类城市安全风险和排查的内容及方式，提出如下提高风险排查治理水平的建议：

（1）加强灾害风险隐患的普查和防治。①建立健全自然灾害风险隐患排查的机制，明确建设、消防、防汛等相关职能部门的职责划分，针对不同自然灾害的特点，制定专门的隐患排查和整改工作方案，尤其要制定负面清单。②提高各部门的联动性，各级人民政府应当积极组织并实现各部门联动、地企联合，建立多部门联合排查、执法机制和工作平台，提高自然灾害风险隐患的综合排查和整改能力。③深入实施各类自然灾害防治工程，强化减灾防灾意识，加强自然灾害的灾前预防，最大限度地降低自然灾害及其伴生事故的发生风险。

（2）提高自然灾害监测预警和救援能力。①要建立自然灾害监测预警责任制度，健全应急管理部门、气象、海洋、地震等部门的合作沟通机制，细化各部门在自然灾害监测预警方面的责任，落实责任负面清单制度。②增强预警的信息化水平，充分利用现代地理信息、遥感以及其他信息技术，提高自然灾害风险预警信息的及时性和准确性，建立健全预警信息发布平台。③全面提升救援能力，完善应急预案，加强培训演练，配备救援物资和装备，打造应急救援强军，同时积极建立和健全专业力量、社会力量以及武警、军队相结合的联动机制。

（3）积极推动全员参与隐患排查和防治。①建立健全企业的隐患排查机制，涉及自然灾害风险的企业应当建立企业内部的隐患排查和整改机制、工作方案，建立完善的隐患治理清单，对于企业自身能解决的隐患，要落实责任人、资金和措施，加快整改进度，确保将排查出的各类隐患在限期内治理完成。②充分动员全体居民和各类社会组织参与自然灾害风险隐患排查工作，加大教育宣传力度，提高居民防范风险的意识和素养。

6.2 强化城市运行安全管理的措施

随着经济社会的发展和科技的进步，现代城市运行安全管理趋向复杂化、精细化，城市生产安全监管问题逐步凸显，对城市安全保障能力和统筹推动方面提出了更高的要求。《关于推进城市安全发展的意见》（以下简称《意见》）从提升城市安全监管效能、强化城市安全保障能力、加强统筹推动等方面，对加强城市运行安全管理提出要求。

6.2.1 提升城市安全监管效能

《意见》共列出落实安全生产责任、完善安全监管体制、增强监管执法能力、严格规范监管执法 4 项条例，对提升城市安全监管效能提出要求。

1. 落实安全生产责任

（1）明确健全落实安全生产责任的总体要求。安全生产是城市运行系统的一项重要子系统工程，实现安全生产是确保城市运行系统安全稳定的关键，也是保障系统工程实现本质安全的重要内容。贯彻落实安全生产责任制是安全生产工作的核心要素和根本灵魂，是确保每一个领域、每一个工种、每一个环节、每一步操作的安全的重要基石。近年来，我国一些城市相继发生重特大生产安全事故，暴露出一些地方党委、政府安全红线意识不强，安全与经济发展相脱节的问题，为了实现经济效益，刻意降低安全生产标准和门槛要求，为生产事故栽下严重的风险隐患祸根。城市安全生产管理体制机制不完善，防范措施不到位，生产安全事故仍然多发、频发，严重威胁人民生命财产安全。2013年，习近平总书记在中共中央政治局常委会第28次会议上明确提出"党政同责、一岗双责、齐抓共管"的要求，在天津港"8·12"滨海新区重特大爆炸事故发生后，习近平总书记在多个场合发表讲话时均强调安全生产工作的重要性，要求"要坚决落实安全生产责任制，切实做到党政同责、一岗双责、失职追责"。可以说，"党政同责、一岗双责、齐抓共管、失职追责"是习近平总书记关于落实安全生产责任重要论述中核心观点的重要体现，是各级政府、各部门、各单位明确健全落实安全生产责任体系的核心导向。为此，《意见》指出，要完善"党政同责、一岗双责、齐抓共管、失职追责"的安全生产责任体系。"党政同责"要求各级党政干部共同担当，履行职责，明确各级党政干部的主要责任人同时担任安全生产第一责任人。"一岗双责"指坚持"两手抓、两手都要硬"原则，对本职工作与所处或分管业务工作持同等重视力度，同时共抓，使两方面工作齐头并进。"齐抓共管"要求主管部门或单位严格落实安全生产责任，协同管理，形成安全生产工作合力，保障安全生产工作有效开展。"失职追责"指对于因安全生产责任未落实或落实不到位的情况而造成生产安全事故的要追究相关单位及相关责任人的责任。

（2）对落实各级党委、政府、党政主要负责人安全生产责任提出具体要求。《意见》指出要全面落实各级党委和政府对本地区安全生产工作的领导责任、党政主要负责人安全生产第一责任人的责任，及时研究推进城市安全发展重点工作。

①根据《安全生产法》《地方领导干部安全生产责任制规定》《中共中央国务院关于推进安全生产领域改革发展的意见》等相关法律法规和规定，结合城市实际情况，制定各级党委、政府安全生产工作职责规定。

②要严格落实安全生产工作职责规定，推行职责清单和工作清单制度，建立和完善党政领导干部履职绩效考核办法，全面、全程记录党政领导干部履职情况，以作为安全生产工作的履职绩效考核的依据，并促进全社会对安全生产工作的督促作用，对工作出

现失责情况，应严肃追究。以完善"党政同责、一岗双责、齐抓共管、失职追责"的安全生产责任体系。

③全面提升党政领导干部安全生产管理能力与管理素质，加强安全生产宣传教育与培训工作，重点突出风险预防研判、科学管理决策、应急救援指挥等方面能力水平的提升。

（3）对落实各相关部门安全生产和职业健康工作职责提出明确要求。《意见》指出要按照管行业必须管安全、管业务必须管安全、管生产经营必须管安全以及谁主管谁负责的原则，落实各相关部门安全生产和职业健康工作职责，做到责任落实无空档、监督管理无盲区。

①要厘清安全生产监管与行业监管的关系，明确安全生产监督管理职责部门与安全生产行业领域主管部门所属，并将"三个必须"原则纳入安全生产工作职责规定。

②依法依规制定各相关部门在安全生产各环节与职业健康工作下的权力和责任清单，确保尽职照单免责、失职照单问责。

（4）对落实各类生产经营单位安全生产与职业健康主体责任提出明确要求，《意见》指出要严格落实各类生产经营单位安全生产与职业健康主体责任，加强全员、全过程、全方位安全管理。"全员"即建立全员安全生产责任制度，明确安全生产各类岗位职责，并落实各类主体责任和利益相关方的连带责任。"全过程"要求对每一个领域、每一个工种、每一个环节、每一步操作所涉及的所有风险隐患实施动态监控管理。"全方位"即将安全教育宣传培训、安全设施规划投入、风险防范基础管理、应急救援预案与队伍建设等各方面的安全措施落实到位，全方位提高风险防范和救援保障能力。

2. 完善安全监管体制

（1）推动安全生产领域内综合执法。《意见》指出要加强负有安全生产监督管理的职责部门之间的工作衔接，推动安全生产领域内综合执法，提高城市安全监管执法实效。安全生产领域内的综合执法涉及安全生产监督管理部门和各行业领域内的综合执法两个层面。安全生产监督管理部门的安全生产综合执法体现在将危险化学品、金属非金属矿山、烟花爆竹和工贸行业、冶金等工矿商贸领域的行政处罚与执法检查工作统一交由内设执法机构，负有安全生产监督管理职责的部门应达成对各行业领域安全生产监督管理工作的相互配合，保障工作有效衔接。对于各行业领域内的安全生产综合执法体现在由安全生产监督管理部门牵头并整合相关执法队伍对特种设备、消防、道路交通、煤矿、电力、建筑施工等行业领域实施综合监管执法。要同时推动两层面的综合监管执法，提升执法效能，减少职能交叉和推诿扯皮，提升监管时效。此外，应强化充实安全生产监管执法力量，落实安全生产行政执法机构保障人员、经费、装备的配备充足，确保实施任务和处置局面的匹配适应。

（2）强化基层监管执法机构和人员力量。《意见》指出要合理调整执法队伍种类和结构，加强安全生产基层执法力量。各级党委、政府首先需全面整合安全生产监管执法队伍，强化执法人员的专业背景和执法资格，提高专业人员配比。缩减市、县两级政府执法队伍种类并集中扩充一线安全监管执法人员，乡镇（街道）可单独设立安全监管机构，行政村（社区）设立专兼职安全生产巡查员，明确岗位职责任职要求，提高履职责任意识，加强教育培训工作，充实业务知识，提高基层日常行政执法工作业务水平，夯实安全生产基层基础，形成"市、县、乡镇（街道）、行政村（社区）"4级安全生产监管网络，保障安全生产平稳运转。

（3）完善功能区安全监管体制。《意见》指出要科学划分经济技术开发区、工业园区、港区、风景名胜区等各类功能区的类型和规模，明确健全相应的安全生产监督管理机构。城市功能区的形成是由于产业或各功能要素差异融合而集中反映各自功能区整体的功能特性的集聚过程。城市功能区按照所属类型、地位级别、规模面积、人口数量、经济规模与产业结构等要素进行类型划分。此外，因一些城市功能区在规模和能级上有一定特殊性，如国家和省级功能区，承担有服务于国家重大战略发展、推进经济高质量发展格局的重要使命；高风险企业聚集、人口高度密集和经济规模巨大的功能区，对于城市发展安全稳定与否具有重要的影响作用，为实现更高效率与效能的安全生产监管执法，可考虑独立设立安全监管执法机构或由当地政府派驻。其他功能区也应明确安全生产监管部门，并依法承担相应安全生产监管职责，进一步加强功能区的安全监管能力建设。

（4）明确重点行业领域安全监管职责。《意见》指出要完善民航、铁路、电力等行业的监管体制，界定行业监管和属地监管职责。

①理顺行业监管和属地监管工作，行业监管部门与属地监管部门共同负责行业领域监管工作，明确安全生产行政许可、符合法律法规要求、规章制度建立、设施设备情况、教育培训与上岗资质等监管职责内容，地方安全监管部门负责综合监督工作，明确协调指挥、审查考核、监督检查、事后调查等职责内容。

②建立安全生产部门协调联动机制，坚持问题导向，强化内部沟通交流，推进各部门形成执法合力，排查城市安全隐患和问题，整治威胁城市安全发展的"城市病"。此外，《意见》还指出要理顺城市无人机、新型燃料、餐饮场所、未纳入施工许可管理的建筑施工等行业领域安全监管职责，落实安全监督检查责任，坚持"三个必须"原则，对事故问题进行全面梳理，有效整改监管漏洞和盲区，避免生产安全事故的发生。

（5）完善放管服工作机制。《意见》指出要完善放管服工作机制，提高安全监管实效。

①做好国家关于简政放权的决策部署，减少政府对安全生产部分事项干预，推进生产经营项目事前行政审批事项取消和下放，保证取消和下放行政审批事项在数量和质量

上的统一。

②明确放与管的边界，尤其是一些高危高风险性生产项目，与人民生命财产安全关切程度高，必须保留和完善其安全生产许可审批事项。

③保证简政放权的同时要紧抓安全监管不放松，加强事中和事后安全监管，重视加强各行业领域安全隐患防控工作，对高危重点领域实施全面覆盖重点监控，杜绝监管盲区和真空，实现权力责任下放、严格强力监管以及高质量安全生产的同步到位。

3. 增强监管执法能力

(1) 加强安全生产监管执法机构规范化、标准化、信息化建设。

①在规范化建设方面，建立完善监管执法相关制度规范，贯彻落实《安全生产监管执法办法》中要求的综合监督、日常监督、专项监督3种方式的执法监督工作，同时定期开展上级对下级安全监管部门的监督评分、监管执法公众评议、安全生产单位自查自纠等效果评估工作，强化执法措施落实。

②在标准化建设方面，健全安全监管执法机构建设标准体系，对人员编制、职责任务、基础设施、执法保障、执法程序等方面建立统一标准，满足机构监管执法需要，提高监管执法效率。

③在信息化建设方面，《意见》指出要充分运用移动执法终端、电子案卷等手段提高执法效能，改善现场执法、调查取证、应急处置等监管执法装备。要充分利用数据信息技术应用，提高预警监控能力，实现重大危险源实时监测预警，风险数据统一归集与系统分析，跨部门、跨地区、跨业务数据互联互通，为全国安全生产信息化建设铺设创新智慧监管网。

(2) 加强基层执法工作。《意见》指出要实行派驻执法、跨区域执法或委托执法等方式，加强街道（乡镇）和各类功能区安全生产执法工作，是多举措推进基层执法效能，全面遏制生产安全事故发生，倒逼企业严格履行生产安全责任，提升生产人员安全意识与业务素质的重要举措，从而提高生产企业、单位的"本质安全"。

(3) 提高监管执法人员素质能力。安全监管工作是一项社会系统工程，实现高质量安全监管，需要配备专业素质高、技术业务精、实践经验多、纪律严明的安全监管执法队伍。然而，我国当前安全监管队伍人员整体素质不高，存在专业技术知识欠缺、宗旨观念与法制观念不强等问题，出现业务流程不规范、技术了解不透彻、执法态度不端正等情况，给生产安全埋下潜在的风险隐患。《意见》指出要加强安全监管执法教育培训，强化法治思维和法治手段，通过组织开展公开裁定、现场模拟执法、编制运用行政处罚和行政强制指导性案例等方式，提高安全监管执法人员业务素质能力。安全监管执法人员的业务素质能力，不仅关乎安全生产高质量监管执法，还关乎城市安全高质量发展。

其业务素质要求包括熟悉相关的法律、法规和规章，强化思想和职业道德教育、提高生产安全领域业务知识水平、熟悉技术操作能力、增加实践经验等，从而全面提升执法队伍的业务能力和执法水平，打造一支政治坚定、业务精通、作风优良、纪律严明、经验丰富的执法队伍。

（4）建立完善行刑衔接制度。"行政执法与刑事司法衔接"也简称为"行刑衔接"或"两法衔接"。党中央高度重视行刑衔接工作机制，在党的十八届三中全会和党的十八届四中全会分别发布的《中共中央关于全面深化改革若干重大问题的决定》和《中共中央关于全面推进依法治国若干重大问题的决定》中，均对健全完善行刑衔接制度做出了重要阐述。2019年，应急管理部、最高人民法院等部门印发的《安全生产行政执法与刑事司法衔接工作办法》提出"建立健全安全生产行政执法与刑事司法衔接工作机制，依法惩治安全生产违法犯罪行为，保障人民群众生命财产安全和社会稳定"，体现了安全生产行刑衔接机制在维护社会稳定发展、人民安全方面的重要意义。因此，要建立完善安全生产行政执法和刑事司法衔接制度，应做到：

①要加大执法力度，强化应急管理部门与公、检、法部门工作的高效衔接与有序配合，做到对生产安全违法犯罪行为的"零容忍"。

②围绕优化工作联络、规范案件移送、强化证据衔接、建立重大案件会商、打非治违和事故查处联动办案等方面工作，建立权责一致、规范有序、高效联动的行刑衔接机制，全面实现安全生产"两法无缝对接"。

4. 严格规范监管执法

（1）严格监管执法处罚。《意见》指出要完善执法人员岗位责任制和考核机制，严格执法程序，加强现场精准执法，对违法行为及时做出处罚决定。

①明确执法人员的职责范围与考核内容，重点对监管执法和行政处罚情况进行执法监督和巡查考核，并定期开展执法效果评估，对执法措施不合理或执法未达标准的负有安全监管责任的相关部门责任人实施问责；

②明确重点监管对象、检查内容、执法程序、执法措施，根据各地区安全生产环境与形势、生产安全事故特点与规律等实际情况，对执法计划进行合理安排并及时调整完善，加强精准、高效执法；

③加大安全生产监管执法力度，严格监管执法并及时处罚，防止职权干涉和滥用。

（2）规范行政处罚措施。

①完善安全生产行政处罚自由裁量标准及监管执法相关制度规范，依法明确各类安全生产行政执法决定的适用情形、时限要求、执行责任，严防"一刀切"，确保执法部门准确做出处罚决定并有效落实，保障执法的质量；

②建立完善执法决定相关规定,明确停产停业、停止施工、停止使用相关设施或设备、停止供电、停止供应民用爆炸物品,查封、扣押、取缔和上限处罚等执法决定的适用情形、时限要求、执行责任。

③完善行政执法责任追究办法规定,对于产生推诿或消极、拒绝执行停止供电、停止供应民用爆炸物品的有关职能部门和单位,相关行业主管部门或监察机关应严格依照相关办法规定进行处理;

④推进其他相关部门与安全监管职责部门执法工作的协调配合,形成综合监管合力,确保安全生产行政处罚措施有效落地,提高执法监管效率。

(3) 加强执法监督和问责。

①严格执行执法信息公开制度,确保执法信息完整性、规范性、真实性,明确执法职责范围和任务分工,规范执法公示内容的标准要求,完成执法信息的收集整理,确保信息客观真实,并统一录入政府统一执法信息公示平台,接受社会舆论和监督。

②加强执法监督和巡查考核,探索建立完善有效的监督机制,增强监督力度和实效,并将安全生产执法情况作为工作评估的重要内容。

③建立执法问责机制,遵循"有权必有责、违规违法必追究"原则,对负有安全生产监督管理职责的部门未依法采取相应执法措施或降低执法标准的责任人实施问责,督促相关部门严格执法。严肃事故责任追究,加大对安全生产违法犯罪的打击力度,依法依规追究责任单位和责任人的责任。

6.2.2 强化城市安全保障能力

《意见》共列出健全社会化服务体系、强化安全科技创新与应用、提升市民安全素质和技能3项条例,对强化城市安全保障能力提出要求。

1. 健全社会化服务体系

(1) 完善政府购买安全生产服务指导目录。《中华人民共和国国民经济和社会发展第十四个五年和2035年远景目标纲要》提出,要"完善公共服务政策保障体系,优化财政支出结构,优先保障基本公共服务补短板。明确中央和地方在公共服务领域事权和支出责任,加大中央和省级财政对基层政府提供基本公共服务的财力支持。将更多公共服务项目纳入政府购买服务指导性目录,加大政府购买力度"。政府购买服务旨在转变政府职能、改善公共服务,促进社会力量参与社会治理。推动政府购买安全生产服务,有利于推动安全生产中介组织积极参与安全生产领域技术研发、宣教培训、隐患排查、抢险救险等。各地可根据国家安全监管总局于2018年颁布的《政府购买服务指导性目录》和城市实际情况编制指导性目录,并适时根据城市社会经济、政府职能和民众需求等变化情况，合理调整购买范围和内容，以及适宜由社会力量承担的安全生产服务事项，从而有效发挥财政支出的杠杆作用。同时应加大城市安全运营、风险防控和隐患排查治理投入，引导更多社会力量积极参与城市安全发展建设，促进安全生产服务的多样化、个性化、专业化发展。进一步强化城市安全专业技术服务力量，根据城市安全发展需要，推动发展一批影响力高的技术服务品牌机构，鼓励应用新技术、新手段，吸纳和培育更多城市安全专业技术人才。

（2）大力实施安全生产责任保险。2017年年底，国家安全监管总局、中国银行保险监督管理委员会和财政部联合印发《安全生产责任保险实施办法》（安监总办〔2017〕140号），要求生产经营单位已投保的与安全生产相关的其他险种，应当增加或将其调整为安全生产责任保险，以增强事故预防功能，并要求保险机构建立生产安全事故预防服务制度。安全生产责任保险的核心目的并非简单的安全事故赔付，而是旨在促进保险机构开展生产安全事故预防服务工作，强化风险防范力量，从根本上保障人民生命和财产安全。各地应根据《安全生产责任保险实施办法》，建立健全安全生产责任保险制度，完善相应工作机制、标准规范和运行章程，充分发挥保险机构在城市安全风险评估和事故预防等方面的积极作用。

（3）加快推进安全诚信体系建设。建设安全诚信体系对督促企业诚信守法、创新安全监管机制、落实安全生产主体责任具有重要的推动作用。《国务院办公厅关于社会信用体系建设的若干意见》（国办发〔2007〕17号）和《国务院关于印发社会信用体系建设规划纲要（2014—2020年）的通知》（国发〔2014〕21号）等发布，反映国家对诚信体系建设的高度重视。党的十八届四中全会提出"加强社会诚信建设，健全公民和组织守法信用记录，完善守法诚信褒奖机制和违法失信行为惩戒机制，使遵法守法成为全体人民的共同追求和自觉行动"。通过强化失信惩戒和守信激励，明确和落实对有关单位及人员的惩戒和激励措施，有利于营造诚实守信的社会信用环境。此外，《意见》指出"将生产经营过程中极易导致生产安全事故的违法行为纳入安全生产领域严重失信联合惩戒'黑名单'管理"，是对"黑名单"制度的进一步完善和延伸，体现对事前预防工作的高度重视，强化督促企业落实安全生产主体责任，守住安全生产底线。

（4）完善城市社区安全"网格化"工作体系。"网格化"工作体系是旨在提高社会治理水平的一项系统工作。2017年11月9日，国务院安委会办公室印发《关于加强基层安全生产网格化监管工作的指导意见》，要求推动实施加强基层安全生产网格化监管工作。完善城市社区安全"网格化"工作体系，是使安全生产监管体系延伸到基层，协助打通安全生产监管"最后一公里"的重要手段。应积极推进"网格化"监管工作，充分发挥"网格员"的纽带作用，鼓励社会力量积极参与安全生产工作，加强企业与政府监管部门的沟通协调，以"网格化"助力安全生产监管效能提升，实现安全生产精细化管理。

2. 强化安全科技创新与应用

(1) 建立完善安全生产监管与多部门公共数据资源开放共享机制。据相关公开数据，2020 年全球数据量达到 60ZB，预计 2025 年中国数据将增至 48.6ZB。数据信息是政府治理的重要工具，推进政府内跨部门数据开放共享是全面建设社会主义现代化国家的必然要求。《国家信息化发展战略钢要》指出要"加强部门信息共享与执法合作，创新执法手段，形成执法合力"。然而，当前安全生产监管存在与其他部门间数据不清、求助应答不全、资源共享不畅等问题，纵横向部门间数据信息系统条块分割形成"信息孤岛""烟囱工程"现象，严重阻碍监管执法工作效率。为此，应建立完善安全生产监管与其他部门公共数据资源开放共享机制，构建统一规范、互联互通、安全可控的信息数据开放体系，推进各部门、各层级间高质量数据资源的互联共享和协同联动，创新执法手段，形成执法合力。

(2) 深入推进城市生命线工程建设。城市地下管线如同城市的"血管"和"神经"，涉及水、电、热力、燃气、通信等维持城市生产生活运行的重要元素，是城市赖以生存和发展的重要基础设施，因此也被称为城市的"生命线"。随着我国城市化进程的不断发展，城市地下管线分布范围与数量发展迅猛，然而"重地上，轻地下""重面子，轻里子"等工程管理问题导致各类风险隐患不断集聚，叠加恶化，最终导致安全事故的发生。近年来，我国很多城市相继发生大雨内涝、管道爆燃、路面断裂、大面积停水停电、通信停滞等突发事件，如青岛市"11·22"中石化东黄输油管道泄漏爆炸特别重大事故，其因相关安全生产责任主体的风险隐患排查工作不彻底，使管道遭受长期腐蚀和道路压迫振动等因素影响，最终发生泄漏，加之应急处置措施不当产生撞击火花，最终导致油气爆炸，经事后调查统计，该事故共造成 62 人死亡、136 人受伤，直接经济损失 7.5 亿元。应建立完善城市地下管线规划设计和安全运行检测体制，建立各基础设施的专项规划和管线综合规划，建立地下管线安全运行监测系统，保障管线布局科学合理和运行安全稳定，并保证相关管理部门责任落实、协调到位，从而有效抑制事故发生，提高城市整体安全运行水平。

(3) 积极研发和推广应用先进科研成果。科技在发展，时代在进步，安全生产科技也要紧紧跟随社会发展的步伐，不断追求创新以驱动安全发展。党的十八大明确提出"科技创新是提高社会生产力和综合国力的战略支撑，必须摆在国家发展全局的核心位置"，体现了国家对科技创新的高度重视。2016 年 9 月，国家安全监管总局出台《关于推动安全生产科技创新的若干意见》，要求坚持以防范和遏制重特大事故为核心，以问题为导向，找准方向、路径，重点解决影响安全生产的技术瓶颈和关键性技术难题。随着城市安全风险隐患日益复杂突出，对安全生产科技创新水平的提高也日趋迫切。应加快推进优势科技资源的有效整合，充分发挥科技创新优势，加强在风险防控、灾害防治、预测预警、监测监控、个体防护、应急处置、工程抗震等重点行业领域的安全应急水平，积极研发先进的安全关键技术和产品，并推广一批先进适用的安全生产科技成果，为城市安全发展保驾护航。

（4）建立城市安全智库、知识库、案例库。城市安全智库是为解决城市快速发展中的短板和软肋提供政策研究与解读、风险与决策评估、安全技术设备研发等智力服务的人才资源库。城市安全知识库是相关机构对城市安全"知识碎片"进行系统化管理与保存，以"数字成果"推进学术交流与研究，汇聚了国内一流专业研究机构和海内外各领域顶尖安全专家、世界先进安全管理机构、顶尖智库等高端智力人才的资源库。城市安全案例库是为研究人员提供实践性、真实性、多维性案例，为未来某种发展模式的规划、设计、推广，某种研究成果的可行性、经验性理论的验证等提供有力保障的资源库。应围绕城市实际问题尝试建立并完善城市安全智库、知识库、案例库，为城市安全生产标准制定、风险评估、抢险调查、隐患排查、教育培训等方面提供重要支撑，全方位引领城市安全科学发展。

3. 提升市民安全素质和技能

（1）建立完善安全生产和职业健康相关法律法规、标准互动交流信息平台。安全生产法律法规涉及安全生产领域下的全部法律、司法解释，以及重要的行政法规、行政规章、规范性文件等，可以起到督促安全生产工作、规范施工行为、事故责任追究等作用。由于生产安全领域涉及行业标准、安全标准、质量标准等各类标准，标准体系繁多复杂，从基层实践上来看，由于出台时间和背景的差异、修订时间不及时等因素影响，现行安全生产法律法规体系仍暴露出不少问题。例如，部分法律概念不清、相关规定不一致、一般事故等级划分标准不合理等，需建立完善安全生产和职业健康相关法律法规、标准的查询、解读、公众互动交流信息平台，一方面可以满足不同群体对相关法律法规的需求，提供清晰、明确、标准的概念解释和内容解读；另一方面可以通过网络媒体等渠道向公众宣传普及安全法律法规和职业病危害防治知识，促进全民积极参与安全法治的互动交流，增强安全法治观念和生命至上的价值理念。

（2）切实提升人民群众的安全法治意识。加强全民树立法治意识、培养法习惯是推进法治建设的重要内容，其关键在于把全民普法和守法作为一项促进安全发展的基础工程，增强全民安全法治观念和自我保护意识。《关于实行国家机关"谁执法谁普法"普法责任制的意见》中明确了国家机关的普法职责任务，要求坚持普治并举，在执法司法过程中应注重法律法规讲解，积极推进法治实践活动，创新普法工作方式方法，积极开展社会普法教育，促进社会公众树立正确的法治观念，提高社会治理的法治化水平。

因而，需严格落实"谁执法谁普法"普法责任制，线上利用社交平台、新闻网站、广播电视等多种媒体渠道，定期开展普法教育，推送安全生产普法知识，线下定期开展安全法治教育和活动，提升全民安全法治意识，弘扬法治精神，营造浓厚的社会安全氛围。

（3）积极开展安全文化创建活动。文化是一个国家、一个民族的灵魂，安全文化是国家安全发展的根基。党中央、国务院高度重视安全文化建设，"发展决不能以牺牲人的生命为代价""以人为本、安全发展"等理念已深入人心，并根植于国家安全文化建设的核心。《"十四五"国家应急体系规划》指出，要坚持以人为本，全面提升国民安全素质和应急意识，并提出"应急科普宣教工程建设"，积极推进应急文化教育和基地建设。因此，应积极开展安全文化创建活动，创新安全文化传播载体、内容形式、体验方式。一方面要鼓励媒体平台和科普工作者创作生产教学教材、公益广告、杂志读物、动漫游戏、短视频等多种传播形式的安全文化作品；另一方面，要积极推进体现城市特色的安全教育文化场所的建立和投入使用，开发多种新型体验活动、展览形式，为安全文化建设的方式方法创新注入活力，让安全意识深入人心，营造关爱生命、关注安全的浓厚社会氛围。

6.2.3 加强统筹推动

1. 强化组织领导

（1）明确国家层面的组织和实施机构。《意见》明确指出城市安全发展工作由国务院安全生产委员会统一组织，国务院安全生产委员会办公室负责实施。同时，按照《国务院安全生产委员会成员单位安全生产工作任务分工》（安委〔2020〕10号），党中央和国家机关有关部门在职责范围内负责具体工作。

（2）明确地方层面的组织和实施机构。城市安全直接关系人民生命健康与经济财产安全。全心全意为人民服务是党的宗旨，切实维护人民群众的生命财产安全，务实有效地推进城市安全发展工作，大力提升城市安全发展质量，是践行党的宗旨的根本体现。《意见》要求各省（自治区、直辖市）党委和政府要落实推进城市安全发展的主体责任，切实加强对城市安全发展工作的组织领导，统筹可用资源与专业力量，深入探索影响本地区城市安全发展的本质问题，分析城市安全风险环境的形势走向与特点规律，抓住威胁城市安全发展的突出问题和主要矛盾，进一步完善保障措施，并明确职责任务分工和时间进度，加大改革创新力度，特别注重夯实城市安全基础，健全体制、机制、法治等，要不断加强安全监管，压实主体责任、筑牢防范意识，拿出硬招实招，不断提高城市安全发展水平。

2. 强化协同联动

(1) 充分发挥有关部门和单位的职能作用。推进城市安全高质量发展，任务重、要求高，参与部门广，需要依靠多部门间的密切配合与协作，形成强大的合力，才能确保各项任务的高效完成和稳步推进。《意见》要求把城市安全发展纳入安全生产工作巡查和考核的重要内容，充分发挥有关部门和单位的职能作用，加强规律性研究，形成工作合力。一方面，各省级政府应严格贯彻《省级政府安全生产工作考核办法》要求，明确安全生产工作考核内容，认真贯彻落实安全生产各项工作，重点巡查各级各部门安全监管职责和城市安全管理职责，并纳入下级党委政府和同级部门单位的重点考核内容。另一方面，各区域有关部门要各司其职、各负其责，协调联动、齐抓共管，加强规律性研究，加强协调配合，形成工作合力，共同推进城市安全发展工作。

(2) 推进城市安全社会治理。社会治理是自党的十八大以来我国社会建设的重点关键词和方法论，党的十九大报告中提出了"打造共建共治共享的社会治理格局"的新的思路和要求，强调"社会治理社会化、法治化、智能化、专业化水平大幅度提升"。积极推动社会力量参与社会治理，承担部分公共管理服务和监督事务，有利于提高政府治理的效率效能，推进社会自我调节、居民自治良性互动。推动城市社会化治理，要求市各级各部门深刻领会贯彻《意见》精神，充分发动广大人民群众参与城市安全服务和监督工作，一方面让有条件和能力的社会组织承担部分城市安全管理服务事项，充分运用市场机制，加快培育城市安全专业技术服务主体；另一方面要完善信息公开、举报奖励等制度，鼓励群众参与城市安全风险监督，通过官方举报投诉网站、邮箱、电话等多渠道方式，对身边发现的各类风险隐患进行积极举报，并建立举报投诉处理机制，以确保落实处理，切实保障人民群众在城市安全发展建设工作中的知情权、参与权、监督权，着力构建共建共治共享的城市安全社会治理格局。

3. 强化示范引领

开展国家安全发展示范城市创建工作。

(1) 积极推进国家安全发展示范城市评价与管理工作。国务院安全生产委员会公布的《国家安全发展示范城市评价与管理办法》中规定，国家安全发展示范城市评价与管理工作由国务院安委会统一部署，国务院安委办组织实施，参评城市应积极推进城市安全发展体系建设，重点完善《国家安全发展示范城市评价细则》中要求的各项工作，明确安全生产作为城市安全发展的重要基础内容，并积极推进城市自评，夯实城市安全基础条件，提升城市安全保障能力，努力成为全国安全发展城市代表，充分发挥示范引领作用。

(2) 制定国家安全发展示范城市创建的指导细则。国务院安委办印发《国家安全发展示范城市评价细则（2019年版）》提供了国家安全发展示范城市评价三类级项及评价内容，明确城市安全源头治理、城市安全风险防控、城市安全监督管理、城市安全保障能力、城市安全应急救援和城市安全状况等 6 个一级项指标的分数比例，旨在为安全发展示范城市的复核、评议以及推进示范城市建设等方面工作提供量化指引，各地区部门与单位应积极推进国家安全发展示范城市创建工作，全面提高城市安全发展基础与保障水平。

（3）各省（自治区、直辖市）党委和政府要积极开展本地区安全发展示范城市建设工作，一方面要针对城市安全发展的突出矛盾和问题，完善保障措施，以高标准、高质量、严要求、强力度推进城市安全建设工程建设的精品化、优质化；另一方面要切实提高中心城市宜居度、带动力，实现城市安全发展水平和群众幸福指数同步提升，努力为全省城市安全发展领域提供示范引领和参考借鉴。

6.3 城市安全智能技术及其应用

城市安全建设离不开智能技术的支持，城市建设的科学规划需要信息技术的辅助决策，城市基础设施的建设需要智能工艺的组建，城市管理的安全运营需要智能技术的全面覆盖，所以智能技术的应用为城市安全筑起了可靠的防护网，并贯穿于城市安全治理的全过程之中。

6.3.1 城市安全智能技术及应用的政策演进

随着智能技术的发展，城市安全防护网也随之更新迭代。地理信息科技的发展推进 GIS、北斗等高、精、尖技术的研发、应用，大数据的兴起推进"互联网+"、区块链、云计算等先进技术的优化升级，智能技术的广泛应用也促进了"天网"工程、"雪亮工程"的全方位落实，以浙江杭州、上海为首的部分省市推进城市大脑建设，通过智能技术的应用共筑"平安中国"（表 6-10）。

表 6-10 城市安全智能技术及应用的政策演进

时间	政策信息	相关内容
2012 年	住房和城乡建设部公告第 1594 号——关于发布国家标准《1000 kV 高压电器（GIS、HGIS、隔离开关、避雷器）施工及验收规范》的公告	为了保证 1000 kV 高压电器的施工质量，确保设备安全运行，适用于 1000 kV 气体绝缘金属封闭开关设备（GIS）、复合电器（HGIS）、隔离开关及避雷器的施工及验收等
2012 年	住房和城乡建设部公告第 1503 号——关于发布行业标准《建筑工程施工现场视频监控技术规范》的公告	建筑工程施工现场视频监控系统以网络为基础，采用先进的视频压缩技术和网络传输技术，使监控系统实现了信息的数字化、系统的网络化、应用的多媒体化、管理的智能化，对基于 IP 网络的多媒体信息提供一个综合、完备的管理控制平台等

续表

时间	政策信息	相关内容
2012年	国家发展改革委办公厅关于组织实施2012年物联网技术研发及产业化专项的通知	重点依托交通、公共安全、农业、林业、环保、家居、医疗、工业生产、电力、物流10个领域，启动国家物联网应用示范工程，统筹推进物联网关键技术研发及产业化、标准体系和公共服务平台建设，着力突破核心关键技术，完善产业链，为重点领域物联网应用示范提供有效支撑等
2013年	国家安全监管总局通信信息中心关于召开中国安全生产协会信息化工作委员会成立大会暨安全生产物联网技术交流会的预通知	以"科技兴安"为主导，以信息化技术和互联网为手段，为实施安全发展战略服务；开展技术服务与交流，推广物联网、云计算等新技术、新方法；开展安全生产信息化发展战略、资源与利用的调查研究工作等
2014年	国家测绘地理信息局关于北斗卫星导航系统推广应用的若干意见	推动面向行业应用的工程（技术）研究中心、企业研发中心等创新平台建设，支持科研院所和高等院校建立产、学、研、用相结合的"北斗"应用技术创新体系，开展多领域、跨学科科技攻关和技术研发，积极支持基于位置的大数据及物联网科技创新和应用服务，增强关键技术和共性技术持续攻关能力等
2017年	湖北省发展改革委关于湖北省"雪亮工程"电子政务共享平台工程项目立项的批复	利用电子政务外网核心网络，与中央公共安全视频图像信息共享平台、湖北省公安厅公共安全视频图像信息共享平台、湖北省委政法委（综治办）公共安全视频图像信息共享平台等
2017年	交通运输部、中央军委装备发展部关于印发北斗卫星导航系统交通运输行业应用专项规划（公开版）的通知	形成行业高精度位置服务体系，建设交通运输行业卫星导航基准站数据处理分级保护系统工程，实现交通运输行业基准站数据的安全接入、处理和分发等
2018年	鹤壁市人民政府办公室关于印发推进5G智慧城市新基建项目（"边缘计算+智慧合杆+应用场景"）建设工作方案的通知	按照"城市规划建设+生产研发制造"的模式，积极推动智慧合杆全面推广应用，实现共建共享，避免重复建设，助力鹤壁新型智慧城市建设，打造万物互联的5G应用示范城市等
2020年	杭州城市大脑赋能城市治理促进条例	指由中枢、系统与平台、数字驾驶舱和应用场景等要素组成的城市大脑，以数据、算力、算法等为基础和支撑，运用大数据、云计算、区块链等新技术，推动全面、全程、全域实现城市治理体系等
2020年	北京市科学技术委员会、中关村科技园区管理委员会关于发布2022年度边缘计算节点（MEC）设备研制科技攻关"揭榜挂帅"项目指南的通知	面向支持城市路口高级别自动驾驶汽车需求，研制边缘计算节点（MEC）设备，实现对路侧感知设备数据的汇聚融合处理，以及与路侧设备、智能网联云控平台等相关系统的通信和协同等
2021年	工业和信息化部、中央网信办关于加快推动区块链技术应用和产业发展的指导意见	利用区块链促进城市间在信息、资金、人才、征信等方面的互联互通和生产要素的有序流动。深化区块链在信息基础设施建设领域的应用，实现跨部门、跨行业的集约部署和共建共享，支撑智慧城市建设等
2022年	工业和信息化部关于大众消费领域北斗推广应用的若干意见	充分挖掘北斗时空大数据的价值，为宏观经济分析、精准城市规划、垂直行业应用、网络质量评估等提供服务，以数字化手段助力提升治理体系和治理能力现代化水平等
2022年	国家测绘地理信息局关于北斗卫星导航系统推广应用的若干意见	推动面向行业应用的工程（技术）研究中心、企业研发中心等创新平台建设，支持科研院所和高等院校建立产、学、研、用相结合的"北斗"应用技术创新体系，开展多领域、跨学科科技攻关和技术研发，积极支持基于位置的大数据及物联网科技创新和应用服务，增强关键技术和共性技术持续攻关能力等

6.3.2 城市安全智能技术及应用的发展趋势

城市安全智能技术的应用主要呈现可视化、网格化和系统化的发展趋势（图6-1）。可视化是将城市安全建设中的所有地理信息、城市布局、住房建筑等以立体可见的形式进行呈现，便于终端管理者的实时监管和及时管制；网格化主要是指智能技术的应用触及城市建设的每一个角落，通过每一个角落的联结，搭建起全覆盖的安全监管体系；系统化则是指统合可视化和网格化的优势，将汇集的城市安全信息进行集成处理，辅助城市安全的规划、运营和管理。

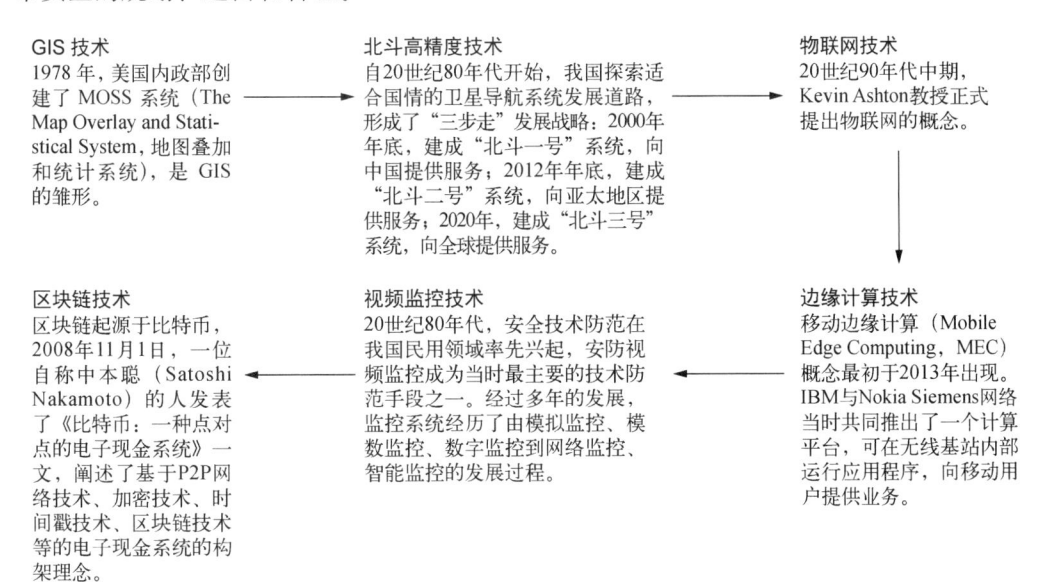

GIS 技术
1978年，美国内政部创建了 MOSS 系统（The Map Overlay and Statistical System，地图叠加和统计系统），是 GIS 的雏形。

北斗高精度技术
自20世纪80年代开始，我国探索适合国情的卫星导航系统发展道路，形成了"三步走"发展战略：2000年年底，建成"北斗一号"系统，向中国提供服务；2012年年底，建成"北斗二号"系统，向亚太地区提供服务；2020年，建成"北斗三号"系统，向全球提供服务。

物联网技术
20世纪90年代中期，Kevin Ashton教授正式提出物联网的概念。

区块链技术
区块链起源于比特币，2008年11月1日，一位自称中本聪（Satoshi Nakamoto）的人发表了《比特币：一种点对点的电子现金系统》一文，阐述了基于P2P网络技术、加密技术、时间戳技术、区块链技术等的电子现金系统的构架理念。

视频监控技术
20世纪80年代，安全技术防范在我国民用领域率先兴起，安防视频监控成为当时最主要的技术防范手段之一。经过多年的发展，监控系统经历了由模拟监控、模数监控、数字监控到网络监控、智能监控的发展过程。

边缘计算技术
移动边缘计算（Mobile Edge Computing，MEC）概念最初于2013年出现。IBM与Nokia Siemens网络当时共同推出了一个计算平台，可在无线基站内部运行应用程序，向移动用户提供业务。

图 6-1 城市安全智能技术及应用的发展趋势

可视化主要运用 GIS 技术、北斗高精度技术，网格化主要运用物联网技术、边缘计算技术，系统化主要运用智能视频监控以及区块链技术。

1. GIS 技术及应用

GIS 是一个特定的空间信息系统，能够以俯瞰的视角将整体或者局部的空间信息、数据进行采集、存储、管理、运算、分析和展示，是一套集成的信息技术系统。该项技术被广泛应用于农业、林业、生态环境治理、环境资源管理和灾害预警等多个场景中。

GIS 技术的应用具有一定的技术优势：首先，GIS 技术能够与 DBMS（数据库管理系统）、遥感和 GPS 等技术进行配合，具有很好的适配性，能够被广泛应用在不同的管理情境中；其次，GIS 技术能够对空间数据进行采集、存储、管理、运算、分析和展示，在操作层面具有便利性；最后，GIS 技术能够处理大量的空间数据，屏蔽噪声数据，并且提供了完善的空间数据挖掘算法，能够帮助城市安全规划的决策以及后续的城市安全建设和安全监管。

然而，GIS 在现实中的应用还存在一些阻碍。一方面，GIS 技术对所采集的数据规范要求较高，不完善的数据资源和来历不明的数据会对 GIS 的分析结果造成无法估量的错误；另一方面，数据割据以及管理者本身的有限理性，会导致 GIS 技术的功能无法完全得到实践，这也阻碍了 GIS 技术的深化应用。

GIS 技术主要应用在城市安全规划阶段中。首先，GIS 技术能够清晰呈现当前的城市建设状态。ArcObjects 包含了许多的可编程组件，从细粒度的方针（如单个的几何方针）到粗粒度的方针（如与现有 ArcMap 文档交互的地图方针），涉及面极广，保证了 GIS 技术数据可视化呈现的清晰度和全面性；其次，GIS 技术能够辅助城市安全规划。城市安全规划需要对海量数据信息进行分析，GIS 技术就可以通过地图数字化、实测数据、实验数据、遥感与全球定位体系数据、计算普查数据、理论推测与估计数据、历史记录数据等多种渠道获得，结合混合数据结构和矢量数据结构，可以完好地表达点、线、面的空间方位和关联，满足城市安全规划所需决策信息；最后，GIS 技术能够实现城市三维可视化，从立体角度让城市安全规划决策者随时改动视角、方位、道路，查询由计算机产生的城市环境，使人沉浸在虚拟的显现环境中，并与它产生交互作用。

2. 北斗高精度技术及应用

北斗卫星导航系统（BDS）是中国自主发展，服务于国家安全和经济社会发展，着眼于全球的卫星导航系统。北斗卫星导航系统以精度高、速度快和全天候的优点成为最先进的位移监测手段。预计 2035 年前还将建设完善更加泛在、更加融合、更加智能的综合时空体系。当前，北斗卫星导航系统主要应用于交通运输、农林渔业、水文监测、气象测报、通信授时、电力调度、救灾减灾、公共安全等领域。

北斗卫星导航系统具有其独特优势。首先，北斗卫星导航系统的抗遮挡能力强，能够很好地识别目标区域，并提供毫米级的静态定位精度；其次，北斗卫星导航系统能够实行全天候的监测，气候变化的干扰效果微乎其微；最后，北斗卫星导航系统具有多个频点的导航信息，具备较强的导航与通信能力，并且能够实现定位导航授时、星基增强等多项功能。

例如，长沙望城经开区的湖南联智科技股份有限公司联合深圳市天健工程技术有限公司研发的"基于 BIM 和北斗的城市基础设施安全检测监测平台"依托 GNSS 高精度定位技术、物联网技术、数据技术和互联网软件技术、BIM 技术、无人机航测技术，构建了城市基础设施安全管控的可感、可知、可视、可控的管控体系，实现"状态感知—检测监测—评估预警—应急处置"的全链条创新。在 2021 年 7 月 23 日长沙猴子石大桥撞击事件中，该技术的应用为本次高效应急处突决策，提供了及时、可靠依据。

之后，在三汊矶大桥拉索异常抖动事件中，北斗监测技术多次成功应用于守护人民群众生命财产，智慧赋能让星城长沙更安全。

3. 物联网技术及应用

物联网技术是在 1999 年被首次提出的，它的理念在于通过信息传感技术，将任何物体与网络相连，实现智能化识别、定位、跟踪、监管的功能。物联网的技术架构主要包含感知层、网络层和应用层。感知层是将物体的信息通过传感器进行收集和传导；网络层是利用信息技术对信息数据进行有效的传输；应用层则是实现人机交互，通过这种不断的交互和反馈，让物联网发展趋于智能。目前，物联网广泛应用于消防安全、货币监管、公安系统等领域。

物联网技术具有其独特的优势。首先，物联网技术是将任何物体与网络相连，这就实现了网络互联的全覆盖，保证了数据来源的真实性和完整性；其次，物联网技术是将实体与网络相连，保障了数字化生态的完整融合，促进了数据之间的共享和流动；最后，在数据完整和数据互动的基础上，物联网能够保证智能识别、分析和管理的科学性。

物联网在城市安全中的应用大有可为，以消防安全为例，辰安天泽公司设计了智慧消防整体解决方案，通过构建智能接处警系统、智能指挥系统、数字化动态预案管理系统、城市消防合规运行监测保障系统、火灾事故调查辅助服务系统、防控一体化业务应用系统、城市重大灾害事故和地质性灾害事故救援应急通信系统、防控决策分析系统和民众消防服务智能化系统九大系统，并结合云计算支持中心，从预案、风险评估、资源调度、通信服务等传统的薄弱环节作为突破口，充分利用物联网技术的优势，构建了综合性的智慧消防服务系统。

4. 边缘计算技术及应用

边缘计算技术是从云计算技术发展而来的，云计算的方式是将数据和信息都上传到云端实行批量处理，而边缘计算则是打破了必须上传到云端的限制，将许多控制或者命令在本地设备实现，通过本地边缘计算层完成所需指令，这就进一步扩大了计算的范畴和边界，也为计算技术的发展提供了更多想象空间。边缘计算主要是通过物联网实现其功能，广泛应用在工业场景、家庭场景、公共事业场景等。

相较于云计算而言，边缘计算技术的优势不言而喻，具有强大的便利性和快速性。一方面，无须上传云端的操作可以便利用户的即时需求，同时操作简便化也进一步释放了存储空间、放大了运行空间，可以分布式处理更多的指令和任务；另一方面，边缘计算在物联网中的应用契合了城市安全建设的"全覆盖"，能够保障在多线程、分布式处理进程中指令执行和实时监测的顺畅、稳定。

在安全生产领域最容易诱发安全风险的就是高危机械的运转，一旦出现故障就可能引发安全事故。而边缘计算技术在一定程度上通过信息处理的迅速和及时，能够有效避免此类安全风险。例如，一台空压机的震动传感器，每秒钟都在产生数据，并且数据相当复杂，有位移、震动、速度、温度等。将这些复杂的数据上传到云端进行分析会由于存在大量的垃圾数据而影响数据分析结果和风险治理，而边缘计算就很好地实现了对垃圾数据的处理，将有效数据上传到云端进行分析，目前的边缘计算技术能够实现提前10天对空压机的故障做出预测。

5. 视频监控技术及应用

当前的视频监控技术主要是通过高清探头精准识别人的脸部特征，并且通过图像传输，进行实时监控和管制，能够及时消除隐患和预防预警。视频监控技术在"雪亮工程"中得到了广泛的体现，也是公安警务系统的重要法宝。

视频监控技术的应用具有较大的优势。首先，视频监控技术能够在无人注意的街角或者人迹罕至的角落进行24小时的监控，保证实时性和全面性；其次，视频监控技术的人脸识别，能够精准捕捉到关注对象的有关信息，可以做到有效地预防预警；最后，通过结合有效的算法，可以智能识别异常情况，极大地便利用户的监管工作。

然而，视频监控技术也具有一定的应用局限。一方面，视频监控技术的精准对图像的存储和传输具有一定的要求；另一方面，视频监控技术的应用涉及用户的隐私问题，被监测对象的信息安全问题是其广泛应用的掣肘。

公共安全视频监控网络（雪亮工程）作为提高社会治安效能，推进社会治安防控体系建设的重点工程，逐渐向基层地区覆盖，并且成为公安治理的重要利器，但是"雪亮工程"会存储大量的敏感数据，并且还有基层地区的视频传输设备陈旧、安全防护不到位问题，都成为"雪亮工程"推进的掣肘。针对这些问题，网御星云提出了《公共安全视频监控网络安全解决方案》。针对不同的安全需求，将视频业务涉及的网络划分为前端接入区、业务终端区、安全管理区、核心交换区、公用网络区、互联网接入区等几个部分并部署相应的安全防护措施，其中与传统安全防护项目的区别是通过在区、县、乡三级平台部署视频安全防护系统，提供针对摄像机的安全准入、安全防护功能。除前端安全外，通过针对视频应用业务部署视频审计、视频防泄露、Web防火墙等防护措施保证业务应用的安全，通过安全管理平台的部署，针对全网资产、安全事件提供统一分析、管理能力。通过先进的视频监控技术和改进的防护措施，确保"雪亮工程"在基层地区的顺利落地。

6. 区块链技术及应用

区块链最早来源于比特币的开发者兼创始者中本聪（Satoshi Nakamoto）的《比特币：

一种点对点的电子现金系统》一文，该文指出区块链是比特币系统的一个底层数据结构，用于记录比特币交易账目历史。区块链是一种分布式数据存储、点对点传输、共识机制、加密算法等计算机技术的新型应用模式。依据区块链的公开程度，将其分为公有链、联盟链和私有链3个类别，目前广泛应用于金融系统、税务系统、药品监管系统等领域。

区块链技术拥有得天独厚的优势。首先，"去中心"结构能够实现节点管理的扁平化和整体系统的快速反应；其次，"去信任"架构能够减少交互过程中的交易成本，进而提高办事效率；最后，"精准化"机制能够精准识别所需要关注的焦点问题，既是对管理资源的集约利用，也能够提高管理效率。

然而，区块链技术的应用也具有一定的风险。

(1) 隐私风险，在区块链中，数据会在多个节点进行备份，天然地对用户隐私安全形成威胁；

(2) 系统性风险，这是区块链技术自身所具有的；

(3) 安全监管的风险，区块链的应用是需要将现实情境进行代码转译，而当转译代码无法与现行法律相适配时，就会诱发安全监管的风险。

在城市化进程中，房地产市场乱象丛生，成为城市安全的巨大风险点。2019年12月中旬，烟台市税务局对房地产行业进行一体化管理，采用"一事一议"方式，按照项目进行上链，记录房地产项目的地理位置区域、项目负责人、建设进度和具体情况等数据，并通过卫星探头进行区域监控，对烟台市的所有房地产项目进行数据上链，形成全覆盖的链式结构。不仅如此，将房地产项目的上下游企业的数据也全部进行上链、系统监管，包括监管房地产物料的来源以及数量，对成本数据、企业数据依据项目进行列表，清晰反映整个产业链的运行，点对点进行精准监管。同时，实时更新房地产项目的房源存量，精准把控房地产产业链的监管风险。

思 考 题

1. 城市系统的重要风险点和危险源主要包括哪些？如果让您对风险点和危险源进行排序，请给出排列顺序并说明理由。
2. 强化城市运行安全管理的措施主要包括哪些？您认为哪类措施更为重要？请说明原因。
3. 请介绍几种您较为熟悉的城市安全智能技术（至少3种），并举例说明其在实际中的应用情况。
4. 目前城市安全智能技术的应用呈现什么样的演进趋势？您认为伴随城市安全智能技术的进一步深入应用，未来还可能呈现其他哪些趋势？请具体阐释。

第 7 章　应急预案编制与演练

本章以《中华人民共和国安全生产法》《生产安全事故应急条例》《生产安全事故应急预案管理办法》等国家法律法规对于"应急预案"与"应急演练"的相关要求为基础，系统、全面地介绍了应急预案的概念、分类、制修订的程序和内容、不同类型单位场所应急预案的编制方法，应急预案演练的目的、原则、分类、步骤和方法等内容，并分享针对预案编制与应急演练所涉及的模式范本，便于有效指导企业编制应急预案与组织实施应急演练。

7.1　企业应急预案编制

7.1.1　法律法规相关要求

1. 应急预案的法律法规要求

（1）《中华人民共和国安全生产法》（2021 年修订）。

第十八条规定"生产经营单位的主要负责人对本单位安全生产工作负有下列职责：（六）组织制定并实施本单位的生产安全事故应急救援预案"。明确了组织制定并实施生产安全事故应急预案的负责人。

第三十七条规定"生产经营单位对重大危险源应当登记建档，进行定期检测、评估、监控，并制定应急预案，告知从业人员和相关人员在紧急情况下应当采取的应急措施。生产经营单位应当按照国家有关规定将本单位重大危险源及有关安全措施、应急措施报有关地方人民政府安全生产监督管理部门和有关部门备案"。明确了生产经营单位需制定针对重大危险源的应急预案。

（2）《生产安全事故应急条例》（国务院令〔2019〕第 708 号）。

第五条规定"生产经营单位应当针对本单位可能发生的生产安全事故的特点和危害，进行风险辨识和评估，制定相应的生产安全事故应急救援预案，并向本单位从业人员公布"。明确了生产经营单位在风险辨识评估的基础上编制生产安全事故应急救援预案。

第六条规定"生产安全事故应急救援预案应当符合有关法律、法规、规章和标准的规定，具有科学性、针对性和可操作性，明确规定应急组织体系、职责分工以及应急救援程序和措施。有下列情形之一的，生产安全事故应急救援预案制定单位应当及时修订相关预案：

（一）制定预案所依据的法律、法规、规章、标准发生重大变化；

（二）应急指挥机构及其职责发生调整；

（三）安全生产面临的风险发生重大变化；

（四）重要应急资源发生重大变化；

（五）在预案演练或者应急救援中发现需要修订预案的重大问题；

（六）其他应当修订的情形"。该条明确了生产经营单位生产安全事故应急救援预案的修订条件。

第七条规定"县级以上人民政府负有安全生产监督管理职责的部门应当将其制定的生产安全事故应急救援预案报送本级人民政府备案；易燃易爆物品、危险化学品等危险物品的生产、经营、储存、运输单位，矿山、金属冶炼、城市轨道交通运营、建筑施工单位，以及宾馆、商场、娱乐场所、旅游景区等人员密集场所经营单位，应当将其制定的生产安全事故应急救援预案按照国家有关规定报送县级以上人民政府负有安全生产监督管理职责的部门备案，并依法向社会公布"。该条明确了需要编制生产安全事故应急救援预案的企业类型。

(3)《生产安全事故应急预案管理办法》（应急管理部令〔2019〕第2号）。

第三条规定"应急预案的管理实行属地为主、分级负责、分类指导、综合协调、动态管理的原则"。明确了应急预案管理原则。

第五条规定"生产经营单位主要负责人负责组织编制和实施本单位的应急预案，并对应急预案的真实性和实用性负责；各分管负责人应当按照职责分工落实应急预案规定的职责"。明确了生产经营单位主要负责人与各分管负责人应急预案管理职责。

第六条规定"生产经营单位应急预案分为综合应急预案、专项应急预案和现场处置方案。

综合应急预案，是指生产经营单位为应对各种生产安全事故而制定的综合性工作方案，是本单位应对生产安全事故的总体工作程序、措施和应急预案体系的总纲。

专项应急预案，是指生产经营单位为应对某一种或者多种类型生产安全事故，或者针对重要生产设施、重大危险源、重大活动防止生产安全事故而制定的专项性工作方案。

现场处置方案，是指生产经营单位根据不同生产安全事故类型，针对具体场所、装置或者设施所制定的应急处置措施"。该条明确了应急预案分类及定义。

第七条规定"应急预案的编制应当遵循以人为本、依法依规、符合实际、注重实效的原则，以应急处置为核心，明确应急职责、规范应急程序、细化保障措施"。明确了应急预案编制原则。

第八条规定"应急预案的编制应当符合下列基本要求：

（一）有关法律、法规、规章和标准的规定；

（二）本地区、本部门、本单位的安全生产实际情况；

（三）本地区、本部门、本单位的危险性分析情况；

（四）应急组织和人员的职责分工明确，并有具体的落实措施；

（五）有明确、具体的应急程序和处置措施，并与其应急能力相适应；

（六）有明确的应急保障措施，满足本地区、本部门、本单位的应急工作需要；

（七）应急预案基本要素齐全、完整，应急预案附件提供的信息准确；

（八）应急预案内容与相关应急预案相互衔接"。该条明确了编制应急预案应满足的基本要求。

第九条规定"编制应急预案应当成立编制工作小组，由本单位有关负责人任组长，吸收与应急预案有关的职能部门和单位的人员，以及有现场处置经验的人员参加"。强调编制应急预案应当成立编制工作小组及成员构成。

第十条规定"编制应急预案前，编制单位应当进行事故风险辨识、评估和应急资源调查。

事故风险辨识、评估，是指针对不同事故种类及特点，识别存在的危险危害因素，分析事故可能产生的直接后果以及次生、衍生后果，评估各种后果的危害程度和影响范围，提出防范和控制事故风险措施的过程。

应急资源调查，是指全面调查本地区、本单位第一时间可以调用的应急资源状况和合作区域内可以请求援助的应急资源状况，并结合事故风险辨识评估结论制定应急措施的过程"。该条强调开展风险辨识评估与应急资源调查。

第十一条规定"地方各级人民政府应急管理部门和其他负有安全生产监督管理职责的部门应当根据法律、法规、规章和同级人民政府以及上一级人民政府应急管理部门和其他负有安全生产监督管理职责的部门的应急预案，结合工作实际，组织编制相应的部门应急预案。

部门应急预案应当根据本地区、本部门的实际情况，明确信息报告、响应分级、指挥权移交、警戒疏散等内容"。该条明确地方各级人民政府应急管理部门和其他相关组织编制相应的应急预案。

第十二条规定"生产经营单位应当根据有关法律、法规、规章和相关标准，结合本单位组织管理体系、生产规模和可能发生的事故特点，与相关预案保持衔接，确立本单位的应急预案体系，编制相应的应急预案，并体现自救互救和先期处置等特点"。该条强调生产经营单位应急预案体系的构建与应急预案的编制要合法、合规、切合实际。

第十三条规定"生产经营单位风险种类多、可能发生多种类型事故的，应当组织编制综合应急预案。综合应急预案应当规定应急组织机构及其职责、应急预案体系、事故风险描述、预警及信息报告、应急响应、保障措施、应急预案管理等内容"。明确了综合应急预案编制的要求。

第十四条规定"对于某一种或者多种类型的事故风险，生产经营单位可以编制相应的专项应急预案，或将专项应急预案并入综合应急预案。专项应急预案应当规定应急指挥机构与职责、处置程序和措施等内容"。明确了专项应急预案编制的要求。

第十五条规定"对于危险性较大的场所、装置或者设施，生产经营单位应当编制现场处置方案。现场处置方案应当规定应急工作职责、应急处置措施和注意事项等内容。事故风险单一、危险性小的生产经营单位，可以只编制现场处置方案"。明确了现场处置方案编制的要求。

第十六条规定"生产经营单位应急预案应当包括向上级应急管理机构报告的内容、应急组织机构和人员的联系方式、应急物资储备清单等附件信息。附件信息发生变化时，应当及时更新，确保准确有效"。强调编制综合应急预案。

第十七条规定"生产经营单位组织应急预案编制过程中，应当根据法律、法规、规章的规定或者实际需要，征求相关应急救援队伍、公民、法人或者其他组织的意见"。强调应急预案编制内容应征求相关组织意见。

第十八条规定"生产经营单位编制的各类应急预案之间应当相互衔接，并与相关人民政府及其部门、应急救援队伍和涉及的其他单位的应急预案相衔接"。强调了应急预案之间的衔接。

第十九条规定"生产经营单位应当在编制应急预案的基础上，针对工作场所、岗位的特点，编制简明、实用、有效的应急处置卡。应急处置卡应当规定重点岗位、人员的应急处置程序和措施，以及相关联络人员和联系方式，便于从业人员携带"。明确已编制应急处置卡的要求。

第二十条规定"地方各级人民政府应急管理部门应当组织有关专家对本部门编制的部门应急预案进行审定；必要时，可以召开听证会，听取社会有关方面的意见"。强调了对应急预案进行审定。

第二十一条规定"矿山、金属冶炼企业和易燃易爆物品、危险化学品的生产、经营（带储存设施的，下同）、储存、运输企业，以及使用危险化学品达到国家规定数量的化工企业、烟花爆竹生产、批发经营企业和中型规模以上的其他生产经营单位，应当对本单位编制的应急预案进行评审，并形成书面评审纪要。前款规定以外的其他生产经营单位可以根据自身需要，对本单位编制的应急预案进行论证"。该条明确了需要组织对应急预案进行评审的企业类型。

第二十二条规定"参加应急预案评审的人员应当包括有关安全生产及应急管理方面的专家。评审人员与所评审应急预案的生产经营单位有利害关系的，应当回避"。明确了参加预案评审人员的条件。

第二十三条规定"应急预案的评审或者论证应当注重基本要素的完整性、组织体系的合理性、应急处置程序和措施的针对性、应急保障措施的可行性、应急预案的衔接性等内容"。明确了预案评审需要关注的要点。

第二十四条规定"生产经营单位的应急预案经评审或者论证后，由本单位主要负责人签署，向本单位从业人员公布，并及时发放到本单位有关部门、岗位和相关应急救援队伍。事故风险可能影响周边其他单位、人员的，生产经营单位应当将有关事故风险的性质、影响范围和应急防范措施告知周边的其他单位和人员"。明确了应急预案的签署与发布。

第二十五条规定"地方各级人民政府应急管理部门的应急预案，应当报同级人民政府备案，同时抄送上一级人民政府应急管理部门，并依法向社会公布。地方各级人民政府其他负有安全生产监督管理职责的部门的应急预案，应当抄送同级人民政府应急管理部门"。明确了政府部门应急预案的备案与公布。

第二十六条规定"易燃易爆物品、危险化学品等危险物品的生产、经营、储存、运输单位，矿山、金属冶炼、城市轨道交通运营、建筑施工单位，以及宾馆、商场、娱乐场所、旅游景区等人员密集场所经营单位，应当在应急预案公布之日起20个工作日内，按照分级属地原则，向县级以上人民政府应急管理部门和其他负有安全生产监督管理职责的部门进行备案，并依法向社会公布。

前款所列单位属于中央企业的，其总部（上市公司）的应急预案，报国务院主管的负有安全生产监督管理职责的部门备案，并抄送应急管理部；其所属单位的应急预案报所在地的省、自治区、直辖市或者设区的市级人民政府主管的负有安全生产监督管理职责的部门备案，并抄送同级人民政府应急管理部门。

本条第一款所列单位不属于中央企业的，其中非煤矿山、金属冶炼和危险化学品生产、经营、储存、运输企业，以及使用危险化学品达到国家规定数量的化工企业、烟花爆竹生产、批发经营企业的应急预案，按照隶属关系报所在地县级以上地方人民政府应急管理部门备案；本款前述单位以外的其他生产经营单位应急预案的备案，由省、自治区、直辖市人民政府负有安全生产监督管理职责的部门确定。

油气输送管道运营单位的应急预案，除按照本条第一款、第二款的规定备案外，还应当抄送所经行政区域的县级人民政府应急管理部门。

海洋石油开采企业的应急预案,除按照本条第一款、第二款的规定备案外,还应当抄送所经行政区域的县级人民政府应急管理部门和海洋石油安全监管机构。

煤矿企业的应急预案除按照本条第一款、第二款的规定备案外,还应当抄送所在地的煤矿安全监察机构"。该条明确了不同生产经营单位预案的备案时限与部门。

第二十七条规定"生产经营单位申报应急预案备案,应当提交下列材料:

(一)应急预案备案申报表;

(二)本办法第二十一条所列单位,应当提供应急预案评审意见;

(三)应急预案电子文档;

(四)风险评估结果和应急资源调查清单"。该条明确了预案备案所需提交的材料。

第二十八条规定"受理备案登记的负有安全生产监督管理职责的部门应当在5个工作日内对应急预案材料进行核对,材料齐全的,应当予以备案并出具应急预案备案登记表;材料不齐全的,不予备案并一次性告知需要补齐的材料。逾期不予备案又不说明理由的,视为已经备案。对于实行安全生产许可的生产经营单位,已经进行应急预案备案的,在申请安全生产许可证时,可以不提供相应的应急预案,仅提供应急预案备案登记表"。强调了受理预案备案登记有关部门的审核要求。

第三十五条规定"应急预案编制单位应当建立应急预案定期评估制度,对预案内容的针对性和实用性进行分析,并对应急预案是否需要修订作出结论。矿山、金属冶炼、建筑施工企业和易燃易爆物品、危险化学品等危险物品的生产、经营、储存、运输企业、使用危险化学品达到国家规定数量的化工企业、烟花爆竹生产、批发经营企业和中型规模以上的其他生产经营单位,应当每3年进行一次应急预案评估。应急预案评估可以邀请相关专业机构或者有关专家、有实际应急救援工作经验的人员参加,必要时可以委托安全生产技术服务机构实施"。该条明确了应急预案评估时限要求与评估专家要求。

第三十六条规定"有下列情形之一的,应急预案应当及时修订并归档:

(一)依据的法律、法规、规章、标准及上位预案中的有关规定发生重大变化的;

(二)应急指挥机构及其职责发生调整的;

(三)安全生产面临的风险发生重大变化的;

(四)重要应急资源发生重大变化的;

(五)在应急演练和事故应急救援中发现需要修订预案的重大问题的;

(六)编制单位认为应当修订的其他情况"。该条明确了应急预案的修订条件。

第三十七条规定"应急预案修订涉及组织指挥体系与职责、应急处置程序、主要处置措施、应急响应分级等内容变更的,修订工作应当参照本办法规定的应急预案编制程序进行,并按照有关应急预案报备程序重新备案"。强调了预案修订相关内容,需重新备案。

(4)《关于进一步加强企业安全生产工作的通知》(国发〔2010〕23号)。

第十七条规定"完善企业应急预案。企业应急预案要与当地政府应急预案保持衔接,并定期进行演练。赋予企业生产现场带班人员、班组长和调度人员在遇到险情时第一时间下达停产撤人命令的直接决策权和指挥权。因撤离不及时导致人身伤亡事故的,要从重追究相关人员的法律责任"。强调了企业应急预案与当地政府应急预案的衔接与事故初期处置现场人员的指挥决策权。

(5)《关于进一步加强安全生产应急预案管理工作的通知》(安委办〔2015〕11号)。

该通知中第二部分,严格落实应急预案管理责任中规定:

"(一)强化生产经营单位主体责任。生产经营单位要把应急预案工作纳入本单位安全生产总体布局,同步规划、同步实施,落实机构、人员和经费,切实做好应急预案的编制与实施工作。生产经营单位主要负责人是本单位应急预案工作的第一责任人,负责组织制定并实施本单位的应急预案;各分管负责人要按职责分工落实分管领域的应急预案工作责任。

(二)落实属地管理责任。地方各级安委会要建立应急预案属地监管机制,将应急预案工作纳入本级安委会工作内容,定期研究落实应急预案工作。要督促有关部门履行在应急预案编制实施、监督管理等方面的职责。要组织有关部门制定本行政区域内专项应急预案,监督本行政区域内有关部门编制和实施好部门应急预案,推动有关部门广泛深入地开展应急预案培训、演练、修订等工作。要落实政企应急预案衔接责任,在政府相关预案中明确生产经营单位在信息报告、警戒疏散、指挥权转移、医疗救治、交通控制等方面的衔接要求。

(三)落实部门监管责任。负有安全生产监督管理职责的部门要履行应急预案监督管理责任,负责本部门应急预案的编制与实施工作,监督管理本行业、领域生产经营单位的应急预案工作,研究制定规章标准、督促生产经营单位编制预案、做好预案衔接、规范预案评审备案等。"

这一部分主要强调生产经营单位应急预案主体责任,落实政府属地管理与部门监管责任。

该通知中第三部分,深入开展应急预案修订工作中规定:

"(一)不断推进应急预案简明化。生产经营单位要结合本单位实际,梳理和明确不同层级间应对事故的职责和措施,在保证衔接性的基础上避免应急预案内容重复,并可根据本单位的实际情况确定是否编制专项预案。生产经营规模小、安全生产风险种类少、事故危害程度低、从业人员数量少的生产经营单位可仅编制现场处置方案。要大力推广应用应急处置卡,明确重点岗位、重点环节在事故处置中的具体处置措施。

(二)切实开展风险评估和应急资源调查。风险评估和应急资源调查是预案编制、修订的基础。编制和修订应急预案前，必须认真、科学识别本地区、本部门、本单位存在的安全生产风险，分析可能发生的事故类型、后果、危害程度和影响范围，提出防范和控制风险的措施；必须全面调查掌握本地区、本部门、本单位第一时间可调用的应急队伍、装备、物资及场所等应急资源状况和合作区域内可请求援助的应急资源状况，结合风险评估结果制定应急响应措施。应急预案应附有风险评估结果和应急资源调查清单。

（三）加强政企预案衔接与联动。地方各级安委会、有关部门和生产经营单位应急预案中要增加预案衔接内容，在做好不同层级应急预案衔接的基础上，明确生产经营单位与属地政府应急预案的衔接。生产经营单位应急响应级别可按照事故是否超出厂区范围、自身应急能力能否满足应急处置需要、危及人员数量等因素综合划定。生产经营单位不同层级应急预案应明确应急响应启动条件和影响范围。"

这一部分主要强调应急预案的简明化、预案编制前的风险辨识评估与应急资源调查、政企联动。

该通知中第五部分，强化应急预案备案管理和监督检查规定：

"（一）严格应急预案备案管理。按照分级属地原则，健全完善应急预案备案制度。各级安全监管部门负责非煤矿山、金属冶炼、危险化学品的生产、经营、存储和油气输送管道运营等生产经营单位的应急预案备案工作。其他生产经营单位应急预案向所在地其他负有安全生产监督管理职责的部门备案并抄送同级安全监管部门。要将应急预案体系建设作为安全生产标准化创建的重要内容，在标准化创建评审中加大应急预案权重，推动生产经营单位应急预案工作。

（二）加大对应急预案工作的监管监察执法力度。各地区、各有关部门要将应急预案工作列入各级安全监管监察执法范围，将应急预案编制、备案和实施等内容作为安全生产检查、督查、专项行动的重要内容，通过加大执法检查力度推动重点行业生产经营单位应急预案工作。要以"四不两直"暗查暗访等方式组织开展应急预案专项检查，并通过主流媒体及时予以公开，选择典型案例进行曝光，增强执法检查震慑作用。"

这一部分主要强调政府对生产经营单位的应急预案备案与监管检查执法力度。

2. 应急预案编制注意事项

（1）应急预案编制小组人员不合适。应急预案编制的第一步是建立团队。在此基础上，团队成员的全面性和正确性直接决定了应急预案编制的质量。当前，很多企业在组建应急预案编制团队的过程中存在 3 个主要问题。首先，负责组织应急预案编制团队的领导者通常对于应急预案的重视程度不足；其次，目前部分企业的应急预案团队中员工过于单一，影响了应急预案编制的科学性与合理性；第三，部分企业编制的应急预案流于形式，过于依赖外部专家完成应急预案编制工作。

（2）危险性分析和应急能力评估较为薄弱。在应急预案编制与管理中，危险性分析以及应急能力评估是非常关键的内容。所谓危险性分析主要指的是危害识别以及风险分析。危害识别过程中工作人员需要严格按照相关法律法规的规定，对可能出现的一些危险因素进行识别，并将其作为之后进行风险控制的目标。风险分析过程中要综合考量各种潜在的风险与安全隐患，并对这些风险因素进行汇总分析，按照判定的结果将危险等级进行划分，然后在此基础上进行应急预案的编制。但在实际的应急预案编制过程中，对于危害识别以及风险分析重视程度不足，因此也就导致应急预案可能存在一些安全隐患。

（3）预案内容科学性、可操作性差。

①预案内容简单，针对性不强。由于受人员素质、技术水平、专业知识等多种因素的限制，应急预案缺乏可行性评估，普遍存在对应急能力需求和应急救援体系脆弱分析等不足，预案框架结构不合理，责任和功能不清晰；危险源和危险目标确定不准，对可能发生的事故以及后果的预测与实际不符等问题。

②应急预案的可操作性差。预案是否可行主要看其是否具有良好的可操作性。普遍存在的问题是应急预案的编制未能充分明确和考虑突发事件可能存在的重大危险及其后果，也未能结合自身应急能力的实际对一些关键信息进行系统而准确的描述，导致应急预案不易操作，难以起到应有的作用。

③预案修订完善不及时。有的单位相关人员已调动，场地也已变动，但预案没有及时修订，造成责任分工不明确，不符合实际。在灾难发生时，极易造成预案无法发挥指导事故应急救援工作的作用。

7.1.2 应急预案编制实践

应急预案的编制过程主要包括策划编制方案、成立编制工作组、资料收集、风险辨识评估、应急资源调查、应急预案编制、应急预案评审（桌面推演、技术评审、管理评审）和批准实施9个步骤，如图7-1所示。

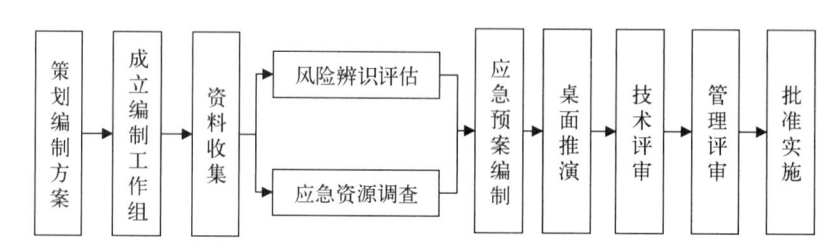

图 7-1 应急预案编制程序示意图

1. 应急预案的编制

（1）策划编制方案。企业在开展应急预案编制工作之前应该进行编制的策划工作，完善的策划工作有利于提高应急预案编制的有效性及科学性，编制方案如表7-1所示。

表7-1 应急预案制（修）订工作方案

1 工作目的
根据实际工作需要填写。
2 主要依据
国家法律法规、企业规章制度要求。
3 组织机构
3.1 应急预案编制领导小组
组　长：×××
成　员：×××；×××
提示：应急预案编制修订工作领导小组，由涉及主要部门的领导参加、组长由应急预案编制部门或单位有关负责人担任。
3.2 应急预案编制技术小组
组　长：×××
副组长：×××；×××
成　员：×××；×××；×××
提示：应急预案编制技术小组涉及主要部门和单位业务相关人员、有关专家及有现场处置经验的人员参加。
4 工作任务安排
5 附件
（发布单位或部门）
联 系 人：
联系电话：

（2）成立编制工作组。依据《生产安全事故应急预案管理办法》的规定，生产经营单位主要负责人负责组织编制和实施本单位的应急预案，并对应急预案的真实性和实用性负责；各分管负责人应当按照职责分工落实应急预案规定的职责。

结合本单位部门职能和分工，成立由本组织应急领导小组主要负责人担任组长的应急预案编制领导小组，成员由各预案相关业务的分管领导及其他分管领导组成。下设工作组、技术组。

工作组成员由应急预案主管、分管部门的人员组成，应急预案主管、分管部门负责组织落实相关应急预案的编制、修订、评审、备案，以及所属单位各类各级预案的编制指导、管理备案等工作。工作组中应邀请相关救援队伍以及周边相关企业、单位或社区代表参加。

技术组成员由管理人员、技术人员、救援人员、专家及有现场处置经验的人员组成，吸纳工艺、设备、安全、消防等方面的技术人员参加，提供在专业方面的技术支持。编制机构和人员职责如表7-2所示。

表7-2 编制机构和人员职责

（一）领导组	
组　长	主要负责人
副组长	各专项预案相关业务的分管负责人及其他分管负责人
工作职责	牵头组织并全面负责应急预案编制工作
	负责协调各类资源，解决在应急预案编制过程中的各类问题
	审批工作方案、把控应急预案编制工作进度、审批应急预案初稿
（二）工作小组	
组　长	应急管理机构负责人担任
副组长	相关应急预案管理机构主要负责人担任
主要成员	相关应急预案管理机构人员等
工作职责	起草应急预案具体内容
	向领导小组汇报应急预案编制工作进展及成果
	开展相关工作
（三）技术支持组	
组　长	应急管理机构负责人担任
成　员	工艺、设备、安全、消防以及应急管理方面的专家等人员组成
工作职责	开展技术支持工作

(3) 资料收集。企业应急预案编制工作小组应收集与应急预案编制工作相关的资料，包括：适用的法律法规、部门规章、地方性法规和政府规章、技术标准、规范性文件；周边地质、地形、环境、气象条件、水文条件、交通条件等资料；现场功能区划分、建（构）筑物平面布置、安全距离等资料；工艺流程、工艺参数、作业条件、设备装置、危险源等生产信息资料；历史事故与隐患、国内外同行业事故资料；属地政府及周边企业、单位应急预案等。

通过收集上述资料并在应急预案编制过程中作为参考，保证制定的应急预案符合相应的法律法规及规范要求，确保在实际突发状况发生时应急预案的针对性、科学性、可操作性以及与其他各级政府企事业单位的联动性。

①以下列举了部分法律法规、部门规章、技术标准、规范性文件的目录。

《中华人民共和国安全生产法》《中华人民共和国突发事件应对法》《中华人民共和国特种设备安全法》《中华人民共和国石油天然气管道保护法》《生产安全事故报告和调查处理条例》《生产安全事故应急条例》《特种设备安全监察条例》《关于进一步加强企业安全生产工作的通知》《关于进一步加强安全生产应急预案管理工作的通知》《突发事件应急预案管理办法》《生产安全事故应急预案管理办法》《生产经营单位生产安全事故应急预案评审指南（试行）》《安全生产培训管理办法》《突发环境事件应急管理办法》《突发环境事件应急预案管理暂行办法》《企业突发环境事件风险评估指南（试行）》《企业事业单位突发环境事件应急预案备案管理办法（试行）》《中央企业应急管理暂行办法》《生产经营单位生产安全事故应急预案编制导则》《特种设备事故应急预案编制导则》。

②企业周边地质、地形、环境、气象条件、水文条件、交通条件等资料查询途径可以参考水利部信息中心、国家气象科学数据共享服务中心、中国气象局、国家地理信息公共服务平台、地理空间数据云和地理国情监测云平台等的网站。

③现场功能区划分、建（构）筑物平面布置、安全距离、工艺流程、工艺参数、作业条件、设备装置、危险源等生产信息资料可以参考安评、环评报告等资料。

④历史事故与隐患、国内外同行业事故资料可参考相关著作。

（4）风险辨识评估。依据《生产安全事故应急条例》《生产安全事故应急预案管理办法》《生产经营单位生产安全事故应急预案编制导则》等国家法律法规、部门规章制度与企业标准的要求，在编制应急预案前，组织开展风险辨识、评估工作，撰写风险辨识评估报告。

企业的安全与应急管理工作应该围绕风险而展开。应急管理是基于风险的"事前有准备、事发有响应、事中有程序、事后有措施"的全过程管理，在应急预案编制之前要系统全面地分析面临的风险情况，识别存在的危险有害因素，确定可能发生的事故类别，分析事故发生的可能性、危害后果和影响范围，事故风险的类别及风险等级，得出企业应急预案体系建设的建议。

对于应急预案编制前开展风险辨识评估，编制风险辨识、评估报告等工作，目前国家和行业层面还没有明确的技术要求，相关的管理实践经验也不成熟。本书提出了企业开展风险辨识评估工作、编制评估报告的技术要求和报告要素，可以根据实际参考使用。

开展风险辨识评估首先应选用工作安全分析（JSA）、危险性与可操作性分析（HAZOP）等方法对辨识出的危害因素进行风险分析，其次是选用作业条件危险性分析（LEC）、风险矩阵分析法（RAM）等方法进行风险等级的划分。下面介绍了以风险矩阵分析法为例，在确定风险概率和事故后果严重程度的基础上，明确风险等级划分标准，建立风险矩阵的方法。风险辨识评估报告如表 7-3 所示。

表 7-3 风险辨识评估报告

1 危险有害因素辨识
描述生产经营单位危险有害因素辨识的情况（可用列表形式表述）
2 事故风险分析
描述生产经营单位事故风险的类型、事故发生的可能性、危害后果和影响范围（可用列表形式表述）
3 事故风险评价
描述生产经营单位事故风险的类别及风险等级（可用列表形式表述）
得出生产经营单位应急预案体系建设的计划建议
备注：出自《生产经营单位生产安全事故应急预案编制导则》（GB/T 29639—2020）

（5）应急资源调查。按照《生产安全事故应急条例》《生产安全事故应急预案管理办法》《生产经营单位生产安全事故应急预案编制导则》等国家法律法规、部门规章制度与企业标准的要求，在编制应急预案前，组织开展应急资源调查。

全面调查和客观分析本单位以及周边单位和政府部门可请求援助的应急资源状况，撰写应急资源调查报告，主要包括单位内部应急资源、单位外部应急资源以及应急资源差距分析。

同样，对于开展应急资源调查工作而言，目前国家和行业层面还没有明确的技术要求，相关的管理实践经验也不成熟。本书提出了企业开展应急资源调查工作、编制评估报告的技术要求和报告要素，可以根据实际参考使用。如表 7-4～表 7-13 所示。

表 7-4 应急管理人员调查表

序号	姓名	工作单位/部门	岗位	职务	联系电话	备注

注：本表调查内容为专职的应急管理人员和应急管理为主要（重要）职责的人员，如应急中心人员、安全环保部应急人员、XX车间应急负责人。

第 7 章　应急预案编制与演练

表 7-5　应急队伍基本信息调查表

序号	队伍名称	队伍类型	成立时间	主管部门	专业人数	专长及能力	应急值班电话	所在地		负责人	
								详细地址	经纬度	姓名	联系电话

注：本表调查内容以专业的应急抢险救援队伍为主。
1. 队伍名称：填写队伍的规范全称，如××应急救援中心；或依据承担的主要任务填写全称，如××公司应急监测队。
2. 队伍类型：选择政府自建、企业自建、政企合建填写。
3. 专业人数：指可以直接参与抢险救援的人数，不包括后勤、管理人员。
4. 主要装备：本队伍拥有的、直接可用的主要装备名称。
5. 专长及能力：描述本队伍擅长处置的事件及能力，可列出参与的事件名称。
6. 队伍所在地地址：填写至门牌号。

表 7-6　应急专家基本信息调查表

序号	姓名	性别	工作单位	专业类别	技术职称	擅长领域	工作地址	联系电话

表 7-7　应急装备基本信息调查表

序号	名称	类别	型号	规格	性能用途	储备量	购置日期	所属单位	所在地		负责人		备注
									详细地址	经纬度	姓名	联系电话	

注：1. 名称：可以根据如表 7-11 所示的"重点应急物资及装备清单"规范填写。
2. 类别：选择自储、代储、协议储存、其他填写。
3. 型号：生产厂家确定的装备型号。

表 7-8　应急物资基本信息调查表

序号	名称	类别	品牌	型号	主要用途	储备量	报废日期	所属单位	所在地		负责人		备注
									详细地址	经纬度	姓名	联系电话	

注：1. 名称：可以根据表 7-11 所示的"重点应急物资及装备清单"规范填写。
2. 类别：选择自储、代储、协议储存、其他填写。
3. 品牌：填写物资的商标品牌。
4. 型号：填写物资的规格型号。
5. 主要用途：物资在应急中的主要用途。
6. 储存量：单位为吨、件或其他规范的单位。

表 7-9　应急设施与固定场所调查表

序号	名称	类型	性质	占地面积	容量或能力	所在地		负责人		备注
						详细地址	经纬度	姓名	联系电话	

表 7-10　协议应急资源调查表

序号	类别	单位名称	主要能力	协议名称	协议有效期
	协议储备单位				
	协议救援单位				
	协议监测单位				

注：协议单位包括应急状态下可调配使用的单位。

表 7-11　重点应急物资及装备清单

类别	应急物资名称
火灾处置	消防车（船、飞机）；大功率水泵车；泡沫供应车；灭火器；风力灭火机；移动式排烟机；灭火拖把等
溢油应急处置	应急溢油清污船；溢油回收装备（收油机）；消油剂喷洒装置；油污土壤清洗车；含油废弃物焚烧装备；含油泥沙油分离装备；阻燃型围油栏；吸油毡；吸油索；隔油浮漂；凝油剂；消油剂；收油网；储油罐等
危险化学品处置	强酸、碱洗消器（剂）；洗消喷淋器；洗消液均混罐；移动式高压洗消泵；高压清洗机；洗消帐篷；生化细菌洗消器（剂）等
通用工具	普通五金工具；铁锹（铲）；铁（钢）钎；斧子；十字镐；大锤；挠钩；撬棍；滚杠；绳索；电钻；电锯；无齿锯；链锯等
破拆起重	切割工具；扩张工具；破碎工具；牵拉、液压和气动顶撑；吊车、叉车；葫芦、绞盘、千斤顶等
应急动力	汽柴油发动机；燃油发电机组；应急发电车（轮式、轨式）；应急电源车等
通用防护	安全帽（头盔）；手套；安全鞋；工作服；安全警示背心；垫肩；护膝；护肘；防护镜；雨衣；水靴；呼吸面具；氧气（空气）呼吸器；呼吸器充填泵等
消防防护	消防头盔；消防手套；消防靴；避火服（防火服）；隔热服等
现场照明	手电筒；防风灯；防水灯；探照灯；应急灯；移动式升降照明灯组；抢险照明车；帐篷灯；蜡烛；荧光棒；头灯等
监测	温度（热量）测量仪表；土壤分析仪；水质分析仪；有毒有害气体检测仪；化学品检测仪；爆炸物检测仪；重金属监测仪等

表 7-12 （企业名称）环境应急资源调查汇总表

1. 调查概述				
调查开始时间		年　月　日	调查结束时间	年　月　日
调查负责人姓名			联系人/电话	
2. 调查结果				
应急管理人员情况	专职人员□有，人；□无			
	兼职人员□有，人；□无			
抢险救援队伍情况	自建监测队伍□有，人；□无			
	自建救援队伍□有，人；□无			
	自建处置队伍□有，人；□无			
	协议抢险救援队伍□有，队伍名称：□无			
应急专家情况	□有，人；□无			
应急物资情况	物资品种：种；			
	是否有外部协议储备：□有，份；□无			
应急装备情况	装备品种：种；			
	是否有外部协议储备：□有，份；□无			
应急场所情况	储存□有；□无			
	处理□有；□无			
	指挥□有；□无			
	其他			
3. 调查质量控制与管理				
是否对企业自身储备的物资和装备信息进行了现场核实：□有；□无				
是否建立了应急物资信息档案：□有；□无				
是否建立了应急物资信息及时更新的机制：□有；□无				
4. 调查资源能否与应急响应需求匹配的分析结论（可选）				
□完全满足；□满足；□基本满足；□不能满足				

表 7-13 （企业名称）应急资源调查报告大纲

1 单位内部应急资源
按照应急资源的分类，分别描述相关应急资源的基本现状、功能完善程度、受可能发生的事故的影响程度（可用列表形式表述）
2 单位外部应急资源
描述本单位能够调查或掌握可用于参与事故处置的外部应急资源情况（可用列表形式表述）
3 应急资源差距分析
依据风险评估结果得出本单位的应急资源需求，与本单位现有内外部应急资源对比，提出本单位内外部应急资源补充建议
备注：出自《生产经营单位生产安全事故应急预案编制导则》（GB/T 29639—2020）

（6）应急预案编制。依据《生产经营单位生产安全事故应急预案编制导则》，根据风险评估及应急资源调查结果，结合本单位组织管理体系、生产规模和可能发生的事故类型，以应急处置为核心，体现自救互救和先期处置的特点，确立本单位的应急预案体系，编制相应的综合应急预案、专项应急预案、现场处置方案以及岗位应急处置卡，如表7-14~表7-17所示。

表7-14 突发事件总体（综合）应急预案

1 总则

1.1 适用范围

说明应急预案适用的范围。

1.2 响应分级

依据事故危害程度、影响范围和生产经营单位控制事态的能力，对事故应急响应进行分级，明确分级响应的基本原则。响应分级不可照搬事故分级。

2 应急组织机构及职责

明确应急组织形式（可用图示）及构成单位（部门）的应急处置职责。应急组织机构可设置相应的工作小组，各小组具体构成、职责分工及行动任务以工作方案的形式作为附件。

3 应急响应

3.1 信息报告

3.1.1 信息接报

明确应急值守电话、事故信息接收、内部通报程序、方式和责任人，向上级主管部门、上级单位报告事故信息的流程、内容、时限和责任人，以及向本单位以外的有关部门或单位通报事故信息的方法、程序和责任人。

3.1.2 信息处置与研判

3.1.2.1 明确响应启动的程序和方式。根据事故性质、严重程度、影响范围和可控性，结合响应分级明确的条件，可由应急领导小组作出响应启动的决策并宣布，或者依据事故信息是否达到响应启动的条件自动启动。

3.1.2.2 若未达到响应启动条件，应急领导小组可做出预警启动的决策，做好响应准备，实时跟踪事态发展。

3.1.2.3 响应启动后，应注意跟踪事态发展，科学分析处置需求，及时调整响应级别，避免响应不足或过度响应。

3.2 预警

3.2.1 预警启动

明确预警信息发布渠道、方式和内容。

3.2.2 响应准备

明确做出预警启动后应开展的响应准备工作，包括队伍、物资、装备、后勤及通信。

3.2.3 预警解除

明确预警解除的基本条件、要求及责任人。

3.3 响应启动

确定响应级别，明确响应启动后的程序性工作，包括应急会议召开、信息上报、资源协调、信息公开、后勤及财力保障工作。

3.4 应急处置

明确事故现场的警戒疏散、人员搜救、医疗救治、现场监测、技术支持、工程抢险及环境保护方面的应急处置措施，并明确人员防护的要求。

续表

3.5 应急支援 明确当事态无法控制情况下，向外部（救援）力量请求支援的程序及要求、联动程序及要求，以及外部（救援）力量到达后的指挥关系。 **3.6 响应终止** 明确响应终止的基本条件、要求和责任人。 **4 后期处置** 明确污染物处理、生产秩序恢复、人员安置方面的内容。 **5 应急保障** **5.1 通信与信息保障** 明确应急保障的相关单位及人员通信联系方式和方法，以及备用方案和保障责任人。 **5.2 应急队伍保障** 明确相关的应急人力资源，包括专家、专兼职应急救援队伍及协议应急救援队伍。 **5.3 物资装备保障** 明确本单位的应急物资和装备的类型、数量、性能、存放位置、运输及使用条件、更新及补充时限、管理责任人及其联系方式，并建立台账。 **5.4 其他保障** 根据应急工作需求而确定的其他相关保障措施（如：能源保障、经费保障、交通运输保障、治安保障、技术保障、医疗保障及后勤保障）。 注：5.1~5.4 的相关内容，尽可能在应急预案的附件中体现。 备注：出自《生产经营单位生产安全事故应急预案编制导则》（GB/T 29639—2020）。

表 7-15 突发事件专项应急预案

1 适用范围 说明专项应急预案适用的范围，以及与综合应急预案的关系。 **2 应急组织机构及职责** 明确应急组织形式（可用图示）及构成单位（部门）的应急处置职责；应急组织机构以及各成员单位或人员的具体职责；应急组织机构可以设置相应的应急工作小组，各小组具体构成、职责分工及行动。任务建议以工作方案的形式作为附件。 **3 响应启动** 明确响应启动后的程序性工作，包括应急会议召开、信息上报、资源协调、信息公开、后勤及财力保障工作。 **4 处置措施** 针对可能发生的事故风险、危害程度和影响范围，明确应急处置指导原则，制定相应的应急处置措施。 **5 应急保障** 根据应急工作需求明确保障的内容。 注：专项应急预案包括但不限于上述 1~4 的内容。 备注：出自《生产经营单位生产安全事故应急预案编制导则》（GB/T 29639—2020）。

表 7-16　现场处置方案

1 事故风险描述
简述事故风险评估的结果（可用列表的形式附在附件中）。
2 应急工作职责
明确应急组织分工和职责。
3 应急处置
主要包括以下内容：
应急处置程序：根据可能发生的事故及现场情况，明确事故报警、各项应急措施启动、应急救护人员的引导、事故扩大及同生产经营单位应急预案的衔接程序。
现场应急处置措施：针对可能发生的事故从人员救护、工艺操作、事故控制、消防、现场恢复等方面制定明确的应急处置措施；明确报警负责人以及报警电话及上级管理部门、相关应急救援单位联络方式和联系人员，事故报告基本要求和内容。
4 注意事项
包括人员防护和自救互救、装备使用、现场安全方面的内容。
备注：出自《生产经营单位生产安全事故应急预案编制导则》（GB/T 29639—2020）。

表 7-17　应急处置卡

1 名称
明确列出使用应急处置卡的名称，包含重点岗位、突发事件等关键信息。
2 行动程序及内容
明确重点岗位人员在预警及信息报告、应急处置各阶段中所采取的行动步骤及措施。
3 联系电话
列出应急工作中主要联系的部门、机构或人员的联系方式。
4 其他事项
其他需要注意的事项。
备注：《突发生产安全事件应急预案编制指南》（Q/SY 8517—2018）

（7）应急预案的桌面推演。依据《生产经营单位生产安全事故应急预案编制导则》中的标准，编制应急预案后，按照应急预案明确的职责分工和应急响应程序，结合有关经验教训，相关部门及其人员可采取桌面演练的形式，模拟生产安全事故应对过程，逐步分析讨论并形成记录，检验应急预案的可行性并进一步完善应急预案。桌面演练的相关要求参见《生产安全事故应急演练基本规范》（AQ/T 9007—2019）。

2. 应急预案的评审

依据《生产安全事故应急预案管理办法》（应急管理部令〔2019〕第 2 号）中的有关规定，生产经营单位应当对本单位编制的应急预案进行评审，并形成书面评审纪要，具体实施时依据《生产经营单位生产安全事故应急预案编制导则》，同时结合《突发生产安全事件应急预案编制指南》。

（1）评审形式。按照国家的行政规章和标准，应急预案编制完成后，生产经营单位应按法律法规中的有关规定组织评审或论证。参加应急预案评审的人员应包括有关安全生产及应急管理方面的、有现场处置经验的专家。应急预案论证可通过推演的方式开展。

（2）评审内容。应急预案评审内容主要包括风险评估和应急资源调查的全面性、应急预案体系设计的针对性、应急组织体系的合理性、应急响应程序和措施的科学性、应急保障措施的可行性、应急预案的衔接性。

（3）评审程序。

①准备评审。应急预案编制、桌面推演完成后，成立应急预案评审工作组，落实参加评审的专家，将应急预案、编制说明、风险评估、应急资源调查报告及其他有关资料在评审前送达参加评审的单位或人员。

②技术评审。应急预案评审可分为技术评审和管理评审，应急预案技术评审包含内部评审和外部评审两个过程。内部评审由内部有关部门和人员进行评审，外部评审由外部单位评审专家进行评审，可根据实际情况邀请地方政府、上级部门和单位以及有关人员参加，评审专家应与参评单位无利害关系。

③管理评审。应急预案通过技术评审后，由应急领导小组牵头组织开展应急预案管理评审，管理评审的结论应形成书面纪要，由参加评审的人员签字确认，并归档保存。

评审采取会议审查形式，企业主要负责人参加会议，会议由参加评审的专家共同推选出的组长主持，按照议程组织评审；表决时，应有不少于出席会议专家人数的2/3同意方为通过；评审会议应形成评审意见（经评审组组长签字），附参加评审会议的专家签字表。表决的投票情况应当以书面材料记录在案，并作为评审意见的附件，如表7-18所示。

表 7-18 （企业事业单位名称）突发事件应急预案评审意见表

评审时间：_____地点：
评审方式：□函审，□会议评审，□函审、会议评审结合，□其他
评审结论：□通过评审，□原则通过但需进行修改复核，□未通过评审
评审过程： 总体评价：

续表

问题清单：
修改意见和建议：
评审人员人数： 评审组长签字： 其他评审人员签字： 企业负责人签字： 年　月　日

④修改完善。企业应认真分析研究，按照评审意见对应急预案进行修订和完善。评审表决不通过的，企业应修改完善后按评审程序重新组织专家评审，企业应写出根据专家评审意见的修改情况说明，并经专家组组长签字确认。

3. 应急预案的发布与备案

(1) 应急预案的发布。企业的应急预案经评审或者论证后，由本单位主要负责人签署，并以正式文件的形式发布，向本单位从业人员公布，并及时发放到本单位有关部门、岗位和相关应急救援队伍。

事故风险可能影响周边其他单位、人员的，企业应当将有关事故风险的性质、影响范围和应急防范措施告知周边的其他单位和人员。

(2) 应急预案的备案。应急预案备案审核的过程是一次全面完善应急管理工作的过程。

企业的应急预案备案既包含了生产安全事故应急预案的备案，也包含了突发环境事件应急预案的备案。此外，属于特种设备的应急预案，还应到当地的特种设备管理部门进行备案。在应急预案备案过程中，需要注意掌握好"分类管理"这项基本原则。

企业的管理者必须清晰地了解不同的管理部门对应急预案的备案时限是不同的，如涉及人员伤亡、火灾、爆炸等生产安全事故类突发事件应急预案，其备案时限是应急预案公布之日起 20 个工作日内。然而，对于突发环境事件的应急预案的备案，按照《突发环境事件应急预案管理暂行办法》（环发〔2010〕113 号），其备案时限是从签署实施之日起 30 日内。

此外，可能存在地方政府主管部门不受理或者不接受突发事件的备案职责，那么该怎么办？这时，可以按照《生产安全事故应急预案管理办法》（应急管理部令〔2019〕第 2 号）第二十八条的相关规定，把经过管理评审发布实施的应急预案寄送到相关部门。如果寄送的记录显示应急预案接收超过了 5 个工作日，但没有任何反馈信息的情况时，就可以认为应急预案已经备案。

7.2 企业应急演练实务

7.2.1 法律法规相关要求

1. 应急演练的法律法规要求

(1)《中华人民共和国安全生产法》(2021 年修订)。

第二十二条规定"生产经营单位的安全生产管理机构以及安全生产管理人员履行下列职责：(四) 组织或者参与本单位应急救援演练"。明确了组织或参与本单位应急救援演练的组织机构及人员。

第七十八条规定"生产经营单位应当制定本单位生产安全事故应急救援预案，与所在地县级以上地方人民政府组织制定的生产安全事故应急救援预案相衔接，并定期组织演练"。强调了生产经营单位需要针对多编制的应急预案组织演练。

(2)《生产安全事故应急条例》(国务院令〔2019〕第 708 号)。

第八条规定"易燃易爆物品、危险化学品等危险物品的生产、经营、储存、运输单位，矿山、金属冶炼、城市轨道交通运营、建筑施工单位，以及宾馆、商场、娱乐场所、旅游景区等人员密集场所经营单位，应当至少每半年组织一次生产安全事故应急救援预案演练，并将演练情况报送所在地县级以上地方人民政府负有安全生产监督管理职责的部门"。明确了生产经营单位生产安全事故应急救援预案演练频次。

(3)《生产安全事故应急预案管理办法》(应急管理部令〔2019〕第 2 号)。

第三十三条规定"生产经营单位应当制定本单位的应急预案演练计划，根据本单位的事故风险特点，每年至少组织一次综合应急预案演练或者专项应急预案演练，每半年至少组织一次现场处置方案演练。

易燃易爆物品、危险化学品等危险物品的生产、经营、储存、运输单位，矿山、金属冶炼、城市轨道交通运营、建筑施工单位，以及宾馆、商场、娱乐场所、旅游景区等人员密集场所经营单位，应当至少每半年组织一次生产安全事故应急预案演练，并将演练情况报送所在地县级以上地方人民政府负有安全生产监督管理职责的部门"。进一步明确了生产经营单位各类应急预案的演练频次，并需提前制定演练计划。

第三十四条规定"应急预案演练结束后，应急预案演练组织单位应当对应急预案演练效果进行评估，撰写应急预案演练评估报告，分析存在的问题，并对应急预案提出修订意见"。强调了演练结束后需进行演练评估。

2. 应急演练注意事项

（1）演练方案不科学，缺乏真实性。演练多是按照既定的预案开展，演练内容、演练时间、演练地点都是事先确定的，且演练情境设置过于简单，处置过程过于机械化，没有真实事故发生时的突发性和不确定性的题型，一切都是"规定动作"，把演练变成了"演戏"，影响了演练的真实性，没有发挥应急演练检验预案、锻炼队伍的作用。

（2）演练人员在思想上不够重视。在应急演练过程中，员工存在侥幸心理，认为事故发生的概率很低，演练只是为了应付上级检查，抱着"做完了事"的态度参加，演练时态度不严肃、行动不积极、汇报不及时、处置不到位，没有把演练当成实战对待，演练的效果甚微。

（3）演练协调联动有待加强。在目前的应急救援演练中，交代了各参战力量的任务分工，却忽视了相互间的协同作战；特别是在力量的部署上，各职能部门和各层级之间演练协调联动有待加强。资源还缺乏有效整合和统一协调，一旦发生重特大生产安全事故，很容易使救援工作中存在职责不明、机制不顺、针对性不强等问题，难以协同作战，发挥整体救援能力。

（4）演练评估效果差。虽然建立了演练评估机制，但是由于专业知识的缺失，评估人员仅能根据个人工作经验和既定的评估检查表对演练过程、人员表现、预案适用性进行点评，缺少灵活性，评估效果受限于人员的经验水平，不能正确地反映演练人员的真实水平和演练的效果。同时，评估人员来自演练单位内部，思维具有局限性。

7.2.2 应急演练工作实践

目前，企业主要可依据《生产安全事故应急演练基本规范》（AQ/T 9007—2019）、《生产安全事故应急演练评估规范》（AQ/T9009—2015）中的相关标准，结合实际，组织开展应急预案演练工作。

1. 应急演练概述

（1）应急演练层级。企业应急演练可以分为企业级、厂（分公司）级、作业区（大队）级、班组（岗位）级应急演练。

①企业级应急演练，以企业级综合（总体）、专项应急预案为主；

②厂（分公司）级应急演练，以厂级综合（总体）、专项应急预案为主；

③作业区（大队）级应急演练，以综合应急预案为主；

④班组（岗位）级应急演练，以现场处置方案、岗位应急处置卡为主。

（2）应急演练类型。

应急演练按照演练内容分为综合演练和单项演练，按照演练形式分为实战演练和桌面演练，按目的与作用分为检验性演练、示范性演练和研究性演练，不同类型的演练可以相互组合，如表 7-19 所示。

表 7-19 应急演练类型与定义

序号	演练类型	定义
1	综合演练	针对应急预案中多项或全部应急响应功能开展的演练活动
2	单项演练	针对应急预案中某一项应急响应功能开展的演练活动
3	桌面演练	针对事故情景，利用图纸、沙盘、流程图、计算机模拟、视频会议等辅助手段，进行交互式讨论和推演的应急演练活动
4	实战演练	针对事故情景，选择（或模拟）生产经营活动中的设备、设施、装置或场所，利用各类应急器材、装备、物资，通过决策行动、实际操作，完成真实应急响应的过程
5	检验性演练	为检验应急预案的可行性、应急准备的充分性、应急机制的协调性及相关人员的应急处置能力而组织的演练
6	示范性演练	为检验和展示综合应急救援能力，按照应急预案开展的具有较强指导宣教意义的规范性演练
7	研究性演练	为探讨和解决事故应急处置的重点、难点问题，试验新方案、新技术、新装备而组织的演练

（3）应急演练内容与参演人员。应急演练的科目主要可以分为预警与报告、指挥与协调、应急通信、泄漏控制、火灾消防应急、警戒与管制、工程抢维修、疏散与安置、医疗急救、环境监测、社会沟通以及其他，各项科目对应的主要演练内容及参演人员、参演单位如表 7-20 所示。

表 7-20 应急演练内容与推荐的参演人员情况

序号	演练科目	主要演练内容	参演人员	参演单位 公司	参演单位 分厂	参演单位 其他
1	预警与报告	向相关部门或人员发出预警信息，并向有关部门和人员报告事故情况	班组工作人员等	⊙	√	√
2	指挥与协调	成立应急指挥部，调集应急救援队伍和相关资源，开展应急救援行动	管理人员、专兼职救援人员等	√	⊙	⊙
3	应急通信	在应急救援相关部门或人员之间进行音频、视频信号或数据信息互通	专（兼）职救援人员、班组工作人员、管理人员等	⊙	√	√
4	泄漏控制	准确判断泄漏点，快速关闭泄漏点两端的阀门，控制油品向外泄漏	专（兼）职救援人员、班组工作人员、管理人员等	⊙	√	√
5	火灾与消防应急	专（兼）职救援队伍开展火灾控制、扑救的应急处置工作	专（兼）职救援人员			√
6	警戒与管制	建立应急处置现场警戒区域，实行交通管制，维护现场秩序	保卫等岗位人员等	⊙	√	√
7	工程抢维修	炼化装置及设备现场应急抢维修处置工作	专（兼）职救援人员、管理人员等	⊙	⊙	√
8	疏散与安置	对可能波及范围内的相关人员进行疏散、转移和安置	管理人员（综合办公等）	⊙	√	
9	医疗急救	开展医疗急救，配合专业医疗应急队伍开展紧急医学救援	班组工作人员、专（兼）职救援人员等	⊙	√	√
10	环境监测	对事故现场进行观察、分析或测定，确定事故严重程度、影响范围和变化趋势等	专（兼）职监测人员、管理人员等	⊙	√	√
11	社会沟通	召开新闻发布会或事故情况通报会，通报事故有关情况	管理人员（新闻与思想政治等）	√	⊙	⊙
12	其他	根据突发环境事件特点所包含的其他应急功能	—	⊙	⊙	⊙

"√"——表示演练科目应由该参演单位组织开展。

"⊙"——表示根据实际工作需要，参演单位组织开展演练科目。

2. 应急演练流程

应急演练流程如图 7-2 所示。

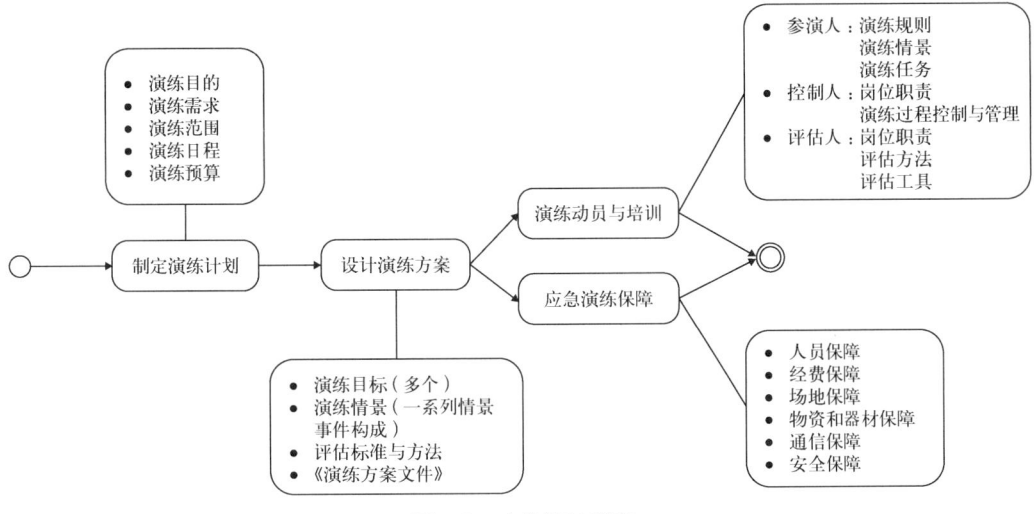

图 7-2 应急演练流程

（1）制定演练计划。

①需求分析。全面分析和评估应急预案、应急职责、应急处置工作流程和指挥调度程序、应急技能和应急装备、物资的实际情况，提出需通过应急演练解决的内容，有针对性地确定应急演练目标，提出应急演练的初步内容和主要科目。

②明确任务。确定应急演练的事故情景类型、等级、发生地域，演练方式，参演单位，应急演练各阶段主要任务，应急演练实施的拟定日期。

③制定计划。根据需求分析及任务安排，组织人员编制演练计划文本。

应急演练计划如表 7-21 所示，应急演练计划变更单说明如表 7-22 所示。

表 7-21 应急演练计划

单位（公章）							
填报时间： 年 月 日							
序号	演练项目名称	规模（人数）	演练时间	演练地点	演练形式	演练负责人	参演单位
填报人： 审核人： 批准人：							

表 7-22 （单位）应急演练计划变更单说明

原计划演练项目名称			
原计划演练项目主办单位			
原计划演练项目负责人		联系方式	
变更后演练项目联系人		联系方式	
原计划演练时间及天数			
1. 变更申请	变更时间及天数		
	变更原因		
2. 取消申请	取消原因		
演练项目负责人意见	签字（盖章） 年 月 日		
主管领导意见	签字（盖章） 年 月 日		
备注：年度演练项目时间变更无须主管领导签字，取消培训项目需主管领导签字同意。			

(2) 演练准备。

①成立演练组织机构，如图 7-3 所示。

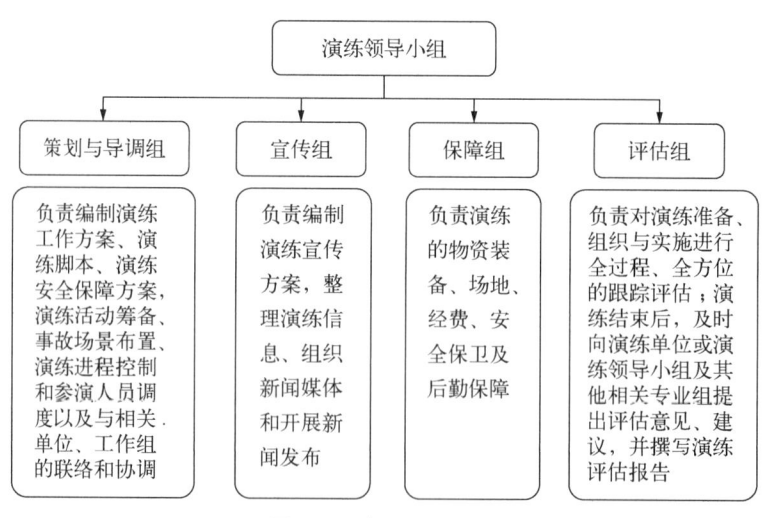

```
演练领导小组
├── 策划与导调组：负责编制演练工作方案、演练脚本、演练安全保障方案，演练活动筹备、事故场景布置、演练进程控制和参演人员调度以及与相关单位、工作组的联络和协调
├── 宣传组：负责编制演练宣传方案，整理演练信息、组织新闻媒体和开展新闻发布
├── 保障组：负责演练的物资装备、场地、经费、安全保卫及后勤保障
└── 评估组：负责对演练准备、组织与实施进行全过程、全方位的跟踪评估；演练结束后，及时向演练单位或演练领导小组及其他相关专业组提出评估意见、建议，并撰写演练评估报告
```

图 7-3 演练组织机构

②编制文件。在演练开始前，演练组织单位需要根据演练实际需求，编制演练文件，包括演练方案、演练脚本、评估方案、保障方案、观摩手册和宣传方案等，分别如表 7-23～表 7-25 所示。

表 7-23 应急演练编制文件

文件名称	文件框架	文件名称	文件框架
演练方案	• 目的及要求 • 事故情景 • 参与人员及范围 • 时间与地点 • 主要任务及职责 • 筹备工作内容 • 主要工作步骤 • 技术支撑及保障条件 • 评估与总结	保障方案	• 应急演练可能发生的意外情况 • 应急处置措施及责任部门 • 应急演练意外情况中止条件与程序
演练脚本	演练单位根据需要确定是否编制脚本,如编制脚本,一般采用表格形式,主要内容: • 模拟事故情景 • 处置行动与执行人员 • 指令与对白、步骤及时间安排 • 视频背景与字幕 • 演练解说词 • 其他	观摩手册	根据演练规模和观摩需要,可编制演练观摩手册: • 应急演练时间 • 地点 • 情景描述 • 主要环节 • 演练内容 • 安全注意事项
评估方案	演练评估方案内容: • 演练信息:目的和目标、情景描述,应急行动与应对措施简介 • 评估内容:各种准备、组织与实施、效果 • 评估标准:各环节应达到的目标评判标准 • 评估程序:主要步骤及任务分工 • 附件:所需要用到的相关表格	宣传方案	明确宣传目标: • 宣传方式 • 传播途径 • 主要任务及分工 • 技术支持

表 7-24 应急演练方案

1 目的及要求 2 事故情景 3 参与人员及范围 4 时间与地点 5 主要任务及职责 6 筹备工作内容 7 主要工作步骤 8 技术支撑及保障条件 9 评估与总结

备注:出自《生产安全事故应急演练基本规范》(AQ 9007—2019)

表 7-25 （单位）应急演练脚本（公司、基层单位级）

演练一般按照应急预案进行，按照应急预案进行时，根据工作方案中设定的事故情景和应急预案中规定的程序开展演练工作。演练单位根据需要确定是否编制脚本，如编制脚本，一般采用表格形式，主要内容：
1 模拟事故情景
2 处置行动与执行人员
3 指令与对白、步骤及时间安排
4 视频背景与字幕
5 演练解说词
6 其他

备注：出自《生产安全事故应急演练基本规范》（AQ 9007—2019）

以下给出了某公司 20 万吨/年烷基化装置塔 501 进料管线泄漏闪燃着火应急演练脚本，如表 7-26 所示。可以根据实际工作需要，以演练脚本提供的基本格式组织开展应急演练工作。

表 7-26 某公司 20 万吨/年烷基化装置塔 501 进料管线泄漏闪燃着火应急演练脚本

序号	演练次序	同期声	现场情况	解说词
1	演练整体情况介绍	解说词：现场人员各就各位，本次演练马上开始。 各位领导： 按照年度应急演练计划，公司今天在炼油厂组织新建 20 万吨/年烷基化装置塔 501 进料管线泄漏闪燃着火公司级应急演练。参加本次应急演练和观摩的领导有：XXX 主要负责人等，共计 100 余人。本次演练模拟烷基化装置异丁烷塔 501 进料管线发生泄漏，班组迅速进行初期险情控制，在应急处置过程中，泄漏介质（异辛烷、碳四）闪燃着火，公司范围内按照"自下而上"的原则，分别启动各级突发事件应急预案，各相关部门、单位按照预案规定的程序履行各自职责，分别进行装置紧急停工，警戒疏散，消防稀释隔离，冷却保护，工艺泄压，上下游装置应急联动，公用工程系统平衡，启用环境保护"三级防控"系统，信息报送等，并和地方政府、XX 市消防支队等部门采取地企联动的形式共同控制事故险情，经过全力应急处置和抢险救援，泄压成功，管线残余瓦斯烧尽后，火势熄灭，未发生次生事故，经评估危害消除，应急响应终止。 本次演练假定风向为东风		
2	演练开始	××副总经理："报告××，应急演练准备就绪，请指示。" ××总经理："我宣布，2018 年公司级应急演练现在开始！"		
3	泄漏发生	报警声音（背景声） ××（内操）："班长，分馏三层中部可燃气报警仪报警。" ××（班长）："××（内操）把三层的摄像头转过去看一下。××、×××，你们背上空呼，带上报警仪赶紧去现场看一下。" 外操（×××,××）："好。"	一名操作工准备去 20 万吨/年烷基化现场进行巡检，内操室可燃气报警仪报警，内操立即查看报警位置，为烷基化装置分馏区三层平台中部，内操立即将监控视频对准分馏区三层平台。外操立即到达分馏区三层，发现异丁烷塔 501 进料管线泄漏	2018 年 10 月 25 日上午 9 时，20 万吨/年烷基化装置控制室的可燃气体报警系统突然报警，内操迅速调阅查看，发现分馏区三层区域的可燃气报警仪报警，马上报告班长，班长立即安排外操去现场查看、确认，内操用工业电视监控系统进行密切监控

续表

序号	演练次序	同期声	现场情况	解说词
4	现场确认	外操（××）："班长，塔501进料线在三层东侧有泄漏，大量瓦斯喷出。我和××把地面的消防水炮全部打开了。" 班长（××）："好的。"	外操××，和××佩戴空呼、携带便携式可燃气体报警仪、便携式硫化氢检测仪、对讲机分别到现场查看、确认后外操向班长汇报并打开消防水炮	外操到现场发现异丁烷塔501进料管线在分馏框架三层平台处发生泄漏，立即向班长汇报，同时打开地面两台消防水炮对泄漏点和分馏系统地面区域进行稀释掩护
5	报警、报告	班长（××）："××，马上给消防队报警，并向调度汇报。" 内操："好。" 内操（××）：拨打119报警："消防队，我是炼油厂催化一车间××，烷基化装置塔501进料线瓦斯泄漏，请求救援。" 内操（××）："调度，烷基化塔501进料线瓦斯泄漏，我们已向消防队报警。" 班长："××主任，烷基化501进料线漏了。" 主任："好，我马上到。"	内操、班长打电话	班长接到报告后立即安排内操向消防队报警，向分厂调度汇报，并立即向车间主任汇报
6	班组初期应急处置	班长（××）："××，赶紧把D403出口阀关了。××，把换501进出口阀都关了。" ××、××："好的。" 班长（××）："××，泵501、506继续外送，把塔501液面看好，别抽空了。" ××："好的"。 班长（××）："××快去现场把作业停了，让干活的人都撤出去；××，你去接消防车；×××，你赶紧去5号路把马路封了。"	班组组织开展初期处置，打开消防水炮进行掩护，消防废水进入中和池；班组人员对装置周边实施警戒，外操关闭C-501塔进料管线阀门，加速对塔内物料进行倒空；控制泄漏量	
		解说词：按照《烷基化装置异丁烷塔501进料线泄漏事故（件）应急操作卡》，班长迅速下达指令，关水洗罐D403出口阀门，关闭换501进出口阀，停止现场各项作业，无关人员撤离现场，对装置周边实施警戒		
		外操（××）："班长，D403出口阀关了。" 外操（××）："班长，换501进出口阀关了。"外操（××）："班长，我把作业的人都清出去了。"班长（××）："好的。××，你给消防队的人说一下具体泄漏的部位。"	消防车到达现场，××与消防队人员进行对接，将现场情况进行说明。消防支队一大队进行现场消防部署	

续表

序号	演练次序	同期声	现场情况	解说词
		解说词：塔 501 内物料为气相碳四和液相车用异辛烷，塔内压力 0.7 MPa，进料管发生泄漏后，碳四在泄漏区域随风向西扩散，液相异辛烷从泄漏点向下在防液堤内随地势流淌。责任区一大队接到监护任务后，按照石化公司"泄漏等同于着火"的出动要求，立即出动 5 台车，从泄漏点上风方向消防通道进入。1 台气防车负责对现场气体实施侦检；2 台 18 m 举高车利用车辆臂架炮自上而下喷射雾状水，对泄漏区域实施稀释；2 台重型泡沫车在现场设置自摆炮对地面聚集的泄漏介质实施稀释和驱散，尽可能阻止爆炸气体和爆炸环境形成，防止次生事故发生		
7	车间应急小组成员到达			此时，车间应急领导小组成员赶到操作室
8	车间应急决策和处置	班长："××主任，塔 501 进料线在三层平台那漏了，现在漏得有点大，我们已经把塔 501 进料给切断了，现在向罐区把塔底的油倒完。"××主任："好。××看着点摄像头。××主任马上安排装置紧急停工。××主任咱俩到现场看看。××主任赶紧联系堵漏的人。"××主任："好。××（班长），马上停工。" 班长（××）："好。××，切进料然后汇报调度。××、××去看看压缩机、反应器紧急切断阀是不是关了；××，塔 501 底油转完了告诉外操。" ××、××、××："好的。"	车间应急领导小组成员到达现场，根据现场险情，下达装置紧急停工指令，并开展进一步应急处置	
9	调度联动	解说词：车间主任听取班长前期应急处置情况汇报后，做出应急处置指令：装置紧急停工。炼油厂调度接到岗位报告后，通过短信平台向厂应急领导小组报告现场情况，并向公司调度中心报告。同时安排炼油厂相关装置进行负荷调整		
10	分厂应急小组成员到达	解说词：分厂应急领导小组成员接到调度通知后赶赴现场，到达现场后车间主任向厂长汇报现场处置情况。分厂应急领导小组根据现场情况，按照应急职责，安排部署应急响应工作		
	分厂应急响应	××主任："××厂长，塔 501 进料线漏了，现在已切断塔的进料，烷基化已紧急停工。" ××厂长："好的。××厂长负责生产调整，××厂长负责现场管控，××厂长负责抢修准备，王主席，安排好车辆随时待命，负责人员清点工作。"		

第 7 章　应急预案编制与演练

续表

序号	演练次序	同期声	现场情况	解说词
11	闪燃着火	在生产装置全力进行工艺处置的过程中，碳四以 7 kg 压力继续向外喷射泄漏，泄漏量逐渐增大		
		外操（××）："××主任，带压堵漏的人来了，我领上去看一下……（向分馏区走去）××主任，漏大了，现场着火了。" ××主任："马上给调度打电话，向火炬系统泄压。××（内操）：调度，烷基化塔 501 进料线泄漏处发生着火，现装置要紧急泄压。" ××厂长："××主任，马上清点人数。"		
12	呼叫增援		指挥中心向特勤大队发出出车指令，并按照战勤指挥部指令，向武警消防××区中队请求增援。战勤指挥部出动	由于管线内碳四持续泄漏，在泄漏点因摩擦形成静电积聚并释放，现场突然发生闪爆着火。一大队指挥员立即使用无线对讲系统向指挥中心汇报现场情况并请求增援。同时，生产装置紧急向火炬系统泄压
13	泄压	××主任："××厂长，塔 501 的油已经送完了，正在向火炬系统紧急泄压。目前无人员伤亡。" ××厂长："好。抓紧加快泄压。"	消防车已到装置现场，引导消防队重点部位掩护塔 501 分馏东侧二、三层平台	
14	特勤大队和武警消防出警		消防监护车辆到达现场，对现场进行侦查，按照灭火预案展开（消防增援车辆到达现场，指挥员之间迅速对接，进行人员分工，并按照现场需要部署增援车辆）	闪爆发生后，一大队指挥员立即改变现场战术部署，战术意图由"稀释、驱散"变为"冷却、覆盖"，由雾状水改为消防泡沫，冷却受到火势威胁的塔底再沸器、分液罐等关键设备，覆盖、包抄地面流淌火，并保持气体火灾明火处稳定燃烧。同时向指挥中心汇报现场情况和部署情况。指挥中心根据现场情况立即调动特勤大队出车，并向政府消防队发出增援请求

续表

序号	演练次序	同期声	现场情况	解说词
15	调度应急联动	解说词：炼油调度接到岗位报告后，向公司调度中心报告。 公司调度中心通过信息平台向公司应急领导小组成员发送短信，并向公司应急领导小组相关领导汇报现场情况，同时通知污水处理厂做好污水缓冲池消防废水的接收工作。对公司生产系统进行相应的负荷调整工作		
16	公司应急响应	解说词：公司应急领导小组成员到达现场，各专业应急小组组长向××副总经理报到后成立现场应急指挥部。厂长向××副总经理汇报现场处置情况，在听取应急处置汇报后，经过研判，各专业小组按照"公司罐区及炼化装置爆炸着火突发事件专项应急预案"中相应职责开展应急抢险救援工作 ××："××总，烷基化已紧急停工，目前正在进行紧急泄压，现场无人员伤亡。" ××："××总，消防救援力量已全部到位。" ××："××总，炼油区生产装置正在调整生产，我们组织公用工程系统全力保供。" ××："××总，我们正在编制事故快报、对现场进行监控。" ××："××总，公司三级防控系统已启用，正在进行水质和大气监测。" ××："××总，我们正在调集抢修队伍。" ××："××总，现场周边已经开展警戒交通管制工作。"××："××总，现已开展事故舆情监控和新闻发布相关准备工作。" ××总："好的。请按各自职责做好应急救援工作，防止次生事故的发生。"		
17	工艺处置	解说词：生产工艺组组织人员确认烷基化装置紧急停工后上下游装置及71罐区和火炬系统的协调处理情况及稳高压消防水的保供工作 内操："班长，塔501已确认压力已泄完。" 班长："好，继续密切观察。"		
18	警戒管制	解说词：治安保卫组疏散无关人员，对现场进行警戒，对交通进行管制		
19	环境应急保护	解说词：环保组组织人员确认消防污水全部切入××缓冲池，并对现场周围大气环境进行持续监测		

续表

序号	演练次序	同期声	现场情况	解说词
20	消防增援力量到场		特勤大队、××中队指挥员到达现场与现场指挥部对接，并各自开展任务	公司消防特勤大队和政府消防队共出动2台18 m举高车，与责任区大队的2台举高车，分别对塔501上部等受到气体火灾辐射热烘烤的区域实施冷却保护；出动重型泡沫车4台，分别在空冷框架上架设2门移动泡沫炮，对西侧空冷框架回流罐、塔中部区域实施冷却保护，并消灭塔身延烧明火；迅速建立泡沫枪阵地，用4支泡沫枪针对点流淌火实施扑救，保护塔底再沸器、分液罐和机泵区安全，做到全方位冷却，防止次生事故。 为了能使火场指挥部掌握火灾现场实时情况，消防支队还出动了大型指挥车，使用侦查无人机将事故现场情况鸟瞰式、多角度、全方位地传输到大型指挥车内的屏幕上，便于指挥部及时、正确地作出决策
21	信息报送和新闻媒体应对	解说词：公司相关处室按照应急职责分别向地方政府和集团公司进行信息报送，对事件和应急情况进行汇报；做好新闻媒体舆情监控和处置工作等		
22	集中灭火	解说词：经过车间工艺处置，塔501内物料转运完毕，压力泄尽，泄漏管线隔离，管线内残余瓦斯烧尽，消防人员集中进行灭火，将现场明火全部扑灭。随后，分厂和车间人员使用便携式报警仪表对现场可燃气体进行监测，环境监测人员对现场周边进行大气和水体监测，并确认监测结果全部合格		
	环境监测		车间人员携带便携式可燃气体、硫化氢气体检测仪进入现场	
23			环境监测人员在现场周围进行大气、水体监测	

续表

序号	演练次序	同期声	现场情况	解说词
24	应急响应终止	同期声： 1. ××："××总，压力已全部卸完，已退守至安全稳定状态。" 2. ××："××总，现场泄漏管线内残余瓦斯已烧完，明火已全部扑灭。" 3. ××："××总，炼油区生产装置和公用工程运行正常。" 4. ××："××总，现场已安排设置警戒，经确认无人员伤亡，未发生次生事故。事故信息已上报政府和集团公司，准备开展事故调查。" 5. ××："××总，雨排、污水及周边大气环境监测数据正常，周边环境没有受到污染。" 6. ××："××总，保运抢修队伍已安排好，待明火熄灭后我们立即组织进行抢修。" 7. ××："××总，现场无关人员和车辆均已隔离在交通管制警戒区域外。" 8. ××："××总，有关事故的媒体舆情受控。"××总："好的，知道了。现在我宣布公司 2018 年公司级应急演练结束。"		
25	演练队伍集结			请参演人员、观摩人员到观摩区对面集合
26	领导讲话	××副总经理讲话		

（3）演练实施。演练实施主要包括现场检查、演练简介、启动、执行、演练记录、中断、结束 7 个环节，如图 7-4 所示。

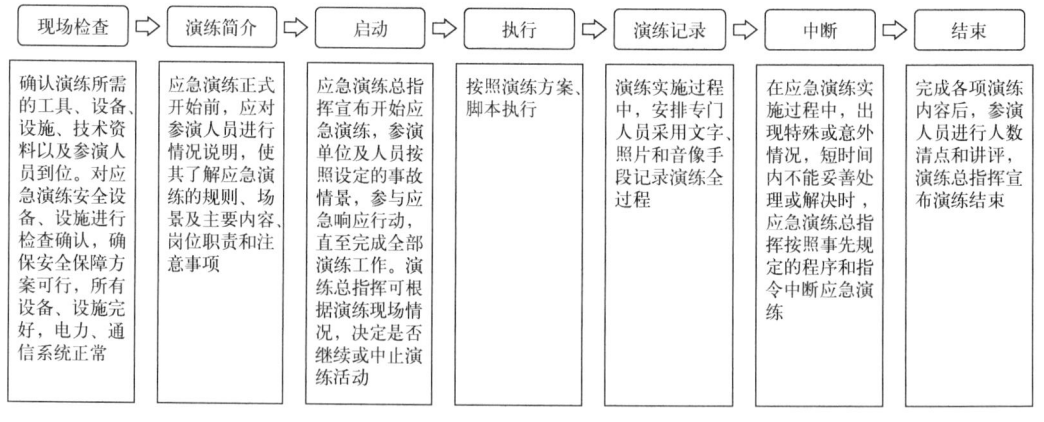

现场检查	演练简介	启动	执行	演练记录	中断	结束
确认演练所需的工具、设备、设施、技术资料以及参演人员到位。对应急演练安全设备、设施进行检查确认，确保安全保障方案可行，所有设备、设施完好，电力、通信系统正常	应急演练正式开始前，应对参演人员进行情况说明，使其了解应急演练的规则、场景及主要内容、岗位职责和注意事项	应急演练总指挥宣布开始应急演练，参演单位及人员按照设定的事故情景，参与应急响应行动，直至完成全部演练工作。演练总指挥可根据演练现场情况，决定是否继续或中止演练活动	按照演练方案、脚本执行	演练实施过程中，安排专门人员采用文字、照片和音像手段记录演练全过程	在应急演练实施过程中，出现特殊或意外情况，短时间内不能妥善处理或解决时，应急演练总指挥按照事先规定的程序和指令中断应急演练	完成各项演练内容后，参演人员进行人数清点和评讲，演练总指挥宣布演练结束

图 7-4 演练实施内容

（4）演练评估。演练评估是在全面分析演练记录相关资料的基础上，对比参演人员表现与演练目标要求，对演练活动及其组织过程作出客观评价，并编制评估报告的过程。所有应急演练活动都应进行演练评估，具体参考《生产安全事故应急演练评估规范》（AQ/T 9009—2015）。演练评估主要内容如图 7-5 所示。

第 7 章 应急预案编制与演练

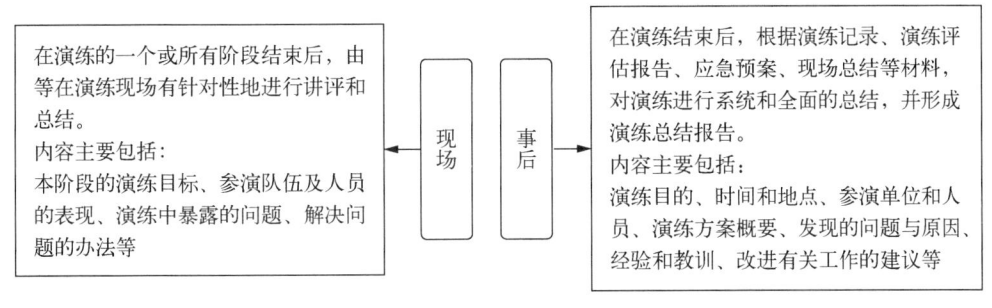

```
现场：在演练的一个或所有阶段结束后，由等在演练现场有针对性地进行讲评和总结。
内容主要包括：
本阶段的演练目标、参演队伍及人员的表现、演练中暴露的问题、解决问题的办法等

事后：在演练结束后，根据演练记录、演练评估报告、应急预案、现场总结等材料，对演练进行系统和全面的总结，并形成演练总结报告。
内容主要包括：
演练目的、时间和地点、参演单位和人员、演练方案概要、发现的问题与原因、经验和教训、改进有关工作的建议等
```

图 7-5 演练评估主要内容

①准备情况评估。实战演练准备情况的评估可从演练策划与设计、演练文件编制、演练保障 3 个方面进行，具体评估内容如表 7-27 所示。

表 7-27 实战演练准备情况评估

评估项目	评估内容
1. 演练策划与设计	1.1 目标明确且具有针对性，符合本单位实际
	1.2 演练目标简明、合理、具体、可量化和可实现
	1.3 演练目标应明确"由谁在什么条件下完成什么任务，依据什么标准，取得什么效果"
	1.4 演练目标设置是从提高参演人员的应急能力角度考虑
	1.5 设计的演练情景符合演练单位实际情况，且有利于促进实现演练目标和提高参演人员应急能力
	1.6 考虑到演练现场及可能对周边社会秩序造成的影响
	1.7 演练情景内容包括了情景概要、事件后果、背景信息、演化过程等要素，要素较为全面
	1.8 演练情景中的各事件之间的演化衔接关系科学、合理，各事件有确定的发生与持续时间
	1.9 确定了各参演单位和角色在各场景中的期望行动以及期望行动之间的衔接关系
	1.10 确定所需注入的信息及其注入形式
2. 演练文件编制	2.1 制定了演练工作方案、安全及各类保障方案、宣传方案
	2.2 根据演练需要编制了演练脚本或演练观摩手册
	2.3 各单项文件中要素齐全、内容合理，符合演练规范要求
	2.4 文字通顺、语言精练、通俗易懂
	2.5 内容格式规范，各项附件项目齐全、编排顺序合理
	2.6 演练工作方案经过评审或报批
	2.7 演练保障方案印发到演练的各保障部门
	2.8 演练宣传方案考虑到演练前、中、后各环节宣传需要
	2.9 编制的观摩手册中各项要素齐全、并有安全告知
3. 演练保障	3.1 人员的分工明确，职责清晰，数量满足演练要求
	3.2 演练经费充足，保障充分
	3.3 器材使用管理科学、规范，满足演练需要
	3.4 场地选择符合演练策划情景设置要求，现场条件满足演练要求
	3.5 演练活动安全保障条件准备到位并满足要求
	3.6 充分考虑演练实施中可能面临的各种风险，制定必要的应急预案或采取有效控制措施
	3.7 参演人员能够确保自身安全
	3.8 采用多种通信保障措施，有备份通信手段
	3.9 对各项演练保障条件进行了检查确认

②实施情况评估。实战演练准备情况的评估可从预警与信息报告、紧急动员、事故监测与研判、指挥和协调、事故处置、应急资源管理、应急通信、信息公开、人员保护、警戒与管制、医疗救护、现场控制及恢复和其他 13 个方面进行，具体评估内容如表 7-28 所示。

表 7-28 实战演练实施情况评估

评估项目	评估内容
1.预警与信息报告	1.1 演练单位能够根据监测监控系统数据变化状况、事故险情紧急程度和发展势态或有关部门提供的预警信息进行预警
	1.2 演练单位有明确的预警条件、方式和方法
	1.3 对有关部门提供的信息、现场人员发现险情或隐患进行及时预警
	1.4 预警方式、方法和预警结果在演练中表现有效
	1.5 演练单位内部信息通报系统能够及时投入使用，能够及时向有关部门和人员报告事故信息
	1.6 演练中事故信息报告程序规范，符合应急预案要求
	1.7 在规定时间内能够完成向上级主管部门和地方人民政府报告事故信息程序，并持续更新
	1.8 能够快速向本单位以外的有关部门或单位、周边群众通报事故信息
2.紧急动员	2.1 演练单位能够依据应急预案快速确定事故的严重程度及等级
	2.2 演练单位能够根据事故级别，启动相应的应急响应，采用有效的工作程序，警告、通知和动员相应范围内人员
	2.3 演练单位能够通过总指挥或总指挥授权人员及时启动应急响应
	2.4 演练单位应急响应迅速，动员效果较好
	2.5 演练单位能够适应事先不通知突袭抽查式的应急演练
	2.6 非工作时间以及至少有一名单位主要领导不在应急岗位的情况下能够完成本单位的紧急动员
3.事故监测与研判	3.1 演练单位在接到事故报告后，能够及时开展事故早期评估，获取事件的准确信息
	3.2 演练单位及相关单位能够持续跟踪、监测事故全过程
	3.3 事故监测人员能够科学评估其潜在危害性
	3.4 能够及时报告事态评估信息
4.指挥和协调	4.1 现场指挥部能够及时成立，并确保其安全高效运转
	4.2 指挥人员能够指挥和控制其职责范围内所有的参与单位及部门、救援队伍和救援人员的应急响应行动
	4.3 应急指挥人员表现出较强指挥协调能力，能够对救援工作全局有效掌控
	4.4 指挥部各位成员能够在较短或规定时间内到位，分工明确并各负其责
	4.5 现场指挥部能够及时提出有针对性的事故应急处置措施或制定切实可行的现场处置案并报总指挥部批准
	4.6 指挥部重要岗位有后备人选，并能够根据演练活动的进行合理轮换
	4.7 现场指挥部制定的救援方案科学可行，调集了足够的应急救援资源和装备（包括专业救援人员和相关装备）
	4.8 现场指挥部与当地政府或本单位指挥中心信息畅通，并实现信息持续更新和共享
	4.9 应急指挥决策程序科学，内容有预见性、科学可行
	4.10 指挥部能够对事故现场有效传达指令，进行有效管控
	4.11 应急指挥中心能够及时启用，各项功能正常、满足使用

续表

评估项目	评估内容
5.事故处置	5.1 参演人员能够按照处置方案规定或在指定的时间内迅速达到现场开展救援
	5.2 参演人员能够对事故先期状况做出正确判断，采取的先期处置措施科学、合理，处置结果有效
	5.3 现场参演人员职责清晰、分工合理
	5.4 应急处置程序正确、规范，处置措施执行到位
	5.5 参演人员之间有效联络，沟通顺畅有效，并能够有序配合，协同救援
	5.6 事故现场处置过程中，参演人员能够对现场实施持续安全监测或监控
	5.7 事故处置过程中采取了措施防止次生或衍生事故发生
	5.8 针对事故现场采取必要的安全措施，确保救援人员安全
6.应急资源管理	6.1 根据事态评估结果，能够识别和确定应急行动所需的各类资源，同时根据需要联系资源供应方
	6.2 参演人员能够快速、科学使用外部提供的应急资源并投入应急救援行动
	6.3 应急设施、设备、器材等数量和性能能够满足现场应急需要
	6.4 应急资源的管理和使用规范有序，不存在浪费情况
7.应急通信	7.1 通信网络系统正常运转，通信能力能够满足应急响应的需求
	7.2 应急队伍能够建立多途径的通信系统，确保通信畅通
	7.3 有专职人员负责通信设备的管理
	7.4 应急通信效果良好，演练各方通信信息顺畅
8.信息公开	8.1 明确事故信息发布部门、发布原则，事故信息能够由现场指挥部及时准确向新闻媒体通报
	8.2 指定了专门负责公共关系的人员，主动协调媒体关系
	8.3 能够主动就事故情况在内部进行告知，并及时通知相关方（股东、家属、周边居民等）
	8.4 能够对事件舆情持续监测和研判，并对涉及的公共信息妥善处置
9.人员保护	9.1 演练单位能够综合考虑各种因素并协调有关方面，确保各方人员安全
	9.2 应急救援人员配备适当的个体防护装备，或采取了必要自我安全防护措施
	9.3 有受到或可能受到事故波及或影响的人员的安全保护方案
	9.4 针对事件影响范围内的特殊人群，能够采取适当方式发出警告并采取安全防护措施
10.警戒与管制	10.1 关键应急场所的人员进出通道受到有效管制
	10.2 合理设置了交通管制点，划定管制区域
	10.3 各种警戒与管制标志、标识设置明显，警戒措施完善
	10.4 有效控制出入口，清除道路上的障碍物，保证道路畅通
11.医疗救护	11.1 应急响应人员对受伤害人员采取有效先期急救，急救药品、器材配备有效
	11.2 及时与场外医疗救护资源建立联系得支援，确保伤员及时得到救治
	11.3 现场医疗人员能够对伤病人员伤情做出正确诊断，并按照既定的医疗程序对伤病人员进行处置
	11.4 现场急救车辆能够及时准确地将伤员送往医院，并带齐伤员有关资料

续表

评估项目	评估内容
12.现场控制及恢复	12.1 针对事故可能造成的人员安全健康与环境、设备与设施方面的潜在危害，以及为降低事故影响而制定的技术对策和措施有效
	12.2 事故现场产生的污染物或有毒有害物质能够及时、有效处置，并确保没有造成二次污染或危害
	12.3 能够有效安置疏散人员，清点人数，划定安全区域并提供基本生活等后勤保障
	12.4 现场保障条件满足事故处置、控制和恢复的基本需要
13.其他	13.2 演练达到了预期目标
	13.3 参演的组成机构或人员职责能够与应急预案相符合
	13.4 参演人员能够按时就位、正确并熟练使用应急器材
	13.5 参演人员能够以认真态度融入整体演练活动中，并及时、有效地完成演练中应承担的角色工作内容
	13.6 应急响应的解除程序符合实际并与应急预案中规定的内容相一致
	13.7 应急预案得到了充分验证和检验，并发现了不足之处
	13.8 参演人员的能力也得到了充分检验和锻炼

③桌面演练评估。桌面演练评估可从演练策划与准备、演练实施两个方面进行，具体评估内容如表 7-29 所示。

表 7-29 桌面演练评估

评估项目	评估内容
1.演练策划与准备	1.1 目标明确且具有针对性，符合本单位实际
	1.2 演练目标简单、合理、具体、可量化和可实现
	1.3 设计的演练情景符合参演人员需要，且有利于促进实现演练目标和提高参与人员应急能力
	1.4 演练情景内容包括了情景概要、事件后果、背景信息、演化过程等要素，要素较为全面
	1.5 演练情景中的各事件之间的演化衔接关系设置科学、合理，各事件有确定的发生与持续时间
	1.6 确定了各参演单位和角色在各场景中的期望行动以及期望行动之间的衔接关系
	1.7 确定所需注入的信息及其注入形式
	1.8 制定了演练工作方案，明确了参演人员的角色和分工
	1.9 演练活动保障人员数量和工作能力满足桌面演练需要
	1.10 演练现场布置、各种器材、设备等硬件条件满足桌面演练需要
2.演练实施	2.1 演练背景、进程以及参演人员角色分工等解说清晰正确
	2.2 根据事态发展，分级响应迅速、准确
	2.3 模拟指挥人员能够表现出较强的指挥协调能力，演练过程中各项协调工作全局有效掌控
	2.4 按照模拟真实发生的事件表述应急处置方法和内容
	2.5 通过多媒体文件、沙盘、信息条等多种形式向参演人员展示应急演练场景，满足演练要求
	2.6 参演人员能够准确接收并正确理解演练注入的信息

续表

评估项目	评估内容
2.演练实施	2.7 参演人员根据演练提供的信息和情况能够做出正确的判断和决策
	2.8 参演人员能够主动搜集和分析演练中需要的各种信息
	2.9 参演人员制定的救援方案科学可行，符合给出实际事故情况处置要求
	2.10 参演人员应急过程中的决策程序科学，内容有预见性、科学可行
	2.11 参演人员能够依据给出的演练情景快速确定事故的严重程度及等级
	2.12 参演人员能够根据事故级别，确定启动的应急响应级别，并能熟悉应急动员的方法和程序
	2.13 参演人员能够熟悉事故信息的接报程序、方法和内容
	2.14 参演人员熟悉各自应急职责，并能够较好配合其他小组或人员开展工作
	2.15 参与演练各小组负责人能够根据各位成员意见提出本小组的统一决策意见
	2.16 参演人员对决策意见的表达思路清晰、内容全面
	2.17 参演人员做出的各项决策、行动符合角色身份要求
	2.18 参演人员能够与本应急小组人员共享相关应急信息
	2.19 参演人员能够全身心地参与整个演练活动中
	2.20 演练的各项预定目标都得以顺利实现

备注：出自《生产安全事故应急演练评估规范》（AQ/T9009—2015）。

（5）演练总结。应急演练结束后，演练组织单位应根据演练记录、演练评估报告、应急预案、现场总结材料，对演练进行全面总结，并形成演练书面总结报告。报告可对应急演练准备、策划工作进行简要总结分析。参与单位也可对本单位的演练情况进行总结。应级演练问题整改记录如表 7-30 所示。

表 7-30 （单位）应急演练问题整改记录

演练内容	XX 应急演练		
演练地点	XX	时间	X 年 X 月 X 日
存在问题及整改建议	1. 2. 3.		
问题整改完成情况	1. 2.		
整改人	（签字） 年　月　日	审核人	（签字） 年　月　日

应急演练评估报告的主要内容通常包括：

①演练基本情况：演练的组织及承办单位、演练形式、演练模拟的事故名称、发生的时间和地点、事故过程的情景描述、主要应急行动等；

②演练评估过程：演练评估工作的组织实施过程和主要工作安排；

③演练情况分析：依据演练评估表格的评估结果，从演练的准备及组织实施情况、参演人员表现等方面具体分析好的做法和存在的问题以及演练目标的实现、演练成本效益分析等；

④改进的意见和建议：对演练评估中发现的问题提出整改的意见和建议；

⑤评估结论：对演练组织实施情况的综合评价，并给出优（无差错地完成了所有应急演练内容）、良（达到了预期的演练目标，差错较少）、中（存在明显缺陷，但没有影响实现预期的演练目标）、差（出现了重大错误，演练预期目标受到严重影响，演练被迫中止，造成应急行动延误或资源浪费）等评估结论。

演练总结报告的主要内容包括：演练基本概要；演练发现的问题；取得的经验和教训；应急管理工作建议。

思 考 题

1. 生产经营单位应急预案包括哪些类型？如何定义？
2. 生产经营单位应急预案编制的基本流程是什么？
3. 什么是事故风险辨识、评估？什么是应急资源调查？
4. 应急预案备案需要提交哪些资料？
5. 应急演练如何分类？

第 8 章 应急救援

应急救援是指针对具有破坏力的、突然发生的紧急事件而采取的预防、准备、响应和恢复等一系列应对活动。

8.1 应急救援的指导思想与原则

应急救援的指导思想与基本原则是对救援工作的宏观指导和总体策划,是时代发展对应急救援工作的客观要求,是应急救援的发展方向与主要规律。

8.1.1 应急救援的指导思想

要保证应急救援沿着正确的轨道快速、健康、稳步、持续地发展,必须要有一个正确的指导思想。应急救援指导思想是在充分认识应急救援一般规律和应急救援实践的基础上,立足我国国情而确定的,是指导应对各类突发事件救援,建设全局的基本观点和要求。

1. 应急救援指导思想的内涵

应急救援工作要遵循的基本指导思想是以人为本、多方联合、科学施救、全力保障。

具体而言,在应急救援中,要最大限度地减少突发事件对人员造成的伤亡。作为一家企业,在应对重大突发事件救援时,应坚持以"生命第一"为首要救援思想,因为人的生命权益是人最根本的权益,人世间最宝贵、最应当珍视的莫过于人的生命。因此,企业应急救援工作必须坚持以人为本,把救人作为第一要务,不惜一切代价救助于危难情况下的人民群众;在应对企业重大突发事件时,单靠企业或者某一方面的力量是无法完成救援处置任务的,因此,必须采取多方联合救援的方式,发挥整体优势,这是应对各类突发事件救援的根本要求;科学施救就是要贯彻科学的理念,采取科学的救援方法,以便在救援中提高救援效率;应急救援保障是取得救援胜利的关键环节,在大灾大难面前，必须集各方的合力，全力保障救援工作，最终形成一个多方融合的应急救援保障体系。

2. 确定应急救援指导思想的依据

应急救援指导思想必须从我国国情和应急救援建设与发展的实际出发，以应对各类重大突发事件，完成应急救援任务为依据。我们要不断增强忧患意识、使命意识，全力做好应对国家、企业重大突发事件的准备工作，做到常备不懈，防患于未然。目前，我国在应急救援建设上仍然存在诸多问题，在科学应对重大突发事件上还与发达国家有着一定的现实差距。只有依据这些现实情况，合理确定应急救援的指导思想，才能真正体现出思想对实践的指导意义。

应对各种突发事件，保护人民生命财产安全，维护社会稳定是应急救援的重中之重。在救援过程中，人民的利益重如泰山。保护人民群众利益，减少损失，是党、政府和企业义不容辞的责任。以人为本是指在应急救援中，抢救和保障人民生命财产安全，特别是生命安全是开展救援工作的首要任务。这既要保证受害者和受灾群众的安全，又要最大限度地保护救援人员的生命安全。

多方合作、共同应对是人们对救援本质及其规律的认识，只有在这一指导思想的总揽下，才能正确、科学地认识应急救援实践中遇到的各种现象。应急救援实践有其内在规律性，只有把握了这种内在规律性，才能从本质上认识应急救援实践，才能利用这些规律为应急救援实践服务；否则，就会处于被动和盲目的境地。而正确地把握这种规律，必须遵循多方合作、共同应对这一指导思想，离开了这一指导思想的指引，就不可能科学把握和认识联合救援实践。

3. 贯彻应急救援指导思想的途径

国家安全和人民群众的利益高于一切，应急救援的一切活动都必须紧紧围绕这一思想展开。突发事件救援是一项庞大而复杂的系统工程，救援力量能力各异，这些都需要进行科学统筹和系统规划。只有坚持立足国情进行应急救援，才能协调各方面的救援要素，整合多种救援力量，使应急救援工作适应时代发展的需求。应急救援建设必须进行顶层设计，制定详细的规划，找准建设重点问题，并依托和借助社会各行业的资源优势，缩短应急救援建设周期，立足国情、持续发展是应急救援建设的基本思路。

安全发展观是新时代从党和国家发展全局出发提出的重大战略思想和重要的指导方针。因此，应急救援必须以科学救援为指导。坚持科学统筹应急救援工作，优化应急救援体系，整合军民救援资源，抓住应急救援工作重点。正确把握科学救援的指导思想就能对我国应急救援工作产生良好的影响，如果指导思想违背了客观规律，不仅会浪费大量的建设资源，甚至会危及国家的安全和根本利益。在应急救援建设中，只有沿着科学的、一致的方向前进，才能持续进步，少走弯路。以人为本、科学救援这一指导思想，既是应急救援工作的出发点，又是应急救援工作的落脚点。

多方联合救援是一项特殊而又复杂的实践活动，同时也是一个极其复杂的大系统，该系统内部子系统和要素之间有着极为复杂的联系。要正确认识多方联合救援这一复杂系统，认清其发展变化规律，就必须在正确的理论指导下进行。否则，单纯依靠传统、狭隘的经验，就只能沿袭前人走过的老路，不仅难以适应新的安全威胁需要，而且还难以处理联合救援过程中遇到的新情况、新问题，难以科学预测多方联合救援的发展趋势，联合救援实践也只能在低层次徘徊。因此，只有掌握先进的联合救援理论才能直接指导联合救援实践，才能使多方联合救援实践与未来行动需求相一致。

8.1.2 应急救援的基本原则

应急救援的基本原则是指导应急救援的一般准则。它是根据国家及企业应对各类突发事件威胁的客观要求以及应急救援的特点规律，结合新时代所面对各类突发事件威胁的实际而提出的，是应急救援建设中的具体体现。确立正确的应急救援的基本原则，能够为科学地指导应急救援提供宏观指导和客观依据。从理论和实践相结合的角度来讲，应急救援应遵循以下基本原则：

1. 预有准备、快速反应

防患于未然、做好各种应急救援准备是指在各类突发事件发生之前，提早做好各种救援和防范工作，在突发事件来临时才不至于惊慌失措。当然，突发事件是多种多样的，有些是可以预防的，有些是不可避免的。对无法避免的突发事件，如地震、洪灾、台风等，可以采取各种预防措施，减少其危害，为各种救援做好准备。预有准备、快速反应的原则是应急救援工作的前提。一切应急救援工作都要坚持预防为主、快速反应为主，做到防患于未然。在做好各种突发事件预防工作的同时，要做好各种应急准备工作，牢固树立应急意识。有备无患，但无备必有大患。为此应注意做到制定各类突发事件应急救援方案，加强应急救援规划，做好救援物资储备和预置，定期组织应急救援训练等。通过这些措施，可以防患于未然，当突发事件来临时能快速做出反应。多数突发事件的发生，事先没有明显的征兆可寻，即使是有一定预警期的突发事件，也很难准确预测其发生的具体时间和地点。突发事件一旦发生，国家、企业和个人的物资财产会受到严重的威胁和破坏，关系到广大人民群众的生命安全，一分一秒对应急救援都异常宝贵。因此，快速反应直接关系到救援行动的成效。

2. 统一领导、合力救援

应急救援工作应按照统一领导、合力救援的原则展开救援。统一领导就是在党中央、国务院为最高领导机关的统一领导下，按照地方各级党委政府属地负责的方式实施救援。实行统一领导体制，整合各种力量，是提高应对突发事件救援效率的根本举措。应急救援是一项系统工程，需要统筹全局，照顾周全，既要考虑到人民的安危、社会的稳定、经济的发展，又要考虑到科技的进展和知识的普及，还要考虑到国际影响等。不同行业的独立救援不仅收效不大，还容易造成资源浪费，顾此失彼，贻误工作。所以，应急救援只有在统一领导下，各相关部门协同配合，才能高屋建瓴，准确全面地把握救援工作的各个环节。合力救援在应急救援中具有十分重要的作用，由于各个部门工作性质不同，职责不同，各自的利益取向也有差异，各自需要介入的方式和程度也不相同，没有合作就可能会出现各行其是的状况，不利于救援工作顺利展开，有效的合作可以把个体的力量转化为整体的力量，从而发挥整体的最大优势。因此，各相关部门必须高度重视在应急救援中的通力合作。

3. 科学引领、注重实效

应急救援对救援力量的专业性和技术性要求较高，因此，只有注重科学决策和科技投入，才能提高救援效能。如在抗震救灾救援中，仅靠勇气和双手是不能完成救援任务的，必须依靠先进的救援装备和器材。在新形势下，应急救援必须健全一整套科学的救援程序，确保应急救援的科学化、规范化、程序化。在应急救援中必须遵循科学引领原则，这是企业在应急救援中的基本准则。加强科技投入，注重救援实效，是推动应急救援建设和发展的根本动力。应急救援工作相对零散且技术含量较高，这就决定了应对突发事件救援必须采取科技手段综合进行。在应急救援中注重实效是力求以最小的物资和时间消耗，获取尽可能大的救援效益。贯彻注重实效的原则，必须坚持加强科技投入，有重点地建立一批科技含量高、专业性强的专业救援力量。特别要形成科学配套、资源互补的联合应急救援力量。在应急救援的建设中逐步建立科学顺畅的联合救援体系，才能确保快速高效的应急救援反应。

4. 区分性质、分类实施

应急救援不仅牵涉面宽、影响力大，而且工作困难重重，任务艰巨复杂。因此，不能一下子全面展开、同步推进，而应区分突发事件性质、分类实施。区分性质、分类实施有利于发挥各级的主动性和创造性，防止出现"一刀切"等违反救援规律的现象，只有坚持这一原则，才能确保救援行动顺利展开。依据突发事件性质，区分实施救援是保证应急救援的重要环节。救援中各级各类的应急救援力量应严格区分突发事件的类型，实施分类救援。因为不同突发事件的特点和破坏力等有较大差距，如何采取有效形式寻求最佳救援方法，最大限度地发挥救援的效益，就要在救援中区分突发事件的性质，抓住救援的重点，合理安排，力求使应急救援更具针对性。应急救援必须根据区分性质、分类实施这一原则展开救援工作，并要结合救援所担负的具体任务，确定相应的救援方法。分类实施救援，有利于根据不同救援专业的能力，从实际出发，针对不同类型的突发事件，确定相应的救援办法，增强应急救援的针对性。

8.2 应急救援的组织与实施

应急救援的组织与实施过程，既是应对突发事件的过程，也是控制突发事件发生与扩大，开展有效救援，减少损失和迅速组织恢复正常状态的过程。

8.2.1 应急救援的组织程序

程序是指事物运动的某种次序、过程、环节，含有某种秩序或顺序的意思。应急救援的组织程序是指开展应急救援具体行动必须遵循的基本工作次序、过程或环节。只有熟悉并掌握应急救援的组织程序，才能更加顺利、有效地进行好应急救援工作。

1. 应急救援的基本程序

一般来说，应急救援的基本程序包括应急响应、组织指挥、警戒隔离、人员防护与救护、现场处置、现场监测、洗消、现场清理、信息发布、救援结束等。

（1）应急响应。

①接警与响应级别确定。接到事故报警后，按照工作程序，对警情做出判断，初步确定相应的响应级别，如果事故不足以启动应急救援体系的最低响应级别，响应关闭。

②如达到响应级别，事故单位应立即启动应急预案，组织成立现场指挥部，制定科学、合理的救援方案，并统一指挥实施。

③事故单位在开展自救的同时，应按照有关规定向当地政府部门报告。

④政府有关部门在接到事故报告后，应立即启动相关预案，赶赴事故现场（或应急指挥中心），成立总指挥部，明确总指挥、副总指挥及有关成员单位或人员职责分工。

⑤现场指挥部根据情况，划定本单位警戒隔离区域，抢救、撤离遇险人员，制定现场处置措施（工艺控制、工程抢险、防范次生衍生事故），及时将现场情况及应急救援

进展报总指挥部，向总指挥部提出外部救援力量、技术、物资支持，疏散群众等请求和建议。

⑥总指挥部根据现场指挥部提供的情况对应急救援进行指导，划定事故单位周边警戒隔离区域，根据现场指挥部请求调集有关资源、下达应急疏散指令。

⑦外部救援力量根据事故单位的需求和总指挥的协调安排，与事故单位合理开展救援。

⑧现场指挥部和总指挥部应及时了解事故现场情况，主要了解下列内容：遇险人员伤亡、失踪、被困情况；发生事故危险品特性、数量、应急处置方法等信息；周边建筑、居民、地形、电源、火源等情况；事故可能导致的后果及对周边区域的可能影响范围和危害程度；应急救援设备、物资、器材、队伍等应急力量情况；有关装置、设备、设施损坏情况。

⑨现场指挥部和总指挥部应掌握以下情况：现场侦察情况，即岗位人员的侦察结果和对不明情况继续侦察；救人情况，即谁有救人的资质；疏散和保护物资情况；人员安全防护情况，防护器材佩戴情况，一线人员数量；绘制图表，有指挥图、平面图、立面图、水源图等。

⑩现场指挥部和总指挥部根据情况变化，对救援行动及时做出相应调整。

（2）组织指挥。组织指挥一般按照下列程序进行：

①迅速调集作战力量；

②启动指挥决策系统；

③侦察现场情况；

④制定作战方案；

⑤部署作战任务；

⑥指挥战斗行动；

⑦掌握现场变化；

⑧调整力量部署；

⑨落实战勤保障。

（3）警戒隔离。

①根据现场事故危险源自身的特点对危险区域进行评估，确定警戒隔离区；

②在警戒隔离区边界设警示标志，并设专人负责警戒；

③对通往事故现场的道路实行交通管制，严禁无关车辆进入；清理主要交通干道，保证道路畅通；

④合理设置出入口，除应急救援人员外，严禁无关人员进入；

⑤根据事故发展、应急处置和动态监测情况，适当调整警戒隔离区。

(4) 人员防护与救护。

①应急救援人员防护。调集所需安全防护装备；现场应急救援人员应针对不同的危险性，采取相应安全防护措施后，方可进入现场救援；控制、记录进入现场救援的人员数量；现场安全监测人员若遇直接危及应急救援人员生命安全的紧急情况，应立即报告应急救援队伍负责人和现场指挥部，应急救援队伍负责人、现场指挥部应当迅速做出撤离决定。

②遇险人员救护。应急救援人员应携带救生器材迅速进入现场，将遇险受困人员转移到安全区；将警戒隔离区内与事故应急处理无关人员撤离至安全区，撤离要选择正确方向和路线；对遇险受困人员进行现场急救和登记后，交专业医疗卫生机构处置。

③公众安全防护。总指挥部根据现场指挥部疏散人员的请求，决定并发布疏散指令；应选择安全的疏散路线，避免横穿危险区；根据事故爆发源的危害特征，指导疏散人员就地取材（如毛巾、湿布、口罩等），采取简单有效的措施保护自己。

(5) 现场处置。

①火灾爆炸事故处置。扑灭现场明火应坚持先控制后扑灭的原则。依危险品性质、火灾大小采用冷却、堵截、突破、夹攻、合击、分割、围歼、破拆、封堵、排烟等方法进行控制与灭火。

根据事故特性，选用正确的灭火剂。如遇到危险化学品事故时，禁止用水、泡沫等含水灭火剂扑救遇湿易燃物品、自燃物品火灾；禁用直流水冲击扑灭粉末状、易沸溅危险化学品火灾；禁用砂土盖压扑灭爆炸品火灾；宜使用低压水流或雾状水扑灭腐蚀品火灾，避免腐蚀品溅出；禁止对液态轻烃强行灭火。

有关生产部门监控装置工艺变化情况，做好应急状态下生产方案的调整和相关装置的生产平衡，优先保证应急救援所需的水、电、汽、交通运输车辆和工程机械。

根据现场情况和预案要求，及时决定有关设备、装置、单元或系统紧急停车，避免事故扩大。

②泄漏事故处置。控制泄漏源。在生产过程中发生泄漏，事故单位应根据生产和事故情况，及时采取控制措施，防止事故扩大。采取停车、局部打循环、改走副线或降压堵漏等措施；在其他储存、使用等过程中发生泄漏，应根据事故情况，采取转料、套装、堵漏等控制措施。

控制泄漏物。泄漏物控制应与泄漏源控制同时进行。对气体泄漏物可采取喷雾状水、释放惰性气体、加入中和剂等措施，降低泄漏物的浓度或燃爆危害。喷水稀释时，应筑堤收容产生的废水，防止水体污染；对液体泄漏物可采取容器盛装、吸附、筑堤、挖坑、泵吸等措施进行收集、阻挡或转移。若液体具有挥发性及可燃性，可用适当的泡沫覆盖泄漏液体。

③中毒窒息事故处置。应急救援人员立即将染毒者转移至上风向或侧上风向空气无污染区域，并进行紧急救治。经现场紧急救治后，伤势严重者立即送医院观察治疗。

④其他事故处置要求。现场指挥人员发现危及人身生命安全的紧急情况，应迅速发出紧急撤离信号。若因火灾爆炸引发泄漏中毒事故，或因泄漏引发火灾爆炸事故，应统筹考虑，优先采取保障人员生命安全，防止灾害扩大的救援措施。维护现场救援秩序，防止救援过程中发生车辆碰撞、车辆伤害、物体打击、高处坠落等事故。

(6) 现场监测。

①对可燃、有毒有害危险化学品的浓度、扩散等情况进行动态监测。

②测定风向、风力、气温等气象数据。

③确定装置、设施、建筑物已经受到破坏或潜在的威胁。

(7) 洗消。

①在危险区与安全区交界处设立洗消站。

②使用相应的洗消药剂，对所有染毒人员及工具、装备进行洗消。

(8) 现场清理。

①彻底清除事故现场各处残留的有毒有害气体。

②对泄漏液体、固体应统一收集处理。

③对污染地面进行彻底清洗，确保不留残液。

④对事故现场空气、水源、土壤出现污染情况进行动态监测，并将监测信息及时报告现场指挥部和总指挥部。

⑤洗消污水应集中净化处理，严禁直接外排。

⑥若空气、水源、土壤出现污染，应及时采取相应处置措施。

(9) 信息发布。

①信息发布应及时、准确、客观、全面。

②事故信息由总指挥部统一对外发布。

(10) 救援结束。

①事故现场处置完毕，遇险被困人员全部救出，可能导致次生、衍生灾害的隐患得到彻底消除或控制，由总指挥部发布救援行动结束指令。

②清点救援人员、车辆及器材。

③解除警戒，指挥部解散，应急救援人员返回驻地。

④事故单位对应急救援资料进行收集、整理、归档，对救援行动进行总结评估，并报上级有关部门。

8.2.2 应急救援的实施要求

由于突发事件本身的不确定性、突发性、复杂性，以及后果易突变、激化和放大，导致应急救援行动面对的形势日益复杂、严峻。各级各类应急救援人员在防范化解重大安全风险的基础上，要立足于抢大险、救大灾，加强对各类应急救援行动的研究，把握其特点规律，不断增强救援能力，确保在"急、难、险、重"任务面前冲得上、打得赢，提升救援的科学性和有效性。

1. 应急救援实施的特点

应急救援实施的特点主要体现在多样性、复杂性、艰巨性和综合性4个方面。

(1) 多样性。应急救援行动涉及各种各样的灾害事故，如化学灾害、核事故、陆地交通事故、沉船事故、空中事故，建筑物倒塌事故，台风、地震、洪涝、龙卷风、滑坡、泥石流，恐怖袭击事件，政府、企业和群众需要救援的突发事件等，相应的应急救援行动方案、指挥方式、救援手段、保障方式等也是多样化的。针对灾害事故的多样性及所能遂行的任务，应急救援行动要预先建立多种方案，具体救援行动应在当地政府的统一领导下，根据具体情况采取适当的方法，注意与社会其他救援力量的协调，妥善处理在紧急救援中遇到的各种情况。

(2) 复杂性。人类社会实践活动的丰富性带来了灾害事故的复杂性。灾害事故的影响因素和演化规律复杂多变，参与应急救援活动的多个部门、多个单位在信息沟通、行动协调指挥、授权责任、沟通等方面的有效组织管理复杂多样，应急响应过程中公众的反应、恐慌心理、公众过激等突发行为复杂多样等，使对各类灾害及次生灾害的救援复杂性特点日益凸显，救援现场复杂多变、险象环生。应急救援人员要利用专业知识，运用专门的特种装备和技术手段，科学有序地进行救援。

(3) 艰巨性。应急救援大多面临严重灾害或特殊事故，特别是化学气体灾害、高层和地下建筑火灾、电力和石油火灾等，其特点是人员伤亡重，危害范围大，环境条件险恶，灾情难以控制等。及时有效地抢救生命和救援险情有很大的困难，应急救援任务艰巨。应急救援人员必须了解和掌握灾害事故成因、危害特点及其发生、发展的规律，常见化学危险物品的理化性质、防护要求和救援对策，讲究科学，掌握正确的救援程序和方法。

(4) 综合性。应急救援工作涉及技术事故、自然灾害、城市生命线、重大工程、公共活动场所、公共交通、公共卫生和人为突发事件等公共安全领域，形成了具有较强不确定性和后果性的复杂系统。就化学灾害事故而言，事故发生后包括切断（控制）事故源、控制污染区域、抢救中毒人员、取样检测、组织污染区域居民的保护或疏散、污染区域的净化，其综合要求高。同时，为有效开展救援工作，还需要对参与救援的人员进行统一的组织指挥，认真做好通信、运输、急救、物资、天气、生命等保障工作。

2. 应急救援实施的行动准则

鉴于应急救援行动的特点，为尽可能降低事故灾难的后果及影响，减少损失，实现抢救受害人员、降低或减少财产损失、消除事故造成的后果3个应急救援的目标，要求企业应急救援行动必须做到以下几点：

（1）以人为本，减少危害。切实履行社会主体权责，把保障公众健康和生命财产安全作为首要任务，要在短时间内在事故发生的第一现场做出有效反应，在事故和灾难出现重大后果之前，采取保护、救援、疏散、控制等各种有效措施，最大限度地减少人员的伤亡。

（2）居安思危，预防为主。坚持预防与应急相结合，常态与非常态相结合，增强忧患意识，防患于未然，明确各部门职责，关口前移，排查隐患，建立全天候的昼夜值班制度，确保报警、指挥通信系统始终保持完好状态，确保各类应急救援设备、技术设备、相关物资随时处于良好可用状态，并制定科学有效的应急预案等措施。

（3）集中领导，统一指挥。应急救援行动必须坚持属地化为主的原则，在应急指挥中心的统一领导、指挥下展开，及时控制住事态，避免多头领导、无所适从、贻误战机的不利局面。

（4）依法规范，加强管理。依据有关法律和行政法规，加强应急管理，维护公众的合法权益，使应对突发公共事件的工作规范化、制度化、法制化。

（5）快速反应，协同应对。加强以属地管理为重点的应急响应队伍建设，建立联动协调机制，充分调动和发挥乡镇、社区、企事业单位、社会团体和志愿者队伍的作用，依靠公权力形成统一指挥、反应灵敏、功能完备、协调高效的应急管理机制。

（6）依靠科技，提高素质。加强公共安全科学研究和技术开发，采用先进的监测、预报、预警、预防和应急技术设施，充分发挥专家和专业人才作用，提高应对突发公共事件的科技水平和指挥能力，避免发生次生、衍生事件；加强宣传培训教育，提高公众自救互救、应对各种突发公共事件的综合素质。

（7）分级负责、协同作战。地方各级政府和有关单位要按照各自职责分工，实行分级负责，最大限度地履行职责，实现协调有序、资源共享、快速响应，并建立企业与地方政府和有关单位的应急响应机制、联动机制，实现应急资源共享，共同积极做好应急救援工作。

（8）企业自救和社会救援相结合。在确保单位人员安全的前提下，事发企业应先立足自救，与社会救援相结合。企业熟悉自身各方面情况，又身处事故现场，有利于初期事故的救援，将企业事故消灭在初始状态。企业救援人员即使不能完全控制事态，也可为外部救援赢得时间。事故发生初期，事故企业必须按照本单位的应急预案积极组织抢险救援，迅速组织人员疏散撤离，防止事故扩大。这也是企业的法定义务。

(9) 安全救援。在企业突发事件应急救援过程中，采取有效措施，确保抢险救护人员的安全，严防抢险过程中发生二次事故；积极采用先进的应急救援技术及设施，避免次生、衍生事故发生。

3. 企业常见突发事件应急救援的组织实施

许多事故（包括一些重大事故）的发生，往往是由最初的应急处置失误引起的。例如，当管线出现泄漏的时候，本应该迅速关闭阀门阻止泄漏，但是由于麻痹大意或者心慌意乱，反而开大了阀门，结果导致人员中毒或者爆炸事故。又如，当发现锅炉缺水的时候，本应该按照操作规程停机，然后等待锅炉逐渐冷却后再加水，但是由于应急处置失误，匆忙之中加进冷水，结果造成锅炉爆炸。类似的事故案例很多，教训极为深刻。因此，对企业而言，遇到突发事故，全体人员要做到"四要四不要"，即要镇定，不要慌张；要保命，不要乱跑；要自我保护后参与应急，不要盲目救人；要掌握应急处置技术，不要不懂装懂。企业应急救援人员要明确应急处置的相关要求，懂得常见突发事件应急救援的组织实施。

(1) 危险化学品应急处置。应急处置是指在危险化学品造成或可能造成人员伤害、财产损失和环境污染及其他较大社会危害时，为及时控制事故源，抢救受害人员，指导群众防护和组织撤离，清除危害后果而采取的措施或组织的救援活动。应急处置共分为8步：

①事故报警。事故报警的及时与准确与否是能否及时控制事故的关键环节。无论是谁，只要发现危险的异常现象，第一反应就是要开始启动应急响应，即启动报警程序和相应的反应机制。

②出动基层一线应急救援人员。各基层一线应急救援队（班、组）在接到事故报警后，应迅速组织所属人员赶赴现场。

③划定安全区和事故现场控制。结合事故模拟结果和专家建议，并考虑危险化学品对人体的不同伤害程度，同时结合事故发生的不同时期，可以将现场划分为初始安全区、事故现场控制等区域：初始安全区，危险化学品泄漏后，若接触泄漏物或吸入其蒸汽可能会危及人的生命，则有必要确定初始安全区，以供现场应急救援人员在专业人员到达事故现场前作应急参考。事故现场控制区域，根据确定的初始安全距离，可以疏散现场的人员，禁止人员进入隔离区。应急处置人员到达现场后，应进一步细化安全区域，确定应急处置人员、洗消人员和指挥人员分别所处的区域。在这些区域明确应急处置人员

的工作,这样有利于应急行动和有效控制设备进出,并且能够统计进出事故现场的人员。一旦确定警戒范围,必须在警戒区设置警戒标志,消除警戒区内火种。设置警戒标志可使用反光警戒标志牌、警戒绳,夜间可以拉防爆灯光警戒绳。在警戒区周围布置一定数量的警戒人员,防止无关人员和车辆进入警戒区。主要路口必须布置警戒人员,必要时实行交通管制。对于易燃气体、液体泄漏事故,如果火灾尚未发生,则必须消除警戒区内的火源。常见火源有明火、非防爆电器、高温设备、进入警戒区作业人员的手机、化纤类服装、钉子鞋、火花工具及汽车、摩托车等机动车辆的尾气。

④紧急疏散。建立警戒区域,迅速将与事故应急处理无关的人员撤离,将相邻的危险化学品疏散。

⑤事故现场控制。为了减少危险化学品事故对生命和环境的危害,在事故发生的初期必须采取一些简单有效的控制措施和遏制行动,通过对危险化学品的有效回收和处置将其对环境和生命的危害降至最低,防止事故扩大,保证能够有效地完成恢复和处理行动。

⑥现场急救。现场急救注意选择有利地形设置急救点;做好个体防护;防止发生继发性损害;应至少2~3人为一组行动;所用的救援器材应具备防爆功能。在事故现场,化学品对人体可能造成伤害:中毒、窒息、冻伤、化学灼伤、烧伤等。对受伤害人员及时施救,可以最大限度地减少人员伤亡。

⑦现场人员个体防护。在危险化学品事故应急抢险过程中应根据危险化学品事故的特点及其引发物质的不同,以及应急人员的职责,采取不同的个体防护装备:应急救援指挥人员、医务人员和其他不进入污染区域的应急人员一般配备过滤式防毒面罩、防护服、防毒手套、防毒靴等;工程抢险、消防和侦检等进入污染区域的应急人员应配备密闭型防毒面罩、防酸碱型防护服和空气呼吸器等。

⑧现场清理和洗消。事故现场清理是为了防止危害的进一步发生。在现场危险分析的基础上,应对现场可能产生的进一步的危害和破坏采取及时的行动,尽可能减小二次事故的可能性。这类工作包括防止有毒有害气体的生成、蔓延或释放,防止易燃易爆物质或气体的生成与燃烧爆炸,防止由火灾引起的爆炸,做好现场毒物的洗消工作(包括人员、设备、设施和场所等)等。

(2)泄漏应急处置。发生泄漏事故时,要迅速采取有效措施消除或减少泄漏的危害。应急处置的首要行动:迅速撤离泄漏污染区人员至安全区,并进行隔离,严格限制出入;切断火源,尽可能切断泄漏源。处理泄漏应从以下几个方面考虑:

①临时设置现场警戒范围。易燃、可燃液体大量泄漏时,要组织人员进行现场警戒,无关人员不得出入,制止一切点火源。如果火灾爆炸危险性较大,应立即向消防队报警并要求派消防车监护,消防车辆的阻火器必须完好。

②堵漏。一旦发现泄漏,要立即查明泄漏点,根据泄漏的物料、部位、形式及程度,

采取具体措施制止泄漏，减少泄漏量。应急处理人员戴自给正压式呼吸器，穿防静电工作服。经常采用的方法有：关闭断气法；注水升液法；手钳夹管法；卡箍夹管法；用物堵塞法；冻结制漏法；法兰加垫法；罐口加盖法；泄气减压法。如果在堵漏时需要动火，按特殊动火对待。

③转移回收。在保证安全的前提下，使用适当的器具对泄漏物进行回收。小量泄漏：用矿土、蛭石或其他惰性材料吸收，或在保证安全情况下，就地焚烧。大量泄漏：构筑围堤或挖坑收容。用泡沫覆盖，降低蒸气灾害。回收跑漏物料时要注意：提前准备好用于回收的器材（如槽车、桶、泵等）；用泵进行回收时，电气部分必须用防爆型或用气动等不产生火花的泵或专用收集器回收或运至废物处理场所处置，槽车要加装车用阻火器；回收时，注意蒸气扩散，加强气体检测。

④紧急停车。如果泄漏危及整个装置，视具体情况还可以采取紧急停车措施，如停止反应，把物料退出装置区，送至罐区或火炬。

⑤疏散有关人员，隔离泄漏区。疏散人员的多少和隔离泄漏区的大小，要根据泄漏量和泄漏物具体特性而定。启动音响报警器报警，向气防部门、厂调度部门（生产科）汇报，通知邻近车间或工厂的岗位人员以及附近的居民撤离至安全地点。当可燃气体泄漏在人员疏散时，既要考虑泄漏物扩散区域的浓度（爆炸极限范围），也要考虑爆炸产生的冲击力对建筑物可能带来的危害。未受污染的房间要立即关闭门窗。

（3）火灾爆炸应急处置。火灾爆炸应急处置总的要求是按照国家和行业标准、规范制定的火灾爆炸抢险方案，在实施过程中坚持"以人为本"的指导思想。

具体要求：迅速隔离事发现场，抢救伤亡人员，撤离无关人员及群众；迅速收集现场信息，核实现场情况，组织制定现场处置方案并负责实施；协调现场内外部应急资源，统一指挥抢险工作；根据现场变化及时修订方案；协同上级、地方政府实施人员疏散和医疗救助；及时向上级应急指挥中心领导汇报、请示并落实指令；根据现场方案需要，请求应急指挥中心协调组织其他应急资源；现场应急指挥根据应急指挥中心领导指示，负责现场的对外新闻发布。

具体程序要求：先控制，后消灭；扑救人员应占领上风或侧风阵地；进行火情侦察、火灾扑救、火场疏散人员应有针对性地采取自我防护措施；应迅速查明燃烧范围、燃烧物品及其周围物品的品名和主要危险特性、火势蔓延的主要途径；正确选择最合适的灭火剂和灭火方法；对有可能发生爆炸、爆裂、喷溅等特别危险、需紧急撤退的情况，应按照统一的撤退信号和撤退方法及时撤退；火灾扑灭后，起火单位应当保护现场，接受和协助事故调查。

①易燃和可燃液体火灾扑救。液体火灾特别是易燃液体火灾发展迅速而猛烈，有时甚至会发生爆炸。这类物品发生的火灾主要根据它们的比重大小、能否溶于水等性质来

确定灭火方法。一般来说，对比水轻（比重小于1）又不溶于水的易燃和可燃液体，如苯、甲苯、汽油、煤油、轻柴油等引起的火灾，可用泡沫或干粉扑救。初始起火时，燃烧面积不大或燃烧物不多时，也可用二氧化碳灭火剂扑救。但不能用水扑救，因为当用水扑救时，易燃和可燃液体比水轻，会浮在水面上随水流淌而扩大火灾；比水重（比重大于1）而不溶于水的液体，如二硫化碳、萘、蒽等着火时，可以用水扑救，但覆盖在液体表面的水层必须有一定厚度，方能压住火焰。被压在水下面的液体温度都比较高，现场消防人员应注意不要被烫伤；能溶于水的液体，如甲醇、乙醇等醇类；醋酸乙酯、醋酸丁酯等酯类；丙酮、丁酮等酮类发生火灾时，应用雾状水或抗溶性泡沫、干粉等来灭火扑救。在火灾初期或燃烧物不多时，也可用二氧化碳扑救。如使用化学泡沫灭火时，泡沫强度必须比扑救不溶于水的易燃液体大3~5倍；敞口容器内易燃和可燃液体着火，不能用砂土扑救。因为砂土非但不能覆盖液体表面，反而会沉积于容器底部，造成液位上升以致溢出，使火灾蔓延。

②易燃固体火灾扑救。易燃固体燃点较低，受热、冲击、摩擦或与氧化剂接触能引起急剧及连续的燃烧或爆炸。易燃固体发生火灾时，一般都能用水、砂土、石棉毯、泡沫、二氧化碳、干粉等灭火剂扑救，但铝粉、镁粉等着火不能用水和泡沫灭火剂扑救。另外，粉状固体着火时，不能用灭火剂直接强烈冲击以避免粉尘被冲散，在空气中形成爆炸性混合物引发爆炸。磷的化合物、硝基化合物和硫黄等易燃固体着火燃烧时，产生有毒和刺激气体，扑救人员要站在上风向，以防中毒。

③遇水燃烧物品火灾扑救。此类物品的共同特点是遇水后能发生剧烈的化学反应，产生可燃性气体，同时放出热量，以致引起燃烧或爆炸。遇水燃烧物品火灾应用干砂土、干粉等扑救，灭火时严禁用水、酸、碱灭火剂和泡沫灭火剂扑救。遇水燃烧物品，如锂、钠、钾、铷、铯、锶等，由于化学性质十分活泼，能夺取二氧化碳中的氧而引起化学反应，使燃烧更加猛烈，所以也不能用二氧化碳扑救。

④自燃物品火灾扑救。此类物品虽未与明火接触，但在一定温度的空气中能发生氧化作用，放出热量，由于积热不散，达到其燃点而引起燃烧。自燃物品可分为3种：一是在常温空气中剧烈氧化，以致引起自燃的物品，如黄磷；二是受热达到燃点时，放出热量，不需外部补给氧气，本身分解出氧气继续燃烧的物品，如硝化纤维胶片、铝铁溶剂等；三是在空气中缓慢氧化，如果通风不良，积热不散达到物品自燃点即能自燃的物品，如油纸等含油脂的物品。自燃物品起火时，除三乙基铝和铝铁溶剂等不能用水扑救外，一般可用大量的水进行灭火，也可用砂土、二氧化碳和干粉灭火剂灭火。由于三乙基铝遇水产生乙烷，铝铁溶剂燃烧时温度极高，能使水分解产生氢气，所以不能用水扑救。

⑤氧化剂火灾扑救。这类物品具有强烈的氧化能力，本身虽不燃烧，但与可燃物接触即能将其氧化，而自身还原引起燃烧或爆炸。由氧化剂引起的火灾，一般可用砂土进

行扑救，大部分氧化剂引起的火灾都能用水扑救，最好用雾状水。如果用加压水则先用砂土压盖在燃烧物上再进行扑救。要防止水流到其他易燃易爆物品处。过氧化物和不溶于水的液体有机氧化剂，应用砂土或二氧化碳、干粉灭火剂扑救。这是因为过氧化物遇水反应能放出氧，加速燃烧。

⑥液化气体和可燃气体火灾扑救。为了便于储存和使用，通常情况下，将很多易燃气体用加压法压缩储于容器内。由于各种气体的性质不同，有的压缩成液态，称为液化气，如液化石油气、液氨等，有的仍为气态，称为压缩气体，如氢气瓶内的氢气等。气体着火是很难灭掉的，根据国内外的实践，大部分气体着火后用水是能起到降温和灭火作用的。干粉和二氧化碳也能扑灭大部分气体火灾，但对大面积气体火灾，往往无能为力。因此，隔绝易燃气体来源和用大量的水进行冷却降温是灭火的主要手段。在扑救可燃气体火灾时，可燃气体如果从容器管道中源源不断地喷散出来，应首先切断可燃物的来源，然后争取一次灭火成功。如果在未切断可燃气体来源的情况下，急于求成，盲目灭火，则是一种十分危险的做法。因为火焰一旦被扑灭，而可燃气体继续向外喷散，特别是比空气重的可燃气体，如液化石油气等外溢，易沉积在低洼处，不易很快消散，遇明火或炽热物体等火源还会引起复燃。如果气体浓度达到爆炸极限，还会引起爆炸，很容易导致事故扩大。

(4) 中毒、窒息应急处置。危险化学品中毒事故的现场救援必须遵循一定的原则，包括：抢救最危急的患者；处理眼和皮肤污染；查明化学物质的毒性；进行特殊和/或对症处理。人身中毒的途径包括：在危险化学品的储存、运输、装卸、搬倒商品等操作过程中，毒物主要经呼吸道和皮肤进入人体，经消化道者较少。

急性中毒的现场急救处置。发生急性中毒事故，应立即将中毒者送医院急救。护送者要向院方提供引起中毒的原因、毒物名称等信息，如化学物质不明，则需带该物料及呕吐物的样品，以供医院及时检测。如不能立即到达医院时，可采取急性中毒的现场急救处理：吸入中毒者，应迅速脱离中毒现场，向上风向转移，至空气新鲜处。松开患者衣领和裤带，并注意保暖；化学毒物沾染皮肤时，应迅速脱去污染的衣服、鞋袜等，用大量流动的清水冲洗 15~30 min。头面部受污染时，首先注意眼睛的冲洗；口服中毒者，如为非腐蚀性物质，应立即用催吐方法，使毒物吐出；对中毒引起呼吸、心跳停止者，应进行心肺复苏术，主要的方法有口对口人工呼吸和心脏胸外挤压术。

(5) 触电应急处置。当发现有人触电时，在保证自己安全的前提下，应根据不同情况采取不同的方法，迅速而果断地使其脱离电源。脱离电源的一般方法包括：

①如果触电者所在的地方较高，须预先采取保证触电者安全的措施，否则停电后会摔下来给触电者造成更大的危险。

②停电时如影响事故地点的照明，必须迅速准备手电筒或合上备用事故照明灯，以

便继续进行救护工作。

③如不能迅速地将电源断开,就必须设法使触电者与带电部分分开(在低压设备上,如果触电者的衣服是干燥的而且不紧裹在身上,则可以拉他的衣服,但不能触及裸露的皮肤及附近的金属物件;如果电源线较细,可用电工钳将电源线剪断;如果触电者握住了粗导线或母线,必须用绝缘板将触电者垫起来,使其脱离地面)。

④如果触电者还没有失去知觉,只在触电过程中曾一度昏迷或触电时间较长,则必须保证触电者的安静,并保持环境通风良好。然后通知医院救护车接往医院诊治。

⑤如果触电者已失去知觉,但呼吸尚存在,则应当使其舒服、安静地平卧,解开衣服,周围不让人围着,保持空气流通,向触电者身上洒冷水、摩擦全身,并通知医院派救护车前来救治。如果触电者呼吸困难,呼吸稀少,不时出现痉挛现象,则必须施行人工呼吸。如果没有生命体征(呼吸、脉搏及心脏跳动停止),这时也不能送往医院,只能就地救治。在未得到医生的确诊之前,救治始终不能停止。

(6) 高处坠落应急处置。高空坠落、撞击、挤压可能使胸部内脏破裂出血,伤者表面无出血,但出现面色苍白、腹痛、意识不清、四肢发冷等征兆。应首先观察或询问是否出现上述特征,确认或怀疑存在上述特征时,严禁移动伤者,应使其平躺,并立即拨打120急救电话。如有骨折,应就地取材,使用夹板或竹棍固定,避免骨折部位移位,开放性骨折并伴有大量出血者,应先止血再固定,用担架或自制简易担架运送伤者至医院治疗。

(7) 物体打击应急处置。首先查看被打击部位的伤害情况,根据伤情确定救治方案,需要包扎的进行现场简易包扎,若有骨折,应就地取材,使用夹板或竹棍固定,避免骨折部位移位。开放性骨折并伴有大量出血者,应先止血再固定,用担架或自制简易担架运送伤者至医院治疗。

(8) 吊装伤害应急处置。当吊装事故发生时,如果有人员伤害,首先抢救受伤人员并同时报告应急指挥中心。如果没有人员伤害,应及时处理以免发生人员伤害;设置警戒区,保护现场,组织人员撤离;得到报警信号后,施工人员立即停止工作,就近关闭电源、火源,沿既定应急撤离路线撤离到指定地点,撤离过程中听从应急指挥人员的指挥,不拥挤、不慌乱,照顾伤员,有秩序地迅速撤离;如伤害严重时,应立即安排车辆将伤员送往医院急救。人员撤离到集合地点时,清点人员。应急指挥中心组织好现场保护工作,并协助公司、业主或地方主管部门进行调查。

(9) 车辆伤害应急处置。根据伤情确定救护方案,需要包扎的进行现场简易包扎;若有出血,先简易包扎止血。若有骨折,应就地取材,使用夹板或竹棍固定,避免骨折部位移位。开放性骨折并伴有大量出血者,应先止血再固定。进行上述紧急处理后,立即与急救中心和医院联系,请求出动急救车辆并做好急救准备,确保伤员得到及时医治。

在进行现场救助行动时,安排人员同时做好事故调查取证,以利于事故处理,防止证据遗失。

8.3 应急救援力量建设

加强应急救援力量建设是应急管理体系和能力建设的重要内容,是防范化解重大安全风险、及时应对处置各类灾害事故的重要保证。2019年11月30日,习近平总书记在中共中央政治局第十九次集体学习时强调,要加强应急救援队伍建设,建设一支专常兼备、反应灵敏、作风过硬、本领高强的应急救援队伍。要采取多种措施加强国家综合性救援力量建设,采取与地方专业队伍、志愿者队伍相结合和建立共训共练、救援合作机制等方式,发挥好各方面力量作用。这是新时代推进中国特色应急救援力量体系建设的基本要求,对于构建新时代国家应急救援体系、推进我国应急管理体系和能力现代化具有重要指导意义。应急管理部组建以来,坚持以习近平新时代中国特色社会主义思想为指导,认真贯彻落实党中央、国务院关于防灾减灾救灾工作的决策部署,按照"统一指挥、专常兼备、反应灵敏、上下联动"的原则,对标"全灾种、大应急",全面建设中国特色应急救援力量。如图8-1所示,目前我国已经初步构建以国家综合性消防救援队伍为主力、以专业应急救援队伍为协同、以军队应急力量为突击、以社会力量为辅助的中国特色应急救援力量体系,这是企业应急救援顺利开展的坚强后盾与有力保障。企业平时要了解并融入相应应急救援力量体系建设中,关键时候才能依托、依靠相应应急救援力量开展有效救援。

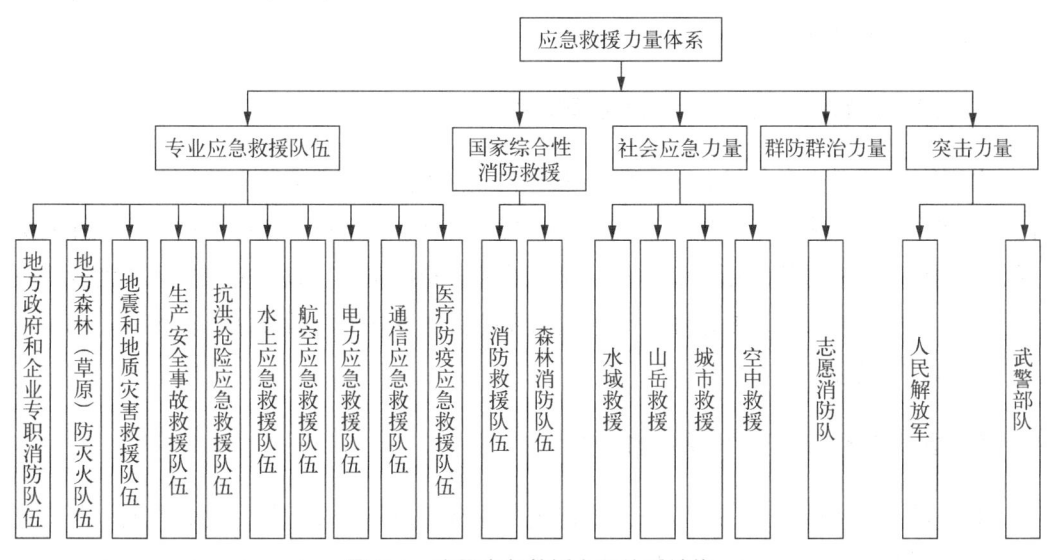

图8-1 我国应急救援力量体系结构

国家综合性消防救援队伍建设重点围绕发挥应急救援主力军和国家队作用，对标"全灾种、大应急"任务需要，强化战斗力标准，加速转型升级，加大救援理念、组织指挥、联动机制、专业训练、保障能力等方面的改革创新，提升正规化、专业化、职业化水平。新组建了水域、山岳、地震、空勤、抗洪、化工等专业队 3000 余支，救援能力明显增强、行动效率明显提高、救援效果明显提升。

专业应急救援队伍建设重点围绕提升专业领域救援能力，优化力量布局，整合各类资源，补齐建设短板，完善保障机制，充分发挥在各类灾害事故处置中的专业作用。建成地震、矿山、危险化学品、隧道施工、工程抢险、航空救援等国家级应急救援队近 100 支，共 2 万余人，地方政府建有专业应急救援队约 3.4 万支，共 134 万人。

社会应急救援力量建设重点围绕规范有序发展，发挥辐射带动作用，提高公众防灾避险意识和自救互救水平，形成政府主导、属地管理、配合有力、全社会参与的应急工作格局。同时，人民解放军和武警部队是我国应急处置与救援的突击力量，担负着重特大灾害事故的抢险救援任务，通过建立健全军地协调联动机制，确保大灾大难时协调有序、指挥顺畅、联动高效。

8.3.1 国家综合性消防救援队伍

国家综合性消防救援队伍是习近平总书记亲自授旗、亲自缔造的一支崭新的人民队伍，是根据党中央决策部署，对原公安消防、武警森林部队予以改制整合，按照准现役、准军事化标准建设管理的队伍，组建以来始终把习近平总书记的重要训词作为统领队伍建设发展的"魂"和"纲"，坚决贯彻党中央国务院改革决策部署，边转制、边应急、边建设，扛起了应急救援主力军和国家队的重要职责，走出了一条具有中国特色的消防救援队伍建设新路子。

1. 国家综合性消防救援队伍的管理体制

国家综合性消防救援队伍实行统一领导、分级指挥，实行消防救援衔制度，设有专门的衔级职级序列和队旗、队徽、队训、队服。应急管理部设立消防救援局、森林消防局，分别作为消防救援队伍、森林消防队伍的领导指挥机关。省、市、县级分别设消防救援总队、支队、大队，城市和乡镇根据需要按标准设立消防救援站；森林消防总队以下单位保持原建制。

2. 国家综合性消防救援队伍的职责

（1）消防救援队伍的主要职责。承担城乡综合性消防救援工作，负责调度指挥相关灾害事故救援行动；承担火灾预防、监督执法以及火灾事故调查相关工作，依法行使消防安全综合监管职能；负责综合性消防救援预案编制、战术研究工作和消防救援队伍执勤备战、训练演练；负责消防救援信息化和应急通信建设，承担相关救援行动应急通信保障工作；负责消防安全宣传教育，组织指导社会消防力量建设；负责消防应急救援专业队伍规划、建设与调度指挥，参与组织协调、动员各类社会应急救援力量参加救援任务。

（2）森林消防队伍的主要职责。承担森林和草原火灾扑救、抢险救援、特种灾害救援等综合性应急救援任务，指挥调度相关救援行动；承担森林和草原火灾预防、监督执法以及火灾事故调查相关工作；负责森林消防队伍综合性应急救援任务预案编制、战术研究和执勤备战、训练演练等工作；负责森林和草原消防安全宣传教育，组织指导社会森林和草原消防力量建设；负责森林消防应急救援专业队伍规划、建设与调度指挥，参与组织协调、动员各类社会应急救援力量参加救援任务。

3. 国家综合性消防救援队伍的任务

国家综合性消防救援队伍作为综合性应急力量，不仅承担消防工作和森林灭火，还承担着抗洪抢险、抗震救灾等任务，扛起了全灾种综合救援职责。同时，消防救援队伍还与地方专业应急队伍、社会救援力量形成共训共练、联合救援的工作机制，重特大灾害时与人民解放军、武警部队联合行动，形成了应急救援的整体优势，发挥了国家队主力军的重要作用。

在响应上，驻地的综合性消防救援队伍如果接到群众事故或者灾害报警，或者是接到地方政府事故灾害信息通报和处置需求的指令以后会立即响应，接报的灾情信息会在第一时间汇聚到各级的指挥中心，实行信息共享、互联互通。在指挥上，实行垂直管理、逐级指挥，发生重特大灾情，也可以实行扁平化指挥，适时派出前沿指挥部靠前指挥。在协作上，分区域按照预案进行协同作战，事发区队伍进行先期处置，周边的队伍做好增援准备，按照力量调动的权限和就近用兵、足量用兵、成建制用兵的原则，分批次、跨区增援，确保第一时间投入足够的力量。在配合上，当消防救援队伍和森林消防队伍共同参与灾害救援处置的时候，统一接受当地联合指挥部集中指挥，两支队伍内部会建立协同工作机制，共同领受任务，联合开展行动。

当重特大灾害发生的时候，往往需要多种应急救援力量的共同参与，各类救援力量在灾区现场指挥机构的统一领导下开展救援工作，人民解放军、武警部队和国家综合性消防救援队伍的指挥员会加入指挥机构，其他救援队伍的指挥员会加入指挥机构的编组，共同参与会商研判、联合决策，依据灾种和专业优势进行科学分工、明确任务。救援行动中，相互配合，取长补短，形成整体救援合力，确保救援行动能够有力、有序、有效地实施。

8.3.2 专业应急救援队伍

除了国家综合性消防救援队伍外，专业应急救援队伍是国家综合性消防救援队伍的重要协同力量，担负着区域性灭火救援和生产安全事故、自然灾害等专业救援职责。

1. 专业应急救援队伍概述

专业应急救援队伍一般是县级以上人民政府根据实际需要单独建立或者依托有条件的生产经营单位、社会组织建立的，从事专业性、技术性较强的各类自然灾害和生产安全事故应急处置及抢险救援。通常按照"政府主导、社会参与、分类推进、分级负责、专常兼备、保障有力"的原则，坚持专业化与社会化相结合，依托有关企业、单位、社会组织等各类应急资源，分专业、分类型、分区域建设国家、省、市、县级专业应急救援队伍。为适应"全灾种、大应急"任务需要，专业应急救援队伍建设坚持抓好专业业务技能培养的同时推动队伍从"专司其职"向"一专多能"转变。建立健全应急协同演练机制和应急协调联动机制，加强国家综合性消防救援队伍与专业应急救援队伍、社会应急队伍之间协同训练、共同救援等工作机制，使各类应急救援力量优势互补、同向发力，推进应急救援力量之间信息互通、资源共享、协调联动。

2. 专业应急救援队伍的组成

其主要包括防汛抗旱、地震和地质灾害救援、生产安全事故救援、地方森林（草原）防灭火、卫生应急、海上搜救、铁路事故、核事故等专业应急救援队伍，担负着区域性灭火救援、生产安全事故和自然灾害等专业救援职责。另外，交通、铁路、能源、工信、卫生健康等行业部门都建立了水上、航空、电力、通信、医疗防疫等应急救援队伍，主要担负行业领域的事故灾害应急抢险救援任务。

（1）防汛抗旱队伍。当前，我国抗洪抢险专业应急救援队伍主要由3部分组成：

①抗洪抢险专业应急救援骨干队伍。抗洪抢险专业应急救援骨干队伍主要是中国安能建设集团有限公司（以下简称"中国安能"）所属的9个分公司。中国安能配备了部分大型工程抢险救援装备，近年来成功处置了长江中下游洪涝灾害、江西唱凯堤决口、甘肃舟曲白龙江泥石流、唐家山及金沙江白格堰塞湖等重大险情，在抗洪抢险中发挥了重要作用。

②各级政府抗洪抢险队。目前，我国共建有100多支重点防汛机动抢险队，另有1400多支地方其他抢险队伍。100多支重点防汛机动抢险队由国家防汛抗旱总指挥部分批建设，其中1997年首批由湖北、湖南、四川、河北、安徽、陕西、辽宁、吉林、福建和广西10省（区）各建有1支，其他后续分多批建成，其专业性抢险救援能力较强，充

分发挥了重点防汛机动抢险队优势，参与了每年的抗洪抢险，取得了很好的社会和经济效益。

③流域部门抗洪抢险队。据统计，目前黄河水利委员会共建有16支防汛机动抢险队；长江水利委员会委托相关各省份建有37支防汛机动抢险队。但各支队伍装备配备差异较大，抗洪抢险实力参差不齐。

(2) 地震和地质灾害应急救援队伍。

我国地震和地质灾害专业应急救援队伍建设起步较晚，尚未成形。目前，各省（区、市）主要依托区域内的人民解放军、武警部队、消防救援、安全生产应急救援队伍等开展地震和地质灾害救援行动。当前参与执行地震和地质灾害应急救援的主要队伍有两类：

①国家级救援队伍。主要有中国国际救援队、中国救援队，以及国家陆地搜寻和救护基地（以下简称"陆搜基地"）。其中，中国国际救援队于2001年依托军队组建，初期规模230人，汶川地震后扩建到480人，主要承担因地震灾害或其他突发性事件造成建（构）筑物倒塌而被埋压人员的搜索与营救任务，装备配备已达到重型救援队标准。中国救援队于2018年依托北京市消防救援总队组建，规模达到200人，主要执行地震和地质等各类灾害救援现场处置任务，配备有常规救援装备。陆搜基地现有8个，主要承担区域内地震和地质灾害搜救与队员专项技能培训任务。

②省级地震灾害紧急救援队。在省级层面，按照"一队多用"的原则，依托军队、武警、消防、安全生产等队伍，在全国31个省（自治区、直辖市）均建立了省级地震灾害紧急救援队，截至2018年8月，共有省级地震灾害紧急救援队76支、1.2万余人，配备了侦检、搜索、营救、医疗、通信、动力、个人防护等基本装备。随着应急管理系统的成立，各省地质局建立了部分地质灾害应急救援队伍，如湖北省突发地质灾害应急救援抢险工程队、陕西地矿集团突发地质灾害专业应急排查队等，这些队伍主要承担地质灾害监测预警等任务，在灾害发生时开展灾害排查任务。

(3) 安全生产应急救援队伍。自2010年以来，党中央、地方政府和企业总投入上百亿元，建设完成了91支约1.95万人的国家级安全生产应急救援队伍，水上搜救、旅游、电力、海上溢油和铁路隧道施工等行业领域也建立了救援队伍。另外，各级地方政府、企业也强化了省级地方骨干应急救援队伍和基层专职队伍建设。截至2020年年底，全国共有安全生产专职应急救援人员6.3万余人，形成了以国家队为核心、行业队为骨干、企（事）业队为基础的专兼结合、优势互补、功能综合的应急救援队伍体系。

①矿山类应急救援队伍。据统计，我国共有国家级矿山应急救援队伍38支，分布在全国24个省（自治区、直辖市）和新疆生产建设兵团，主要依托国有大型优势矿山企业和单位，在中央预算内基建投资支持下，建设了开滦、大同、鹤岗、淮南、平顶山、

芙蓉和靖远7支国家矿山应急救援队,以及汾西、平庄和沈阳等14支区域矿山应急救援队,17支中央企业矿山救援队,配备了运输、排水、钻探、通信等一大批具有国内外领先水平的救援装备,并在组织机构、基础设施、制度规范、培训演练等方面全面开展了配套建设,矿山应急救援队伍规模、救援能力素质和救援保障条件等方面达到了"国际一流"的总体要求,在矿山事故灾难救援中发挥了重要作用。据统计,2012—2016年,仅14支区域矿山应急救援队累计参与事故救援775次,累计参加事故救援12 575人次,救出遇险遇难人员928人,其中经抢救生还528人,累计挽回经济损失32亿余元,取得了重大的经济效益和社会效益。

地方、企业专职应急救援队伍主要以市、县、区的煤炭工业局、安全生产监督局、采矿企业为依托,资金来源主要依靠当地政府拨款和企业扶持,规模大小不一,救援技术与能力参差不齐,装备配置差距很大,有的在册人数和配置装备严重失衡,较国家级救援队伍差距明显。人数在18人及以上的地方、企业专职矿山应急救援队伍392支,其中煤矿救援队伍335支,非煤矿山及其他队伍57支,分布在全国26个省(自治区、直辖市)和新疆生产建设兵团。

②危险化学品类应急救援队伍。全国共有国家级危险化学品应急救援队伍35支、国家级油气管道应急救援队伍6支、国家级油气田井控应急救援队伍1支,分布在全国24个省。全国共有地方、企业危险化学品应急救援队伍396支、油气管道应急救援队伍8支、油气田应急救援队伍2支,分布在全国30个省(自治区、直辖市)和新疆生产建设兵团。其中隶属中央企业的应急救援队伍90支、1万余人。

③隧道应急救援队伍。自2011年以来,在中央专项资金支持下,中央企业自建了部分隧道应急救援队伍。中国中铁在全国共建设了3支应急救援队伍,分别是国家隧道应急救援中铁二局昆明队和中铁五局贵阳队,中国中铁隧道局西安应急救援队;中国铁建在全国建设了5支救援队伍,分别是国家隧道应急救援中铁十七局太原队、十一局集团武汉队和重庆队、十七局集团苏州队和厦门队;中国交建在全国共建设了4支应急救援队伍,分别是中国交建(重庆)隧道抢险救援队、中国交建(厦门)救援队、中国交建(福州)救援队、东北区域应急救援中心(哈尔滨)。

④其他类安全生产应急救援队伍。现有国家安全生产应急勘测队1支,在北京市朝阳区,主要配备无人机激光雷达扫描系统、便携式滑坡救援应急监测预警雷达等勘测装备;国家安全生产医疗救援基地1个,在北京市朝阳区,主要配备核磁共振、CT、救护车等医疗装备;国家危险化学品应急救援技术指导中心1个,在山东省青岛市,主要配备事故模拟计算系统、化学事故应急响应综合管理系统等;国家安全生产应急救护(瑞金)体验中心1个,在江西南昌,主要由安全生产史料陈列与展示、公共安全教育与体验、应急救护体验与指挥演练3大功能区共15个展示区和运行保障、业务配套工程

构成；国家海上油气应急救援渤海（天津）基地，在天津滨海新区，主要配备消拖两用船、溢油回收船等海上救援装备。

（4）森林灭火专业应急救援队伍。我国森林防火灭火应急救援队伍可分3类：国家级森林消防救援队伍、航空护林队伍和森林防火灭火专业应急救援队伍。其中，森林防火灭火专业应急救援队伍是指以森林火灾预防、扑救为主，有较为完善的硬件设施和扑火机具装备，人员相对固定，有稳定的经费，防火期集中食宿、准军事化管理，组织严密、训练有素、管理规范、装备齐全、反应快速，接到扑火任务后能在10分钟内集结，且出勤率不低于90%的基层防扑火队伍。全国共建有专业森林扑火队伍2000多支。森林火灾专业应急救援队伍人数多、分布广，熟悉当地情况，配备有风力灭火机、水泵、油锯、割灌机、水枪等常规灭火装备，部分骨干队伍配备全地形运兵车、通信指挥车、隔离带开带机、侦查无人机等大型或先进设备，能够第一时间就近到达火场，是实现森林火灾早发现、早处置的关键力量。主要承担日常巡护、扑救火灾、清理看守火场等任务。

（5）海（水）上搜救应急队伍。我国的海（水）上搜救工作由国务院相关部委、军队有关部门组成的"国家海上搜救部际联席会议"负责协调。其办事机构中国海上搜救中心主要负责海（水）上突发事件预警预防、人命救助、环境救助和财产救助，重要通航水域清障以及海盗事件信息的接收与处理。中国海上搜救中心成立于1989年，负责全国海上搜救的统一组织协调工作，日常工作由原交通部安全监督局（现交通运输部海事局）承担，发挥保障社会稳定，促进海上交通事业的发展、海洋资源的开发以及对海洋的综合利用，进而促进国家的经济发展，提高政府的声誉和国际形象的重大作用。中国海上搜救队伍主要由专业救助队伍、军队、中央有关直属部门和地方部门的力量，以及各港口、企事业单位和航行于中国水域的大量商船和渔船组成。专业救助队伍主要为交通运输部救捞局，其下设北海、东海、南海3个救助局，烟台、上海、广州3个打捞局，以及上海、大连、湛江、厦门4个海上救助飞行队。

（6）核事故应急救援队伍。核事故应急救援队的主要任务是复杂条件下核电厂重特大核事故的突击抢险和紧急处置。该救援队还承担军地其他核设施、核装备发生重特大核事故及核恐怖袭击事件的应急处置及救援任务，并具备参与国际核应急救援任务的能力。针对核电厂核事故，我国现已建成国家、核电厂所在省份、核电基地的三级应急管理体系，并已初步建立具有一定规模的核应急救援专业队伍。2016年5月24日，中国核事故应急救援队正式成立，标志着核安全重要保障的响应力量已上升到全新水平。中国核事故应急救援队是一支由6支救援分队组成，在国家核应急体制框架下，依托军队及核工业现有核应急力量组建成立的国家级核应急救援队。中国核事故应急救援队包括现场技术支持、突击抢险、应急监测与辐射防护、去污洗消医学救援等功能模块。中国核事故应急救援队共计320人，专业覆盖包括辐射防护、医学救援等，主要职责为控制核事故、缓解核事故、减轻核事故后果。

（7）卫生应急队伍。国家卫生应急队伍是由国务院卫生行政部门建设与管理，参与特别重大及其他需要响应的突发事件现场卫生应急处置的专业医疗卫生救援队伍，主要分为紧急医学救援类、突发急性传染病防控类、突发中毒事件处置类、核和辐射突发事件卫生应急类。国家卫生应急队伍成员来自医疗卫生等机构的工作人员，平时承担所在单位日常工作，应急时承担卫生应急处置任务。我国国家卫生应急队伍已在全国布局建设，共有紧急医学救援、突发急性传染病防控、突发中毒事件应急处置、核和辐射突发事件卫生应急4类58支国家卫生应急队伍，在应对国内外重特大突发事件方面发挥了重要作用，先后参与了菲律宾风灾、鲁甸地震、天津港"8·12"爆炸事故、西非埃博拉疫情、尼泊尔地震等国内外重大突发事件卫生应急处置。

8.3.3 社会应急救援力量

社会应急救援力量是指在防灾减灾救灾活动中发挥作用的社会组织、志愿服务组织和志愿者等，具有贴近基层、组织灵活、行动迅速、便于展开等优势，能够发挥辐射带动作用，提高公众防灾避险意识和自救互救水平，有利于形成政府主导、属地管理、配合有力、全社会参与的应急工作格局。目前，社会应急救援力量有1200余支各类队伍，依据人员构成及专业特长开展水域、山岳、城市、空中等应急救援工作。另外，一些单位和社区也建有志愿消防队，属群防群治力量。社会应急救援力量作为国家政府体系之外的一支重要应急力量，是我国应急救援力量体系中的重要组成部分，但目前在我国仍处于初级发展阶段，除了少数成规模的公益救援队之外，还有属于仅凭一腔热血的社会应急救援力量存在，存在缺乏政策法规指导、管理松散、法律意识淡薄、法律能力不足、专业知识欠缺等突出问题。国家加强规范和引导社会应急救援力量，支持鼓励社会应急救援力量依法全方位参与常态减灾、应急救援、过渡安置、恢复重建等工作，对将社会应急救援力量的管理和指导工作逐步纳入法治化轨道，构建多方参与的社会化防灾减灾救灾格局至关重要。

1. 社会应急救援力量的组成

按照组成形式、表现形态等划分标准，我国的社会应急救援力量大致可分为社会组织、非政府组织、非营利组织、志愿者等几类，如图8-2所示。社会组织是社会应急救援力量的主要载体，根据民政部门定义，社会组织主要包括以下3类：一是社会团体，是指"由中国公民自愿组成，为实现会员共同意愿，按照其章程开展活动的非营利性社会组织"；二是民办非企业单位，是指"企业事业单位、社会团体和其他社会力量以及公民个人利用非国有资产举办的，从事非营利性社会服务活动的社会组织"，如各种民办学校、医院、剧团、养老院、研究所、图书馆、美术馆、宗教组织、其他社会服务和福利机构；三是基金会，是指"利用自然人、法人或者其他组织捐赠的财产，以从事公益事业为目的"，按照相应规定成立的"非营利性法人"。基金会分为面向公众募捐的基金会（公募基金会）和不得面向公众募捐的基金会（非公募基金会）。

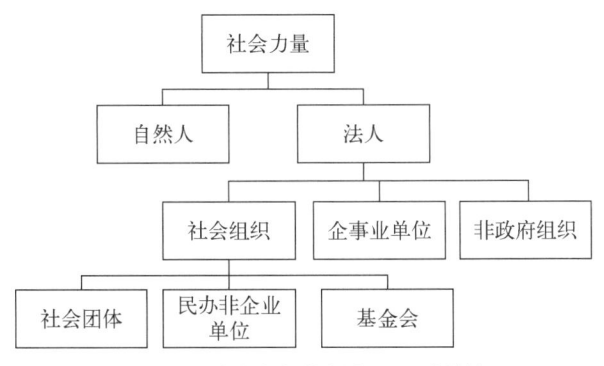

图 8-2　社会应急救援力量组成结构

除了社会组织以外，社会应急救援力量还包括非政府组织。非政府组织在中国通常称为"非营利组织"，是社会应急救援力量的重要组成之一，从字面上来看，非政府组织一词指的是除政府之外的其他社会组织，其中不包括企业等营利性的社会组织和家庭等亲缘性的社会组织，也不包括政党、教会等政治性、宗教性的社会组织。

企业力量作为社会应急救援力量的重要成员之一，有责任和义务为救援工作贡献自己的一份力量。随着中国经济的发展，企事业单位已经成为社会发展的重要力量，在资金、设备和技术方面的优势使其成为未来应急管理中的重要力量。

根据我国的具体情况来说，志愿者一般是这样定义的："在自身条件许可的情况下，参加相关团体，在不谋求任何物质、金钱及相关利益回报的前提下，在非本职职责范围内，合理运用社会现有的资源，服务于社会公益事业，为帮助有一定需要的人士，开展力所能及的、切合实际的、具一定专业性、技能性、长期性服务活动的人。"在新冠肺炎疫情中，各地社会组织、志愿者等社会力量参与疫情应急防控，他们或具备扎实的医疗、心理等方面的专业知识，或掌握较为丰富的社会资源，或拥有在一定区域或特定场域内建立社交网、交互圈的能力。社会力量提高了参与疫情应急防控的强度与广度，弥补了政府应急能力的不足，并提升了应急管理的效率，更起到了凝聚人心、减少恐慌的重要作用。据国务院新闻办公室发布的统计数据，从新冠肺炎疫情暴发至 2020 年 5 月 31 日，全国参与疫情防控的注册志愿者达到 881 万人，记录志愿服务时间超过 2.9 亿小时；社会组织、人民群众等社会力量纷纷捐款捐物，捐赠资金约 389.3 亿元、物资约 9.9 亿件，为我国在疫情防控中展现的中国力量、中国精神、中国效率奠定了坚实的基础。

2. 社会应急救援力量参与应急救援的社会功能

广泛动员、组织和凝聚社会力量参与应急管理，我国古代早有先例且成效显著。在我国古代史上，军队作为最重要的战斗应急力量，农民作为最重要的粮食生产力量，为了有效应对国家紧急事件和抵御外敌时应急力量短缺的实际问题，曾出现了"生产—应急"有效融合的兵役制度——府兵制。"三时耕稼，拨谈枷耒；一时治武，骑剑兵矢"，府兵平时为农、战时为兵，可谓兵农合一、全农皆兵，府兵制"平战结合"的制度设计对社会力量有效参与应急管理具有重要的参考价值。社会力量在有些方面可以承担重要的社会功能，即"平常—应急"两种状态下的 3 种社会功能：平常状态下的科普减灾、应急状态下的应急救援、灾后重建。

（1）科普减灾。社会应急救援力量通过以易于群众接受的、通俗易懂的方式开展科普工作，能够指导群众正确认识地震、洪涝、火灾、疫病等灾害的性质和特征，对防灾减灾大有裨益。如向群众讲解火灾特征、成因等基本知识和灭火、逃生等应急技能，能够增强群众消防安全意识和自防自救能力。科普有助于群众克服突发事件引发的焦虑情绪，使之正确认识地震、洪涝、火灾、疫病等灾害的实际真相，减轻或避免虚假信息及谣言对应急救援及社会稳定造成的冲击。如新冠肺炎疫情期间，"双黄连口服液可抑制新型冠状病毒"充斥网络，继而造成了社会资源的急剧短缺和广大群众的心理恐慌，社会应急救援力量则可以通过科普的形式加以辟谣，能够对新冠肺炎疫情期间的社会稳定起到积极作用。

（2）应急救援。社会应急救援力量通过协助政府对受灾群众开展救援救助、引导自救互救、落实群众安置等方面的应急救援工作，是其参与应急管理的重要社会功能之一。由于社会应急救援力量具有灵活机动性、技能丰富性等优势特征，灾害发生后，社会应急救援力量可以充分发挥自身优势，迅速展开应对地震、洪涝、火灾、疫病等灾害的应急救援工作。在日本阪神地震中，有 150 万名志愿者在志愿者组织的带领下参与地震的应急救援，行动的速度远远超过了政府。社会应急救援力量在确保自身安全的前提下，利用已有的应急知识和扎实的救援技能，协助政府组织进行先期处置，对受灾群众展开多方救援、紧急疏散、转移救护，及时与应急、地震、消防等部门取得联系，为他们收集并提供更为详细的现场信息，并参与协同救援，发挥了不可或缺的作用。

（3）灾后重建。社会应急救援力量可配合政府有关部门做好受灾群众再计恢复、社会重建等方面的灾后重建工作。一方面，社会应急救援力量及时对受灾群众进行妥善安置，设置相应的安置点保障吃住、发放物资，并对受灾群众提供关爱，对孤残、伤病等弱势群体提供必要的看护与帮扶，还应通过缓解心理压力等方法，帮助受灾群众稳定情绪；另一方面，拥有相关专业特长的社会应急救援力量应协助政府在重建学校、医院等公共设施方面募集资金，并积极参与政府在灾情评估、重建规划、经验总结等方面的工作。此外，在开展相应工作的过程中，能够提振受灾群众的求生信心和参与灾后重建的坚定斗志，促使受灾群众把社会应急救援力量的救援精神转化为应急准备的强大动力，从而进一步动员和扩充参与应急管理的社会应急救援力量。

8.4 应急救援资源保障

应急管理部指出，要按照推进应急管理体系和能力现代化的要求，加快建设现代化的应急指挥、风险防范、应急救援力量、应急物资保障、科技支撑和人才保障、应急管理法治等，尽快形成适应时代需要的现代化应急管理体系。从"大应急"的角度上来看，应急救援资源主要是指应急管理体系为有效开展应急活动，保障体系正常运行所需要的人力、物力、财力、信息力等各类资源的总和。在国家层面，应急管理工作要统筹协调各地区、各部门、各行业、各组织，理顺组织指挥、加强系统储备、拓宽社会供应、提升管理水平、完善调配机制、优化前送手段，科学合理地配置、调拨、协同运作应急资源，使之发挥最大效率。

8.4.1 企业应急救援资源的特征

从企业应急救援角度上来看，应急资源一般是指发生事故灾害时第一时间可以调用的人力、物资、设施、信息和技术等各类资源的总和，主要包括应急队伍、应急预案、应急装备、应急物资等。企业应急救援资源是开展救援行动的生命线，是组织救援的物质基础，也是救援顺利进行的基本保障，具有保命、救命、防灾、减灾等多种功能。企业要根据形势、任务需要，结合自身实际，编制演练预案、配备技术装备、储备物资材料等，做好应急救援资源保障，应对各种突发情况。

1. 高效应急

企业在遭遇突发事件后，面对不同程度的险情和损失时，必须在"黄金24小时""黄金72小时"内扒救、搜索；伴生大量无家可归者、有家难归者，必须应急安置；伤员特别是重伤员，必须应急医治、转移；城市生命线系统与防灾设施必须快速恢复、启用；还必须及时开展消防活动，维护社会秩序，保护财产安全等。完成上述救援任务急需大量人力资源与物力资源，而且"时间就是生命""时间就是效益"。否则，因救援迟缓、资源短缺，将产生"雪上加霜"的严重后果。

2. 事前准备

救援的应急性决定了救援资源必须灾前充分准备。灾前应制定、实施科学的配置规划，未雨绸缪，支撑起灾时确保企业员工与企业安全的保护伞。企业突发事件往往具有突发性以及应急救援资源利用时间的不确定性与紧迫性等特点，必须灾前储备，而且救援资源的类别与数量应有针对性、适用性和应急可供性。如果灾前没有应急资源的储备，在严重灾害环境下临时组织调拨，将会增加应急救援的难度。

3. 企业储备

应急救援阶段时间短，避难人员与伤员多，救援任务重且时间紧迫，救援资源特别是物力资源应立足于自力更生。尤其是重特大突发事件发生时，由于交通障碍等原因，物力资源全部靠外地调运有可能延误应急救援。因此，在企业储备的基础上，积极争取非事故单位的支援是满足应急救援资源需求的成功经验。

4. 合理配置

为适应应急救援的要求，应急救援资源应依据需求，充分准备、合理配置、及时调配。特别是相应装备物资要放置在企业避难场所及其储备仓库内。不能忽视避难场所的储备功能，避难者主要在避难场所避难，储备库距离避难人群近，又没有交通障碍，能有效实施应急救援。宜采用多种储备模式，如与城市企业、商场超市签订灾时供应合同是应急救援资源合理配置的重要途径。

5. 救援流畅

不仅要在突发事件发生前合理储备应急救援资源，而且在突发事件发生后要能够及时传递给救援对象和救援实施者。必须保障调配畅通，能够快速配置到应急救援第一线，及时发挥救援功能。

8.4.2 企业应急救援资源保障

应急救援资源保障是企业应急管理体系的重要组成部分，应急救援资源供给是否满足应急需求直接决定着应急救援的绩效，完备的应急救援资源保障才能确保应急响应及其后续应对处置工作的顺利开展，一般来说，企业应急救援资源保障主要包括预案执行保障、通信保障、装备物资保障、救援力量保障以及应急经费保障等。

1. 预案执行保障

企业必须认真贯彻学习本单位的事故应急预案，每年必须组织一次应急演练，演练可采用全面演练的方法，也可采用桌面演练或功能演练的方法，但必须保证演练质量，让所有员工知道在紧急情况下应当采取的应急措施；所有作业场所和必要地点都必须装有通往企业应急指挥中心的电话，并且要保证畅通无阻。任何人只要发现危险的异常情况（事故、事件或灾情），都有责任、义务立即向应急指挥中心或消防队报告；启动事故预案后，企业负责人要立即召集本单位有关人员，迅速组成现场抢救指挥部，对事故情况进行认真地分析研究，制定抢救方案和安全措施。采取积极行动，以防事态扩大。

2. 通信保障

企业应急办公室要制定应急通信支持保障措施，保证在各种应急情况下都能够保持通信畅通，信息传递及时；企业负责人、应急救援队伍的通信工具要始终保持在工作状态，在接到通知后，要立即赶赴指定地点；企业应急办公室要公布应急汇报电话，并根据职务及任职人员的变动情况及时更新联系方式。企业要将应急通信保障纳入应急演练中，结合业务实际和常见企业生产安全事故特点，强化开展不同场所、地形、气候条件下的适应性和研讨型测试训练，通过设置各种通信保障演练科目，进一步提升通信保障人员的实战技能。

3. 装备物资保障

装备物资准备作为应急准备的4个方面内容之一，与预案准备、机制准备、力量准备一起构成了完整的应急准备体系。应急救援装备物资是应急救援顺利开展和完成的物质基础与关键前提。应急救援装备物资分类繁杂，品种丰富，功能多样，形态不一，适用性差异大。可按其适用性、使用状态、具体功能进行分类。企业要制定应急装备物资保障预案，保证企业在各种重特大事故应急抢救抢险中有充足的材料和设备；企业的抢救物资、设备要按规定配齐配足，加强日常检查和管理，按规定进行更新，不得随意挪用；企业办公室在接到援救电话后，要迅速召集有关人员，按企业应急办公室要求将所需的物资、设备等，按指定时间送到指定地点。

4. 救援力量保障

企业平时要了解并融入相应应急救援力量体系建设中，关键时候依托、依靠相应应急救援力量开展有效救援。企业内部的消防救援救护队伍要加强应急训练和演习，保证在应急情况下能够及时赶到事故现场，组织抢救，出色完成抢救任务；保卫部门（保安队伍）要制定治安管制和交通管制措施，对进入事故现场的人员和车辆实行管制（必要时抢救人员佩戴统一明显标志，抢险车辆张贴特殊证照），维持治安秩序；所有应急救援人员必须无条件地服从现场最高指挥官的命令，积极主动，服从指挥，遵守纪律，不得推诿扯皮,对救援中出现失误的或不服从指挥、推诿扯皮、临阵脱逃的人员要坚决给予严肃处理,情节严重、构成犯罪的,要移交司法机关,依法追究刑事责任;企业内各单位、各部门负责人如有变动,由接替人履行职责。

5. 应急经费保障

企业负责人要做好应急救援专项费用计划,包括灾情分析和项目论证、救灾资金的紧急动用、各部门资金需求统计和协调、救灾物资的采购和统一支付以及阶段性资金投入使用,保证在发生重特大事故时有足够的应急救援资金,保证能够配备必要的应急物资和装备;财务部门要建立专项应急科目,保证应急管理运行和应急中各项活动的开支。强化经费保障监管力度。

8.4.3 企业应急救援资源的运用

企业应急救援资源的运用与配置是以满足救援资源需求为目标的资源信息提取、资源筹措和配送的全过程。企业应急救援资源需求在应急全过程中都会发生变化,应急救援资源也不可能一次性完成配置,需要结合可利用救援资源数量、供应速率、位置等信息,考虑不同灾点资源需求的时间特性,决定不同阶段储备动用数量以及筹集资源的类型、数量与来源,再根据各灾点资源需求对救援资源进行分配,选择运输路线以及运输方式。在政府指导、帮助下,企业要坚持专业保障与建制保障相结合,属地保障与跨区域保障相结合,自我保障与社会保障相结合,有效运用应急救援资源。

1. 企业应急救援资源信息提取

在整个应急救援周期内,可调动的应急救援资源是配置的基础,资源配置不是单单以需求为基准的最理想决策,而是基于资源可支配现状的最优性决策。因此应急救援资源信息提取处于配置的首要环节。

(1) 储备资源的信息提取。资源储备信息包括各储备库资源种类、数量以及所处位置,资源储备信息提取相对简单与迅速,只要储备实施信息管理,则可即时了解储备资源情况。由于充分且有针对性的储备能够缩短筹集时间,提高应急救援反应速度与救援效果,因此,从某种意义上来说,资源储备作为应急救援的战略准备,应是资源配置的起点,重点集中在储备资源的选择,而非资源储备信息的提取。而对于生活类、药品类等时效性强、储存条件高的资源,不易存放在救灾资源储备库,应采取就近工厂、供货商等代储方式。

(2) 可筹集资源的信息提取。可筹集资源是指除了储备资源之外,能够从社会各方调集的资源。实践证明,储备资源在应急救援初期作用巨大,但与整个救援期的资源需求相比,储备量远远不够,社会各方的捐赠、征用、紧急生产是资源筹集的重要来源。应急救援资源配置需要在最短时间内了解资源供应的分布、供应数量与供应速度,有针对性地开展分布式动员工作,从整体上对救援进行统筹安排,选择配送路线与运输方式。不同应急期的任一资源集结点的某种资源可提取量可通过信息提取及处理加以确定,加上不同时间段可到位并调动的实物储备量,共同组成应急救援资源配置的数量基础。

2. 企业应急救援资源筹措

资源配置的筹措阶段需要根据企业应急救援资源需求的全周期(储备期、搜救期、治疗期、安置期)阶段性需求与资源阶段性供应的对比分析,解决何时动用、什么类型以及多少数量资源储备,以及何时动员、动员谁、动员什么类型与多少数量的供应量的问题。

(1) 动用储备。企业应急救援周期的重点在于搜救期、治疗期和安置期,一旦进入救援周期,就需要动用在救援资源需求周期第一个阶段(储备期)准备好的救援资源。储备资源使用的时间次序为先救生类资源、后生活类资源,动用的空间分布是以低筹集能力、慢供应速度的灾点为重。此外,稀缺性、专用性资源筹集能力较差,一般都需依赖储备支撑,因此该类资源储备的动用应从资源需求全过程视角考虑,进行全过程的均衡配置,避免出现应急救援后期稀缺性、专用性资源供应不足的情况。

(2) 分布式动员。资源储备远远不能满足整个救援过程的资源需求,因此在企业应急救援周期中的搜救期、治疗期和安置期还需要分布式动员最合适的社会主体提供适应性资源,即为资源筹措分布式动员过程。动员对象主要有生产企业、流通企业、医疗机构、社会机构、个人等。

思 考 题

1. 应急救援的原则是什么?
2. 应急救援的基本程序是什么?
3. 应急救援的力量构成有哪些?
4. 企业应急救援的资源构成有哪些?
5. 企业如何有效运用应急救援资源?

第9章 应急处置

面临突发事件时,人们只要根据预先制定的应急救援预案,按照科学的应急响应程序和处置方法,合理规范地运用应急指挥、应急队伍、应急装备等各种应急资源,对事故展开抢险救灾,就可以有效地控制事故的发展以及避免事故的进一步扩大和恶化,从而大大减少事故对人员、财产、环境造成的危害。

9.1 应急处置的基本概念

9.1.1 应急处置的定义和原则

1. 应急处置的定义

应急处置是指突发事件发生后,政府或者公共组织为了尽快控制和减少事件造成危害而采取的应急措施。主要包括启动应急机制、组建应急工作机构、开展应急救援、适时公布事件进展等。与应急处置相关的基本概念包括事故、应急救援、应急预案、应急准备、应急响应和恢复等。

(1)事故。多指生产、工作上发生的意外损失或灾祸。在国际劳工组织制定的一些指导性文件,如《职业事故和职业病记录与通报实用规程》中,将职业事故定义为"由工作引起或者在工作过程中发生的事件,并导致致命或非致命的职业伤害"。《生产安全事故报告和调查处理条例》(国务院令第493号)将生产安全事故定义为"生产经营活动中发生的造成人身伤亡或者直接经济损失的事件"。个人或组织在生产生活活动中,突然发生违背人们意愿的情况,迫使有目的的活动暂时性中断或永久性终止。例如,在生产过程中,造成人员伤亡、职业病、财产损失或其他损失的意外情形。

(2)应急救援。在应急响应过程中,为消除、减少事故危害,防止事故扩大或恶化,最大限度地降低事故造成的损失或危害而采取的救援措施或行动。

(3)应急预案。针对可能发生的事故,为迅速、有序地开展应急行动而预先制定的行动方案。

(4) 应急准备。为有效应对突发事件而事先采取的各种措施的总称，包括意识、组织、机制、预案、队伍、资源、培训演练等。

(5) 应急响应。在突发事件发生以后所进行的各种紧急处置和救援工作。

(6) 恢复。指突发事件的威胁和危害得到控制或者消除后所采取的处置工作。

根据《生产经营单位生产安全事故应急预案编制导则》(GB/T 29639—2020)的规定，应急处置主要包括以下内容：

(1) 事故应急处置程序。根据可能发生的事故类型及现场情况，明确事故报警、各项应急措施启动、应急救护人员的引导、事故扩大及同企业应急预案的衔接程序。

(2) 现场应急处置措施。针对可能发生的火灾、爆炸、危险化学品泄漏、坍塌、水患、机动车辆伤害等，从人员救护、工艺操作、事故控制、消防、现场恢复等方面制定明确的应急处置措施。

(3) 明确报警负责人和报警电话，以及上级管理部门、相关应急救援单位联络方式和联系人员，明确事故报告基本要求和内容。

2. 应急处置原则

(1) 以人为本，安全第一原则。以落实实践科学发展观为准绳，把保障人民群众生命财产安全，最大限度地预防和减少突发事件所造成的损失作为首要任务。必须坚持"先撤人、后排险"的原则，在发生突发事件后，应首先撤出处于危险区域内的一切人员，然后迅速控制事态，并对事故造成的危害进行检测、监测，测定事故的危害区域、危害性质及危害程度。同时，切实加强应急救援人员的安全防护。

(2) 统一领导，分级负责原则。在本单位领导统一组织下，发挥各职能部门作用，逐级落实安全生产责任，建立健全以"分级管理，分线负责"为主的应急管理体制，建立完善的突发事件应急管理机制。

(3) 依靠科学，依法规范原则。科学技术是第一生产力，利用现代科学技术，发挥专业技术人员作用，依照行业安全生产法规，规范应急救援工作。应急处置应具有针对性、实用性和可操作性。例如，运用科学手段对危险源辨识和风险评估；应急对策简练实用，并通过演练不断完善和改进。应急救援工作应依法规范，加强管理，确保应急预案的科学性、权威性、规范性和可操作性。

(4) 预防为主，平战结合原则。认真贯彻安全第一，预防为主，综合治理的基本方针，坚持突发事件应急与预防工作相结合，重点做好预防、预测、预警、预报和常态下风险评估、应急准备、应急队伍建设、应急演练等项工作。

居安思危，预防为主，坚持预防与应急相结合、常态与非常态相结合，常抓不懈，在不断提高安全风险辨识、防范水平的同时，加强现场应急基础工作，做好常态下的风险评估、物资储备、队伍建设、装备完善、预案演练等工作。强化应急救援一线人员的紧急处置和逃生的能力，做到"早发现、早报告、迅捷处置"。

9.1.2 应急预案

应急预案又称"应急计划"或"应急救援预案"，我们常说的"应急处置方案"均属于应急预案的范畴。在《突发事件应急预案管理办法》中对应急预案的表述是"各级人民政府及其部门、基层组织、企事业单位、社会团体等为依法、迅速、科学、有序应对突发事件，最大限度地减少突发事件及其造成的损害而预先制定的工作方案"。《生产经营单位生产安全事故应急预案编制导则》对应急预案的定义是"为有效预防和控制可能发生的事故，最大限度地减少事故及其造成损害而预先制定的工作方案"。应急预案一般采用标准化的反应程序，以便应急救援活动能迅速、有序地按照既定计划和有效的步骤进行，它一般应建立在综合防灾规划上，也是应急处置的根据，主要包括事故预防、应急处理和抢险救援3个方面的含义。

事故预防是指通过危险源辨识、事故结果分析，采用科学的技术和管理手段以降低事故发生的可能性，将可能发生的事故控制在最小范围内，防止事故进一步蔓延和扩大，并预防发生次生、衍生事故。同时，通过编制应急预案并开展相应的培训和演练，提高各层次人员的安全意识和应急处置能力，从而达到事故预防的目的。

应急处理是指针对突发事故或故障，应迅速采取应急处理程序和方法，紧急处理故障或将事故消除在萌芽状态。

抢险救援是指采用预定的事故抢险和抢救的方式，首先对事故相关人员进行救护并控制事故发展，尽可能减少事故造成的损失。

1. 应急预案的主要目的和作用

（1）应急预案的主要目的。为防止事故的发生，控制事故蔓延，能有效地组织抢险和救援，政府和生产经营单位应对已初步认定的危险场所和部位进行风险分析。对已认定的危险有害因素和重大危险源，应事先对事故后果进行模拟分析，预测重大事故发生后的状态、人员伤亡情况及设备破坏程度，以及由于危险有害物料的泄漏可能引起的火灾、爆炸、有毒有害物质扩散对生产经营单位造成的影响。

依据风险分析预测，事先制定事故的应急预案，建立应急管理机构，组织、培训应急救援队伍，配备相应的应急救援器材，以便在事故发生后，能及时按照预定方案进行抢险救援，使事故迅速得到有效控制，尽可能减轻事故对人员及财产的影响，保障人员生命和财产的安全。同时，消除事故可能的蔓延条件，防止突发性重大和连锁事故发生。

（2）应急预案的主要作用。生产经营单位生产安全事故应急预案是国家安全生产应急预案体系的重要组成部分，是应急救援工作的核心内容之一。制定生产经营单位生产安全事故应急预案是贯彻落实"安全第一、预防为主、综合治理"方针，规范生产经营单位应急管理工作，提高应对和防范风险与事故的能力，保障职工安全健康和公众生命安全，最大限度地减少财产损失、环境损害和社会影响的重要措施。

应急预案在应急系统中起着关键作用，它明确了在突发事故发生之前、发生过程中以及结束之后，谁负责做什么、何时做、相应策略和资源准备等。它是在辨识和评估潜在重大危险、事故类型、发生的可能性及发生的过程、事故后果及影响严重程度的基础上，为应急准备和应急响应的各个方面所预先做出的详细安排，是开展及时、有序和有效事故应急救援工作的行动指南。

编制重大事故应急预案是应急救援准备工作的核心内容，应急预案在应急救援中的重要作用和地位体现在以下几个方面：

①应急预案确定了应急救援的范围和体系，使应急准备和应急管理不再无据可依、无章可循，尤其是培训和演习，它们依赖于应急预案。培训可以让应急响应人员熟悉自己的责任，具备完成指定任务所需的相应技能；演习可以检验预案和行动程序并评估应急人员的技能和整体协调性。

②制定应急预案有利于做出及时的应急响应，降低事故造成的损失。应急行动对时间要求十分敏感，不允许有任何拖延。应急预案预先明确了应急各方的职责和响应程序，在应急力量和应急资源等方面做了大量准备，可以指导应急救援迅速、高效、有序地开展；将事故的人员伤亡、财产损失和环境破坏降到最低限度。此外，如果预先制定了预案，在重大事故发生后必须快速解决的一些应急恢复问题也就很容易解决。

③成为应对各种突发重大事故的响应基础。通过编制综合应急预案可保证具有足够的灵活性，对那些事先无法预料到的突发事件或事故，也可以起到基本的应急指导作用，成为实施应急救援的"底线"。在此基础上，可以针对各种特定危害编制专项应急预案，有针对性地制定应急措施，进行专项应急准备和演习。

④当发生超过本单位应急能力的重大事故时，便于与省级、国家级应急部门的协调。

⑤有利于提高全社会的风险防范意识。应急预案的编制实际上是辨识全社会重大风险和防御决策的过程，强调各方的共同参与，因此预案的编制、评审以及发布和宣传，有利于社会各方了解可能面临的重大风险及其相应的应急措施，有利于促进社会各方提高风险防范意识和能力。

2. 应急处置的过程

应急处置有接警、确定响应级别、警报、应急启动、救援行动、扩大应急、应急结束和后期处置等过程。

(1) 接警。事故发生后，迅速向应急救援指挥中心报警，并应立即传送到各专业区域应急指挥中心。生产经营单位的主要责任人，应根据事故级别及时向相应级别的人民政府应急管理机关报告。接警时应做好事故的详细情况记录和联系方式等。

(2) 确定响应级别。应急救援指挥中心接到警报后，应立即建立与事故现场的地方或企业应急机构的联系，根据事故报告的详细信息，对警情做出判断，由应急救援指挥中心的值班负责人或现场指挥人员初步确定相应的响应级别。

(3) 警报。确定响应级别后，应立即按既定程序发布预警信息和警报。如果事故不足以启动应急救援体系的最低响应级别，通知应急机构和有关部门响应关闭。

(4) 应急启动。确定应急响应级别后，相应的应急救援指挥中心按所确定的响应级别启动应急程序，如通知应急救援指挥中心有关人员到位，开通信息与通信网络，调配救援所需的应急资源（包括应急队伍和物资、装备等），派出现场指挥协调人员和专家组等。

(5) 救援行动。现场应急指挥中心迅速启用，应急救援指挥中心应急队伍及时进入事故现场，积极开展人员救助、工程抢险等有关应急救援工作，专家组为救援决策提供建议和技术支持。

(6) 扩大应急。当事态仍无法得到有效控制时，必须向上级救援机构（场外应急指挥中心）请求实施扩大应急响应。

(7) 应急结束和后期处置。救援行动完成后，进入后期处置阶段，包括现场清理、人员清点和撤离、警戒解除、善后处理和事故调查等。

在上述应急响应程序每一项活动中，具体负责人都应按照事先制定的标准操作程序来执行。

9.1.3 应急功能

应急功能是指针对各类重大事故应急救援中通常采取的一系列的基本应急行动和任务，如指挥和控制、警报、通信、人群疏散与安置、医疗、现场管制等。因此，设置应急功能时，应针对潜在重大事故的特点，综合分析并将其分配给相关部门。对每一项应急功能都应明确其针对的形势、目标、负责机构和支持机构、任务要求、应急准备和操作程序等。应急预案中包含的应急功能的数量和类型，主要取决于所针对的潜在重大事故危险的类型，以及应急的组织方式和运行机制等具体情况。其主要包括报警、接警与通知，指挥与控制，通信，警报与紧急公告，事态监测与评估，警戒与治安，人员疏散及安置，应急抢险等。

1. 报警、接警与通知

(1) 报警与接警。报警与接警是应急响应的第一步，是应急处置行动启动的关键。

早期报警可以使事故应急处理工作始于事故萌芽状态，能够及时控制事故的蔓延和扩大。

报警主要分为两种形式：自动报警和人工报警。这里就某单位人工报警、接警要求介绍如下：

①采用固定电话、手机、对讲机等方式。

②列出所有被通知对象及电话号码清单，向相关部门和人员及时通知事故信息。

③应急救援人员采用内部和外部电话（包括手机、对讲机等无线电话）进行联系，应急救援小组成员的电话必须24小时开机，禁止随意更换电话号码。特殊情况下，电话号码发生变更，必须在变更之日起8小时内向生产安全管理部门报告，生产安全管理部门必须在24小时内向各成员和部门发布变更通知。

(2) 建立事故通报流程。事故发生时，在保证自身安全的情况下，现场人员应立即拨打企业24小时报警电话，并通报指挥中心值班人员。指挥中心值班人员接到报警后，立即通知应急指挥中心。

值班人员应报告以下内容：

①已经发生或将要发生的事故类型、时间和地点。

②发生事故的可能原因，影响范围。

③已经发生的事故伤亡情况、严重程度。

④已经采取的安全措施和将要采取的安全措施。

⑤请示下一步应采取的安全措施。

由总指挥确定是否启动相应级别的应急预案。

(3) 报告上级机构。根据应急的类型和严重程度，单位应急总指挥或单位有关人员（业主或操作人员）必须按照相关法律、法规和标准的规定将事故有关情况上报政府安全生产主管部门。通报信息内容如下：

①发生事故的单位名称和地理位置。

②通报人的姓名和电话号码。

③事故的现状及风险。

④事故的危害。

⑤对事故采取的安全措施。

⑥应急行动级别，以及其他的相关信息。

2. 指挥与控制

应急救援往往涉及多个救援部门和机构，因此，对应急行动的统一指挥和协调是有效开展应急救援的关键。建立统一的应急指挥、协调和决策程序，便于对事故进行初始评估，确认紧急状态，从而迅速有效地进行应急响应决策，建立现场工作区域，指挥和协调现场各救援队伍开展救援行动，合理高效地调配和使用应急资源等。

(1) 指挥与控制的应急功能。

①现场指挥部的设立程序。

②指挥的职责和权力。

③指挥系统（谁指挥谁、谁配合谁、谁向谁报告）。

④启用现场外应急队伍的方法。

⑤事态评估与应急决策的程序。

⑥现场指挥与应急指挥部的协调。

⑦企业应急指挥与外部应急指挥之间的协调。

(2) 应急指挥。应急指挥一般设有应急总指挥部和现场应急指挥部，应急指挥一般由总经理（厂长）担任，现场指挥一般由生产副总经理（副厂长）或事发单位第一负责人担任，若总经理或副总经理无法到场，则由安全部门或其他部门负责人担负。但是，单位在确定总指挥与现场指挥人员时，一定要考虑该人员由于某种原因（如出差等），在事故发生的时候不在场时，由谁来担任指挥的角色，以确保救援行动不出现混乱局面。

①应急总指挥的职责：分析判断事故、事件或灾情的受影响区域、危害程度，确定相应的警报级别；组织、指挥、协调、调度各保障小组参加企业的应急救援行动；发布启动或解除应急救援行动的信息；批准成立现场抢救指挥部，批准现场抢救方案或现场预案；报告上级机关，与地方政府应急反应组织或机构进行联系，通报事故、事件或灾害情况；批准新闻发布；决定企业各类事故应急救援演练、监督各单位事故应急演练。

②现场指挥的职责：全权负责应急救援现场的组织指挥工作；监督应急操作人员的行动，保证现场抢救和现场其他人员的安全；及时向总指挥报告现场抢险救援工作情况；保证现场抢险救援行动与总指挥部的指挥和各保障系统的工作协调；评估事态发展程度，并提出抢险救援的相关方案，报应急救援总指挥部备案。必要时，可直接与总指挥部的专业技术人员进行沟通，确定抢险救援方案；根据事态发展情况，向总指挥提出现场抢险增援、人员疏散撤离、向政府求援等建议；负责保护现场，参与事故调查处理和抢险救援工作的总结。

③联合指挥：当单位用到当地消防、医疗救护等其他应急救援机构时，这些应急机构的指挥系统就会与单位的指挥系统构成联合指挥，并随着各部门的陆续到达，联合指挥逐步扩大。

单位应急指挥应该成为联合指挥中的一员，联合指挥成员之间要协同工作，建立共同的目标和策略，共享信息，充分利用可用资源，提高响应效率。在联合指挥过程中，单位应急指挥的主要任务是指挥提供救援所需的企业信息，如厂区分布图、重要保护目标、消防设施位置等，还应当配合其他部门开展应急救援，如协助指挥人员疏散等。

当联合指挥成员在某个问题上不能达成一致意见时,则负责该问题的联合指挥成员代表通常做出最后决策。但如果动用其他部门较少,如发生较大火灾事故,没有发生人员伤亡的可能性,仅需要消防机构支援,可以考虑由支援部门指挥,企业为其提供信息、物资等支持。

3. 通信

通信是应急指挥、协调和与外界联系的重要保障,在现场指挥部、应急中心、各应急救援组织、新闻媒体、医院、上级政府和外部救援机构等之间必须建立畅通的应急通信网络,以确保应急指挥、协调、联络等工作的正常进行。该部分应说明主要通信系统的来源、使用、维护以及应急组织通信需要的详细情况等,充分考虑紧急状态下的通信能力和保障,并建立备用的通信系统。通信部门的职责包括:

(1) 建立应急救援各部门之间的通信网络。

(2) 负责通信设备和线路的日常维护管理工作,确保突发事件应急处理期间的通信畅通。

(3) 对现有通信方式的不确定因素和缺陷等提出改进意见和措施。

(4) 内部和外部报警电话变更时,应及时公布并书面通知各应急救援小组。

(5) 在突发事故时,迅速安排人员和布置通信设备,保障通信畅通,积极支持和配合应急救援工作。

4. 警报与紧急公告

当事故可能影响到周边地区,对周边地区的公众造成威胁时,应及时启动警报系统,向公众发出警报,同时通过各种途径向公众发出紧急公告,告知事故性质、对健康的影响、自我保护措施、注意事项等,以保证公众能够及时做出自我防护响应。决定实施疏散时,应通过紧急公告确保公众了解疏散的有关信息,如疏散时间、路线、随身携带物、交通工具及目的地等。

该部分应明确在发生重特大事故时,如何向受影响的公众发出警报,包括什么时候、谁有权决定启动警报系统,各种警报信号的不同含义,警报系统的协调使用、可使用的警报装置的类型和位置,以及警报装置覆盖的地理区域。如果可能,应指定备用措施。警报与紧急公告的要求包括:

(1) 明确在发生紧急事故时,由谁决定启动警报系统,在什么时间启动,使用何种警报设备,在什么位置使用。

(2) 确定各种警报信号的不同含义,如爆炸用什么信号,火灾用什么信号等。

(3) 明确报警器及应急广播覆盖的地理区域。

（4）通过应急广播向群众通告事故基本信息、疏散时间、逃生路线、避难场所和自我防护信息等。企业内部警报一般使用警笛，而应急广播系统与警笛报警结合使用效果会更好，如果有必要还应考虑使用机动方式，如用移动指挥车、广播车辅助发出警报和紧急公告，或逐家通知的方法，但是必须确保工作人员的安全，对老、幼、病、残、孕等特殊人群以及学校等特殊场所和警报盲区应当采取有针对性的公告方式。

5. 事态监测与评估

事态监测与评估在应急救援和应急恢复决策中具有关键的支持作用。在应急救援过程中必须及时对事故的发展势态及影响进行动态监测，建立对事故现场及场外进行监测和评估的程序。事态监测与评估包括：

（1）监测与评估活动的负责人是谁，以及人员分工情况。

（2）监测仪器设备情况。

（3）现场监测的方法。

（4）实验室化验及检验的内容。

（5）监测点的设置和监测的内容。

其中，事故监测的主要内容有：

（1）事故的规模、影响范围及气象条件。

（2）伤亡人数、类型、程度等。

（3）财产损失情况。

（4）泄漏危险化学品的品种、数量、特性，如爆炸极限、毒性、密度、燃烧产物、闪点、燃烧值等。

（5）事故设备、设施、建筑、结构的理化性质等。

（6）密闭系统的压力、温度、容器损坏的数量和类型等状况。

通过评估可得到如下信息：

（1）事故扩大的潜在可能性。

（2）危险化学物质泄漏的可能性。

（3）发生火灾、爆炸的可能性。

（4）建（构）筑物坍塌的可能性。

（5）可能造成的人员伤亡情况。

（6）对环境、水源、食物等的影响。

正确而迅速的应急行动，不仅能挽救更多的生命，减少损失，而且可以避免和减少应急人员受伤害。信息采集、分析、处理等监测评估工作一般由事故现场指挥和技术负责人完成。需特别注意的是，在对危险物质进行监测时，一定要考虑监测人员的安全，到事故区域工作时，监测人员要穿戴相应的防护用品。

6. 警戒与治安

为保障现场应急救援工作的顺利开展，在事故现场周围建立警戒区域，实施交通管制，维护现场治安秩序是十分必要的。其目的是防止与救援无关的人员进入事故现场，保障救援队伍、物资运输和人群疏散等的交通畅通，并避免发生不必要的伤亡。此外，警戒与治安还应该协助发出警报、现场紧急疏散、人员清点、传达紧急信息、执行指挥机构的通告、协助事故调查等。对危险物质事故，必须列出警戒人员有关个体防护的准备。

警戒与治安的具体职责包括：

（1）对事故现场进行封锁，严格控制进出事故现场的人员，避免出现意外的人员伤亡或引起现场的混乱。

（2）疏导交通堵塞，指引应急车辆进入现场。

（3）指挥危险区域内人员的紧急疏散、撤离。

（4）维护事故现场及撤离区域的社会治安，保卫重要目标和财产安全，打击各种犯罪分子。

（5）协助发出警报、清点人员、传达信息和事故调查等。

7. 人群疏散与安置

人群疏散是减少人员伤亡扩大的关键，也是最彻底的应急响应。应当对疏散的紧急情况和决策、预防性疏散准备、疏散区域、疏散距离、疏散路线、疏散运输工具、应急避难场所以及回迁等做出细致的规定和准备，应充分考虑疏散人群的数量、所需要的时间和可利用的时间、风向等环境变化，以及老弱病残等特殊人群的疏散等问题。对已实施临时疏散的人群，要做好临时生活安置，保障必要的水、电、卫生等基本条件。

人群疏散与安置主要包括：

（1）哪个部门有权决定实施人员疏散及安置。

（2）哪个部门和哪些人员负责疏散及安置。

（3）能够进行短期避难的场所。

（4）通知疏散的方法。

（5）疏散避难场所的位置、疏散距离、疏散路线、疏散运输工具等。

（6）疏散程序，包括控制疏散人群的流量、指挥引导人群、告知自身防护措施、维护治安、避免恐慌情绪等方面。

（7）避难场所的设置，如临时安置场所内食品、水、电等的供应情况，以及医疗卫生等服务的安排情况。

（8）哪种情况下需要疏散人群。

（9）对疏散人群数量及疏散时间的估测。

（10）对需要特殊援助的群体单位，如学校、幼儿园、医院、养老院、监管所等的考虑。

（11）回迁程序。

（12）发生事故时，如果现场人员较多，出于对事故的惊惶、恐惧、冲动，往往会导致群体性的盲目流动，这种状态会严重干扰人们的正常思维，引起更大的混乱和恐慌。因此，现场有计划地疏散和沉着地应急指挥能够避免以上情况的发生，防止因盲目流向造成的某一出口人流拥挤、相互踩踏而堵塞出口等情况。

人员疏散及安置指挥的要求如下：

（1）疏散指挥人员首先应确认事故中疏散的方向，然后按照疏散示意图标志的路线疏散人员。

（2）如果可能威胁周边地域，指挥部应和当地有关部门联系，引导疏散。

（3）疏散人员在引导无关人员有序疏散后，应检查自己负责的区域，确保无人员滞留后方可离开。

8. 应急抢险

应急抢险是应急处置工作的中心任务，关系整个应急处置工作的成败。事先应根据危险目标模拟事故状态，制定各种事故状态下的应急处置方案，以便开展救援行动。

应急抢险部由工程抢险人员、消防人员组成，承担着危险排除、救人、物资转移、疏散等任务。应急抢险工作主要包括：

（1）根据事故的类型、性质建立企业内部的应急救援专业队伍，并明确职责和任务。

（2）明确对重大危险源的防治情况。

（3）制定各种事故扑救抢险方案，如煤矿井下事故、毒气大量泄漏、群体中毒、火灾、爆炸等情况的抢险方案。

（4）明确抢险人员及物资准备，如消防用水、灭火器、消防水泵、洒水车、起重机等。

（5）制定搜救遇险人员的相关措施。

应急救援专业队主要职责包括：

（1）抢修被破坏的设备，如电力设备设施、交通设备设施、通信设备设施等。

（2）扑灭已经发生的火灾，及时撤走易燃、易爆、有毒物品或物质。

（3）防止重大危险源灾害的进一步发展。

（4）维修各种因事故造成损害的其他急用设备、设施。

（5）设法使引发事故或导致事故扩大的设备、设施停止运行。

应急抢险应遵循以下原则：

（1）应急抢险优先原则。应急抢险的优先原则包括员工和应急抢险队员的安全优先；防止事故蔓延优先；保护环境优先。

（2）应急处理程序化。为了避免现场救援工作杂乱无章，可事先设计好各部门的应急程序。

（3）制定具体、详细、具有可操作性的专项应急方案。

9.1.4 应急处置种类和方法

1. 应急处置种类

根据《中华人民共和国突发事件应对法》规定，突发事件是指突然发生，造成或者可能造成严重社会危害，需要采取应急处置措施予以应对的自然灾害、事故灾难、公共卫生事件和社会安全事件。以此为标准可分为自然灾害、事故灾难、公共卫生事件和社会安全事件应急处置。

（1）自然灾害应急处置。指为应对由自然因素直接所致的灾害而采取的一系列措施和方法，如水旱灾害（洪水、干旱）、气象灾害（台风、龙卷风、飓风、冰雹、暴雪、沙尘暴、冻雨、寒潮）、地震灾害（火山）、地质灾害（泥石流、滑坡、山体崩塌、地面下沉）、海洋灾害（风暴潮、海啸、海浪、海冰、赤潮）、森林草原火灾、生物等灾害的应对措施。

（2）事故灾难应急处置。指为应对由人们无视法律法规的行为所致的事故的措施和方法，如工矿商贸等企业的各类安全事故（危险化学品事故、矿山事故）、交通运输事故（公路交通事故、铁路交通事故、民用航空器飞行事故、水上交通事故）、火灾事故、公共设施和设备事故、环境污染和生态破坏事件等应对措施，它也是生产经营单位的工作重点。

（3）公共卫生事件应急处置。指为应对由自然因素和人为因素共同所致的事故的措施和方法，如传染病疫情、群体性不明原因疾病、食品安全和职业危害、动物疫情，以及其他严重影响公众健康和生命安全的事件的应对措施。

（4）社会安全事件应急处置。指为应对由一定的社会问题诱发的事故的措施和方法，如恐怖袭击事件、经济安全事件和涉外突发事件等应对措施。

2. 应急处置方法

生产经营单位一旦发生灾害或事故，首先受害的是一线员工。为了保护员工的生命安全，员工必须掌握必要的、切实可行的应急方法。

（1）心理应对。在灾害或事故发生时，员工由于恐慌心理可能采取不理智行为，导致事态升级、损失加重。因此，员工一定要保持良好的心态，这是做好应急处置的首要步骤，要求其平时接受应急教育，掌握一定的应急常识；参加应急演练，提高自救、互救、救援的应急实战能力。

（2）迅速疏散。在灾害或事故面前，最重要的是保住生命，一旦发现事故可能危及生命时，务必在第一时间采取正确的方式逃离事故现场，服从指挥人员的安排；实在无法逃离事故现场的，一定要选择比较安全的场所避难，等待救援。

（3）及时报警。现场人员在保证自身安全的情况下应立即拨打单位的 24 小时报警电话，并向指挥中心值班人员报告，报警的内容包括：

①发生事故的具体地点和时间。
②事故简要经过。
③事故类型（火灾、爆炸、中毒等）。
④有无人员伤亡和初步估计的直接经济损失。
⑤发生事故的可能原因、影响范围。
⑥事故的现状、严重程度、已经采取的措施及其他相关情况。

如果事态严重可首先拨打"119""120""110"，然后再向上级报告。

拨打"119"报警注意事项：讲清着火的单位或地点，所处的位置，包括区县、街道、胡同、门牌号码或乡村地址等信息；讲清什么物品着火，火势怎样，是否有人员被困火场，并留下姓名和联系电话；报警以后，应安排人员到附近的路口等待消防车。

拨打"120"报警注意事项：简要说明伤员的大致伤情（如神志是否清醒，有无出血等），包括伤员的一般情况，如年龄、性别等，以便医护人员做好相应的准备；详细说明伤员所在的位置，最好能够提供附近比较醒目的标志物，避免救护车走错路，延误抢救时间；提供联系方式或伤员身边的固定电话等，并保持联络；若是意外灾难性事故，如交通事故、火灾、溺水、触电、中毒等，要说明伤害的性质以及需要救助的人数等情况。

拨打"110"报警注意事项：拨通"110"电话后，首先进行确认，然后说清楚灾害事故或求助的确切地址；简要说明情况。如果是求助，要说清楚为了什么事；如果是灾害事故，要说清灾害事故的性质、范围和损害等情况；说清自己的姓名和联系电话，以便公安机关联系。

（4）救人抢险。当发现有人受伤时，一定要抓紧时间采取相应的急救措施进行救助，以免错过急救时间。

抢险的最佳时期是事故发生初期。当事故未威胁到人身安全时，评估自己的能力，在能力所及的范围内采取有效的措施，避免事故发生。

9.2 事故灾难应急处置

9.2.1 火灾应急处置

火灾应急处置的原则是先控制后消灭，先救人后灭火，先重点后一般。

（1）先控制后消灭：是指对于不能立即扑救的要首先控制火势的继续蔓延和扩大，在具备扑灭火灾的条件时，展开全面扑救。对密闭条件较好的室内火灾，在未做好灭火准备之前，必须关闭门窗，以减缓火势蔓延。

（2）先救人后灭火：是指火场上如果有人受到火势的围困时，应急救援人员或消防人员的首要任务是把受困的人员从火场中抢救出来。在运用这一原则时可视情况，救人与救火同时进行，以救火保证救人的展开，通过灭火，从而更好地救人脱险。

（3）先重点后一般：是指在扑救火灾时，要全面了解并认真分析火场情况，区别重点与一般，对事关全局或生命安全的物资和人员要优先抢救，之后再抢救一般物资。

1. 火场逃生自救

（1）火场逃生原则。

①"三要"："要"熟悉自己所在场所的环境；"要"保持沉着冷静，及时拨打"119"；"要"警惕烟毒的侵害。

②"三救"：选择正确方法自"救"；与周围被困人员互"救"；向外界求"救"。

③"三不"："不"乘普通电梯；"不"贪恋财物；"不"轻易跳楼。

（2）被火围困的自救方法。

①如果是有避难层、疏散楼梯的建筑，被困人员应先进入避难层或从疏散楼梯撤离至安全地点。

②如果楼梯已经着火，但未烧断，火势不是十分凶猛时，可披上湿衣物或湿棉被从楼梯上快速冲下。

③如果楼梯被烧断，火热又十分凶猛时，可考虑利用窗户、阳台、落水管等逃生。

④如果各类逃生之路已切断，应退到室内，关闭门窗，有条件时可向门窗上浇水，同时可向窗外扔东西，夜间向外打手电，发出求救信号。

⑤如果生命受到威胁，又无其他自救办法时，可用绳子或把床单撕成条状连接起来，将一端紧拴在牢固的门、窗挡或其他重物上，再顺着绳子或布条滑下去。

⑥如果被迫必须跳楼时，先向地面抛下一些柔软物以增加缓冲，然后扶着窗台往下滑，以缩小跳落高度，并保证双脚先着地。

(3) 身上着火的自救方法。

①立即脱去衣服、帽子，如果来不及，可把衣服撕裂脱掉，并将着火的衣服浸入水中，或用脚踩灭或用水扑灭。

②卧倒在地上打滚，把身上的火苗压灭。

③现场其他人可用湿麻袋、毯子等把身上着火的人包起来，使火熄灭，或者向着火的人身上浇水（烧伤面积不大时可以采用）。切不可用灭火器直接向着火的人身上喷射，因为灭火器内的药剂会引起伤口感染。

④若附近有池塘、水池、小河等，可直接跳入水中。但身体已被烧伤，且烧伤面积很大时不宜入跳水中，以防感染。

2. 火场急救

(1) 烧伤人员的急救。

①"灭"。火灾烧伤急救的基本原则是迅速"灭"火，尽快脱离火源，缩短烧伤时间。切不可呼喊，以免吸入火焰或有毒气体引起呼吸道损伤。

②"查"。立即检"查"伤员有无危及生命的严重损伤，如颅脑和内脏损伤、呼吸道烧伤致呼吸困难等。检查呼吸、心跳，严重伤员应立即就地抢救，心跳、呼吸停止者立即进行心肺复苏（包含人工呼吸和胸外心脏按压术）。

③"冷"。立即用清水"冷"却烧伤的部位，冲洗烧伤部位 10~30 min 或冷水浸泡直到无痛感为止。

④"防"。"防"止因疼痛而休克，防止因急性喉头梗阻而窒息，防止创面感染。

⑤"包"。现场救护注意保护烧伤创面，用干净纱布、被单"包"裹或覆盖，然后送医院处理；搬运时动作要轻、稳。

(2) 昏迷人员的急救。

①将伤员移至室外或阴凉处，以获得充分的新鲜空气。

②有呕吐者应侧卧，以防将呕吐物吸入呼吸道。

③无呕吐者应平躺，下肢抬高 20~30 cm，松解颈部、胸部衣服，保持伤者呼吸道通畅。

④有呼吸困难情形，应将其置于半坐卧姿势。

⑤急救后仍未马上恢复知觉者，应立即送往医院治疗。

3. 火灾扑救

(1) 冷却灭火法。该方法是最常用的灭火方法，用水和二氧化碳作为灭火剂冷却降温灭火。灭火时，除了用冷却灭火法直接扑灭明火外，还可通过冷却未燃烧的可燃物，阻止其因达到燃点而燃烧。如石化企业的储罐区采用水喷雾冷却法，就是降低贴临区域的塔、罐等设备受火灾的辐射热，防止它们受热变形或发生爆炸。

（2）窒息灭火法。该方法通过降低氧气等助燃物的浓度，达到灭火的目的，其适用于扑救封闭式空间或容器内的火灾。例如，用水蒸气或二氧化碳、惰性气体等充入燃烧区域内；用沙土、水泥等不燃或难燃物质覆盖燃烧物或封闭孔洞；喷洒雾状水、干粉、泡沫等灭火剂覆盖燃烧物；采用已有的门窗等设施封闭燃烧区，阻止新鲜空气流入；扑救钾、钠、镁等化学品时，应采用干沙或干粉灭火剂埋压方法。

（3）隔离灭火法。该方法是将可燃物和助燃物隔离开来，适用于扑救各种固体、液体、气体火灾。例如，封闭建筑物的门窗、楼板洞等孔洞，防止火焰和气流从孔洞蔓延引燃可燃物；关闭可燃气体、液体管道阀门，阻止可燃物质进入燃烧区；拆除与火源相邻的易燃建筑物，防止火势蔓延；阻拦流散的易燃、可燃液体或扩散的可燃气体。

（4）抑制灭火法。该方法采用化学抑制剂阻断火灾的链式反应自由基，从而达到灭火的目的，同时还需采取冷却降温措施，以防燃烧物质复燃。干粉灭火剂就是采用的该方法原理。

4. 常见的灭火器

常见的灭火器有干粉灭火器、二氧化碳灭火器、泡沫灭火器。

（1）干粉灭火器分为 ABC 类和 BC 类两种，ABC 类干粉灭火器可用于扑灭固体、液体、气体着火；BC 类干粉灭火器主要用于扑灭液体和气体着火。

（2）二氧化碳灭火器主要用于扑救贵重设备、档案资料、仪器仪表、600 V 以下的电气设备及油类火灾，但不能扑救钾、钠、镁等轻金属着火。

（3）泡沫灭火器能扑救一般固体、油类等可燃液体火灾，但不能扑救带电设备和醇、酮、酯、醚类有机溶剂的火灾。

9.2.2 触电事故应急处置

1. 触电事故定义与类型

触电是泛指人体触及带电体，触电时电流会对人体造成各种不同程度的伤害。触电事故是由电流及其转换成的其他形式的能量造成的事故。

触电事故分为两类：一类叫"电击"；另一类叫"电伤"。电击是指电流通过人体时所造成的内部伤害，它会破坏人的心脏、呼吸及神经系统的正常工作，甚至危及生命。电伤是指电流的热效应、化学效应或机械效应对人体造成的伤害。触电事故往往发生突然，在极短时间内就能造成严重后果。

2. 触电事故的应急处置

(1) 脱离电源。发现有人触电，应立即断开有关电源。触电者未脱离电源前，救护人员不准直接用手触及伤员。脱离电源要把触电者接触的那部分带电设备的开关、刀闸或其他断路设备断开；或设法将触电者与带电设备脱离。在脱离电源时，救护人员要注意保护自己。不同触电场合脱离电源的方法如表 9-1 所示。

表 9-1 脱离电源的方法

触电场合	脱离电源办法
低压设备	拉开电源开关或刀开关，拔出电源插头，用绝缘工具（干燥的木棒、木板、绳索等不导电的低压设备）解脱触电者。抓住触电者干燥而不贴身的衣服，将其拖开，切记要避免碰到金属物体和触电者的裸露身躯。戴绝缘手套或将手用干燥衣物等包起绝缘，站在绝缘垫上或干板上，先绝缘自己然后再救护触电者
高压设备	迅速切断电源或用适合该电压等级的绝缘工具（戴绝缘手套、穿绝缘靴并用绝缘棒）解脱触电者。救护人员在抢救过程中应注意自身与周围带电部分保持必要的安全距离
架空线路	如果是低压带电线路，立即切断线路电源，或者由救护人员系好自己的安全带后，迅速登杆，用带绝缘胶柄的钢丝钳、干燥的不导电物体或绝缘物体将触电者拉离电源
	如果是高压带电线路，不能迅速切断开关时，可采用抛挂足够截面积的适当长度的金属短路线方法，使电源开关跳闸
跌落在地的高压线路	尚未确定线路无电且救护人员未做好安全措施（如穿绝缘靴或临时双脚并紧跳跃地接近触电者）时，不能接近断线点至 8~10 m 范围内，以防跨步电压伤人
	触电者脱离带电导线后也应迅速被带离至 8~10 m 以外，并立即开始触电急救。只有在确定线路已经无电时，才可在触电者离开触电导线后，立即进行急救
高处触电	必须采取保护措施，防止切断电源后触电者从高处摔下

(2) 伤员脱离电源后的处置。

①若触电者神志清醒，应使其就地平躺，严密观察，暂时不要让其站立或走动。

②若触电者神志不清，应就地仰面躺平，确保其气道通畅，并用 5 秒时间，呼叫伤员或轻拍其肩部，以判定伤员是否意识丧失。禁止摆动伤员头部呼叫伤员。坚持就地正确抢救，并尽快联系医院进行抢救。

③若触电者意识丧失，应在 10 秒内用看、听、试的方法，判定其呼吸和心跳情况。

看：看伤员的胸部、腹部有无起伏动作。

听：贴近伤员的口，听有无呼气声音。

试：试测口鼻有无呼气的气流。再用两手指轻试一侧喉结旁凹陷处的颈动脉有无搏动。若看、听、试的结果，既无呼吸又无动脉搏动，可判定呼吸和心跳已停止，应立即用心肺复苏法进行抢救。

④现场急救方法：当触电者呼吸和心跳均停止时，应立即进行心肺复苏抢救。心肺复苏应在现场就地不间断进行，不要随意移动伤员，当确实需要移动时，抢救中断时间

不应超过 30 秒。若触电者的心跳和呼吸经抢救后均已恢复，则可暂停心肺复苏操作，但心跳和呼吸恢复后的早期有可能再次骤停，应严密监护，不能麻痹，要随时准备再次抢救。

9.2.3 交通运输事故应急处置

1. 道路交通事故的应急处置

根据《中华人民共和国道路交通安全法》第一百一十九条的规定，交通事故是指车辆在道路上因过错或意外造成的人身伤亡或财产损失的事件。其中，主体的一方必须是车辆，地域范围是道路，主观因素是过错或者意外。

道路交通事故的特点：事故发生率高，人员伤亡重，财产损失大，连锁性强，易发生二次事故，救援难度大，社会影响面大。

（1）自救方法。当发生交通事故时，可采取以下几点进行自救：

①保持镇定。发生车祸后，千万不能惊慌，一定要保持镇定，这样才能做出正确的应对措施。

②检查伤势。车祸后要检查一下自己是否受伤和伤情的严重程度，如果有大量出血或骨折时，一定不要随便活动，以免伤情加重。

③简单处理伤口。当伤情比较轻微时，可以简单地包扎处理伤口，采用简单地止血措施，避免流血过多。

④检查车况。车祸之后尽量检查车辆的受损状况，如车辆是否变形、是否可以正常启动等。

⑤离开车辆。当车辆出现汽油泄露时，要及时离开车辆的位置，如果遇见车门无法开启时，可以砸碎车窗爬出去。

⑥主动求救。当受伤导致无法移动或者伤情较重时，立即向附近的人群求救，同时拨打求助电话"122"或"120"。

（2）汽车发生碰撞或失控时的自救。

驾驶人自救：

①驾驶人应双手紧握转向盘，两腿向前蹬直，身体后倾，保持身体平衡，以免头撞到风窗玻璃上而受伤。

②若碰撞的主要方位临近驾驶人座位或者撞击力度过大，驾驶人应迅速躲离转向盘，并将两腿抬起，以免受到挤压。

③制动踏板失灵时，应换低速挡，拉紧驻车制动器，同时打开警示灯；若车速不减，应冲向柔软的障碍物。

车内乘客自救：

①应迅速蹲下，紧紧抓住前排座位的椅脚，保持身体平衡。

②如果只能跳车逃生，被困者应通过车门、窗跳车；若车门、窗无法打开，被困者可利用车上的工具击碎玻璃或撬开车门开辟通道逃生。

③跳车逃生时，应向车辆翻转的相反方向跳跃。落地时双手抱头顺势向惯性方向滚动或奔跑一段距离，避免遭受二次损伤。

④高速公路上发生事故时，车上人员应迅速转移到右侧路边或者应急车道内。

（3）遇到汽车翻车后的自救方法。

①翻车后，如果有可能，应先熄火。

②调整身姿。双手先撑住车顶，双脚蹬住车两边，确定身体固定，一手解开安全带，慢慢把身子放倒下来，再转身打开车门。

③观察车外，确定没有危险后，再出车门，避免汽车停在危险地带，或被旁边疾驰的车辆撞伤。

④敲碎车窗。如果车门因变形或其他原因无法打开，应考虑从车窗逃生。如果车窗是封闭状态，应用专业锤在车窗玻璃一角的位置敲碎玻璃。

（4）遇到汽车在行驶途中突然起火时的自救方法。

①驾驶人应立即熄火停车，切断油路、电源，并组织车内人员立即下车。

②若车辆碰撞变形，车门已无法打开，可从前后风窗玻璃或车窗处脱身。

③若身上已经着火，可下车后倒地滚动，边滚动边脱去身上的衣服。此时不要张嘴深呼吸或高声呼喊，以免烟火灼伤上呼吸道。

（5）遇到汽车翻进河里时的自救方法。

①首先要保持头脑冷静。

②若水较浅，未淹没全车，应等汽车稳定以后，再设法从门窗离开车辆。

③若水较深：先不要急于打开车门与车窗玻璃；迅速判断水面的方向，一般来说，有光亮的地方为水面的方向；尽量将面部贴近汽车朝上的部分，以保证足够的空气供给，等待水从车的缝隙中慢慢涌入，车内外的水压保持平衡后，车内人员应深吸一口气将头部伸入水下，迅速用力推开车门或打开车窗，再浮出水面。

（6）遇到中途爆胎时的自救方法。

①不能急制动。

②若后胎爆裂，反复轻踩制动踏板。

③若前胎爆裂，双手用力控制转向盘，并缓慢松开加速踏板，使车利用转动阻力自行停下。

(7) 急救。车祸发生后,应立即拨通"122""120"急救电话。现场急救的主要方法如下:

①不要随意移动伤员,让其侧卧,头向后仰,保证呼吸道畅通。

②为失去知觉者清除口鼻中的异物、分泌物及呕吐物。

③对出血多的伤口应进行加压包扎。

④对骨折的肢体应就地取材固定。

⑤对心跳、呼吸停止者,现场进行心肺复苏。

⑥对开放性颅脑或开放性腹部伤口,可用干净物覆盖伤口,然后包扎并立即送往医院诊治。

⑦对开放性胸部伤,立即取半卧位,对胸壁伤口应进行严密封闭包扎,并立即送往医院治疗。

⑧若有木桩等物刺入体腔或肢体,不要拔出刺入物,要截断刺入物的体外部分,并立即送往医院治疗。

⑨若有胸壁浮动,应立即用衣物、棉垫等充填后适当加压包扎,以限制浮动;无法充填包扎时,要使伤员卧向浮动胸壁,限制反常呼吸。

2. 地铁事故的应急处置

地铁事故主要是指在地铁厅、台、区间及列车上发生的火灾、爆炸、恐怖袭击和运营事故等。

地铁事故的特点是乘客流量大,疏散通道少,逃生距离长;隧道火势发展快,温度高,毒烟浓;通信联络不畅;应急照明强度不够;救援行动不便等。

(1) 地铁停电时的应急处置方法。

①乘客应保持冷静,切勿惊慌,不要随便走动。

②在站台候车遇到停电时,要听从工作人员的指挥,并按照站台内的疏散指示标志,安全有序地撤离到地面。

③运行中遇到停电时,乘客千万不可扒门、拉门以离开列车车厢进入隧道,应耐心等待救援人员。

④疏散时应听从指挥,有顺序地向指定的方向疏散。

(2) 列车车厢内发生火灾时的应急处置方法。

①列车车厢内发生火灾时,乘客可直接拨打"119""110"电话报警,也可以按下车厢内的报警按钮。

②火灾初起时,利用车厢内的灭火器扑灭火灾。

③无法进行灭火自救时,应保护自己,有序疏散。

④疏散时，乘客应采取低姿势前进，向逆风方向疏散，但不可匍匐行进，用湿润织物捂住口鼻。

⑤听从车站工作人员统一指挥，沿着正确逃生的方向疏散。

⑥如果火灾引起停电，可按照应急指示标志朝逆着火源的方向有序疏散，万一疏散通道被大火阻断，应尽量想办法延长避难时间，等待消防队员前来救援。

⑦疏散时，应远离电轨，防止触电。

（3）遭受毒气袭击时的应急处置方法。

①应当利用随身携带的手帕、餐巾纸、衣物堵住口鼻，遮住裸露皮肤。

②迅速判断毒源方向，并朝远离毒源的方向逃生，到空气流通处或毒源的上风口躲避。

③到达安全地点后，应迅速使用流动水清洗身体裸露部分。

（4）发现危险物品时的应急处置方法。

①在地铁车厢内发现不明包裹时，应远离该不明物，并立即报告有关人员，不可擅自处理。

②如果发生爆炸，不要惊慌，应听从指挥，安全疏散。

3. 飞机遇险迫降的应急处置

（1）首先要保持镇定，并听从机上工作人员的指挥。

（2）摘下眼镜与假牙，身上不能带有任何尖锐、坚硬的东西，防止发生冲击时受到伤害。

（3）严格按照规定竖直座椅靠背，尽可能束紧安全带，屈身向前，头低下，双手抓紧前面或双臂抱紧大腿。

（4）千万不要在走出机舱前吹起救生衣，以免造成出舱门的困难。

（5）飞机下坠时要努力保持清醒。

（6）飞机迫降着地后，应迅速离开飞机。

9.2.4 危险化学品事故应急处置

根据《危险化学品安全管理条例》第一章第三条的规定：危险化学品是指具有毒害、腐蚀、爆炸、燃烧、助燃等性质，对人体、设施、环境具有危害的剧毒化学品和其他化学品。

危险化学品的主要危险特性为燃烧性、爆炸性、毒害性、腐蚀性和辐射性。我国将危险化学品分为理化危险、健康危害及环境危害3大类、28小类。

危险化学品事故是指一种或数种危险化学品或其能量意外释放造成的人身伤亡、财产损失或环境污染的事故。危险化学品事故可分为 6 类：危险化学品火灾事故、危险化学品爆炸事故、危险化学品泄漏事故、危险化学品灼伤事故、危险化学品中毒和窒息事故、其他危险化学品事故。

1. 危险化学品事故应急处置

人员位于污染区或在污染区附近时，应当立即向上风向撤离，并且尽快找到避难场所。撤离时应注意以下几点：

（1）做好防护。用湿毛巾、湿口罩等保护呼吸道；用雨衣、手套、雨靴等保护皮肤；用游泳潜水镜、开口透明塑料袋等保护眼睛。

（2）逆风逃生。根据危险化学品泄漏位置，向上风向或侧风向转移撤离。

（3）低洼处勿滞留。如果泄漏物质的密度比空气大，则选择往高处逃生；相反，则选择往低处逃生。但是，切忌在低洼处滞留。

（4）选择背风向处滞留。如果实在无法撤离，可暂时躲在建筑物内，堵住明显的缝隙，待在背风无门窗的地方。

（5）及时进行消毒。逃离染毒区域后，要脱去被污染的衣物，并及时进行消毒处理。

（6）危险化学品事故现场救援。处理泄漏、燃烧爆炸事故时，救生内容如下：

①组成救援小组，携带救生器材迅速进入现场。
②采取正确的救助方式，将所有遇险人员转移至安全区域。
③对救出人员进行登记、标识和采取现场急救措施。
④将伤情较重者送往医院急救部门救治。
⑤处理危险化学品事故现场。

2. 危险化学品泄漏事故应急处置

危险化学品泄漏事故处置的基本措施为做好安全防护、控制泄漏源以及泄漏物处理。

（1）做好安全防护。进入现场的救援人员必须配备必要的个人防护器具。

①易燃易爆物泄漏时，及时撤离事故涉及区人员。事故区域内应严禁火种、切断电源、禁止车辆进入，在边界设置警戒线。

②有毒物质泄漏时，及时撤离事故涉及区人员。处置人员应使用专用防护服和隔绝式空气面具，并在事故中心区设置警戒线。

③严禁单独行动，救援现场要有监护人，必要时用水枪、水炮掩护。

（2）控制泄漏源。控制泄漏源的方法有关阀断料、停止作业或改变工艺流程、物料走副线、局部停机和减负荷运行等。采用合适的材料和技术手段堵住漏处。

（3）泄漏物处理。采用围堤堵截、稀释与覆盖、收容（集）、废弃等方法处理泄漏物。

3. 危险化学品燃烧爆炸事故应急处置

(1) 可燃气体燃烧爆炸事故现场处置。首先应扑灭外围被火源引燃的可燃物火灾，切断火势蔓延途径，控制燃烧范围，并积极抢救受伤和被困人员。在没有采取堵漏措施的情况下，必须保持可燃气体稳定燃烧，不能盲目扑灭气体火灾，因为大量可燃气体泄漏出来与空气混合，遇火源可能会发生爆炸，使灾情加重。

(2) 易燃液体燃烧爆炸事故现场处置。首先切断火势蔓延途径，冷却和疏散受火势威胁的压力容器、密闭容器和可燃物，控制燃烧范围，并抢救受伤和被困人员。要及时了解和掌握着火液体的品名、密度、水溶性以及有无毒性、腐蚀、沸溢、喷溅等危险性，以便采取相应的灭火和防护措施。

扑救毒害性、腐蚀性或燃烧物毒害性较强的易燃液体火灾，扑救人员必须佩戴防护面具，采取防护措施。

(3) 爆炸物品燃烧爆炸事故现场处置。要采取一切可能的措施，全力制止再次爆炸的发生。现场指挥人员应密切注意现场情况，若有发生再次爆炸的征兆或危险，要迅速做出准确判断，立即下达撤退命令。灭火人员看到或听到撤退信号后，应迅速撤离至安全地带；来不及撤退时，应就地卧倒。

扑救爆炸物品燃烧爆炸事故时应注意以下几点。

①切忌用沙土盖压，以免增强爆炸物品爆炸时的威力。

②灭火人员应尽量利用现场现成的掩蔽体或尽量采用卧姿等低姿射水，尽可能地采取自我保护措施。

③消防车辆尽量不要停靠在离爆炸物太近的水源处。

④如有疏散可能，在人身安全确有可靠保障的条件下，应立即组织力量及时疏散着火区周围的爆炸物品，使着火区周围形成一个隔离带。

⑤扑救爆炸物品堆垛时，水流应采用吊射，避免强力水流直接冲击堆垛，使堆垛倒塌引起再次爆炸。

(4) 遇湿易燃物品燃烧爆炸事故现场处置。因为遇湿易燃物品的性能特殊，很多情况下又不能使用水和泡沫等灭火剂扑救，所以处置前应首先了解清楚遇湿易燃物品的品名、数量，是否与其他物品混存，燃烧范围，火势蔓延途径等情况，然后再进行扑救行动。

(5) 毒害品、腐蚀品燃烧爆炸事故现场处置。灭火人员必须穿防护服，佩戴防护面具。一般情况下采取全身防护即可，对有特殊要求的物品火灾，应使用专用防护服。在扑救毒害品火灾时应尽量使用隔绝式氧气或空气面具。

毒害品、腐蚀品火灾极易造成人员伤亡，灭火人员在采取防护措施后，应立即投入寻找和抢救受伤、被困人员的工作，并努力限制燃烧范围。

扑救毒害品、腐蚀品燃烧爆炸事故时，应尽量使用低压水流或雾状水，避免腐蚀品、毒害品溅出。遇酸类或碱类腐蚀品最好调制相应的中和剂稀释中和。

遇毒害品、腐蚀品容器泄漏，在扑救火灾后应采取堵漏措施。腐蚀品需用防腐材料堵漏。

（6）易燃固体、自燃物品燃烧爆炸事故现场处置。易燃固体、自燃物品一般可用水或泡沫扑救，相对于其他种类的化学危险物品而言是比较容易扑救的，只要控制住燃烧范围，逐步扑灭即可。但也有少数易燃固体、自燃物品的扑救方法比较特殊，如2，4-二硝基苯甲醚、二硝基萘、萘、黄磷等。

少数易燃固体和自燃物品不能用水和泡沫扑救，如三硫化二磷、铝粉、烷基铝、保险粉等，应根据具体情况分别处理，宜选用干沙和不用压力喷射的干粉扑救。

9.2.5 高处坠落事故应急处置

按照国家标准《高处作业分级》规定，凡在坠落高度基准面2 m以上（含2 m）的可能坠落的高处所进行的作业都称为高处作业。在施工现场高空作业中，如果未采取防护措施，防护不好或作业不当都可能发生人或物的坠落。人从高处坠落的事故称为高处坠落事故。

（1）高处作业坠落事故分类。根据高处作业者工作时所处的部位不同，高处作业坠落事故可分为：

①临边作业高处坠落事故；
②洞口作业高处坠落事故；
③攀登作业高处坠落事故；
④悬空作业高处坠落事故；
⑤操作平台作业高处坠落事故；
⑥交叉作业高处坠落事故等。

（2）高处坠落事故应急处置措施。高处坠落事故现场抢救的重点是对休克、骨折和出血进行处理，应急处置措施包括：

①发生高处坠落事故，应马上组织抢救伤者，首先观察伤者的受伤情况、部位、伤害性质，如伤员发生休克，应先去除伤员身上的用具和口袋中的硬物。遇呼吸、心跳停止者，应立即进行人工呼吸，胸外心脏按压。对处于休克状态的伤员，要让其安静、保暖、平卧、少动，并将下肢抬高约20°，尽快送医院进行抢救治疗。应采用担架或硬质木板搬运和转送伤员，避免颈部和躯干前屈或扭转，使脊柱伸直，绝对禁止一个抬肩一个抬腿的搬法，以免造成截瘫。

②出现颅脑损伤，必须维持呼吸道通畅。昏迷者应平卧，面部转向一侧，以防舌根

下坠或分泌物、呕吐物吸入，发生喉阻塞。有骨折者，应初步固定后再搬运。遇有凹陷骨折、严重的颅底骨折及严重的脑损伤症状出现，用消毒的纱布或清洁布等覆盖伤口，用绷带或布条包扎后，及时就近送医院治疗。

③颌面部伤员首先应保持呼吸道畅通，清除移位的组织碎片、血凝块、口腔分泌物等，同时松解伤员的颈、胸部纽扣。

④如果是脊椎受伤者，创伤处用消毒的纱布或清洁布等覆盖伤口，用绷带或布条包扎。搬运时，将伤者平卧放在担架或硬板上，以免受伤的脊椎移位、断裂造成截瘫，甚至死亡。抢救脊椎受伤者，搬运过程中严禁只抬伤者的两肩与两腿或单肩背运。

⑤如果伤者手足骨折，不要盲目搬动伤者。应在骨折部位用夹板把受伤位置临时固定，使断端不再移位或刺伤肌肉、神经或血管。固定方法：以固定骨折处上下关节为原则，可就地取材，用木板、竹片等。

⑥如果是复合伤，要求平仰卧位，保持呼吸道畅通，解开衣领扣。

⑦如果出现创伤性出血，应迅速包扎止血，使伤员保持在头低脚高的卧位，并注意保暖。及时把伤员送往邻近医院抢救，运送途中应尽量减少颠簸。同时，密切注意伤者的呼吸、脉搏、血压及伤口的情况。

9.2.6 建筑物倒塌事故应急处置

建筑物倒塌事故是指由于地震、风暴、火灾、水灾等自然灾害以及其他因素，造成建筑结构整体或局部倒塌，导致重大人员伤亡和财产损失的灾害。

建筑物倒塌事故的应急处置措施包括现场险情侦察、现场险情判断、现场控制、现场火灾扑救、被埋人员搜救、局部清理和挖掘等。

1. 现场险情侦察

（1）向现场人员询问失踪者在倒塌时所处的位置、活动情况或居住环境等。

（2）对倒塌建筑进行勘察和分析，确定建筑物的用途、结构和倒塌方式，倒塌后可能存在的险情和幸存的人员部位等。

（3）利用光学探测仪、生命探测仪、超声波生命探测仪、搜救犬和热成像仪等设备进行现场探测。

2. 现场险情判断

（1）通过倒塌建筑物原有结构和倒塌后残留结构的状态，分析现场二次倒塌的可能性。

（2）通过倒塌建筑物的用途和存放的物资性质，分析现场可能存在的中毒或爆炸的危险性。

(3) 根据倒塌建筑物的用电、用气、用水情况，分析现场可能存在的触电、可燃气体爆炸、溺水的危险性。

3. 现场控制

(1) 现场车辆布置。
①消防车应布置在现场的外围，这样便于寻找水源。
②建筑倒塌现场的前沿空地应停靠登高车辆。
③在倒塌建筑物正前沿附近部署 1 辆或 2 辆重型抢险救援车辆，以便提供较大型的挖掘、切割、支撑加固器材。
④救护车需停靠在现场附近，便于及时判断分析伤者的伤情，并实施前期的医疗急救，但停靠位置以不影响现场灭火救援行动为准。
⑤重型工程车辆，如起重机、铲车、装卸车等应先停靠在现场外围，但应留有其进入现场内部的通道，便于急需时调入。

(2) 现场秩序维护。
①在倒塌现场，公安民警的主要职责是设置现场警戒线，保证现场的交通秩序和道路畅通。
②在周围道路上要禁止任何非救助车辆的行驶，避免因震动引发现场的二次倒塌。

(3) 现场抢救工作组织。
①现场指挥员要担负起整个施救工作的组织和监管任务，及时了解各种潜在的危险，掌握施救进度、施救者工作和身体状况，安排和布置必要的轮班和协同人员的支持行动，保持与各个行动小组的联系和险情的通报。
②建筑物倒塌事故的抢险救援需要在现场指挥机构的统一指挥下进行。参与救援的各部门和单位必须懂得其救援行动是整个救援活动的一部分，要相互协同配合、充分发挥各自的特长。

4. 现场火灾扑救

(1) 迅速调集消防水枪，及时控制和扑灭倒塌区域内的火灾。
(2) 调用高压水枪到现场，将其直接从空中伸至可能有被埋人员的区域，迅速扑灭周围的火灾。
(3) 为防止现场二次倒塌的危害，登高平台上的水炮可采用远程遥控作业。

5. 被埋人员搜救

(1) 搜救人员进入现场前必须做好个人的安全防护，携带必备的通信器材、备用空气呼吸器具、搜救绳索、轻便照明和小型破拆器材，还要携带一支消防水枪，以便及时驱烟和灭火。

（2）抢救队伍进入倒塌堆进行搜寻时，要注意人员爬动的痕迹及血迹。

（3）要利用生命探测仪或搜寻犬，采用听、看、敲和喊等方法寻找和确定被埋人员的具体位置。

（4）搜救重点应放在被困人员可能的生存空间上，如卫生间、厨房等狭小空间。

（5）搜救到幸存者后，应及时为其提供空气呼吸器，并附带一根救助引导绳，以便于后续施救工作。

（6）搜救预备小组应在倒塌危险区域外围的安全区内等候，并配备必要救生器材和搬运器材。一旦需要可立即展开工作，也可作为第一搜救小组的增援，随时进入倒塌现场参与搜救。

6. 局部清理和挖掘

（1）只要认为现场还存在被埋压人员，都应采取手工清理和使用小型切割破拆器材。

（2）当发现被埋压人员后，为防止造成二次伤害，可采取救援气垫、方木、角钢等支撑保护，必要时也可用手刨、翻、抬等方法施救。

（3）为保证施救过程安全和顺利地进行，要对现场提供良好的照明。

（4）如果现场存在二次倒塌危险，就必须对不稳部位进行支撑加固，或者预先破拆搬移开存在危险的构件。

7. 抢救行动中注意的事项

（1）调派救援力量及装备要一次性到位，及时要求公安、医疗救护等部门到现场协助救援。

（2）当伴随有火灾发生时，救人、灭火应同时进行。

（3）在现场快速开辟一块空阔地和一条进出通道，确保现场拥有一个急救平台和一条供救援车辆进出的通道。

（4）救援人员要注意行动安全，不应进入建筑结构已经明显松动的建筑物内部；不得登上已受力不均衡的阳台、楼板、屋顶等部位；不准冒险钻入非稳固支撑的建筑物废墟下面。

（5）抢救行动本着"先易后难，先救人后救物，先伤员后尸体，先重伤员后轻伤员"的原则进行。救援初期不得直接使用大型铲车、吊车、推土机等施工机械车辆清理现场。

（6）对身处险境、精神几乎崩溃、情绪显露恐惧者，要鼓励、劝导和抚慰、增强其生存的信心。在切割被救者上面的构件时，防止火花飞溅伤人，减轻震动伤痛。对于一时难以施救出来的人员，视情况喂水、供氧、清洗、撑顶等，以减轻被救者的痛苦，改善险恶环境，提高生存概率。

（7）对于可能存在毒气泄漏的现场，救援人员必须佩戴空气呼吸器、防化服；使用切割装备破拆时，必须确认现场无易燃、易爆物品。

（8）处置建筑物倒塌事故时间一般比较长，应组织参战人员轮换，并做好后勤保障工作。

9.2.7 踩踏事故应急处置

1. 遭遇拥挤人群的应急处置

（1）发觉拥挤的人群向着自己行走的方向拥来时，应该马上躲避到一旁，但不要奔跑，以免摔倒。

（2）如果路边有商店、饭馆等可以暂时躲避的地方，可以暂避一时。切忌逆着人流前进，否则非常容易被推倒在地。

（3）如有可能，抓住一件坚固牢靠的东西，如路灯柱等物体，待人群过去后，迅速而镇静地离开现场。

（4）遭遇拥挤的人流时，一定不要采用体位前倾或者低重心的姿势，即使鞋子被踩掉，也不要贸然弯腰提鞋或系鞋带。

（5）若身不由己地陷入人群之中，一定要先稳住双脚。切记远离店铺的玻璃窗，以免因玻璃破碎而被扎伤。

2. 遭遇混乱局面的应急处置方法

（1）在拥挤的人群中，要时刻保持警惕，当发现有人情绪不对，或人群开始骚动时，就要做好保护自己和他人的准备。

（2）一定要注意脚下，千万不要被绊倒，避免自己成为拥挤踩踏事件的诱发因素。

（3）当发现自己前面有人突然摔倒了，要马上停下脚步，同时大声呼救，告知后面的人不要向前靠近。

（4）若自己被绊倒，要设法靠近墙壁。面向墙壁，身体蜷成球状，双手在颈后紧扣，以保护身体最脆弱的部位。

（5）当带着孩子遭遇拥挤的人群时，最好把孩子抱起来，避免其在混乱中被踩伤。

3. 驾车遭遇拥挤人群的应急处置方法

（1）切忌驾车穿越人群，尤其是群众情绪愤怒、激动或满怀敌意时。

（2）倘若自己的车辆正与人群同一方向前进，不要停车观看，应尽快转入小路、倒车或掉头，迅速驶离现场。

（3）倘若根本无法冲出重围，应将车停好，锁好车门，然后离开，躲入小巷、商店或民居。如果来不及找停车处，也要立刻停车，锁好车门，静静地留在车内，直至人群拥过。

4. 踩踏事故的应急处置方法

（1）拥挤踩踏事故发生后，一方面赶快报警，等待救援；另一方面，在医务人员到达现场前，要抓紧时间用科学的方法展开自救和互救。

（2）在救治中，要遵循先救助重伤员、老人、儿童及妇女的原则。判断伤势的依据有：神志不清、呼之不应者伤势较重；脉搏急促而乏力者伤势较重；血压下降、瞳孔放大者伤势较重；有明显外伤，血流不止者伤势较重。

（3）当发现伤员呼吸、心跳停止时，要赶快做人工呼吸和胸外心脏按压。

9.2.8 意外伤害应急处置

1. 割伤的应急处置

（1）若流出的血液量看起来比较多，此时不要慌张，要说些鼓励的话使伤员保持镇静，因为惊慌会加快心跳，出血就会更多。

（2）若割伤较小，可采用止血方法，但要注意即使已止血了，也不要解下绷带，且尽快送医院治疗。

（3）若割断肌腱和神经，虽然伤口已痊愈，但手指仍无法动弹，则需接受医生的治疗。深度割伤时，手指要轻微弯曲，用消过毒的纱布包好，并附上辅助用品加以固定，注意不要伸直手指，否则不容易止住血，伤口愈合慢。

2. 烫伤应急处置

烫伤时应首先进行冷却，轻度烫伤时需要冷却几分钟；严重烫伤时需要冷却 30 min 以上。在充分冷却后，用干净的布包好伤处并接受治疗。在医生诊断前，不得涂抹任何药膏，否则可能引起细菌感染。另外，为使患部不留下疤痕，不要自己碰破水泡等，一定要遵守医嘱。

（1）被热水烫伤时的应急处置。

①用流水冷却。注意水压要适中，如果水压大，皮肤有剥落的危险，这时应在患部稍偏上方冲洗或包上布冲洗。充分冷却后，用消毒纱布或创可贴盖住患部。

②脚等部位烫伤时，可在桶中装入冰水来冷却。

③有衣服遮盖的部位烫伤时，可直接往衣服上浇水冷却。

（2）眼中进入化学药品时的应急处置。

①绝对不能揉眼睛，要立即用自来水冲洗。

②一定要注意使进入化学药品的眼睛在下面，防止冲洗过的水流进另外一只眼睛。

③冲洗眼睛时只能用水，不能把眼药水滴入眼中。

④充分冲洗后立即到医院治疗。

（3）皮肤沾上化学药品时的处理方法。

①强酸会烧伤皮肤表面，强碱会浸入皮肤深层，因此沾上此类化学药品时，要立即脱掉衣服，用喷头或软管等连接大量的流水冲洗 30 min 以上。

②由于冲洗不彻底可能会造成对皮肤深度的伤害，所以应彻底冲洗。

③冲洗完毕后，细心擦净水分，将患处用干净的布盖住后找医生治疗。注意有的化学药品沾水后会发热。

④绝对不能用酸碱中和的方法进行处理。

⑤误食和吸入化学药品时，要喝入大量的水和牛奶，进行催吐，并尽快送医院治疗。

3. 碰伤应急处置

在工作中，磕碰身体是常有的事。若是轻度地碰伤，马上冷却受伤部位会舒服许多。另外，如果受伤部位是身体活动次数较多的部位，可能会造成内出血，疼痛也会增加，因此要注意静养。

尽可能使受伤部位在一段时间内保持在高于心脏的位置。疼痛难忍且受伤部位不能动弹或受伤部位不能自然地弯曲时，可能是脱臼和骨折，要立即去医院外科接受治疗。

（1）戳伤手指时的应急处置。当人戳伤手指时常常容易想到拽拉，认为这样可以治好。但恰恰相反，这样会使伤口恶化，因此绝对不能拽拉。应当第一时间做如下处理：

①在伤痛部位包上布，用冰等冷却 30 min 左右。

②垫上纸板或方便筷子等，和相邻的手指一起用绷带缠绕固定。

③同时接受医生的治疗，治疗得越早，恢复得越快。

（2）指甲剥落时的应急处置。

①为防止细菌感染，要先用流水冲洗伤口，再涂上消毒药物。

②将剥落的指甲放回原位，用绷带缠紧。

③找医生治疗。

（3）脚被鞋磨破、起水泡时的应急处置。

①用肥皂将起水泡的地方洗净。

②用火或酒精将针消毒，用针刺破水泡。
③用纱布和干净的布充分地擦拭。
④涂上消毒药品，贴上创可贴。

4. 扭伤和脱臼应急处置

扭伤和脱臼是由于关节受到过大的力量冲击引起的。关节周围的组织断裂或拉长是扭伤，关节处于脱位状态是脱臼。不管是哪种情况，都要把受伤部位充分冷却后固定。不要试图自己使关节复位或强行扭动受伤部位使其还原，而应尽快去医院接受医生的治疗。

要注意工作场所的地面是否容易滑倒或不平，要尽早改善工作环境，防止扭伤或脱臼。扭伤或脱臼时要做如下处理：

（1）将扭伤或脱臼的关节固定住，用湿毛巾进行冷敷，然后送往医院。

（2）膝关节、踝关节扭伤或脱臼时，应先包上一层凉毛巾，再在上面裹上三角巾或围巾，用力系紧，也可以用伸缩绷带固定住关节。

（3）肩关节、肘关节和手腕扭伤或脱臼时，可以用三角巾、围巾等做成吊带，也可将手伸到上衣或衬衣的扣子之间，但一定要固定住关节。

（4）股关节扭伤或脱臼时，仰面躺好，膝下垫上坐垫等物，让股关节和膝关节保持弯曲。

（5）手指关节扭伤或脱臼时，手握网球大小的圆球，打上夹板，绑上绷带，以便维持患者手部机能。

9.2.9 中毒应急处置

1. 食物中毒应急处置

（1）食物中毒的判断。

①有胃肠道症状。如果吃完东西以后感觉胃肠不舒服，甚至出现恶心、呕吐、腹痛、腹泻等症状，或者出现头晕、惊慌等症状，并且与自己共同进餐的人也出现了相同症状。

②有可疑的食物或原料。进食了可疑的食物，如食物不新鲜、有异味；吃过自采的蘑菇、鲜黄花、未炒熟的扁豆、发芽的土豆；食用从非正规渠道购进的盐炒菜，或误食了某种化学物质等。

③出现症状的早晚。从时间上判断，化学性食物中毒反应比有毒的动、植物毒素中毒出现早。

(2) 食物中毒后的应急处置。食物中毒抢救得越早效果就越好。现场急救的原则是设法尽快催吐、洗胃，排出肠道内的有毒物质，防止毒物被吸收。症状严重的中毒人员应尽早送往医院治疗。

2. 气体中毒应急处置

气体中毒应急处置步骤如下：

（1）应立即打开门窗通风，将中毒人员抬到有新鲜空气的地方，解开中毒人员的衣领、裤带，放低头部，并使其头向后仰，使呼吸道通畅。

（2）注意保温，防止着凉。

（3）如中毒人员已昏迷，但有呼吸和脉搏，可用手指按压刺激人中、涌泉等穴位，让其苏醒。

（4）如中毒人员神志不清，且无呼吸和脉搏，应立即做人工呼吸和胸外心脏按压，并尽快送医院急救。在送医院途中一定要持续做人工呼吸和胸外心脏按压。

9.3 其他灾害应急处置

9.3.1 自然灾害应急处置

1. 洪水应急处置

（1）逃生。

①在洪水到来之前，可用盆、水桶等容器储备干净的饮用水。准备好医药、火机、手电筒等应急物品，保存好各种能使用的通信设备。

②离开工作区逃生前，应关闭水、电、气等阀门，不便携带的贵重物品做防水捆扎后埋入地下或放在高处，衣被等御寒物品要放至高处保存。

③注意观察，向附近地势较高、交通便利及卫生条件较好的地方转移，如高层建筑的平坦楼顶，地势较高或有牢固楼房的学校、医院等。

④如果洪水来势凶猛，来不及转移，要立即爬上屋顶、楼房、大树、高墙等高处，等待救援。

⑤不了解水情时，不要冒险涉水，尤其是急流，要在安全地带等待救援。

⑥水灾严重时，所处之地已不安全，要尽可能地利用船只、木板、门板、木床等做水上转移。

⑦在山区，如果连降大雨，容易暴发山洪，尽量避免过河，以防止被山洪冲走。

⑧发现高压线铁塔倾倒、电线低垂或折断时，要远离避险，不可触摸或接近，防止触电。

（2）溺水的应急处置。

①救人出水。如溺水者浮于水面，应向水中抛投救生圈、大块木板等抢救器材或者用长杆将溺水者拉上岸；如溺水者已沉入水底，抢救者应迅速潜入水中进行抢救。注意不要从正面接近溺水者，应从侧面或后面接近，托住其腋窝或下颌部，将其救出水面。

②溺水者被抢救上来后，应立即清除其口鼻内的泥沙、杂物，舌头后缩者应将其拉出。倒出胃内污水，抢救者可一腿跪在地上，另一腿屈膝，将溺水者腹部放在抢救者屈膝的腿上，让其头朝下，用手按压溺水者背部，将呼吸道及腹部的水倒出来。对呼吸和心跳停止者，应立即进行人工呼吸和胸外心脏按压。

在抢救溺水者的同时，必须尽快向医院求救。另外，抢救时要注意让溺水者保暖，待其苏醒后，除进一步注意保暖外，应暂时禁食并立即送医院进一步治疗。

2. 地震应急处置

（1）近震与远震的判断。

①当感到前后或左右摇晃，或在高层楼房才有震感时，可判断地震发生在较远的地方。

②当先感到上下颠簸，紧接着又感到左右摇晃难以自立时，可判断地震发生在不远的地方或者人就处在震中区。

（2）避震的基本原则。

①就近躲避，选择室内结实、开间小、有支撑的地方，或室外开阔、安全的地方。

②蹲下或坐下，尽量蜷曲身体，降低身体重心，用湿毛巾捂住口鼻。

（3）地震的应急处置。

①平房避震。若正处在门边，可立即跑到院子中间的空地上；如果来不及跑，应迅速躲进管道多、整体性好、跨度小的厨房、卫生间、储存室等面积较小的房间内。尽量利用身边的物品保护头部，如棉被、枕头等。

②高层楼房避震。迅速躲进管道多、整体性好、跨度小的厨房、卫生间、储存室等面积较小的房间内；蹲下或坐下，脸朝下，用手护住头部或后颈，低头、闭眼，用湿毛巾捂住口鼻，尽量离炉具、煤气管道和极易破碎的物品远一些。

③公共场所避震。听从工作人员的指挥，有秩序地采取避震行动；不要盲目拥向出口；若被人群拥挤，应双手交叉抱住胸部，保护自己；用自己的肩、背部承受拥挤压力；被挤在人群中无法脱身时，要跟随人群向前移动，注意防止摔倒。

④户外避震。就地选择宽阔的地方趴下或蹲下;避开高耸的危险物或悬挂物,如变压器、电线杆、路灯、广告牌和吊车等;远离化工厂、仓库、狭窄的街道、破旧房屋和砖瓦木材堆等场所;远离高大建筑物,如楼房、烟囱、水塔、立交桥以及过街天桥等各种桥梁及隧道。

⑤车间工作时避震。立即启动应急救援预案,采取应急措施;就地在坚固的机器旁躲避;不要躲在高吊的重物下面或货堆旁边。

⑥井下工作时避震。不要慌忙拥向井口往外逃走;应在有支撑的巷道内避震;不要站在井口、井内交叉口、井下通道的拐弯处。

(4) 震后自救。一旦被埋压,应保持勇气和毅力,不能精神崩溃。要注意观察周围环境,寻找通道,设法爬出去。若无法爬出去,不要大声呼喊,要保存体力,尽力寻找水和食物,创造生存条件;当听到外面有人时再呼叫,或敲击出声(如敲击水管),向外界传递求救的信息。

3. 泥石流应急处置

(1) 泥石流判断方法。

①根据当地降雨情况预测。

②正常水流突然断流或洪水突然增大,并夹有较多的杂草、树枝。

③深谷或沟内传来类似火车鸣笛声或闷雷式的声音。

④沟谷深处变得昏暗,并伴有轰鸣声或轻微振动感。

(2) 泥石流的应急处置。

①在沟谷内逗留或活动时,一旦遭遇大雨、暴雨,要迅速转移到安全的高地,不要在低洼的谷底或陡峻的山坡下躲避、停留。

②发现泥石流袭来时,应立即丢弃重物,向与泥石流呈垂直方向的两边山坡上跑,不可往泥石流的下游跑。

③不要停留在坡度大、土层厚的凹处。

④不要上树躲避,因泥石流可以扫除沿途一切障碍。

⑤应避开河(沟)道弯曲的凹岸或地方狭小、高度又低的凸岸。

⑥如果来不及逃跑,则可以蜷缩成一团,用手保护头部。

⑦暴雨停止后,不要急于返回沟内,应等待一段时间。

4. 台风应急处置

我国东南沿海地区盛行台风,台风带来的危害巨大,台风季来临时必须做好以下应急准备:

（1）及时收听台风预警消息，掌握台风的动向，提前加固门窗，摘除室内外悬挂物，准备食物和手电筒等。

（2）检查电路、炉火、煤气等设施是否安全。

（3）若处于低洼地区，应暂时迁至高处。

（4）不贸然外出，以免受伤。

（5）清扫排水管道，将屋外的物品移至安全场所。

（6）不靠近大树、广告牌、电线杆、高压线以及高大建筑物。

（7）在电线杆、房屋倒塌的情况下，应及时切断电源，以防触电或引起火灾。

（8）在户外遇到台风时，采取以下措施：

①应将衣服扣好或用带子扎紧，以减少受风面积，最好穿好雨衣，戴好雨帽或头盔。

②经过狭窄的桥或高处时，最好伏下身爬行。

③行走时，应一步步地慢慢走，顺风时不能跑，要尽可能地抓住栅栏、柱子或其他稳固的固定物行走。

④在建筑物密集的街道行走时，要特别注意落下物或飞来物，以免被砸伤；走到拐弯处，要停下来观察一下再走。

⑤如果在野外没有避难场所，不要躲在桥梁下面，可以躺在附近位置较低的洼地，用手保护头部。

⑥强台风过后，地面会风平浪静一段时间，不久风就会从相反的方向再度横扫过来，如果此时正在户外躲避，就要转移到原来避风地的外侧。

5. 雷电应急处置

（1）室内防雷电措施。

①大型机器设备要可靠接地。

②不要使用带有外天线的收音机。电视机的室外天线要拔掉，并与接地线可靠连接。

③雷雨天气时，要关好门窗，以防侧击雷和球状雷侵入。

④雷雨天气时，不要停留在高楼平台上。

⑤雷暴时，人体最好离开可能有雷电侵入的线路和设备 1.5 m 以上。

⑥把电器的电源切断，并拔掉电源插头。

⑦不要在雷电交加时用喷头冲凉，因为雷电可能会沿着水流袭击沐浴者。

⑧不要打电话，以防止这些线路和设备对人体的二次放电。

⑨不要靠近室内的金属设备，如暖气片、自来水管、下水管；要尽量离开电源线、电话线、广播线。

⑩不要穿潮湿的衣服，不要靠近潮湿的墙壁。

(2) 室外防雷电措施。

①立即寻找避雷场所，可选择装有避雷针、钢架或钢筋混凝土的建筑物等处所，但是不要靠近建筑物的避雷针及其接地引下线。

②若没有合适的避雷场所，可以蹲下，双脚并拢，双手抱膝，尽量降低身体重心，减少人体与地面的接触面积。

③不靠近孤立的高楼、电线杆、烟囱，更不能站在空旷的高地或到大树下躲雨。

④避免使用金属柄的雨伞，也不宜在旷野中打伞。

⑤打雷时，不肩扛铁锄、铁铲等金属工具在野外走。

⑥远离建筑物外露的水管、煤气管等金属物体及电力设备。

⑦如果感觉到头、手等处像有蚂蚁在爬，头发竖起，这表明雷击将要发生，应立即蹲在地上，而且拿掉身上佩戴的金属饰品。

⑧不要手撑地避雷。正确姿势：双手抱膝，胸口紧贴膝盖，尽量低下头，因为头部较之身体其他部位最易遭到雷击。

⑨雷雨天气时，不要进行各种户外运动，如羽毛球、高尔夫球、篮球和足球等。

⑩不在水面和水边停留，更不要在河边洗衣服、钓鱼、游泳和玩耍等。

⑪不快速驾驶摩托车、快骑自行车或在雨中狂奔。

⑫多人一起在野外时，应相互拉开几米距离，不要挤在一起。

⑬身处空旷地带应关闭手机。

⑭高压电线遭雷击落地时，近旁的人要当心地面"跨步电压"的电击，逃离的正确方法是双脚并拢或用一条腿跳着离开危险地带。

(3) 雷击伤员的现场救护。

①受雷击而烧伤或休克的人，应迅速扑灭其身上的火，并实施紧急抢救。

②若伤员已失去知觉，但有呼吸和心跳，则有可能自行恢复，应该让其舒展平卧，并送医院治疗。

③若伤员呼吸和心跳已停止，应迅速对其进行人工呼吸和胸外心脏按压，并及时送往医院治疗。在送往医院的途中不能中止急救。

9.3.2 突然发病应急处置

1. 发烧应急处置

发烧时，首先查看是否还有其他的症状，再进行处理。低烧大多数是感冒引起的，突然高烧大多数是由于细菌和病毒感染症引起的。当伴有呼吸困难、剧烈头痛、呕吐等症状时，要马上接受医生的治疗。

突然发烧时，不要自行服用药物。自行服用退烧药会妨碍医生做出正确的诊断，一定要在医生的指导下服用药物。

发高烧时，有时会头胀、眼花，对于从事制造和运输工作的人来说，是相当危险的事故诱因，要立即停止工作并接受医生的治疗。此外，还要保持安静，随时测量体温、观察其他症状、冷却额头等。

（1）保持安静。用毛毯等裹住身体保温。38℃以上的发烧时，可以冷却额头，但是要注意身体不要受凉。高烧出汗时，可用干毛巾擦拭，更换衣服并及时去医院治疗。

（2）测量体温。通常把体温计放在腋下测量体温。放在口中时，则要将体温计斜着放在舌下，用舌头压住。为了正确地测量体温，不论用哪种类型的体温计，都要比规定的测量时间长 2~3 min。

（3）观察其他症状。除发烧外，还要注意观察是否伴有咳嗽、出疹、痢疾，胸部是否疼痛，是否有剧烈头痛、腹痛以及呕吐等。

（4）冷却额头。冷却额头本身没有退烧作用，如果感觉不舒服时，不要强行冷却。

2. 腹痛应急处置

（1）腹痛。

①可松开衣服以舒服的姿势躺下。为了消除腹部的紧张，可将坐垫或浴巾放在膝盖下，支起膝盖。另外，可采取蜷曲身体等姿势侧卧，以保护腹部。

②腹部绞痛或因疼痛过度而像虾一样蜷曲身体时是重病症，不要吃任何东西，需尽快接受医生的治疗。

（2）拉肚子。

①要暖和、安静地躺着，可以支起膝盖仰面躺着。

②拉肚子容易导致体内水分不足。为防止脱水症，可饮用少许凉开水或茶水补充水分。如果是急性拉肚子，要禁食半天。

③症状好转后可以吃一点果汁和粥，逐渐恢复到通常的饮食状态。暂时不要接触难以消化吸收、刺激性强、脂肪多的食品。

3. 头晕应急处置

（1）脑贫血。血液运行不到脑部，脸色就会变青，出冷汗。当周围有人出现该症状时，可将其头部支撑在周围的物体上，注意不要让头部受压。有人倒下时，应使其头低脚高平躺。为防止气管堵塞，脸部要偏向一侧，腰带和领带要松开。

尽可能地将患者移到空气新鲜的地方。如果患者感觉到冷，可用毛毯或报纸等包裹。一般脑贫血，几分钟后意识就可恢复。意识恢复后，喝温的饮料可使患者镇静。如果意识较长时间未恢复，应立即呼叫救护车，送往医院治疗。

（2）低血压。低血压头晕中具有代表性的是突然站起时发生的头晕现象，即所谓的站起性头晕（站起性低血压）。除此之外，也有因血色素减少而产生的头晕，严重时脚步蹒跚。无论哪种头晕，稍微躺一会儿就可以恢复。常患有站起性低血压的人，应避免疲劳和睡眠不足，生活要有规律，吃些营养平衡的膳食。站起时要慢慢直起身体，切忌突然站起。

4. 呕吐应急处置

呕吐既有因消化器官的疾病、中毒、脑部疾病、代谢异常等引起的，也有因晕车和怀孕而引起的。要冷静地观察呕吐时是否有腹痛、头晕、发烧、痉挛及头痛等症状。由于吃东西引起的恶心是身体自我保护的反应，可见呕吐是生物所具有的防御反应之一，也是告知危险的信号。

呕吐时不要让患者克制，要尽量吐出来。当患者呕吐时，应将一只手按住其胸口，另一只手抚摩其脊背。

吐后让患者漱口，并松开衣服让其侧向躺好。这是为了防止再次呕吐时呕吐物堵塞气管。做好再次呕吐的准备，注意观察呼吸及全身状态，如果发冷，盖好棉被或毛毯。可在胃部附近放上冰袋，稍微缓解症状，但是注意不要冷却过度。患者嗓子干时，可让其在口中含些冰块。仔细观察患者的其他症状，呼吸微弱时必须进行紧急人工呼吸，直到医护人员赶到，可留一部分呕吐物供医生诊断。

9.3.3 公共卫生事件应急处置

1. 狂犬病应急处置

狂犬病是由狂犬病病毒引起的一种人、兽（畜）共患的急性传染病，多见于犬、狼、猫等肉食动物。人多因被病兽咬伤而感染，一旦发病，死亡率几乎100%。

通常，狂犬病的传播途径有：被感染动物的唾液中存在着病毒，人被携带狂犬病病毒的动物咬伤或抓伤；携带狂犬病病毒的动物舔人的皮肤或黏膜破损处。

狂犬病的潜伏期可短至一周或长至几个月甚至几年，临床症状多出现在10~90天。表现为特有的狂躁、恐惧不安、怕风恐水、流涎和咽肌痉挛，直至发生瘫痪而危及生命。

狂犬病前期症状主要是伤口部位发麻、瘙痒、疼痛，顺着神经走向遍布肢体，可能会发生行为改变，主要表现为以下两种类型：

（1）狂躁型。极度兴奋，光线、声音、触摸都能引起痉挛、惊厥。

（2）麻痹型。表现为偏瘫或全瘫，不能说话，昏迷衰竭。

为防止狂犬病的发生，可采取以下应急处置措施：

(1) 人被动物咬伤后，应立即到防疫部门就医。

(2) 及时用大量的肥皂水和清水清洗伤口。

(3) 24小时内注射人用狂犬疫苗，即使打过防疫针，被咬人也要及时注射狂犬疫苗。

(4) 按照医生要求按时接种5次狂犬疫苗。

(5) 医生根据咬伤程度，注射抗狂犬病血清或人用狂犬病免疫球蛋白。

(6) 需要时对伤口进行破伤风预防和抗菌治疗。

(7) 除非在不得已的情况下，建议不要缝合或敞开伤口。

2. 流行性感冒应急处置

流行性感冒是由流感病毒引起的一种突然发生、蔓延迅速、感染众多、流行过程短的急性呼吸道传染病。

流行性感冒传播途径主要有：随咳嗽、喷嚏及说话产生的飞沫传播；通过病毒污染的茶具、食具、毛巾等间接传播；病毒传播的速度和广度与人口密度有直接关系。

流行性感冒的主要症状有：

(1) 具有普通感冒的症状。

(2) 有明显的怕冷、发热甚至高烧、剧烈咳嗽、头痛和全身肌肉酸痛等病症。

(3) 极易引起支气管炎、肺炎、心肌炎和中枢神经系统并发症等疾病。

(4) 孕妇发生流感还可能导致胎儿死亡。

流行性感冒的应急处置措施如下：

(1) 早发现，早诊断，早隔离，早治疗。

(2) 流感患者外出应戴口罩。

(3) 要多喝水，按时服药，脱水者要适当补液。

(4) 在流感流行期间，尽量减少参加集会活动。

(5) 搞好室内外卫生，常开窗户通风换气。

(6) 加强体育锻炼，增强体质，注意劳逸结合。

9.4 生产经营单位应急处置程序与岗位处置卡

1. 生产经营单位应急处置程序

生产经营单位应急处置程序和现场处置方案应实行牌板化管理。国务院安委会办公室关于《进一步加强安全生产应急救援体系建设的实施意见》（安委办〔2010〕25号）

中要求切实做到安全生产应急预案全覆盖。生产经营单位都要有应急预案，并做到所有重大危险源和重点工作岗位都有专项应急预案或现场处置方案。

预案中要明确规定在遇到险情时，企业生产现场带班人员、班组长和调度人员具有第一时间下达停产撤人命令的直接决策权和指挥权。

生产经营单位应急处置流程如图 9-1 所示。

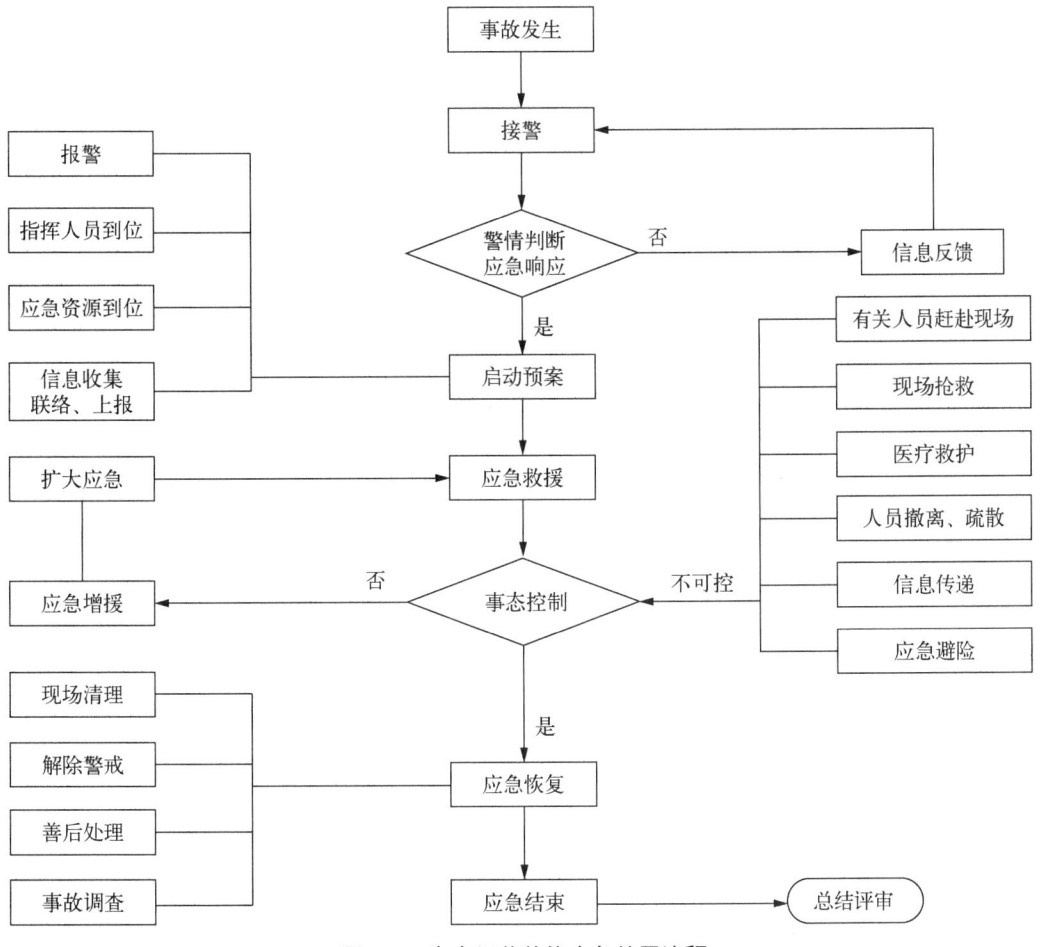

图 9-1 生产经营单位应急处置流程

2. 生产经营单位应急处置卡

根据《生产安全事故应急预案管理办法》（安监总局 88 号令）第十九条的规定，生产经营单位应该编制"简明、实用、有效"的应急处置卡。根据"应急处置卡应当规定重点岗位、人员的应急处置程序和措施，以及相关联络人员和联系方式，便于从业人员携带"的要求，编制应急处置卡的人员应当是指从事现场应急处置的"重点岗位"和"重点人员"，并且从"便于从业人员携带"来看，主要应该是指在第一时间、第一现场进行应急处置的"重点岗位作业人员"。

所以,编制应急处置卡的基本要求是"重点岗位作业人员",应急处置卡的全称也应为"现场重点岗位作业人员应急处置卡",工作中可简称为"重点岗位应急处置卡"。下面介绍几种常用的应急处置卡。

(1) 抢险救援负责人应急处置卡(表9-2)。

表9-2 抢险救援负责人应急处置卡

序号	处置措施
1	接到应急指挥部通知后,第一时间到达现场,接受指挥
2	第一时间通知抢险救灾组成员和企业应急队伍到达现场,做好应急准备
3	会同技术指导组协助总指挥制定事故抢险方案
4	在总指挥的指挥下,组织抢险救灾组成员和企业应急队伍按照应急预案疏散事故现场人员,进行事故抢险救援
5	当判断企业层面无法进行救援时,向总指挥提议请求外界支援,并组织人员采取防止事故损失扩大的冷却、隔离、转移重要物资等处置工作
6	当外界支援力量到达后,组织人员协助其开展事故救援,并做好后勤保障工作
7	事故救援工作结束后,负责事故现场及有害物质扩散区域内的洗消工作并保护现场,配合开展善后处理和事故调查工作

(2) 火灾事故应急处置流程卡(表9-3)。

表9-3 火灾事故应急处置流程卡

序号	处置措施
1	火情发现者立即停止作业,第一时间向上级报告事故信息
2	若火势较小,直接用灭火器对着火点进行灭火,附近其他人员进行支援,同时对其他未着火的地方进行防护,防止火势扩大
3	电气火灾必须切断电源后才能灭火,如果不能确认是否切断电源,严禁使用水灭火
4	若火势扩大,切断总电源。企业应急指挥部门对火灾、爆炸现场进行警戒,同时疏散人员及企业周边居民。如有人员伤亡,救出伤员进行现场急救,并及时将伤员转送医院
5	抢险人员要穿戴好必要的应急装备(呼吸器、防护服、灭火器材),防止自身受到伤害
6	做好现场保护,等待调查处理

(3) 机械伤害事故应急处置流程卡(表9-4)。

表9-4 机械伤害事故应急处置流程卡

序号	处置措施
1	事故发现者第一时间关闭机械并进行断电,报告事故信息
2	附近人员对受伤人员实施抢救。抢救过程参照人身伤害事故专项应急预案和简易处置流程,并及时将伤员转送医院

续表

序号	处置措施
3	抢险人员要穿戴好必要的保护装备（工作服、工作帽、手套、工作鞋和安全绳等），以防自身受到伤害
4	抢险过程中，抢险人员应保持通信联络畅通并确定好联络信号，在抢险人员撤离前，监护人员不得离开监护岗位
5	做好现场保护，等待调查处理

(4) 常见伤害事故应急处置流程卡（表9-5）。

表9-5 常见伤害事故应急处置流程卡

事故	处置措施
轻微损伤	立即用消毒剂清洗伤口周围，但要小心勿触及伤口
	如无消毒药水，可以用清水洗涤伤口，并用消毒纱布遮盖伤口
	提醒伤者，若伤口发生红肿或刺痛时，立即就医
眼睛受伤	化学物品（二甲基甲酰胺、甲苯等不与水发生剧烈反应的化学物品）入眼，立即用大量清水冲洗眼睛；
	冲洗时须将眼睛张开，使水能流过眼球，最少应冲洗 10 min；
	外物入眼或眼睛被碰伤，用纱布将眼睛轻轻遮盖，立即就医
流血	若伤口没有异物，用消毒纱布包扎伤口，并用手紧压；
	若伤口有异物，包扎前放上敷垫来遮盖伤口包扎；
	立刻拨打救护车电话或立即就近送医
骨折	稳定支持受伤部位，不要轻易移动伤者；
	用木棍和绳索进行固定，用护垫保护伤者；
	拨打救护车电话或立即就近送医
休克	伤者平躺，将伤者头部靠低，尽量垫高足踝松开伤者的衣领和腰带；
	切勿随便移动伤者；
	立刻拨打 120 电话或立即就近送医
陷入昏迷	评估伤者反应，轻摇伤者肩膀，大声、清楚地向伤者发问，观察其反应程度；
	发现伤者无反应，清除伤者鼻咽部位分泌物或异物，保持呼吸畅通；
	检查伤者，如出血要马上止血；
	使伤者侧卧位躺下，拨打 120 电话或立即就近送医
烧伤	轻微伤，在伤处浇水 10 min，然后用消毒纱布遮盖伤处；
	严重烧伤，拨打 120 电话或立即就近送医

(5) 电工岗位应急处置卡（表9-6）。

表9-6 电工岗位应急处置卡

事故	处置措施
触电	接触配电设备时，首先用验电器测试设备表面是否带电，防止触电。若发生触电，立即切断电源或使人体脱离带电体，进行现场急救； 同时向上级汇报，送伤者就医
电灼伤	停止操作，远离带电体，断开电源，同时向上级汇报，送伤者就医
电气火灾	检查配电设备时，如果各种电器元件接触部位有氧化腐蚀现象，立即断电检查，以防烧损设备或导致电气火灾。发生电气火灾后，首先设法及时切断电源，然后进行扑救。如果不能及时切断电源，可用二氧化碳、干粉灭火器灭火，同时向上级汇报，拨打火警电话119

(6) 驾驶人岗位应急处置卡（表9-7）。

表9-7 驾驶人岗位应急处置卡

事故	处置措施
风险提示	复杂路面的物体、行人以及其他交通工具导致的交通事故； 雨、雪、雾等特殊天气导致的交通事故
	行车过程中，由于车辆部件老化、异常导致的机械事故
	修车时由于操作不当而发生的设备伤人事故
	车辆尾气的污染以及各种油品的跑冒滴漏，造成的环境污染
应急处置	复杂天气、路面情况下发生事故，应保护现场，拨打122报警，同时向上级汇报
	如制动失灵，观察车辆周围情况，利用手刹、发动机转速控制车辆速度，减速停车
	车辆有机械故障，应紧急制动，靠边停稳后，下车处理

(7) 罐区焊工岗位应急处置卡（表9-8）。

表9-8 罐区焊工岗位应急处置卡

事故	处置措施
火灾爆炸	发生着火爆炸后，首先紧急撤离，同时向上级汇报。启动应急预案，在安全的条件下采取灭火措施，转移易燃易爆品到安全地点，防止二次爆炸发生
触电或电灼伤	立即切断电源或使人体脱离危险源，同时向上级汇报，进行现场急救，送医院继续救治
烫伤	应立即用大量清洁的冷水冲洗，同时向上级汇报，送医院继续救治
高处坠落	头部先着地，有呕吐、昏迷症状，可能颅脑损伤，立即送医院抢救； 伤者耳、鼻出血，严禁用手帕、棉花、纱布去堵塞； 伤者腰背部先着地，可能脊柱骨折，下肢截瘫，不要随意翻动； 顺伤员躯干轴线，滚身移至硬担架或木板床上，取平卧位，运输过程中注意减少颠簸； 发现伤者，立即拨打急救电话，同时向上级汇报
机械伤害	立即停止操作，脱离危险源，采取止血、包扎等现场急救措施，同时向上级汇报。拨打急救电话送医院治
窒息中毒	发现人员窒息、中毒，立即转移到通风良好和有新鲜空气的地方，解开领扣裤带、注意保暖，采取肺复苏等急救措施，立即拨打急救电话，同时向上级汇报

(8) 电梯管理岗位应急处置卡（表 9-9）。

表 9-9 电梯管理岗位应急处置卡

事故	处置措施
触电	迅速切断电源，或者用绝缘物体挑开电线或带电物体，使伤者尽快脱离电源，将伤者移至安全地带； 若触电者失去知觉，应使其平卧，解开衣服，以利于呼吸；若触电者呼吸、脉搏停止，必须实施人工呼吸或胸外心脏按压法抢救； 向上级报告，并拨打急救电话，送医院救治
高处坠落	迅速将伤者移至安全场地； 若伤者发生窒息，立即解开衣领，清除口鼻内的异物；若伤者出血，包扎伤口，有效止血；若伤者骨折，立即固定； 向上级报告，并拨打急救电话，送医院救治
机械伤害	停电，使电梯停止运转； 采取正确方法使伤者受伤部位与机械脱离； 向上级报告，并拨打急救电话，送医院救治
碰伤扭伤	立即停止工作； 轻微流血时，进行止血包扎； 伤情严重，拨打急救电话，送医院救治。
电梯困人	拨打电梯报警电话，通知救援人员并安抚乘客； 救援人员到达现场，断电并确认电梯轿厢位置； 如电梯停留在平层位置可直接用专用钥匙开启电梯门将乘客救出； 如果电梯不在平层位置，应严格遵循盘车规范进行放人； 两名救援人员进入机房，利用盘轮及松闸扳手将电梯轿厢盘放至平层区域； 救援人员用专用钥匙开启电梯门将乘客救出
电梯故障	电梯失速坠落时，两腿应微微弯曲，上身向前倾斜，应对可能受到的冲击； 保持镇静，用电梯内的警铃、对讲机或电话与救援人员联系，等待外部救援； 电梯停运时，不要轻易扒门爬出，以防电梯突然开动； 乘梯途中若发生火灾，将电梯在就近楼层停梯，并迅速利用楼梯逃生

思 考 题

1. 简述应急处置的定义和应急处置的原则。
2. 应急处置包括哪些种类并举例说明？
3. 应急处置的功能是什么？简要说明各功能的主要内容。
4. 发生火灾事故时应急处置的方法是什么？
5. 发生危险化学品泄漏事故时应采取哪些救援措施？

第 10 章 应急保障

应急保障是应急管理体系运转的物资保证条件,它为实现系统资源的合理布局和动态调配进行资源配置、储备及维护等方面的工作,以提高资源的综合利用和使用效能,同时提供资源状态信息,以保障整个系统的正常运行。随着日益频繁的突发事件的发生,各个国家都把应急保障作为突发事件应急管理的重要内容。

应急保障资源是指政府、团体、单位等为有效开展应急活动,保障应急管理体系正常运行所需要的人力、物力、财力、设施、信息、技术等各类资源的总和。《国家突发公共事件总体应急预案》要求"各有关部门要按照职责分工和相关预案做好突发公共事件的应对工作,同时根据总体预案切实做好应对突发公共事件的人力、物力、财力、交通运输、医疗卫生及通信保障等工作,保证应急救援工作的需要和灾区群众的基本生活,以及恢复重建工作的顺利进行"。同时要求"建立健全应急物资监测网络、预警体系和应急物资生产、储备、调拨及紧急配送体系,完善应急工作程序,确保应急所需物资和生活用品的及时供应,并加强对物资储备的监督管理,及时予以补充和更新"。

10.1 应急保障资源的种类及应急物资

10.1.1 应急保障资源的种类

应急保障是一个非常复杂、相互联系的系统。从总体上来看,有人、财、物方面;从涉及部门来看,有财政、公安、交通、物资、食品、农林牧渔、卫生防疫、城建、水利、电力、通信、媒体、科技、信息,以及军队、武警等部门;从突发事件过程看,有测、报、防、抗、救、援、建等诸环节;从保障行为来看,有人员抢救、工程抢险、医疗救护、卫生防疫、交通运输、通信信息、电力、自来水、食品、物资供应、灾民安置、基础设施抢修、灾后重建等工作。

应急保障资源一般包括个体防护类、救生类、车辆类、破拆类、侦检类、堵漏类、警戒类、防污输送类、通信类和其他类。

1. 个体防护类

主要是指为避免、减少人员伤亡以及次生危害的发生，用于事故发生时的防护装备。主要包括以下几种：

（1）身体防护：用于抢险救援时的身体防护装备，如抢险救援服、避火服、气密型化学防护服、非气密型半封闭化学防护服、液密型化学防护服、颗粒物防护服、防酸服、防碱服、防油服、阻燃防护服等。

（2）头部防护：用于抢险救援时的头部防护装备，如消防头盔、抢险救援头盔、安全帽等。

（3）眼部防护：用于现场救援的眼部防护装备，如防护眼镜、护目镜（眼罩）、防烟尘护目镜、防化防雾护目镜、防水护目镜等。

（4）呼吸防护：用于现场救援的呼吸类防护装备，如正压式空气呼吸器、氧气呼吸器、防毒面罩等。

①过滤式：包括防尘口罩、自吸过滤式防毒面具（半面罩）、自吸过滤式防毒面具（全面罩）、氧气呼吸器等。

②隔绝式：包括送风过滤式呼吸器、空气呼吸器、生氧呼吸器等。

③配件：包括过滤件、滤毒罐、移动供气源等。

（5）听力防护装备：包括耳塞、耳罩等。

（6）手部防护装备：包括防化学品手套、防酸碱手套、绝缘手套。

（7）足部防护装备：包括防（耐）酸碱鞋（靴）、耐化学品的工业用橡胶靴、防热阻燃鞋（靴）等。

（8）其他防护装备：指其他类型的防护装备。

2. 救生类

主要指用于事故救援的救生类装备，包括搜索、营救两大类。

（1）智能化搜索装备：是指以计算机网络技术为支撑，以各种数字化仪器设施为平台的用于探索生命存在的各种装备，主要负责对灾害（灾难）事故现场的受灾群体或幸存者存在的生命信息源实施探索与搜寻。

①声波探测仪：是一种利用声音的振动来搜索幸存者的仪器，它具有灵敏度极高的特点。废墟中的幸存者只要发出微弱的声音，声波探测仪就可以找到他们。

②光学声波探测仪：是利用反射光线来对幸存者进行生命探测的一种仪器，被称为"蛇眼"。该仪器的前面有细小的类似于摄像机的360°旋转探头，地面上的救援人员通过观察器可以看清探头拍摄的地方有无幸存者。

③红外线探测仪：利用红外线的原理，通过幸存者身体散发的热能来探测位置。红外线探测仪不仅可以满足国际上通用的"黄金24小时"灾害（灾难）救援的时限规定，而且可以在黑暗中充分利用人的体温与环境温度的差别，探测灾害现场有无生命信息源的存在。

④搜索犬：搜索犬具有高度发达的神经系统，有灵敏的嗅觉、超强的听觉和敏锐的视觉等，能在非常复杂的环境中进行声音辨别，而且视觉发达，具有微弱光线下视物的能力。

搜索犬是传统的搜索工具之一。虽然搜索犬的使用范围有限，但利用搜索犬完成灾害救援现场的搜索工作是一种很有效的方法。

(2) 机械化营救装备：能减轻救援人员的体力劳动强度，提高营救工作效能。

①内燃类营救装备：是一种由内燃发动机驱动的机械化救援装备。内燃类营救装备品种繁多、功能齐全、用途广泛，工具结构轻巧，比手工工具效率高，无须外界电力，尤其适合野外救援工作。

②电动类营救装备：包括电动凿岩机、电动链锯、电动剪切钳等多种。该种类的营救装备适合在狭小空间开展作业，拥有操作简便、没有污染、产生的噪声相对较小等特点。该种类的营救装备在地震灾害现场开阔的区域进行工作时效率比较高，并且相对于内燃破碎机来说，体积小，重量轻，比较适合在狭小的空间作业。

③液压类营救装备：包括液压顶杆、液压千斤顶、液压剪切钳、液压扩张钳等。因为液压类营救装备稳定性较好，能以较小的体积获得较大的输出力，所以在地震灾害现场搜救行动中使用得比较广泛。

④气动类营救装备：由高压气体提供动力，通过气瓶、减压装置、控制器、导管与装备相连接，可对倒塌建筑物狭小空间进行顶升、支护、扩张等作业。救援工作中使用的高压起重气垫、气球，低压起重气袋以及气动顶杆等均属气动类营救装备。

3. 车辆类

主要指生产经营单位内部用于应急救援的相关车辆的种类和数量，包括指挥车、消防车、保障车和其他车辆。

(1) 指挥车：用于事故发生后救援指挥的车辆，包括救护指挥车、移动指挥车、通信指挥车等。

(2) 消防车：作为应急救援的主要装备，消防车的种类也日渐齐全，其分类方法有很多，但最常用的分类方法主要是依据《城市消防站建设标准》，按照功能用途划分为灭火消防车、举高消防车、专勤消防车、战勤保障消防车，共4大类、约30种。

此外，也有部分标准将机场消防车作为第5大类，还有部分标准将消防摩托、消防舟艇等装备视为消防车辆装备。正在修订的消防车标准还将消防车按结构特征又分为罐类消防车、举高类消防车、特种类消防车3大类。

①灭火消防车：是指在灭火救援现场主要用于各类火灾扑救的消防车，按照用途功能分类不同，可以分为水罐消防车、泡沫消防车、压缩空气泡沫消防车、泡沫干粉联用消防车和干粉消防车。

水罐消防车可将水和消防人员输送至火场独立扑救火灾，也可以从水源吸水直接进行扑救，或向其他消防车和灭火喷射装置供水；在缺水地区也可作供水、输水用车，适合扑救一般性火灾，是一种常备的消防车辆。

泡沫消防车是在水罐消防车的结构基础上，增加了泡沫液罐以及配套泡沫混合、泡沫产生系统，可喷射泡沫，扑救易燃、可燃液体火灾的消防车辆，是目前的主战类消防车，其分类方式与水罐消防车相同。

压缩空气泡沫消防车是指装置了压缩空气泡沫系统（CAFS系统，也就是空气压缩机），与水罐消防车和普通的B类泡沫消防车相比，具有灭火效率高、用水少、环保、可高层和远距离输送等优点。

泡沫干粉联用消防车的车载装备和灭火剂是普通泡沫消防车和干粉消防车的组合。它既可以同时喷射泡沫灭火剂和干粉灭火剂，又可以单独使用其中任何一种灭火剂，适用于扑救可燃气体（单独使用干粉）、遇水反应的特殊物质（单独使用干粉）、易燃液体、有机溶剂和电气设备（单独使用干粉）以及一般物质火灾。由于适用范围广，因此配备数量比单纯的干粉消防车要多。

干粉消防车主要装备干粉灭火剂罐、干粉喷射装置和消防器材等，主要使用干粉扑救可燃和易燃液体火灾、可燃气体火灾、遇水反应的特殊物质、带电设备火灾和一般物质火灾。对于大型化工厂管道火灾，扑救效果尤为显著，是石油化工企业常备的消防车。

②举高消防车：是指装备有支撑系统、回转盘、举高臂架和灭火装置，在灭火救援现场可进行登高灭火和救援的消防车，按照用途功能不同，可以分为云梯消防车、登高平台消防车和举高喷射消防车。

云梯消防车指装备伸缩式云梯（可带有升降斗）、转台及灭火装置的举高消防车（也是我们通常说的直臂云梯消防车），适用于楼层建筑火灾扑救和营救被困人员，或高空救援、水域横跨救援及社会救助。此类消防车具有救援效率高的特点。

登高平台消防车指装备折叠式或折叠与伸缩组合式臂架、载人平台、转台及灭火装置的举高消防车。车上设有工作平台和消防水炮（水枪接口），供消防员进行登高灭火和救援使用，其功能基本与云梯消防车相同，不同的是其操作灵活，对环境的适应能力强，可以绕过部分障碍进行操作，其缺点是只能通过工作平台（一般只能乘坐1~4人）营救被困人员、反复升降伸缩臂架运送被困人员，救援效率低。

举高喷射消防车指装备折叠式或折叠与伸缩组合式臂架、转台及灭火装置的举高消防车。消防人员可在地面遥控操作臂架及顶端的灭火喷射装置，从而实现在空中最佳的灭火角度进行喷射，适用于石油化工类火灾和高层建筑外墙火灾以及需要从外部进攻的建筑火灾。

③专勤消防车：是指担负除灭火和保障之外的某专项消防技术作业的消防车。按照用途功能不同，可以分为抢险救援消防车、照明消防车、排烟消防车、化学事故抢险救援消防车、防化洗消消防车、核生化侦检消防车和通信指挥消防车。

抢险救援消防车主要是为火灾和各种事故现场提供抢险救援器材和物资的特种消防车，此类消防车一般具有起吊、牵引、发电、照明等功能，并能够装载大量先进的抢险救援工具和器材。

照明消防车指主要用于灭火救援现场照明的特种消防车。

排烟消防车指以排烟、通风为主要目的的特种消防车。

化学事故抢险救援消防车指在化学危险品泄漏事故现场用于堵漏抢险和为人员、装备和场地洗消的消防车。

防化洗消消防车指在化学危险品泄漏事故现场用于人员和装备洗消的消防车。

核生化侦检消防车也称 NBC 侦检消防车，指在核生化事故现场检查核放射源种类、强度以及生物或化学等军事毒剂的种类、浓度的特种消防车。

通信指挥消防车指在灭火救援现场用于通信网络搭建、数据传输、图像播放、运行各类灭火救援辅助指挥系统和提供指挥员会商研判场地的特种消防车。

④战勤保障消防车：是指用于保障灭火救援工作顺利、持续开展的消防车，按照用途功能不同，可以分为供气消防车、器材消防车、供液消防车、供水消防车、自装式消防车（含器材保障、生活保障、供气、供液等集装箱）、装备抢修车、饮食保障车、加油车、运兵车、宿营车、卫勤保障车、发电车、淋浴车和工程机械车辆（挖掘机、铲车等）。

供气消防车指在灭火救援现场为空气呼吸器气瓶及气动工具供气的保障类消防车。

器材消防车指在灭火救援现场提供器材装备保障的消防车。车内配备大量器材装备，它与抢险救援消防车最大的区别在于车内装载容量较大，抢险救援消防车的器材摆放优先考虑快速展开、方便取放，且车载部分起吊、牵引、照明灯抢险功能；而器材消防车优先考虑装载器材的数量和种类，用于长时间作战保障，有些车辆以消耗类常规器材为主，有些车辆还会携带各类特种器材，相当于一个移动的器材库。

供液消防车指在大型石油化工火灾现场传送各类泡沫灭火剂的消防车。

供水消防车指在灭火救援现场为前方主战车（包含水罐主战车、泡沫主战车和举高类主战车等）供水的水罐消防车。

自装卸式消防车指采用一个车辆底盘和多个自装卸式集装箱（包含器材保障、生活保障、供气、供液等集装箱模块），从而提高车辆底盘的使用率和减少消防站车库面积的消防车。

装备抢修车指灭火救援现场担负消防车辆和器材装备应急抢险的保障类消防车。一般情况下，可以自带供电、供气、焊接设备，配备各类抢修器材、工具和常见零部件。可用于现场、野外的抢修，也可用于车辆季节性保养、维修等。

饮食保障车指灭火救援现场担负餐饮保障的消防车。一般情况下，配备各类炊具、炉灶和简易的座椅。

加油车指在灭火救援现场担负油料运输、装卸加载的保障类消防车。一般容罐设有隔层，可同时装载不同型号的汽油和柴油。

运兵车指向灭火救援现场运输作战人员的车辆，一般分为平板车、中巴车和大客车等。

宿营车指在灭火救援时间较长的现场，可借助车体搭建营房（帐篷），安置简易床垫，用于作战人员住宿休息的车辆。

卫勤保障车指在灭火救援现场提供卫生医疗保障的车辆（消防队通常配备的救护车）。

发电车指为灭火救援现场提供电力保障的车辆，一般具有发电功率大（一般可达到500千瓦，供800户常规用电）、工作时间长等特点（一般还可保障各类建筑的供电）。部分车辆还会随车配备可移动的发电机组和照明灯组。

淋浴车指在大型地质灾害、自然灾害、洪涝灾害事故现场，为长时间作战人员提供洗浴场所的保障车辆。一般采取集装箱式，带有自加热功能，不同于洗消车的公众洗消帐篷，不带污水处理、收集功能。

工程机械车辆指在灭火救援现场用于清理障碍的工程机械车辆，主要包括挖掘机、铲车、吊车和针对消防破拆改装的强臂破拆车等。

（3）保障车：主要指用于生产经营单位应急救援后勤保障的车辆，如后援保障车、办公宿营车等。

（4）其他车辆：指其他用于生产经营单位应急救援的相关车辆。

4. 破拆类

主要是指用于事故现场工程抢险的破拆工具，按动力源不同，可分为手动破拆工具、电动破拆工具、机动破拆工具、液压破拆工具、气动破拆工具、弹能破拆工具、其他破拆工具。

（1）**手动破拆工具**：包括撬斧、撞门器、消防腰斧、镐、锹、刀、斧等。主要以操作者自身的力量来完成救援工作。优点：不需要任何能源，适合迫切性小的事故救援；缺点：力量小，效率低。

（2）电动破拆工具：包括电锯、电钻、电焊机等。以电能转换为机械能，实现切割、打孔、清障的目的。优点：工作效率快；缺点：灾难事故停电或野外作业时无电源可取。

（3）机动破拆工具：包括机动锯、机动镐、铲车、挖掘机等。主要以燃料为动力转换机械能实施破拆清障。优点：工作效率高，不受电源影响。缺点：设备大，不便于携带。

（4）液压破拆工具：包括液压剪钳、液压扩张器、液压顶杆等。主要以高压能量转换为机械能进行破拆、升举。优点：能量大，工作效率高。缺点：设备笨重，质量不稳定。

（5）气动破拆工具：包括气动切割刀、气动镐、气垫等。靠高压空气转换机械能工作。优点：设备小。缺点：功能单一。

（6）弹能破拆工具：包括毁锁枪、双动力撞门器、子弹钳等。以弹药爆炸所产生的高压气体为动力源。优点：设备小，效率高，能量大。缺点：功能单一。

（7）其他破拆工具：包括气割、无火花工具等。以其他动力源工作，适合特殊的救援场所。

5. 侦检类

主要是指生产经营单位储备的用于事故现场快速准确地进行检测的相关装备，如可燃气体检测仪、有毒气体检测仪、热成像仪、手持激光测距仪、音频生命探测仪等。

（1）可燃气体检测仪：主要用于灾害事故现场对可燃气体泄漏浓度进行检测。注意事项：

①仅适用于仪器在空气与可燃气体和蒸汽混合的条件下使用。

②轻拿轻放，避免潮湿，保持清洁，做好个人防护。

（2）有毒气体检测仪：可用于对氧气、一氧化碳、二氧化碳、硫化氢4种气体的快速检测。注意事项：轻拿轻放，避免潮湿，及时充电，保持清洁。

（3）热成像仪：主要用于在黑暗、浓烟条件下测火源及火势蔓延方向，寻找被困人员，监测异常高温及余火。注意事项：

①在开机自检时不能对着阳光照射，防止损坏主机。

②轻拿轻放，避免潮湿，及时充电，保持清洁。

（4）手持激光测距仪：主要用于日光或反光不好的情况下的距离检测。注意事项：不能对有折射的物体进行测量。

（5）手持测温仪：用于监测火灾温度，同时可监测各种机械发热温度。注意事项：轻拿轻放，避免潮湿，及时更换电池，保持清洁。

(6) 漏电检测棒：用于灾害事故现场对可疑漏电源进行检测。注意事项：轻拿轻放，避免潮湿，及时更换电池，保持清洁。

(7) 音频生命探测仪：主要用于在地震救援时搜寻有生命迹象的被困人员。注意事项：器材非防爆防水，轻拿轻放；操作时严禁人员在旁边大声呼喊。

(8) 有毒气体检测仪：主要用于甲烷、一氧化碳、氧气、硫化氢等多种现场检测。注意事项：轻拿轻放，避免潮湿，及时充电，保持清洁。

(9) 热像仪：主要用于在黑暗、浓烟条件下观测火源及火势蔓延方向，寻找被困人员，监测异常高温及余火，观测消防人员进入现场的情况。注意事项：轻拿轻放，避免潮湿，及时充电，保持清洁。

(10) 电子酸碱探测仪：主要用于灾害事故处置，对酸碱水质进行检测。注意事项：严禁水下使用，避免高温环境，使用过程中不能撞击。

(11) 测风仪：用于对风向、风速及温度进行检测。注意事项：轻拿轻放，避免潮湿，保持清洁。

(12) 便携式可燃气体检测仪：用于灾害事故现场对可燃气体泄漏浓度进行检测。注意事项：

①严禁高浓度可燃气体冲击报警仪（如打火机）；

②报警仪出现欠电显示时，应及时对仪器进行充电；

③报警仪在缺氧条件下不能正常使用。

(13) "蛇眼"探测仪：用于在狭小空间用探头搜寻被困人员。注意事项：器材非防爆防水。轻拿轻放。

(14) 雷达生命探测仪：用于地震灾害事故现场对埋压的生命进行探测。注意事项：

①内部容量为1GB的储存卡可以在传感器上储存超过50小时的数据。

②轻拿轻放。

6. 堵漏类

主要指用于事故现场工程抢险的堵漏装备，包括各类管道密封堵漏气筒、注入式堵漏工具、磁压堵漏、木楔堵漏工具、堵漏气垫、下堵器等。

(1) 管道密封堵漏气筒：主要用于对管道裂缝泄漏的封堵。注意事项：

①操作人员必须佩戴好个人防护装备。

②在使用过程中要对器材轻拿轻放，避免破损。

(2) 注入式堵漏工具：专用于工业管道高温高压堵漏的工具。注意事项：在使用橡胶棒时表面应涂少许润滑油，以保持枪筒润滑。

(3) 磁压堵漏：主要用于管道裂缝泄露时的封堵。注意事项：

①操作人员必须佩戴好个人防护装备。

②在使用过程中要对器材轻拿轻放,避免破损。

(4) 木楔堵漏工具:主要用于对压力较小的泄漏进行封堵。注意事项:

①操作人员必须佩戴好个人防护装备。

②木楔要按照泄漏点大小选用。

(5) 下水道堵漏桶:用于事故现场对水道进行堵漏。注意事项:严禁与尖锐物体接触。

(6) 堵漏气垫:主要用于对管道、罐体的裂缝泄漏的封堵。注意事项:

①操作人员必须佩戴好个人防护装备。

②使用前应检查器材是否完好。

③用完后要对器材进行擦拭及保养。

7. 警戒类

指生产经营单位储备的用于事故现场的警戒类装备,包括闪光警示灯、警戒标志杆、隔离警示带、危险警示牌、闪光警示灯、出入口标志牌等。

(1) 闪光警示灯:主要用于事故现场的警示。注意事项:轻拿轻放,避免潮湿,及时更换电池,保持清洁。

(2) 危险警示牌:主要用于特定的灾害现场的警戒,分为有毒、爆炸警示牌,为等边三角形,底座和支架均采用金属镀锌材料制成。

8. 防污输送类

指生产经营单位储备的用于防污输送的设备,包括输转泵、排污泵、密封桶、吸附垫、围油栏等。

(1) 输转泵:用于容器到容器的液体输送,如易燃易爆碳氢化合物等所有强腐蚀性液体和危险化学品。常见的用于应急救援的液体有:水处理类,如酸、碱、次氯酸钠、漂白剂;医药类,如甘油、酒精、乳化液。

(2) 排污泵:其用途广泛,在应急救援中主要用于:地铁、地下室、人防系统排水站,企业单位废水排放;医院、宾馆、高层建筑污水排放;勘探矿山及水处理设备配套。

9. 通信类

是指在灾害(灾难)救援过程中综合使用的各种通信装备和器材,包括以下设备与系统:

(1) 便于抢险救灾指挥员、指挥机构迅速掌握灾情、分析研究、决策指挥的图像及数据信息系统；

（2）参与应急救援的部门所联通的视频通信控制系统；

（3）以计算机网络技术为支撑，集抢险救灾指挥、通信、信息、安全、保卫功能于一体的多媒体通信控制系统；

（4）集自动报警、自动设备切换、联动控制、灾害（灾难）探测、智能编码，自动排障功能为一体的动态预警系统；

（5）生产经营单位储备的用于应急救援工作的通信装备，一般分为有线和无线两类，包括无线传真机、便携式笔记本电脑、对讲机等。

10. 其他类

指生产经营单位除上述装备外的其他装备，包括发电机、通风机和照明器具等。

10.1.2 应急物资

应急物资指用于应急救援工作的各种物资。

1. 应急物资的种类

应急物资根据当前的实际情况，主要分为以下8类：

（1）工程抢险物资：具体包括电线、电缆、水泥、燃料油、防雨布、木材、钢材、绳索、铁丝、卷尺、标杆等。

（2）消防灭火抢险物资：包括各类灭火剂、消防沙、照明材料、燃料油、电瓶、干电池、消防水龙带等。

（3）危险化学品处置物资：包括化学中和剂、洗消剂等，根据不同的危险化学品进行相应的配备。

（4）通信与信息物资：包括通信电缆、线杆、防水胶带、移动通信工具充电器等通信物资；网线、网卡、移动硬盘、移动闪盘、笔记本电池等计算机网络器材。

（5）照明物资：包括干电池、充电器、灯泡、高架杆、手电筒、头灯等。

（6）防洪抢险物资：包括编织带、沙石料、绳索等。

（7）生活物资：包括各类帐篷、雨具、蚊帐、被褥、食品、饮用水等，这些生活物资因地因时而异。

①食品和水：生产经营单位内部储备的用于事故应急状态下的食品、水的种类和数量，以备事故发生后初期的需要，如饼干、罐头、压缩食品等；

②衣物类：生产经营单位内部储备的用于事故应急状态下的被子、毛毯、棉衣等的种类和数量。

(8) 医疗卫生物资：用于事故应急救援过程的医疗救助类物资，主要包括医疗急救药品、卫生消毒杀菌药品、医疗急救箱等。

2. 应急物资的选择与储备

应急物资的选择与储备应遵循以下 5 项原则：

(1) 种类要全。要充分考虑事故发生的各种情形，可能用到的各种物资，需要用的都要事先储备，不能临时抱佛脚。

(2) 数量要足。要对用量认真进行核实，以满足实战需要为度，进行足量储备，宁可略有富余，不可明显不足。

(3) 资源共享，优化配置。一些应急物资具有很强的通用性，不必每个备灾中心、机构都按自己所需足量配备，因为这种储备从总体上会出现因长期不用而过期损坏的情况。可以签署互助协议，采用共同出资、有偿使用等方式进行资源共享、优化储备，省钱、省地、省管理。

要特别注意一点：因受限存量不足的，无论通过何种方式，都要保证补给迅速到位。

(4) 严把质量关。要从源头上把好物资质量关，保证物资使用效果良好。

(5) 加强检查与维护。做好应急物资的过程检查与维护，保证随时可用，对于变质、失效、不足的要及时更新补充。

3. 应急物资的用途

应急物资主要有两种用途：一是应急预案演练之用；二是应急预案实战之用。

应急物资是应急演练与救援必不可少的，切不能认为应急物资只是用来实战之用的，在日常应急培训与演练中要适当地选择使用，以加深理解，正确使用，提高实战能力。

10.2 自然灾害应急保障

10.2.1 通信和信息保障

企业应成立应急办公室。应急办公室实行 24 小时值班制度。接到政府和上级部门应急信息后，立即按规定上报下传应急信息，跟踪应急事态发展。

各部门应保证调度值班或其他值班联系电话 24 小时有人值守，及时接收和转达灾害信息，保证与企业主要领导和应急办公室的联系通畅。

10.2.2 应急救灾物资装备保障

应急救灾物资装备包括自然灾害监测预警装备、自然灾害侦检装备、自然灾害现场营救装备、其他救援装备。

企业应按规定和救灾需求配备应急装备，储备应急所需的物资和生活用品，加强对物资储备的监督管理，及时予以补充和更新。统一清理、登记可供应急响应期间使用的装备和物资资源，统筹现有资源，建立完善的应急保障措施。

1. 自然灾害监测预警装备

自然灾害监测预警装备包括风速仪、土壤水分含量监测仪、次声监测仪、裂缝监测仪、水质监测仪、山体滑坡监测仪、泥石流灾害监测仪、地震临震报警仪、水位报警器、山洪防害在线预警机等。

2. 自然灾害侦检装备

自然灾害侦检装备主要包括生命探测仪、自然灾害用红外热像仪等生命体征搜寻探测类侦检器材；有毒气体探测仪、可燃气体检测仪、无线复合气体探测仪、便携危险化学品检测片等有毒有害物质测定类侦检器材；核放射探测仪、移动式生物快速侦检仪等；电子气象仪、水质分析仪、漏电探测仪、电子酸碱测试仪、测温仪、激光测距仪等现场、周边环境（包括气象）测定类侦检器材。

3. 自然灾害现场营救装备

自然灾害现场营救装备按原理不同，可分为内燃类营救装备、电动类营救装备、液压类营救装备、气动类营救装备等；按功能不同，可分为破拆、剪切、抬升、扩张、牵引等。

（1）内燃类营救装备。这是一种由内燃发动机驱动的机械化救援装备。内燃类营救装备品种繁多、功能齐全、用途广泛，工具结构轻巧，比手工工具效率高，不需外界电力，尤其适合野外救援工作。

内燃破碎机、内燃链锯、内燃无齿锯、内燃机动泵等都属于内燃类营救装备，在自然灾害现场破碎、切割倒塌的建筑物构件时效率比较高。

以内燃破碎机为例，其适合在空间比较大的区域开展作业，工作时具有速度快、效率高等特点。因有燃油燃烧后产生的废气，不适宜在狭小空间内开展工作。一般情况下，内燃破碎机需双人配合进行操作，在车辆不能到达的自然灾害现场，这种较大型内燃类营救装备运输就比较困难。

(2) 电动类营救装备。包括电动凿岩机、电动链锯、电动剪切钳等。该种类营救装备适合在狭小空间开展作业，具有操作简便、没有污染、产生的噪声相对较小等特点。

以电动凿岩机为例，其主要用于在坚硬的岩石中钻孔。电动凿岩机是按冲击破碎原理进行工作的，工作时活塞做高频往复运动，不断地冲击钎尾。在冲击力的作用下，呈尖楔状的钎头将岩石压碎并凿入一定的深度，形成一道凹痕。活塞退回后，钎子转过一定角度，活塞向前运动，再次冲击钎尾时，又形成一道新的凹痕。

两道凹痕之间的扇形岩块被由钎头上产生的水平分力剪碎。活塞不断地冲击钎尾，并从钎子的中心孔连续地输入压缩空气或压力水，将岩渣排出孔外，即形成一定深度的圆形钻孔。适用于多山的自然灾害区的救援。

(3) 液压类营救装备。包括液压顶杆、液压千斤顶、液压剪切钳、液压扩张钳等。因为液压类营救装备稳定性较好，能以较小的体积获得较大的输出力，所以在自然灾害现场搜救行动中使用得比较广泛。

液压剪切钳在救援现场的作用越来越重要，主要原因是倒塌建筑物内的钢筋及其他钢材的质量以及剪切技术的提高。该种装备在剪切钢筋或其他钢材时产生的巨大动力，可能对周围的工作环境产生影响，在确保有安全防护的情况下方可作业。液压类营救装备中的液压油是主要的能量输出介质，一旦出现漏油现象，就要及时进行更换或检修。

(4) 气动类营救装备。由高压气体提供动力，通过气瓶、减压装置、控制器、导管与装备相连接，可对倒塌建筑物狭小空间进行顶升、支护、扩张等作业。救援工作中使用的高压起重气垫、气球，低压起重气袋以及气动顶杆等均属气动类营救装备。

4. 其他救援装备

除了上述提到的应急救援装备以外，还需要携带许多其他救援设备。

(1) 发电、照明、通信装备。通信与办公装备主要供救援机构和人员在野外条件下通信联络、指挥决策和办理文书，包括海事卫星、移动电话、对讲机、GPS 定位系统、笔记本电脑印机、摄像机、照相机、便携式投影仪、手持扩音器等。

发电、照明、通信装备也是救援时必不可少的救援装备。

①通信装备：大范围灾害地区通信中断情况下，卫星电话的效果最好。

②发电设备：以汽油或柴油为动力，现在国产发电设备已经有很多种型号，可供专业救援人员根据实际情况选择。

③移动照明灯具：主要用于夜间、掩埋密闭空间搜救。

④卫星定位装置：主要适用于渺无人烟、容易迷失方向的无人区搜救工作。目前，我国国产北斗卫星定位装置已经完全能起到定位、导航作用。

(2) 后勤保障装备。后勤保障装备是指保障抢险救援队员们工作、生活的后勤装备。考虑到重大灾难救援周期长、难度大、灾害现场环境恶劣等因素，配备相应的后援装备，方能更好地发挥救援人员战斗力。其按保障功能可分为6类：

①宿营装备：包括帐篷、暖风机、电扇、水桶、折叠床（椅）、塑料布（可做雨具）警戒杆、警示标识、洗涤用品、洗浴装置等。单兵帐篷、羽绒睡袋都可以，以防寒、防潮、防虫，并且透气性好为主，能充分保障救援人员休息。

②供电照明装备：包括发电机、防水配电盘、电线、防水接线板、车用逆变电源（12~220 V）、节能灯（含灯头）、桶、月球灯、爆闪标志灯、国际转换插头等。

③炊具：包括炊具组套、电热水壶、软体储水罐、净水装置、水袋等。

④工具设备：包括镐、铁锹、尼龙绳、折叠梯、后勤包装箱等。

⑤车辆：主要是指一些后勤保障车辆。

⑥食品：包括主副食、压缩干粮、矿泉水、方便面等。灾害现场条件所限，食品与饮水应该用军用自热食品和便携式净水器、净水药片为好，以保障每天行动的基本热量和所需水分。

(3) 个人生活用品。个人生活用品主要包括服装和携行类生活用品。服装主要包括救援队队服、工作服、保暖衣等。携行类生活用品主要包括背囊、身份识别牌、药盒、手电筒或头灯、驱蚊剂、防晒霜、野战饭盒（含勺、筷)、脸盆、睡袋、毛毯、毛巾被等。

(4) 卫生救援装备。卫生救援装备包括常规卫生应急救援装备和非常规卫生应急救援装备。

常规卫生应急救援装备主要是针对灾害性突发事件，如地震、海啸、倒塌、水灾、旱灾、雪灾等开展医学救援的医疗卫生装备。根据装备使用性质不同可分为急救装备、手术装备、特诊装备、消毒供应装备、检验装备、防疫装备、运送装备等。

①急救装备：主要包括急救箱（含听诊器、血压计、叩诊锤、镊子、砂轮、体温计、剪刀、压舌板、急救药品等急救必需品)、急救包、绷带、止血带、夹板、人工呼吸器、供氧器、吸引器、心脏起搏器、输血输液器等。

②手术装备：主要包括清创缝合包、气管切开包、骨科器械包、胸科器械包、颅脑外科器械包、妇产科手术器械包、五官科检查器械包、血管吻合器等。

③特诊装备：主要包括心电图机、便携式B超机、便携式X线机、明室洗片机等。

④消毒供应装备：主要包括便携式消毒锅、压力蒸汽灭菌器、多人吸氧器、小型医用纯水装置、运血箱等。

⑤检验装备：主要包括临床常规化验、生化检测、微生物检诊用的设备仪器，如红、白细胞测定仪，血气分析仪、生化分析仪、分光光度计以及显微镜、冰箱、离心机等。

⑥防疫装备：主要包括用于卫生学流行病学侦察、检验及消杀灭装备，如便携式生

物样品运输箱、采样管（含采样液）、食品安全快速检测箱、水质理化快速检测箱、水质细菌快速检测箱、背负式喷雾器、电动或燃油喷雾器、烟雾发生器、洗消架、超低容量喷雾器等。

⑦运送装备：主要包括伤员搬运工具（含地面搬运工具、水上换乘工具、登机工具）、伤员运送车辆、伤员运送船舶、伤员运送飞机等。

根据装备载体形式不同，常规卫生应急救援装备可分为卫生背囊、帐篷医院、车辆医院和方舱医院。

①卫生背囊：包括急救背囊、手术背囊、药供背囊、抗休克背囊、诊断背囊、消毒背囊、担架背囊等，主要用于特殊情况下（特种任务、紧急支援等）的现场急救。

②帐篷医院：主要由医疗功能帐篷和相应的野外医疗箱组成。帐篷包括指挥帐篷、分类帐篷、手术帐篷、急救帐篷、诊断帐篷、药供帐篷、病房帐篷等。医疗箱主要装载各功能帐篷内使用的设备与器材。

③车辆医院：车辆医院是指由卫生技术车辆组成的野外医院。卫生技术车辆是指配装有药材、医疗器械、设备等，具有某种医疗救治、卫勤保障功能的专用车辆，也可称为医用车辆，主要包括急救车、手术车、X线诊断车、消毒灭菌车、临床化验车、采血车运血车、制氧车、远程医疗会诊车、卫生防疫车等。

④方舱医院：由多个方舱配套组成的野外医院。标准方舱可根据需要配备相应装备和人员，形成各种功能方舱，如手术方舱、检验方舱、药材方舱、X线室、病房方舱等，可根据需要组合成各种规模的救治机构。

非常规卫生应急救援装备主要是用于核生化污染发生或存在潜在威胁时保护人员或伤员健康的一系列装备的总称，主要包括现场检测、洗消、救治和防护等装备。

①现场检测装备。是指救援机构在救援活动前或救援过程中进行核生化侦察、检验的一系列装备，主要用于机构展开区域的污染、疫情等的侦察，水质、食品的污染物检验、探测。按检测对象不同，现场检测装备可分为个人检测装备和集体防护检测装备。

个人检测装备适用于单人活动时对自身和他人或伤病员的污染物检测，一般体积较小，重量轻，便于携带，检测能力有限；集体防护检测装备适用于在进入集体防护装备前对卫生人员和伤病员的集体检测。

按检测范围分类，现场检测装备可分为染毒地域检测、设备检测、水质检测、食品检测、人员检测。

染毒地域检测主要用于核生化战剂大面积污染地域内的空气、水质、植物、土壤、动物尸体等的检测和报警；设备检测主要用于核生化污染的器材和车辆等的检测；水质检测用于对染毒或怀疑染毒的水源进行卫生学检测；食品检测用于对染毒或怀疑染毒的粮秣、食品、可食性动物或植物等进行检测；人员检测用于对正常人和伤病员的服装、装具、呕吐物、尿液及伤口等的污染物检测。

②洗消装备。特指救援机构使用的用于伤员及其附带物品淋浴、清洗和消毒的一系列装备，包括伤员洗消或消毒设施等。

按洗消载体不同，可分为小型洗消器材和移动式洗消设备。

小型洗消器材主要用于个人、装备及装具的洗消；移动式洗消设备包括洗消车辆和洗消方舱，主要用于大面积污染区域内水源和动植物等的洗消。

按洗消方式不同，可分为物理洗消、化学洗消和生物洗消。

物理洗消主要是通过高压冲洗，使毒剂浓度降低，一般用于其他洗消的初步消毒；化学洗消主要是利用能与毒剂产生化学反应的物质，其所产生的是无毒或毒性下降的物质；生物洗消主要是利用生物技术合成的物质，这种物质可以在分子水平破坏毒剂的分子结构，使之没有毒性。

③防护装备。指用于人员或伤员卫生防护用的装备和器材，如伤员运送袋、防护帐篷等。按防护对象不同，可分为个体防护装备和集体防护装备。

个体防护装备是个人使用的面具、防护服、防护手套等的总称。集体防护装备适用于救援机构和伤病员的集体防护，如集防帐篷、集防方舱、集防掩体等。

按防护方式不同，可分为呼吸防护装备和皮肤防护器材。

呼吸防护装备主要保护人员的呼吸器官、眼部免受毒剂的侵害，主要为防毒面具；皮肤防护器材用于防止毒剂通过皮肤对人体造成伤害以及防止放射性物质和生物战剂对人体的沾染，主要包括防护服、防护手套和防毒靴套等。

④救治装备。是指核生化污染条件下或受污染后对伤员实施救治所用的卫生装备，如防护盒、"三防"急救箱、自动注射器及具有防护功能的各类救治器材等。

按救治对象不同，可分为个人装备、具有滤毒功能的救治器材和具有防护功能的医疗单元等。

个人装备主要用于个人的自救及呼救，包括个人"三防"急救盒、注射针、急救包等。

具有滤毒功能的救治器材能够在核生化条件下通过滤毒使伤员救护正常展开，如英国带有滤毒罐的野战呼吸机；具有防护功能的医疗单元、过正压系统和必要的检测洗消器材可以使帐篷式、车辆式和方舱式野外医疗机构能够在核化条件下实施救治。

按装备种类不同，可分为医疗箱囊和"三防"急救单元。

医疗箱囊用于个人救护、核生化事故处理、检水检毒食品检验等，如防化急救盒、核事故处理箱、化学事故处理箱、检水检毒箱等。

"三防"急救单元主要用于核生化伤员的急救处理、后送运输和途中救护等，如"三防"急救车、核事故急救方舱等。

2. 应急队伍保障

企业基层应急队伍是我国应急体系的重要组成部分，是防范和应对突发事件的重要力量。多年来，我国基层应急队伍不断发展，在应急工作中发挥着越来越重要的作用。

建立企业基层应急队伍，进一步规范应急志愿服务，基本形成统一领导、协调有序、专兼并存、优势互补、保障有力的基层应急队伍体系，使应急救援能力基本满足本区域和重点领域突发事件应对工作需要，可以为最大限度地减少突发事件及其造成的人员伤亡和财产损失、维护国家安全和社会稳定提供有力保障。

（1）加强矿山、危险化学品应急救援队伍建设。煤矿和非煤矿山、危险化学品经营单位应当依法建立由专职或兼职人员组成的应急救援队伍。不具备单独建立专业应急救援队伍的小型企业，除建立兼职应急救援队伍外，还应当与邻近建有专业救援队伍的企业签订救援协议，或者联合建立专业应急救援队伍。应急救援队伍在发生事故时要及时组织开展抢险救援，平时开展或协助开展风险隐患排查。加强应急救援队伍的资质认定管理。矿山、危险化学品经营单位属地县、乡级人民政府要建立队伍调运机制，组织队伍参加社会化应急救援。应急救援队伍建设及演练工作经费在企业安全生产费用中列支，在矿山、危险化学品工业集中的地方，当地政府可给予适当的经费补助。

（2）公用事业保障应急队伍建设。县级以下电力、供水、排水、燃气、供热、交通、市容环境等主管部门和基础设施运营单位，要组织本区域有关企事业单位懂技术和有救援经验的职工，分别组建公用事业保障应急队伍，承担相关领域突发事件应急抢险救援任务。重要基础设施运营单位要组建本单位运营保障应急队伍。要充分发挥设计、施工和运行维护人员在应急抢险中的作用，配备应急抢修的必要机具、运输车辆和抢险救灾物资，加强人员培训，提高安全防护、应急抢修和交通运输保障能力。

（3）卫生应急队伍建设。县级卫生行政部门要根据突发事件类型和特点，依托现有医疗卫生机构，组建卫生应急队伍，配备必要的医疗救治和现场处置设备，承担传染病、食物中毒和急性职业中毒、群体性不明原因疾病等突发公共卫生事件应急处置和其他突发事件受伤人员医疗救治及卫生学处理，以及相应的培训、演练任务。城市医疗卫生机构要与县级或乡镇医疗卫生机构建立长期的对口协作关系，把帮助组建基层应急队伍作为对口支援的重要内容。卫生应急队伍的装备配备、培训、演练和卫生应急处置等工作费用由地方政府给予支持。

（4）积极发挥工会和党组织、团组织作用，建立志愿者应急救援队伍，开展科普宣教和辅助救援工作。志愿者应急救援队伍组建单位要建立志愿者信息库，并加强对志愿者的培训和管理。地方政府根据情况对志愿者应急救援队伍建设给予适当支持。

（5）企业应建立应急救灾专业抢险队伍，按规定配备人员、装备，开展培训和演习。

定期进行监督和检查，保持应急队伍战斗力，做到常备不懈。

3. 应急资金保障

企业应设立专项应急资金，用于预防和应对自然灾害的设备、抢险物资储备，人员培训、预防演练。应急救灾期间，可随时启用，实行专款专用。

应急救援经费是企业发生灾害事故时迅速开展应急救援工作的保障，没有可靠的资金渠道和充足的应急救援经费，就无法保证有效开展应急救援工作和维护应急管理体系正常运转。

（1）建立应急救援经费保障机制。

可考虑着眼于应对多种安全威胁，完成多样化救援任务的能力需要，按照战时应战、平时应急的思路，将现有应急管理体系中的抢险救灾领导机构和各应急救援专业小组有机地结合起来，平时加强管理和做好动员准备，战时领导抢险救灾。应急救援财力保障专业小组要把抢险救灾经费、物资装备经费等项目进行整合和统一管理。

主要职责：平时做好动员准备、开展动员演练的经费保障，以及防灾抗灾经费管理的基础工作，负责对包括应急投入和应急专项资金在内的所有保障基金的管理和运营；制定应对各种自然灾害和突发事件的应急经费保障预案、紧急状态下的财务执行法规和制度；与包括抢险救援、医疗救护、通信信息、交通运输、后勤服务在内的各有关职能小组建立紧急状况下的经费协调关系。一旦发生自然灾害或突发事件，经费保障统管机构即成为应急救援经费管理指挥中心，负责召集上述相关部门进行灾情分析和项目论证、救灾资金的紧急动员、各部门资金需求统计和协调、救灾物资的采购和统一支付以及阶段性资金投入使用。

（2）建立有机统一的协调机制。

①要明确经费保障的协调主体及其职责，总体上可以考虑依托企业应急救援领导小组组建应急救援资金协调管理小组，由企业应急办公室统一管理调度，发生突发事件时积极响应防灾救灾经费保障统管部门工作。由企业组织抗灾救援工作时，总后勤部应急救援资金协调管理小组对口协调企业防灾救灾经费保障统管部门，申请企业财务资金及时划拨应急保障；由集团公司组织进行抗灾救援工作时，各企业的应急救援资金协调管理小组对口协调本企业的防灾救灾经费统管部门，充分保证财政资金用于应急救援经费保障。

②要进一步理顺企业内部需求上报渠道。经费保障跟着需求走，企业内部需求提不出来，经费申请和下达就缺乏相应依据。企业在进行抗灾救灾活动时要逐渐形成统计上报制度，并保证企业内部各系统之间信息渠道的顺畅。各救援队伍可指定专人负责将所需经费数额上报至企业抗灾救灾指挥机构，经由抗灾救灾指挥机构专人汇总后

及时报送企业应急救援资金协调管理小组审核。

(3) 建立可靠的资金保障体系。

①建立一定规模的应急资金。企业每年在制定安全生产投入计划时要预留部分应急资金，并把这部分应急资金列入企业预算。

②要建立灾害保险资金体系。应对突发事件，除依靠政府财政投入外，也应考虑采取在保险市场融资的方式，建立资金保险基金，由政府和企业分摊突发事件造成的经济损失，弥补财政资金支付不足。

③要进一步完善常态的企业资金动员机制，通过管理机构认证，固定和规范企业救援基金组织和救助团体职能，面向各投资企业积极开展资金募集活动，加大救灾基金储备力度。

④在紧急时期充分发动民众捐款。通过广泛宣传引导，动员民众捐献资财，是紧急时期筹措和募集资金不容忽视的重要措施。

(4) 强化经费保障监管力度。

①要建立全方位的监管制度。完善的法规制度是实施经费保障监管工作的根本依据。要健全完善救灾经费管理的法规规章和管理办法，使经费监管工作做到有法可依、有章可循。

②要建立全过程、全方位的监控机制。监督管理工作要能够覆盖经费筹措募集、申请划拨、采购支付全过程，以及财政、民政、企业团体等经费使用的所有部门和单位，使经费保障监管工作真正做到横向到边、纵向到底、严密有效，把所有救灾经费保障活动全部纳入监督检查的视野。

③要形成内外监督、协调配合的监控体系。要采取经费使用职能部门内部监管，审计、纪检监察部门外部监管相结合的方式，通过定期或不定期召开联席会议等形式，互通监管信息，形成监管合力，及时发现和处理抗灾救灾经费管理使用中的违法违规问题。

④要充分发挥群众舆论监督的作用，继续把公开透明原则贯穿于应急救援经费管理使用的全过程，主动向社会公开应急救援资金来源、投向和使用管理情况；进一步完善监督信息反馈机制，利用信息发布平台，发挥群众舆论监督作用，加大社会监管力度。

(5) 完善经费保障体系。

要进一步整合和完善在应对自然灾害等突发事件中制定的各项标准和经费保障管理规定。以往自然灾害、生产安全事故发生后所制定的经费保障管理规定和相关标准，虽然有很强的针对性，但缺乏适应性，部分规定和标准还存在缺项漏项问题，需要根据企业安全形势的变化，以及可能发生的突发事件，对应急救援经费管理规定和相关标准及时修订整理和完善，使应对自然灾害等突发事件的经费保障管理制度更加体系化、规范化、条理化。此外，还要制定针对性和可操作性强的应急救援经费保障工作规章。明确军地各级、各部门、各单位及相关人员在应急救援经费保障工作中的职责、任务、行动方式、协作办法，形成一套条款详细、可操作性强的规章和管理办法，使各领域、各部门、各环节在应急救援经费保障中能够互相配合。强化供需衔接，确保应急救援经费保障活动走上规范化、制度化、企业化的轨道。

10.3 应急避难场地

1. 分级

（1）场地型应急避难场所按安置时限和功能可分为三级：Ⅰ级应急避难场所、Ⅱ级应急避难场所、Ⅲ级应急避难场所。

（2）Ⅰ级应急避难场所为长期避难场所，避难时间在 30 天以上，具有完备的避难生活设施，能满足人员长时间避难需要。

（3）Ⅱ级应急避难场所为中短期避难场所，避难时间为 3~30 天（含 30 天），具备避难所需的设施。

（4）Ⅲ级应急避难场所为紧急避难场所，用于紧急疏散居民，避难时间一般在 3 天以内，具备最基本的生活、保障设施。

（5）各级场地型应急避难场所面积如表 10-1 所示。

表 10-1　各级应急避难场所设置要求

级　别	场地占地面积（m²）	人均避难面积（m²）
Ⅰ级应急避难场所	50 000 以上	5~7
Ⅱ级应急避难场所	10 000~50 000	3~5
Ⅲ级应急避难场所	2000~10 000	1.5~2

2. 选址

场地型应急避难场所选址应综合考虑地形、地貌、气象、水文、地质等条件，并应符合如下要求：

（1）应尽量避开易发生地质灾害和气象、水文地质条件恶劣的区域。

（2）场地地形较平坦，周边道路畅通、交通便利。

（3）应急避难场所离城市重大危险源的安全距离应不小于 500 m。

（4）避开高压线走廊区域。

3. 平面布局

（1）场地型应急避难场所按功能划分为人员避难、综合保障和出入口交通集散3个区域，各区域应因地制宜、合理布局，并有场内道路连接。

（2）场地型应急避难场所出入口的数量、宽度和形式应符合如表10-2所示的要求，并应与疏散道路连接。

表10-2 各级场地型应急避难场所出入口要求

类 型	数 量	形 式	总 宽 度
Ⅰ级应急避难场所	4个以上	坡道式	不小于 0.3 m/百人
Ⅱ级应急避难场所	2~4个		
Ⅲ级应急避难场所	敞开、坡道式		

（3）场地型应急避难场所疏散道路的数量和宽度应符合如表10-3所示的要求。

表10-3 各级场地型应急避难场所疏散道路要求

类 型	数量（条）	路宽（m）
Ⅰ级应急避难场所	4以上（要安排在不同方向上）	≥5
Ⅱ级应急避难场所	2~4	≥10
Ⅲ级应急避难场所	2	6~10

（4）场地型应急避难场所内应建有内部道路，Ⅰ级和Ⅱ级应急避难场所内部主道路宽度应不小于5 m，道路转弯半径不小于12 m；Ⅲ级应急避难场所内主道路宽度为3.5~5 m。

（5）场地型应急避难场所内各类设施应按国家相关规定进行无障碍设置。

（6）场地型应急避难场所外围四周应设置防火安全带，其宽度应符合如表10-4所示的要求。

表10-4 各级场地型应急避难场所外围防火安全带宽度要求

等 级	防火安全带宽度（m）
Ⅰ级应急避难场所	25以上
Ⅱ级应急避难场所	20~25
Ⅲ级应急避难场所	10~15

4. 设施与设备

（1）场地型应急避难场所应按如表10-5所示要求配置相应设施。

表 10-5　各级场地应急避难场所设施配置要求

类　　型	基本设施	一般设施	综合设施
Ⅰ级应急避难场所	√	√	√
Ⅱ级应急避难场所	√	√	—
Ⅲ级应急避难场所	√	—	—

说明：√：具备；—：不具备。

（2）场地型应急避难场所基本设施配置应包括应急指挥管理设施、应急集结区、应急医疗救护与卫生防疫设施、应急供水设施、应急供电设施、应急厕所、应急标志等。

（3）场地型应急避难场所一般设施配置应包括应急篷宿区、应急物资储备设施、应急垃圾储运设施、应急排污设施、应急通道、应急消防设施、应急停车场等。

（4）场地型应急避难场所综合设施配置应包括应急指挥中心、应急停机坪、应急洗浴设施、功能介绍设施、应急救援驻地等。

5. 基本设施要求

（1）应急指挥管理设施中应设有广播、图像监控、有线通信等系统。

①应急指挥管理设施的面积：Ⅲ级不小于 100 m^2、Ⅱ级不小于 500 m^2。

②广播系统应覆盖应急避难场所。

③图像监控范围应覆盖应急篷宿区和应急避难场所内道路及出入口。

（2）应急集结区是为避难人员提供短时间使用的露天避难场地，需要时部分区域可设置帐篷。

（3）医疗救护与卫生防疫区应设有医疗救护与卫生防疫设施，并应符合如下要求：

①Ⅰ级、Ⅱ级应急避难场所每 5 个应急篷宿区应设置 1 个医疗救护与卫生防疫站，最低配置面积不小于 500 m^2。

②Ⅲ级应急避难场所内应设置 1 个医疗救护与卫生防疫站，最低配置面积不小于 300 m^2。

（4）应急供水设施可选择设置供水管网、供水车、蓄水池、水井、机井等两种以上供水设施，并根据所选设施和当地水质设置净水设备，使水质达到直接饮用的标准，并应符合如下要求：

①每 100 人应至少设一个水龙头，每 250 人应至少设一处饮水处。

②人员饮用水量 3 L/（人·日），生活用水量 10 L/（人·日）。

（5）应急供电设施应设置多回路电网供电系统或太阳能供电系统，也可以设置移动式发电机组。

①供、发电设施应具备防触电、防雷电保护措施。

②电气设备的安装必须牢固可靠，设备和装置的固定螺栓或焊接强度必须满足抗震要求。

③应急避难场所场内道路照度值不应低于 50 lx；应急篷宿区应设置安全照明，照度值不应低于 50 lx。指挥通信间、手术医疗间等的照明标准按国家有关规定执行。

（6）应设置暗坑式厕所或移动式厕所，并应符合如下要求：

①应急厕所之间距离应小于 100 m，且位于应急避难场所下风向，距离篷宿区 30～50 m。

②暗坑式厕所按每 30～50 人一个坑位设置，应为水冲式，并附设或单独设置化粪池，容量按 1.2 kg/（人·日）设计。

（7）应急避难场所及周边应设置避难场所标志。

6. 一般设施要求

（1）应急篷宿区内设置帐篷或活动简易房，并应符合如下要求：

①应急篷宿区周边和场所内要按照防火及卫生防疫要求设置通道。

②每个应急篷宿区不应超过 1000 m²，应急篷宿区之间应有宽度大于 2 m 的人行通道。

③应急篷宿区应配置灭火器材，消防用水储备量应大于 40 m³。

（2）应急垃圾储运设施应为可移动式，并实行分类储运。应急垃圾储运设施距离应急篷宿区应大于 10 m，且位于应急避难场所下风向设置，按 200 g/（人·日）标准建设。

（3）应急排污系统应设置污水排放管线和简易污水处理设施，并应与市政管道相连接。有条件的可设独立排污系统。

（4）应急物资储备设施应放置在场地内或场地周边，并应符合如下要求：

①应利用场内或周边的饭店、商店、超市、药店、仓库等进行应急物资储备。

②场地周边的应急物资储备设施与应急避难场所的距离应小于 500 m。

③有条件的应设置永久性专用物资库，粮食储存标准为 400～900 g/（人·日），医疗药品、器材按 2%受伤者率的需求量储备。

（5）应急避难场所附近应设置应急车辆停车场。

7. 综合设施要求

（1）应急指挥中心是收集、传达、分析各种信息，处理、组织、指挥应急避难场所内一切行动的场所。

①应急指挥中心面积应不小于 1500 m²。

②图像监控范围应覆盖应急篷宿区和应急避难场所内道路及出入口。

③广播系统应覆盖应急避难场所。

④应配置有线、无线通信设备和网络接口。

（2）应急洗浴设施可结合应急厕所设置，也可以设置移动式洗浴设施。

（3）应设置功能介绍图板。

（4）有条件的可在场地内或场地附近设置救援人员的驻地。

思 考 题

1. 应急保障资源的要素一般包括哪些类？
2. 个体防护类的应急保障资源中，有关呼吸防护有哪些具体的装备？
3. 污染处置类防护有哪些具体的装备？
4. 机械化营救装备有哪几种？其中哪种装备在地震灾害现场搜救行动中使用得比较广泛？
5. 用于应急救援的相关车辆除专勤消防车外还有哪些？专勤消防车按照用途功能不同，有哪些分类？
6. 用于事故现场工程抢险作用的破拆工具，按动力源可分为哪几类？
7. 应急物资的概念是什么？包括哪些种类？
8. 应急物资选择与储备的原则是什么？
9. 自然灾害应急保障中的通信和信息保障如何做到？
10. 自然灾害监测预警装备有哪些？（写出 5 个即可）

第 11 章　培训与指导

11.1　企业应急管理教育培训概述

应急管理是党和政府工作的一项重要内容。作为各种自然灾害和人为突发事件的最直接面对者、第一责任人，基层企业肩上的担子是十分沉重的，面临条件相对艰苦、技术能力较为薄弱的难题。要解决这一矛盾，首先要扎实做好基层企业的应急管理教育培训工作。一方面，要高度重视这项工作；另一方面，基层企业要加强师资建设，全方位、多举措做好基层应急管理教育培训工作。

企业应认真贯彻落实《突发性事件应对法》《安全生产法》，形成以应急管理理论和相关法律法规为基础、以提高应急处置和安全防范能力为重点的培训体系，建立以实际需求为导向，政府主导和社会参与相结合，分层次、分类别、多渠道、重实效的教育培训格局。进一步健全培训制度，优化培训资源，完善培训机构，培养一批应急管理人才和专门人才，提高社区、辖区、辖区企业单位应对突发事件的综合能力。

1. 企业应急管理教育培训的内涵

应急管理教育培训是指政府、企业以及其他机构，为了保护公众生命财产安全，维护公共安全、环境安全和社会秩序，在突发事件发生前，组织从事应急管理专业的人员，讲授在事发、事中、事后所进行的预防、响应、处置、恢复等知识。它有两个方面的含义：

（1）应急管理教育培训贯彻于突发事件的事前、事发、事中、事后的全过程。

（2）应急管理教育培训是对突发事件的事前、事后的相关知识的教育和事发、事中的应急实践教育的有机统一。

企业应急管理教育培训作为应急管理教育培训的分支，是企业为了在生产经营过程中减少各种生产安全事故和可能给企业带来人员伤亡、财产损失的各种外部突发公共事件而组织的公共学习活动。企业应急管理教育培训是以《突发事件应对法》《安全生产法》等法律条令为基础，对在突发事件发生前如何做好企业员工的安全教育工作，在突发事件发生时员工如何处理企业意外生产事故，在突发事件发生后员工心理危机的干预与管理，企业员工法制教育的内容和方法，企业安全管理与安全教育等内容进行学习。

企业的安全生产关系到千家万户的安宁、社会的和谐稳定，中央和地方政府都极度重视。所以，如何处理突发事件、关注安全管理的细节等，是企业管理层和员工在应急管理教育培训中应该学习并掌握的知识技能。

2. 企业应急管理教育培训的重要意义

企业应急工作的根本目的是保护企业员工和设备的安全，防止伤亡事故和设备事故危害，保护企业的财产不受损失，保证生产和建设的正常进行。为了实现这一目的，需要开展两方面的工作，即应急管理、应急技术。而这两者中，应急管理又起着决定性的作用，其意义是重大的。

(1) 企业做好应急管理教育培训是防止伤亡事故和职业危害的根本对策。企业中任何突发事件的发生不外乎4个方面的原因，即人的不安全行为、物的不安全状态、环境的不安全条件和应急管理教育培训的不足。人、物和环境方面出现问题的原因常常是企业应急管理教育培训存在不足。因此，可以说应急管理教育培训的不足是企业突发事件发生的根源。生产中的伤亡事故统计分析也表明，80%以上的伤亡事故与应急管理教育培训的不足密切相关，由于企业未对员工培训预防和处理应急的相关知识，所以才导致了员工的伤亡，使企业的财产受到损失。因此，要从根本上防止突发事件的发生，必须从加强应急管理教育培训做起，不断改进应急管理技术，提高应急管理水平。

(2) 做好应急管理教育培训是贯彻落实"安全第一、预防为主、综合治理"方针的基本保证。为了贯彻落实这一方针，一方面需要企业各级领导有高度的应急管理责任感和自觉性，千方百计地实施各种防止事故和职业危害的对策；另一方面需要广大的企业员工提高应急意识和安全意识，自觉贯彻执行各项安全生产的规章制度，不断增强自我应急意识和自我防护意识，所有这些都依赖于良好的应急管理教育培训。只有设立明确的教育培训目标，建立健全的企业应急管理教育培训制度、企业应急管理教育培训体系、企业安全生产管理体系，科学地规划、计划和学习，加强监督监察、考核激励和应急宣传教育，综合运用各种管理手段，才能够调动企业各级领导和广大员工参与应急管理教育培训的积极性，才能使应急管理在企业的各个方面得以真正贯彻执行。

(3) 应急管理技术和应急管理措施要靠有效的应急管理教育培训才能发挥应有的作用。应急管理技术是指应急专业中有关应急管理的专门知识技能。应急管理措施是指企业对发生的各种突发事件的有效管理方法和治理手段。毫无疑问，应急管理技术和应急管理措施对于从根本上改善突发事件的发生条件，实现安全生产具有巨大作用。然而，这些纵向单独分科的硬技术，基本上是以物为主的，是不可能自动实现的，需要人们计划、组织、学习、督促、检查、考核，进行有效的应急管理教育培训，才能发挥它们应有的作用。再者,单独某一方面的应急管理技术,其安全保障作用是有限的。随着不同类型的生产企业使生产向集约化、集中化发展,各种生产装备、设备向高效、安全、大功率、高强度、高速度和机电一体化方向发展,要求综合应用各方面的应急技术,才能求得整体的安全。硬技术的发挥有赖于软科学的保证。"三分技术,七分管理",这已经成为当代社会发展的必然趋势。应急领域当然也不能例外。

(4) 做好应急管理,有助于改进企业管理,全面推进企业各方面工作的进步,促进经济效益的提高。应急管理是企业管理的重要组成部分,与企业的其他管理密切联系、互相影响、互相促进。为了防止伤亡事故和职业危害,必须从人、物、环境以及它们的合理匹配这几方面采取对策,包括人员应急素质和意识的提高,作业环境的整治和改善,设备与设施的检查、维修、改造和更新,劳动组织的科学化以及作业方法的改善等。为了实现这些方面的对策,势必要加强对生产、技术、设备、人事等的管理,进而对企业生产的各方面工作提出越来越高的要求,从而推动企业管理的改善和工作的全面进步。企业管理的改善和工作的全面进步反过来又为改进应急管理创造了条件,促使应急管理水平不断得到提高。

应急管理作为企业管理的重要组成部分,在其中发挥着重要作用。如果把企业的各项规章制度比作企业内部的法律法规,应急管理文化则可比作制约员工安全行为的规范,应急管理文化是企业的一种软实力,企业要想在社会上赢得信誉,实现经济效益,必须把企业应急管理教育培训放在一个重要的位置。应急管理既是企业管理的重要组成部分,又是一门综合性的系统学科,因此必须落实应急管理在企业管理中的作用。

实践表明,一个企业安全生产状况的好坏可以反映企业的管理水平。企业管理得好,应急管理工作也必然受到重视;反之,安全管理混乱,应急管理工作不足,事故不断,企业员工无法安心工作,各级领导也经常要分散精力去处理突发事件,在这种情况下,就无法建立正常、稳定的工作秩序,企业管理就较差。

应急管理和企业管理的改善,企业员工积极性的发挥,必然会大大促进企业生产率的提高,从而带来企业经济效益的增长。反之,如果突发事件频繁,不但会影响企业员工的安全与健康,挫伤企业员工的生产积极性,导致生产效率的降低,还会造成设备财产的损坏,无谓地消耗许多人力、财力、物力,带来经济上的巨大损失。事故严重时,厂矿设备毁于一旦,生产都不能进行,还谈什么经济效益?

因此,为了降低企业生产安全事故的发生率,提高企业的经济效益,企业实施应急管理教育培训是非常有必要的。

3. 企业应急管理教育培训的管理原则

(1) 原则。

①以人为本,减少危害。切实履行企业管理职能,把保障企业员工身体健康和生命财

产安全作为首要任务，最大限度地减少企业生产安全事故及其造成的人员伤亡和危害。

②居安思危，预防为主。高度重视企业安全生产工作，常抓不懈，防患于未然。统一领导，分级负责。

③在企业各级领导的统一领导下，建立健全分类管理、分级负责、条块结合、部门管理为主的应急管理体制，实行部门领导责任制，充分发挥各部门应急指挥的作用。

④依法规范，加强管理。依据有关法律和行政法规，加强应急管理教育培训，维护企业员工的合法权益，使应对突发公共事件的工作规范化、制度化、法治化。

⑤快速反应，协同应对。加强以企业部门管理为主的应急处置队伍建设，建立联动协调制度，充分动员和发挥企事业单位队伍的作用，依靠企业全体员工力量，形成统一指挥、反应灵敏、功能齐全、协调有序、运转高效的应急管理机制。

⑥依靠科技，提高素质。采用先进的监测、预测、预警、预防和应急处置技术及设施，充分发挥企业专家队伍和专业人员的作用，提高应对突发公共事件的科技水平和指挥能力，避免发生次生、衍生事件；企业应加强宣传和教育培训工作，提高企业全体员工自救、互救和应对各类突发公共事件的综合素质。

(2) 理念。

①联系实际，学以致用。坚持教育培训与应用的统一，通过教育培训切实提高企业全体员工的应急管理素质和能力，通过实践不断增强应急管理教育培训的针对性和有效性。

②分级分类，保证质量。依据企业中发生的各类生产安全事故和企业各层级人员的不同特点，给予不同的要求，分级分类实施培训。制定统一的培训规划，明确培训标准，精心选择培训课程和教材，加强师资队伍建设，建立健全定期培训制度和培训评估、考核制度。

③整合资源，创新方式。采取专题讲座、案例分析、情景模拟、预案演练、对策研究等方式开展教育培训，增强教育培训效果。

④规范管理，有序进行。建立健全企业应急管理教育培训管理机制，发挥企业各层级领导的协调作用，调动企业各部门开展应急管理教育培训的积极性。正确处理专项、专业培训与综合性、管理类培训的关系，坚持统筹规划、合理安排，形成良好的教育培训工作秩序。

(3) 目标。

应急管理教育培训作为企业培训员工各种应急知识的活动，其让员工以认清企业生产突发事件的内涵、提高全体员工安全意识、积极应对生产突发事件、提高处置突发事件的能力为目标。

①认清企业生产突发事件的内涵。企业生产突发事件的内涵是指在企业生产中突然发生，造成或者可能造成严重危害，需要采取应急处置措施予以应对的企业生产安全事

件。企业生产突发事件包括的核心要素：一是具有明显的社会性。《突发事件应对法》所要解决和应对的是"企业生产危机"，具有明显的"企业性"，其目的是应对企业在生产时发生突发事件的危机。二是具有突发性和紧迫性。突发事件的发生往往是突如其来，如果不能及时采取应对措施，危机就会迅速扩大和升级，造成更大的危害和损害。三是具有危害性和破坏性。危害性和破坏性是突发事件的本质特征，一旦发生突发事件，就会对生命财产、社会秩序、公共安全构成严重威胁，如应对不当就会造成巨大的生命财产损失或社会秩序的严重动荡。四是必须借助公权力的介入和动用物力才能解决。公权力在突发事件应对过程中发挥着领导、组织、指挥、协调等功能。

②积极应对生产突发事件。在应对企业生产突发事件时，应把预防和应急准备放在优先位置，真正做到防患于未然。只有牢固树立"居安思危、常备不懈"意识，逐步把握规律，主动采取防范措施，才能从根本上减少突发事件的发生。同时，在无法完全避免生产突发事件发生的情况下，要总结探索如何制度化、科学化、专业化应对各类突发事件。第一，建立健全应急管理制度。企业应建立健全分类管理、分级负责、条块结合为主的应急管理体制，形成统一指挥、功能齐全、反应灵敏、运转高效的应急机制。加快应急管理的法制建设，形成有效应急管理法制体系，把应急管理工作纳入规范化、制度化、法治化轨道。第二，制定并完善应急预案机制。认真制定应急预案，健全监测、预测、预报、预警和快速反应系统，加强专业抢险救灾队伍建设，健全抢险救灾物资储备制度，搞好培训和预案演练，全面提高抗风险能力。第三，加快建设科技应急体系。高度重视运用科技提高应对突发事件的能力，加强对应急管理的科学研究，提高应急装备和技术水平，加快应急管理信息平台建设，形成企业生产安全和应急管理的科技支撑体系。第四，加强组织协调应急管理。加强企业部门的协调机制，落实各自承担的专项预案，要按照总体应急预案的要求，做好纵向和横向的协同配合工作。健全应对生产突发事件的组织体系，明确各方面职责，确保一旦有事，能够有效组织、快速反应、高效运转、遇事不乱。第五，积极开展应急宣传培训。利用多种方式，广泛宣传相关法律法规和应急预案，特别是预防、避险、自救、互救、减灾等知识，增强企业员工的危机意识，提高自救、互救能力；深入开展应急专题培训，特别要加强对企业各层级领导和全体员工进行专题教育及应对和处置突发事件的培训，全面提升应对管理水平。

③提高处置突发事件的能力。企业应对生产突发事件是一项全新的工作，无论是企业员工还是各层级领导，都需要学习、探索，提高应对的能力，培养危机意识。危机意识是突发事件预警的起点。在和平时期，人们往往缺乏危机意识。通过模拟危机情势，不断完善危机发生的预警与监控系统，培养危机意识。

（4）方法。

企业应急管理教育培训应通过健全预案、制定应急管理教育培训指导纲要、推进教育培训手段现代化建设、建立教育培训质量评估和考核制度、授课启发、案例分析、实地演练、电教指导等方法对企业各层级人员进行教育培训。

①健全应急预案。应急预案是企业应急管理工作的主线，是基于企业危险源辨识和风险评估之上的应对方案，统筹安排突发公共事件事前、事发、事中、事后各个阶段的工作。各企业要针对本企业的风险隐患特点，编制相应的应急预案。应急预案内容要简明、管用、注重实效，有针对性、科学性、可操作性和相互衔接。企业应急管理教育培训是以应急预案为根据，将应急预案里关于企业生产突发事件有关的知识传授给企业全体员工。

②制定应急管理教育培训指导纲要。结合各类突发公共事件特点和应急管理工作要求，本着"少而精""要管用"的原则，确定综合类、专项类应急管理教育培训课程设置，明确培训内容和标准。

③推进培训手段现代化建设。开展应急管理教育培训要充分利用现有的各类教育培训基地和广播、电视、远程教学等手段，适应情景模拟、应急演练等培训要求，加强功能建设，改善教学条件，提高培训质量和效益。

④建立培训质量评估和考核制度。根据不同的培训目标、对象和内容，分别研究制定培训质量评估和考核标准。将应急管理教育培训质量评估和考核，纳入现行的干部教育培训质量评估和考核体系，统一实施质量评估和考核。

⑤授课启发。针对不同的受训对象，编写不同的培训教材，力求授课内容丰富，授课形式多样，知识性、趣味性融为一体。围绕应对突发公共事件的重点、热点、难点问题认真思考，展开讨论，增强授课效果。联系实际，组织企业生产突发事件现场参观活动，请当事人讲述突发事件发生的过程和应急处置情况，让受训对象从中得到感性认识。

⑥案例分析。通过分析现实中不同类型的企业生产突发事件案例，让受训对象从中找出突发事件发生、发展规律，找到处置企业生产突发事件的有效方法，提高分析判断和解决问题的能力。

⑦实地演练。组织适度规模的企业生产突发事件演练活动，让受训对象扮演应对突发事件中的不同角色，表演如何应对突发事件，提高实战能力。

⑧电教指导。将应急管理教育培训项目制成录像带或光盘，通过播放录像的形式进行培训，使受训对象受到直观教育。此外，还可以通过电脑提供练习、游戏和应对突发事件情景模拟，让受训对象得到训练。

⑨学习一些基本知识：国家及地方安全生产法律法规标准、新出台政策文件通知；公司安全管理制度、安全操作规程及相关安全通知文件；安全管理方法知识；危险化学品、机械、电气、防火防爆、安全技术知识；职业卫生安全防护知识；劳动防护用品器具使用、操作、维护知识；公司事故应急救援知识及事故模拟演练；事故案例分析总结。

(5) 技术支撑体系。

企业应急管理的技术支撑体系可由风险评估技术、监测预警技术、应急决策技术、应急演练技术构成。

①风险评估技术。风险矩阵方法是由不利事件可能性和后果严重性两个要素确定一个要素值的方法，是风险评估的方法。

风险的表达式为

$$R = P \times C \tag{11-1}$$

式中：R 是风险，P 是不利事件的可能性，C 是不利事件的后果损失。

可能性评议：可能性是指不利事件发生的可能性。可能性评议采取专家打分的方法进行，也可以通过风险评估技术量化计算而得。其表达式为

$$P = \{P_1, P_2, \cdots, P_n\} \tag{11-2}$$

后果严重性评议：后果是指发生不利事件所导致的后果及其严重程度。后果严重性评议同样可以采取专家打分的方法进行，也可以通过相应模型计算而得。其表达式为

$$C = \{C_1, C_2, \cdots, C_n\} \tag{11-3}$$

风险评估的传统评价方法包括德尔菲法、预先危险性分析法、层次分析法、事件树评价、事故树评价等；新兴科学方法包括模糊数学、人工神经网络、灰色系统理论、蒙卡特洛法等。

②监测预警技术。监测预警技术的理论基础是由系统论、信息论、预测分析方法、控制论组成。监测预警技术是由 3S 监控技术、视频监测监控技术、无线传感技术、物联网技术组成。

系统论：系统论是把所研究和处理的对象作为一个系统，分析系统的结构和功能，研究系统、要素、环境三者的相互关系和变动的规律，并优化系统观点看问题。

信息论：监测预警的有效运行必须建立在大量的信息取得、传输、整理、分析、处理之上。

预测分析方法：运用各种知识和科学手段，分析研究历史资料和调研资料，对事物发展趋势或可能的结果进行事先的推测和估计。

控制论：预警管理的一个重要目的就是对突发事件进行预控，因而控制是预警管理的落脚点。

将来的监测预警技术中将更多引入控制技术、通信技术、卫星与遥感技术、专家系统、危险源泄漏扩散模拟计算等重要技术，使监测预警系统更加完善。

③应急决策技术。决策支持系统是应急决策技术的基础。决策支持系统是以管理科

学、运筹学、控制论和行为科学为基础，以计算机技术、仿真技术和信息技术为手段，辅助决策者通过数据、模型、知识以及人机交互方式进行决策的具有智能作用的人机系统。

④应急演练技术。应急演练技术由经典应急演练技术、突发事件场景虚拟仿真技术、模拟演练记录与评估技术构成。

经典应急演练技术由桌面推演、实战演练、模拟演练构成。

突发事件场景虚拟仿真技术即对应实战演练中的应急环境设计，是模拟演练的基础，也是组织开展模拟训练的起点。它是一个设计逼真、表现合理的仿真事件场景，也是保障模拟演练顺利进行的基本条件。

模拟演练利用计算机和信息技术，能够自动记录演练过程，并在演练结束后回放整个演练过程。记录回放是建立一种时态连接，把模拟演练过程中产生的各种事件按照时态顺序保存并组织起来，在回放时读出这些事件，按时态顺序驱动仿真模拟，使之重现模拟训练全过程。

11.2 企业应急管理教育培训步骤与内容

11.2.1 应急管理业务培训步骤

1. 进行培训需求分析

培训需求分析是整个培训开发工作流程的出发点，其准确与否直接决定了整个培训工作的有效性。简单地说，培训需求分析就是判断企业应急管理师是否需要培训的一种活动或过程。

企业应急管理师需要对企业应急管理教育培训需求进行分析，并进一步编制企业应急管理师培训计划。

(1) 确认差距。确认差距有 3 个环节：

①必须对所需要的知识、技能、能力进行分析，即企业应急管理师所需具备的知识、技能、能力的标准或模型是什么；

②必须对现实实践中缺少的知识、技能、能力进行分析；

③必须对晋级或直接评定企业应急管理师所需要的知识、技能、能力与培训对象现有的知识、技能、能力之间的差距进行比较分析。

(2) 前瞻性分析。对于企业应急管理师的培训，培训内容不能仅停留在晋升方面，也应适当增加应急管理新知识。

（3）选择培训方法，制定多样性的培训策略。目前，企业应急管理师的培训主要采用的是大课讲座的方式。随着条件的改善，应适当制定多样性的培训方式，为不同层次的培训对象服务。

（4）分析培训的价值及成本。企业可将培训视为经营管理过程中的一项重要投资，在评估培训效果时可借鉴成本收益分析法。

（5）获取内部与外部的多方支持。在实际工作中，可以用培训需求确认表（表11-1）来描述某项工作任务的培训需求。

表 11-1　培训需求确认表

序号	本阶段能力提升目标	实际工作能力	需要培训内容

2. 收集培训需求的方法

（1）收集培训需求的基本原则。

①确保一定的样本量。

②通过多种途径开展需求调查。

③采用多种方法开展需求调查。

④保密与客观。

（2）收集培训需求常用的方法。

①观察法：是培训项目开发人员亲自到员工工作岗位上观察员工的具体工作情况，从而获得培训需求的一种方法。通常用设计观察记录表的方式进行。观察记录表如表11-2 所示。

表 11-2　观察记录表

观察项目： 编号：	员工姓名： 岗位类别：	观察日期：
1. 时间安排		
2. 工作完成情况		
3. 存在的问题		
4. 需改的内容		

②问卷法：是指通过将一系列的问题编制成问卷，发放给需要调查的对象，填写完成后再收回分析，以获取有关需求的方法。

③访谈法：是指通过与学员本人或与其上级、同事或下级进行面谈以确定培训需求的调查方式。

④资料分析法：是指利用现有的有关组织发展、岗位工作描述等文件资料来获取培训需求。组织总体培训方案设计可利用组织发展规划文件、人力资源规划文件、人力资源信息系统数据进行需求分析。

⑤关键事件法：在公司内部或外部发生对员工、客户和公司影响较大的事件时，往往采用关键事件法来收集培训需求信息。

⑥差距分析法：是通过分析工作要求和员工现有实际能力的差距来判断培训需求的方法。

3. 制定培训计划的步骤

(1) 培训计划的分类。培训计划是指对一定时期内将要进行的培训工作进行系统安排，是企业开展培训工作的指导性文件，是做好企业培训工作的前提条件。

培训计划按不同的划分标准可分为不同的种类，按计划的层次可分为公司培训计划、部门培训计划与培训管理计划等；按时间长短可分为长期、中期与短期培训计划。无论哪一类培训计划，其制定流程和方法基本类似，都需要进行系统、全面的需求分析。在这些培训计划中，年度培训计划是较常用且具有代表性的。

(2) 培训计划的作用。其主要体现在以下方面：

①系统的培训计划迫使人们进行全面的思考，不仅需要思考未来培训要做什么，也要反思以前培训工作的成功与失败。

②培训计划的主体应该是各个有培训需求的职能部门而非培训管理部门，因此，各职能部门对培训计划的制定和实施起着非常重要的作用。书面的培训计划可以成为各职能部门开展培训工作的依据和实施有效沟通的桥梁。

③培训计划明确了培训目标和责任，可保证培训活动按照既定目标连续性地开展下去。

(3) 制定培训计划的原则。

①系统性原则。制定培训计划时要使用系统的方法，根据企业发展的要求，选择合适的时间、场所，实施有效的培训。

②全面性原则。制定培训计划时要全面考虑企业各个部门、各个岗位以及培训对象的现实和潜在的培训需求，该计划应成为企业开展培训工作的指导工具和具体实施计划。

③有效性原则。培训计划要立足于企业的现实情况，针对企业的实际进行设计。同时，要充分关注培训需求分析中发现的各类问题，并通过实施培训，能够真正有效地解决企业发展过程中遇到的问题，对工作绩效产生积极影响。

④标准化原则。编制培训计划需要多方共同参与，针对编制流程的设计、职责与任务

的划分、不同部门之间的协作等问题，制定相应的标准，以提升整体培训计划的编制水平。

（4）制定培训计划的步骤。培训计划一般由培训管理部门（如人力资源部、培训部）负责协调，由各职能部门（如生产管理部、技术研发部、市场部、办公室等）按照培训管理部门的统一要求进行培训需求分析，制定初步培训计划，最后由培训管理部门汇总、审核后，形成整体的培训计划。具体步骤如下：

①由培训管理部门作为总协调部门，与各职能部门进行协商，成立培训计划编制小组，共同制定培训计划。

②由培训管理部门负责制定培训计划的基本原则、注意事项、时间进度要求、实施细则等。

③由人力资源部牵头，召集相关人员参加培训计划制订会议，就培训计划编制的原则、注意事项、实施细则等问题进行讨论，明确制定培训计划的工作安排与分工。

④组织各职能部门的有关人员对以前的培训开展情况进行总结，对存在的问题进行分析，找出产生问题的原因，提出今后培训工作方向和基本建议。

⑤各有关职能部门组织有关人员，就培训需求进行深入调查和分析。由参与培训计划编制的人员负责部门内的沟通和协调，由熟悉培训工作、了解员工能力素质要求并能找出需要培训解决差距的专业人员负责确定培训需求。在确定真正的培训需求后，制定初步的培训计划，并提交人力资源部门。

⑥人力资源部门对下属分公司或部门的培训计划进行审核，在此基础上，编制整体培训计划，并形成初步方案。

⑦人力资源部门组织召开相关人员参加的培训计划修订会议，就培训计划的内容进行讨论，提出修改意见。

⑧由人力资源部门根据修改意见对培训计划进行修改完善，完成后上交公司法人代表或总经理批准，下发到各职能部门，作为下一年度开展培训工作的指导性文件。

4. 培训计划课程设计实例

下面以某石化企业初级分析化验工培训中技能类课程的设计为例，说明操作人员培训课程的设计。

（1）胜任能力项目整合。

某石化企业组织有关专家，参照《化学检验工国家职业标准》，制定了《分析化验工石化行业职业标准》（以下简称《标准》）。《标准》以客观反映现阶段分析化验工的职业水平和对从业人员的要求为目标，在充分考虑经济发展、科技进步和产业结构变化对本职业影响的基础上，对分析化验工的职业道德、知识水平和技能要求做了明确规定。这些规定构成了分析化验工从业的胜任能力，经过整合便可根据这些胜任能力，分别设置品德类课程、知识类课程和技能类课程。其中,技能类课程就是根据《标准》中规定的专业技能设计的。

在《标准》中,对分析化验工的专业技能规定有6项,即采样制样、分析准备、分析与测定、测后工作、养护设备和安全实验,针对每项专业技能都制定了相应的技能要求(见表11-3第一列)。

(2)课程设计与课程目标确定。

①课程设计。根据对分析化验工规定的6项职业技能及其相应的要求,技能类课程设置6门课程(见表11-3第二列)。

表11-3 分析化验工技能类培训课程设计

专业技能	培训课程	课程目标	课程模块	模块目标
1.能正确使用采样器具,完成采样制样工作	CP1——采样制样	1. 采样前,能明确采样方案中的各项规定,包括批量的大小、采样单元、样品数、样品量、采样部位、采样工具、采样操作方法和采样的安全措施等	MP1——明确采样方式	1. 2. 3. 4.
		2. 能检查抽样工具和容器是否符合要求。准备好样品标签和采样记录表格	MP2——准备采样	1. 2.
		3. 能在规定的部位按采样操作方法进行采样。填写样品标签和采样记录	MP3——实施采样	1. 2. 3.
		4. 能按规定的样品储存条件保存样品至规定日期	MP4——保存样品	1. 2. 3. 4.
		5. 能正确对试样进行处理,并正确制备组成不均匀的固体样品	MP5——制备处理样品	1. 2. 3.
……	……	……	……	……

②课程目标确定。根据每门课程所对应的技能要求,在深入调查的基础上,确定每门课程的课程目标。例如,对第一门课程"采样制样",确定5项课程目标;对第四门课程"测后工作",确定3项课程目标;对第六门课程"安全实验",确定2项课程目标。

(3)模块设计与模块目标确定。

①模块设计。根据已经确定的课程目标设计各门课程的模块,一个模块对应1项课程目标。例如,第一门课程"采样制样"有5项课程目标,可以设置5个模块;第四门课程"测后工作"有3项课程目标,可以设置3个模块;第六门课程"安全实验"有2项课程目标,可以设置2个模块。

②模块目标确定。根据模块所对应的胜任能力项下的知识要点和典型行为,按照SMART原则,将这些知识要点和典型行为细化,确定相应的模块目标。各模块的目标

不再复述。

(4) 课程内容开发。

分析化验工一般应具有高中毕业的文化水平。将每一模块的模块目标与被培训者具备的高中文化水平和现实能力相比较，找出弥补二者缺口所需补充的知识进而确定模块的教学内容。

例如，分析化验工技能类培训课程中，第四门课程设置了 3 个培训模块，即"MP13——清洗分析所有器皿""MP14——分析结果计算及数据处理"和"MP15——填写分析报告"。比较每个模块的模块目标与高中毕业生的文化水平和现实能力，分析由此产生的缺口，可以确定这3个模块的教学内容。

① "MP13"的教学内容：玻璃仪器的洗剂知识；危险化学品相关知识。

② "MP14"的教学内容：分析结果的计算方法；有效数字及数字修约规则。

③ "MP15"的教学内容分析报告的要求。

(5) 教学方法选择。

技能类课程的教学以"能"和"会"为中心，使学员能用会做。为此，在分析化验工技能类课程的教学中，除了必要的讲解外，要特别关注互动式教学，通过教师的演示、示范，使学员真正能"动手"操作。

5. 应急演练实施

(1) 应急演练的意义。

应急演练是在事先虚拟的事件（事故）条件下，应急指挥体系中各个组成部门、单位或群体的人员针对假设的特定情况，执行实际突发事件发生时各自职责和任务的排练活动，简单地讲，就是一种模拟突发事件发生的应对演习。实践证明，应急演练能在突发事件发生时有效减少人员伤亡和财产损失，迅速从各种灾难中恢复正常状态。需要指出的是，应急演练不完全等于应急预案演练，由于应急演练一般都需要事前作出计划和方案，因此应急演练在某种意义上也可以说是应急预案演练，但这个"预案"还包括了临时性的策划、计划和行动方案。应急演练具有如下重要意义：

①提高应对突发事件的风险意识。开展应急演练，通过模拟真实事件及应急处置过程，能给参与者留下更加深刻的印象，从直观上、感性上真正认识突发事件，提高对突发事件风险源的警惕性，能促使公众在没有发生突发事件时，增强应急意识，主动学习应急知识，掌握应急知识和处置技能，提高自救、互救能力，保障其生命和财产安全。

②检验应急预案效果的可操作性。通过应急演练，可以发现应急预案中存在的问题，在突发事件发生前暴露应急预案的缺点，验证应急预案在应对可能出现的各种意外情况方面所具备的适应性，找出应急预案需要进一步完善和修订的地方；可以检验应急预案

的可行性以及应急反应的准备情况，验证应急预案的整体或关键性局部是否可以有效地付诸实施；可以检验应急工作机制是否完善，应急反应和应急救援能力是否提高，各部门之间的协调配合是否一致等。

③增强突发事件应急反应能力。应急演练是检验、提高和评价应急能力的一个重要手段，通过接近真实的亲身体验的应急演练，可以提高各级领导应对突发事件的分析研判、决策指挥和组织协调能力；可以帮助应急管理人员和各类救援人员熟悉突发事件情景，提高应急熟练程度和实战技能，改善各应急组织机构、人员之间的交流沟通、协调合作；可以让公众学会在突发事件中保持良好的心理状态，减少恐惧感，配合政府和部门共同应对突发事件，从而有助于提高整个社会的应急反应能力。

(2) 应急演练的目的。

①检验预案。通过开展应急演练，查找应急预案中存在的问题，进而完善应急预案，提高应急预案的实用性和可操作性。

②完善准备。通过开展应急演练，检查应对突发事件所需应急队伍、物资、装备、技术等方面的准备情况，发现不足及时予以调整补充，做好应急准备工作。

③锻炼队伍。通过开展应急演练，增强演练组织单位、参与单位和人员等对应急预案的熟悉程度，提高其应急处置能力。

④磨合机制。通过开展应急演练，进一步明确相关单位和人员的职责、任务，理顺工作关系，完善应急机制。

⑤科普宣教。通过开展应急演练，普及应急知识，提高公众风险防范意识和自救互救等灾害应对能力。

(3) 应急演练的原则。

①结合实际、合理定位。紧密结合应急管理工作实际，明确演练目的，根据资源条件确定演练方式和规模。

②着眼实战、讲求实效。以提高应急指挥人员的指挥协调能力、应急队伍的实战能力为着眼点。重视对演练效果及组织工作的评估、考核，总结推广好经验，及时整改存在的问题。

③精心组织、确保安全。围绕演练目的，精心策划演练内容，科学设计演练方案，周密组织演练活动，制定并严格遵守有关安全措施，确保演练参与人员及演练装备设施的安全。

④统筹规划、厉行节约。统筹规划应急演练活动，适当开展跨地区、跨部门、跨行业的综合性演练，充分利用现有资源，努力提高应急演练效益。

(4) 应急演练的类型。

①按组织方式及目标重点的不同，应急演练可以分为桌面演练和实战演练等。桌面

演练是一种圆桌讨论或演习活动，其目的是使各级应急组织和个人在较轻松的环境下，明确和熟悉应急预案中所规定的职责和程序，提高协调配合及解决问题的能力。实战演练是以现场实战操作的形式开展的演练活动。

②按演练内容分类，应急演练可以分为单项演练和综合演练两类。单项演练是指只涉及应急预案中特定应急响应功能或现场处置方案中一系列应急响应功能，演练活动注重对一个或数个参与单位（岗位）的特定环节和功能进行检验。综合演练是指涉及应急预案中多项或全部应急响应功能的演练活动，注重对多个环节和功能进行检验，特别是对不同单位之间应急机制和联合应对能力的检验。

③按演练目的和作用分类，应急演练可以分为检验性演练、示范性演练和研究性演练。检验性演练主要是指为了检验应急预案的可行性及应急准备的充分性而组织的演练。示范性演练主要是指为了向参观、学习人员提供示范，为普及宣传应急知识而组织的观摩演练。研究性演练主要是为了研究突发事件应急处置的有效方法，试验应急技术、设施和设备，探索存在问题的解决方案等而组织的演练。

11.2.2 企业应急管理业务培训的内容

1. 教材

（1）业务培训教材设计。业务培训教材的基本要素包括课程目标和课程内容。

①课程目标。指培训的方向和培训过程中各阶段要达到的标准，主要为企业应急管理师能力提升而制定的。因此，课程目标既要巩固原有知识，又要包含企业应急管理师能力提升或晋升所需知识。

②课程内容。一般来讲，以实现课程目标为出发点去选择并组合课程内容，范围和顺序尤其重要。范围是指对课程内容在水平方向上的安排；顺序是指内容在垂直方向上的组织。课程内容同时包括这一职业领域内的概念、判断、思想、进程和技能。

（2）教材编写的意义。教材是进行业务培训教学的使用指南，是整个业务培训工作计划中重要的组成部分。教材编写的重要意义如下：

①明确教学的目的与任务，明确教学内容、方法与步骤，使培训教师有据可依，是顺利完成培训教学任务的先决条件。

②教材是业务培训的重要资料。

（3）教材编写环节。教材编写由分析大纲、分析培训对象、设计教学方法等一些细致复杂的工作环节组成。

①分析大纲。大纲和教材有着密不可分的联系。分析大纲，能够明确教材编制的重点。大纲是编制教材不可或缺的依据。

②分析培训对象。主要是分析企业应急管理师的学历水平、专业背景、知识结构、实践能力等情况,以便从培训实际出发,研究有效的教学方法,编写教材。分析培训对象是编写教材的一项基础工作。

③编写教材。综合上述各项工作的成果,按照教材的基本形式进行内容汇编。

2. 教案编写

(1) 教案编写的意义。教案是业务培训教师进行教学的行动方案,是整个业务培训工作计划中最重要的组成部分。教案编写的重要意义如下:

①教案可以使培训教师进一步明确教学目的与任务,明确教学内容、方法与步骤,是顺利完成培训任务的先决条件。

②教案是培训教师多年的工作和培训经验的总结和积累,是业务培训的重要资料。

③培训实施后,可对教案中的不妥之处进行修订。为了提高编写教案的能力,除应注意在实际工作中不断学习、改进教学和总结、积累经验外,还应掌握编写教案的一般方法与步骤。

(2) 教案编写环节。教案编写由分析教材、分析培训对象、设计教学方法等一些细致复杂的工作环节组成。

①分析教材。了解教材的组成、内部联系、外部联系,形成适宜的教学内容;挖掘教材中可能具有的培养企业应急管理师业务能力、进行思想品德教育的因素并确定教材的重点与难点,为设计教学方法、编写教案提供依据。分析教材是编写教案的基础工作。

②分析培训对象。进行教案编写的时候,仍需要对培训对象进行分析,有助于研究有效的教学方法。

③设计教学方法。培训教师要在分析教材和培训对象情况的基础上,精心设计教学方法。设计教学方法时,要考虑与各部分教学内容相适宜的教学方法。针对一段教材内容,既要考虑培训教师与培训对象互动的方式(谈话法、讲授法、讨论法、归纳法、演绎法、比较法等),又要考虑选择教学手段和教具,以便协调各教学要素之间的关系,顺利而高效地进行课堂教学活动。

④编写教案。培训教师将上述各项工作的成果,按照教案的基本内容和形式,用书面的方式总结、概况表述出来,就形成了培训教案。

3. 培训讲义编制

(1) 讲义编制的意义。讲义是进行教学行动的重要基础和条件,是整个业务培训工作计划中最重要的组成部分之一。

①讲义可以使培训教师及学员明确教学的目的、任务和内容,是反映培训要求,顺

利完成培训教学任务的先决条件。

②讲义是培训教师多年工作和培训经验的总结和积累，是培训的重要资料。

③随着讲义的不断使用，可对其中不妥之处进行修订，有利于教学培训工作的不断改进。编写讲义是培训教师一项重要的教学技能和基本功。

（2）讲义的编制原则。

①培训目的和内容。培训目的和内容的确定是编写讲义的首要任务。讲义编写人员应清楚地认识培训的目的和内容要求，确定讲义涵盖范围及深度。

②讲义的重点和难点。在编写讲义时，应认识和总结出讲义中的重点和难点，并着重将这些知识点介绍和论证清楚。

③讲义的系统性。讲义作为培训的重要资料，在知识结构上必须具有一定的系统性，保证讲义内容的连贯。

④讲义的内容和深度应与培训对象的知识水平匹配。

⑤讲义中引用的内容应充分考虑知识产权问题。

⑥作为企业应急管理师的培训讲义，应在保证培训内容的基础上，充分考虑深入浅出，易于理解，便于记忆。一些内容可考虑编制成册，以便于使用。

（3）讲义的主要内容。在编制企业应急管理师的培训讲义时，应充分考虑国家职业标准中规定的内容。

①以国家职业标准为基础，涵盖企业应急管理师应知应会的内容。

②在体现知识点的同时，必须注意技能要求的内容。

③在讲授应急管理专业技术的同时，应充分体现企业应急管理知识的特点，将企业应急管理知识与相关专业技术结合起来。

④结合事故案例等内容，注重实践能力的培养。

（4）选择合理的讲义编制方式。根据以上不同内容，选择不同的讲义编制方法。

①自编讲义。自编讲义能最大限度地适应培训科目要求，充分满足培训课题需要，能较好地做到理论联系实际，针对性强，材料内容可灵活安排，并可借助计算机制作多媒体课件。

②补充或充实现有教材。对现有教材进行分析和选择，并对内容进行补充、充实和修改。

③实践讲义法。在知识型讲义的基础上，结合企业应急管理工作的特点，还可选用现场讲解讲义、实验讲义等适用于实践教学的讲义编制方式。

4. 师资

教师队伍是确保培训工作水平的重要支柱，加强培训教师队伍建设刻不容缓。

(1) 逐步建立一支专兼结合、结构合理的教师队伍。对现有培训教师从职称、专业、年龄、学历结构等各方面进行科学合理的调整，以促进培训教师成长和他们专业能力的发挥；有计划地引进人才，逐年从其他高校或社会上吸纳部分具有专业知识或有实践经验的专家和技术人员，从而更好地满足教学的需要。

(2) 加强教师的培训工作。有计划、有针对性地对现有实训基地管理人员分期分批进行培训，同时鼓励培训教师到各级党校、行政学院和干部院校进修学习，了解教师本身所从事专业的发展动态和前沿技术，迅速解决知识更新问题，并将其及时补充到教学中。同时，也可以有计划地选派部分教师到各企业一线岗位挂职实践，让教师带着教学中的问题在实践中学习，在真实的环境中提高自身的实践能力；鼓励教师参加职业技能培训并取得有关技能考核等级证书。

(3) 建立动态师资库。建立由党政领导干部、专家学者、企业经营管理者、单位业务骨干、基层工作者等组成的应急管理动态师资库。学校教师要结合自身理论知识深厚的特点，运用理论指导学生实践，并解决学生在实践中遇到的理论问题；企业技术人员要结合自身现场专业技术熟练的特点，讲解实用性强的技术内容并指导实际操作。

(4) 建立激励制度，切实提高培训教师待遇。探索建立培训教师的考核激励机制，并设立师资引进、师资教学教育奖励资金，使人才"进得来，安得下，用得上"。另外，还可以考虑专项奖励基金，激发有潜力的学生开展创造性的实践学习和研究工作，奖励有突出成果的学生和教师。

5. 考核与要求

考核分为笔试和实际操作两部分。培训采取集中面授的方式，为解决工学矛盾，在培训实施过程中，采取集中调训和送教上门的方式，时间安排上，可以根据各单位的需求灵活掌握。组织统一闭卷考试。参训人员考试合格后，将培训考试情况登记在培训证书上，作为职员调动、定级、晋升和年度考核的重要证据之一。考试成绩不合格者，当年年度考核不能评为优秀等级。

11.3 企业应急管理教育培训具体组织与实施

1. 业务培训特点

(1) 生产性。通过培训，使应急管理者综合素质得到提高，对应急管理工作的进行具有促进作用，具有明显的生产性特点。

(2)专业性。应急管理者业务技能培训工作是一项专项工作，培训人员必须具备一定的安全专业知识技能、丰富的实践经验、教学和管理能力。

(3)操作性。对应急管理者培训的目的是保证和提高应急管理者的基本素质和工作质量，这就要求被培训者不仅要在培训过程中学习、掌握理论知识，更要提高自身应用理论和知识解决实际问题的能力。

2. 制定企业应急管理师培训计划

企业应急管理师培训计划主要是指想取得企业应急管理师资格的人员的能力提升培训。企业应急管理师培训不应少于120个标准学时。

(1) 培训计划的主要内容。

①培训项目的确定。

②培训内容的开发。

③实施过程的设计。实施过程的设计要考虑到培训硬件、软件情况，评价发展趋势，以及企业应急管理师考试趋势。

④评估手段的选择。按照国家职业标准的要求，参照企业应急管理师鉴定方式，利用笔试和综合评审相结合的方式进行评估。

⑤培训资源的筹备。培训需要从硬件和软件两方面同时筹备。培训硬件主要包括培训场所、设备等，软件主要包括教材、培训人员等。

(2) 制定培训计划。

①培训需求分析。

②工作说明。用来判断培训规划应包括什么、不包括什么。

③工作分析。用来分析培训的特殊要求。

④排序。排序依赖于对任务说明的结果的检查与分析。

⑤陈述目标。每一阶段的培训都需设定目标，力争各培训对象都能通过培训而得到不同程度的能力提升。

⑥设计测验。测验仅用于培训结束时对培训结果进行评价。

⑦制定培训策略。

⑧设计培训内容。

⑨实验。培训规划设计好以后，可以通过实验性的培训来判断培训规划的优缺点并加以改进，以保证培训计划的有效性。

3. 培训课程的实施

(1) 设置培训课程的基本环节。

①课程定位。确定课程的性质和类别。

②确定目标。明确课程的目标领域和目标层次。

③注重策略。充分注意培训教师的培训观念与培训对象的学习风格的统一。

④选择模式。优化教学内容，调动教学资源，选择教学方法。

⑤进行评价。检验目标是否达到。

(2) 设置培训课程的原则。

①符合学习者的需求。

②符合学习者的认知规律，这是课程设计的主要原则。

③体现培训功能的基本目标。

(3) 培训课程实施的流程。课程实施是整个课程设计过程中的一个实质性的阶段，主要包括以下过程：

①前期的准备工作。

②设定课程目标。

③收集信息和资料。

④课程模块设计。包括课程内容设计、教材设计、教学模式设计、教学活动设计、课程实施设计、课程评估设计。

⑤课程预演。即对培训方案进行一次排练，也是对课程设计前一阶段工作的检验，以便查漏补缺，使培训课程的设计更加完善。

⑥信息反馈与课程修订。参加预演的专家、同事等对培训课程的预演效果进行意见反馈，然后根据反馈意见进行课程的修订和完善。

4. 培训对象确定

(1) 培训对象确定。应急管理教育培训的对象包括政府及派出机关人员、企事业单位人员、专职应急队伍。

①政府及派出机关人员主要包括政府工作人员、政府各级相关领导、政府各级相关部门人员、应急值班人员和社区工作人员。

②企事业单位人员主要包括企事业单位各级领导（企业法人、企业实际控制人、企业主管负责人）、企事业单位安全管理人员、企事业单位专业应急救援人员、企事业单位一般应急救援人员、企事业单位其他人员及临时外来人员和社会救援人员。

③专职应急队伍主要包括消防队伍，医疗卫生队伍，矿山、危险化学品、电力、专业工程抢险队伍。

(2) 培训场所确定。培训场所分为理论培训场所和实践演练培训场所，理论培训场所根据各地人数及场地情况确定即可，实践演练培训场所则根据不同企业的专业性进行选择。

5. 培训内容及课程设计

全国目前尚无一致的应急管理教育培训课程体系，对政府层面的课程基本分为 3 部分：应急决策演练、媒体沟通演练和心理调适；有的课程分为 5 部分：应急指挥、媒体合作、社会协同、心理干预和常规能力；有的主要分为培养责任意识、风险意识、提高应急处置能力、提高媒体沟通能力 4 部分。

(1) 培训内容。提升应急管理被培训者的理论、预判、处理突发事件的能力是应急管理教育培训的重点内容。其中理论部分将在基础知识部分着重培训，而实践部分将放在应急演练、应急管理安全检查、隐患整改等内容中。应急管理者应当明确并学会运用相关法律法规来应对突发事件的发生，应在遵守相应法律法规的基础上进行应急管理的相关工作。

①应急管理法制教育主要包括突发事件应急管理、应急管理法律法规、应急预案的操作规程等。

②应急管理基础知识教育主要包括应急管理概念、应急管理体系建设、危害因素辨识、重大危险源辨识、应急预案的作用、应急预案的构成及编制实施管理。

③应急管理工作主要包括应急管理检查、应急管理隐患整改、应急管理处置、应急救援工作、应急救援技能。

④应急管理技能教育主要包括相关危险化学品、电力、工程施工等专业知识，风险分析方法，应急预案编制，应急物资储备与使用管理，应急装备选择、使用与维护，应急预案评审与改进，应急预案管理实施。

(2) 培训课程设计。

①培训课程的组成要素。培训课程设计是为了实现培训宗旨，将培训需求转化为培训课程，进而决定课程内容和教学方法的过程。这一过程主要解决通过什么途径、培训哪些内容，使学员达到既定要求的问题。

培训课程设计是整个培训过程中极为重要的环节，具有承上启下的作用。培训课程设计不仅为培训需求得以实现寻求相应的载体，也为教学实施和教学评估提供重要依据。

在进行培训课程设计之前，首先需要了解培训课程由哪些要素组成。一般而言，培训课程由 4 大要素组成。

②教学方法。教学方法是培训课程的 4 大要素之一，根据教学内容和培训对象选择适当的教学方法是培训课程设计的重要环节。在职业培训中，可供选择的主要教学方法如图 11-1 所示。

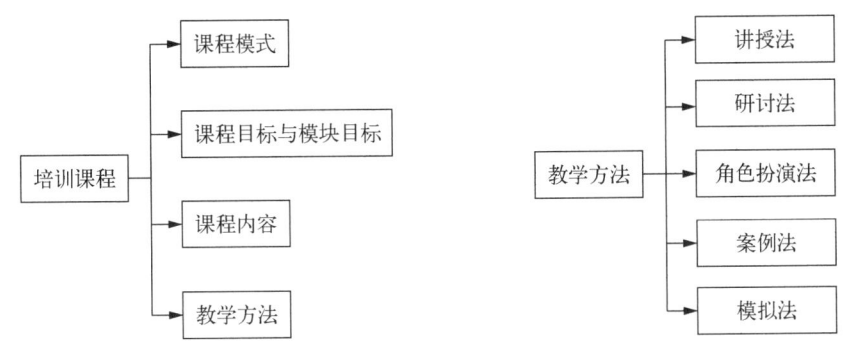

图 11-1 培训课程及教学方法

③培训课程设计的原则。培训项目不同,培训课程设计的原则与程序也不完全相同。下面以提高胜任能力为导向的管理人员任职前培训项目为例,阐述培训课程设计的原则。

首先,以需求分析为依据。培训的主要目的是要满足社会、组织以及个人的实际需求。因此,培训课程设计必须以需求分析为依据,在课程目标、课程内容、教学方法等方面都要体现这种存在关系,这是现代培训课程设计的基本依据。

其次,以提高能力为中心。对参加培训的人员来说,从获得知识到提高能力,再到转化为行动是一个复杂而艰巨的过程。以提高能力为中心设计企业应急管理师的培训课程时要打破学科界限,从现实问题出发,按能力倒推培训课程;同时在课程设置中要设计一定的带有操作性和实践性的环节或项目,如安排案例分析、实地考察、项目研究、拓展训练等,让学员面对问题、解决问题,提高学员解决实际问题的能力。

第三,以现实问题和未来变革为导向。培训课程设计与内容开发必须从企业的现实问题出发,紧密结合企业的实际。只有这样,培训才具有针对性。同时,培训课程设计与内容开发必须关注企业的新要求和新变化,体现培训的前瞻性和新颖性。以现实问题和未来变革为导向设计培训课程,就是要把课程设计的针对性和前瞻性统一起来。

第四,以学员的认知规律为立足点。培训课程的主要接受者是企业应急管理师,他们有自己的经验、学习经历和学习特点。

阅历与经验:一方面,经验可以成为这些学员接受新事物的基础,从而促进他们的学习;另一方面,经验在一定条件下又会阻碍他们对新的知识和技能的吸收。培训课程设计要充分地考虑经验的作用。

地位与责任:这些学员是社会活动的参与者,承担一定的社会角色,拥有一定的社会地位,负有一定的社会责任。这一特点决定了他们在学习中有不同于未成年学员的行为和要求。

自主学习和自我整合能力:由于学员的经验在培训中发挥着重要的作用,所以学员在学习的过程中是主动的,而且可以凭自己的知识和经验将学到的东西进行整合。

3. 培训课程设计的基本程序

培训课程设计应注意以下一些问题。

①胜任能力项目整合。胜任能力项目是培训课程设计的依据，而整合胜任能力项目是培训课程设计的前提。培训课程设计就是通过整合胜任能力项目，形成若干项胜任能力项目集合，进而根据这些集合设计相应的课程，并确定各门课程的培训目标。胜任能力项目整合得是否恰当合理，在很大程度上决定所设计的培训课程的准确性。

②课程设计与课程目标确定。课程设计是将胜任能力项目集合转化为培训课程的过程。一般而言，培训课程对应于合并后的胜任能力项目集合，即根据合并后的胜任能力项目集合设计培训课程，一项集合设计一门培训课程。

课程目标是对学员经过某门课程的学习后应当达到的标准的概括说明。课程目标确定得是否准确，直接影响这门课的课程模块设置得是否恰当。课程目标的确定，一方面要满足胜任能力项目集合的要求；另一方面又要在教学上具有可操作性。一般而言，可以根据每门课程所对应的胜任能力项目确定若干项课程目标，每项课程目标具有相对的独立性（以便根据课程目标设置相应的模块）。

③模块设计与模块目标确定。模块设计的主要依据是课程目标，为此，原则上可以对一项课程目标设置多个模块。

模块目标是对学员经过本模块的学习后能做什么以及做到什么程度的详细说明，也是对课程目标的分解和细化。模块目标确定得是否准确，直接影响该模块及其课程的培训效果。为此，模块目标的确定要遵循 SMART 原则。

④课程内容确定。确定课程内容的依据主要包括工作层面、工作职能和每一模块需求缺口。

不同类型模块的内容开发可分为知识补充与更新型、技能提高型和观念转变型 3 种类型。对于每一个培训模块，要根据所涉及内容的不同，设计不同的培训环节，以解决不同的问题。

⑤教学方法选择。教学方法选择的经典理论是美国教育技术专家埃德加·戴尔的"经验之塔"。这一理论把人类获取知识和经验的途径依据抽象程度的不同分成 3 类 10 个层次，系统地描述了人类获取知识的各种途径和方法。

依照心理学的概念来划分，在戴尔的"经验之塔"中，塔的底部（做的经验）可称为实物直观，塔的中部（观察的经验）可称为模型直观，塔尖（抽象的经验）可称为语言直观。实物直观反映客观事物的鲜明性和具体性，但不容易突出客观事物的本质特征，容易把学员的注意力引向事物的非本质方面；语言直观反映客观事物的抽象性，但其反映的事物的鲜明性和可靠性都不如实物直观；模型直观（视听的经验）弃二者之短，更容易转向塔的两端抽象概念化和具体实际化。根据"经验之塔"的理论，在教学中应采用多样化方法和媒体，以使教学内容丰富形象。

6. 培训方法

（1）书本教育：编制应急管理知识通俗读本，进行全员发放，人手一册，以提高应急知识普及程度。

（2）举办知识讲座：聘请外部专家对专业人员进行系统的专业知识教育，或者对某一专题进行讲解。

（3）企业内部培训班：组织具备相当水平的企业内外专业人员从上至下进行分层次的教育培训。

（4）事故案例教育：精选近期典型事故成败案例，结合企事业单位实际情况，进行生动灵活的教育。

（5）利用多媒体技术进行教育：利用幻灯片、三维动画模拟、影视剧影像资料、在线网络直播等互联网多媒体技术进行教育。

（6）业务培训方法，包括直接传授法、实践法、参与法等。

①直接传授法：适宜知识类的培训，其特点是信息交流的单向性和培训对象的被动性，包括讲授法、专题讲座法和研讨法。

讲授法又称课堂演讲法，是最基本的培训方法，包括灌输式讲授、启发式讲授、画龙点睛式讲授，可用于对应掌握的基本知识的介绍回顾。

专题讲座法是指针对本机构的业务重点难点，或企业应急管理师普遍存在的通病等问题进行专题讲座。

研讨法有集体讨论、分组讨论、对立式讨论3种形式，适合在专题讲座后进行，有利于企业应急管理师之间相互启发。

②实践法：是指通过直接参与的形式，获取业务技能的理论知识，最后通过实践来掌握落实。其特点是将培训内容与实际工作直接相结合，具有实用、经济、有效的优点。实践法对培训者的要求很高，需要丰富的实践经验。具体包括工作指导法、工作轮换法、特别任务法和个别指导法。

工作指导法又称教练法、实习法；工作轮换法指在预定时期内变换工作岗位，使被培训对象获得不同岗位的工作经验。特别任务法常用于管理培训；个别指导法类似"师傅带徒弟""导师制"，由老师单独对被培训对象进行业务培训，有利于因材施教。

③参与法：用于综合性能力的提高开发，包括自学法、案例研究法、头脑风暴法、模拟训练法、敏感性训练法等。

自学法指定学习材料让被培训的企业应急管理师学习，也可通过网上学习、电视教育等方式进行。

案例研究法是一种信息双向性交流的培训方式，将知识传授与能力提高融合在一起，分为案例分析法和事件处理法。该法中的案例用于培训时必须具备3个特点：一是内容真实；二是案例内容应具有代表性；三是案例必须有明确的目的。

头脑风暴法的特点是相互启迪思想，激发创造性思维，最大限度地发挥创造能力，提供更多、更佳解决问题的方案。

模拟训练法以工作中的实际情况为基础，将实际工作中可利用的资源、约束条件和工作过程模型化，被培训对象在假定的工作情景中参与活动，学习从事特定工作的行为和技能，提高其处理问题的能力。

④适宜行为调整和心理训练的培训方法：主要有角色扮演法、行为模仿法、拓展训练法等。

另外，随着科学技术的发展，陆续出现了一些特殊的培训方法，如网上培训和虚拟培训等。

7. 应急管理教育培训质量保证

建设业务素质过硬的企业应急管理团队，是国家应急管理事业的重要内容之一，是"赴汤蹈火，竭诚为民"的根本要求与保证。高素质的队伍离不开高质量的业务培训，培训质量是组织实施培训的核心问题，是企业应急管理师整体能力建设的关键点。在各企业应急管理师的培训工作中，建立完善的质量保证体系，有效控制各个培训环节，形成规范稳定的培训秩序，筑牢培训质量提升的根基，是应急管理教育培训工作的头等大事。

强化质量意识，建立完善的质量保证体系。提高培训质量首先要有良好的质量意识。时刻注意学员的学习反馈，掌握学员的学习效果，从而保障培训课程的高效进行。

11.4　企业应急管理教育培训的评估

11.4.1　培训效果评估的目的

1. 培训效果评估的目的

（1）总结培训工作。通过评估，可以检查在培训过程中学员学得怎么样，教师教得怎么样，培训项目整体运作得怎么样，比较全面地了解和总结培训工作，做到心中有数。

（2）改进培训工作，促进应急管理工作的发展。

①对照培训目标，寻找差距，分析培训过程及问题存在的原因，提出改进建议，为

改进培训工作，促进学员、教师及整体培训工作的发展提供决策依据。

②促进培训工作理论与实践水平提高。

③有助于企业了解培训投资的收益。

(3) 为企业人力资源开发工作提供决策依据，进而促进企业选人、育人、用人一体化工作的开展。

2. 培训效果评估的原则

(1) 发展性原则：其立足点在于寻找差距，分析原因，进而为改进培训工作，促进学员、教师及整体培训工作的发展提供决策依据。

(2) 客观性原则：要求客观地反映评估对象的真实情况，不能主观臆断或掺杂个人感情。

(3) 科学性原则：是指评估不能仅依靠经验和直觉，必须建立在科学的基础上，要有充分的科学依据和科学方法，保证评估的可信度和有效度。

(4) 整体性原则：是指要选择多个角度、多个方法对培训活动的各个方面进行全方位的评估。

①评估内容全面且关注重点。尽可能包括教学目标的各项内容，涵盖培训活动的全过程，还要抓住主要矛盾，关注决定培训质量的主要因素和关键环节。

②评估主体要多元化。应组织学员、教师、专家、培训管理者，有可能的话还要组织同事、主管部门相关人员等参与培训评估工作，以求评估信息的全面、客观和公正。

③定量评估与定性评估相结合，相互参照，以准确全面地反映评估对象的实际情况。

④既要关注静态因素，也要关注动态因素对培训的影响。静态因素包括教学目标、教学内容、教学方法、教学效果等；动态因素包括学员（教师）的情感、态度，学员之间及学员与教师之间的交流互动等。

(5) 可行性原则：培训评估要从实际出发，评估的内容、指标、方法等要符合培训实际，简单易行，可操作性强，能被评价者理解、掌握。此外，还要把握好评估的时机。培训能够产生什么效果，什么时候会产生效果，效果有多大及人们对培训效果的认识都会受到多种因素的影响，如时间、可利用的资源、工作环境等，因此，应尽可能地选择恰当的评估时机，合理确定评估的开始时间和持续时间。

11.4.2 培训效果评价

目前的评估方法主要有专家点评、问卷调查等，评估对象为培训课程的具体内容，评估方法不够科学，评估范围不够全面。柯氏四级评估模型是培训效果评估使用最多的模型，从4个层次对培训效果进行评估。依据柯氏四级评估模型建立应急培训评估指标体系，采用二元语义模糊层次分析法对评估结果进行处理。二元语义减少了语言信息在处理过程中的失真性，不仅将语言评价信息逐层定量分析，而且提高了评估结果的精准性。柯氏四级评估模型和二元语义的应急预案培训效果综合评估方法，评估范围全面，评估结果科学、准确，可以检验培训是否达到预期的目的和要求以及应急预案的可行性。评估结果给企业应急管理者调整以后的培训内容和形式、修订应急预案，提出了指导性意见。

1. 培训效果评估的内容

（1）柯氏四级评估模型。目前，国际著名学者、美国威斯康星大学教授唐·柯克帕特里克提出的柯氏四级评估模型（表11-4）被广泛应用于企业的培训评估中，其于1959年提出，是培训效果评估使用最广的模型，在培训效果评估中占主导地位。

表11-4 柯氏四级评估模型

评估等级	评估目的		重点评估内容	主要评估方法
一级评估（反应层）	反应评估	观察学员反应	项目设计的针对性，学员是否认同培训方案及培训目标	问卷调查、访谈
			培训内容的新颖性及实用性；学员是否喜欢培训课程；学员是否认为培训课程对自己有用	
			教师授课：学员对教师授课的态度、内容、方式等有什么意见及要求	
			培训设施：学员对辅助教学的网络、计算机、多媒体等教学设施及运转情况的满意程度	
二级评估（学习层）	学习效果评估	检查学员学习效果	学习成果：学员在培训中学到什么	笔试、案例研究、项目研究、论文、实际操作
			学习质量：培训前后，学员在知识及技能方面有多大程度的提高	
三级评估（行为层）	工作表现评估	衡量培训前后学员的工作表现有无变化	行为变化：培训后学员有无变化	绩效考核、测试、观察、访谈
			知识运用：学员是否在工作中运用所学知识	
四级评估（结果层）	绩效评估	衡量公司经营业绩的变化	学员培训对组织绩效的影响；组织是否因为学员的培训而经营得更好	考察生产效率、准确率、事故率

柯氏四级评估模型通过4个层次对培训过程进行完整、系统的评估。运用柯氏四级评估模型划分的4个评估层次对应急预案培训效果进行评估，能将整个培训过程与应急能力的各个阶段对应起来，对应急预案培训效果进行全面而科学的评估。反应层主要考虑培训形式和内容是否被员工所接受，培训内容和行业的密切度，员工对培训工作前期准备（时间、地点、环境、培训形式等）的满意度等。此处设计的培训平台培训时间、地点不受限制，灵活性强，员工可以随时随地进行应急预案的培训工作；

通过网络环境进行培训，提高了员工的学习热情，培训形式较传统的授课形式更加生动、形象；培训内容结合应急预案培训工作的实际情况，重点突出，根据需求分析的结果从员工对应急知识的需求心理，即各自在应急工作中担任的职能和应急救援流程作为重点培训内容，从不同的角色出发设计了培训内容，并通过情景培训的形式对整个救援流程进行了连贯的培训。学习层主要对培训内容的掌握情况、学到的应急知识技能情况进行评估。

一般来说，开发的应急管理教育培训平台的学习内容分为 5 部分，即预案文本学习模块、组织机构模块、分角色学习模块、视频动画观看模块和事故场景培训模块。通过系统的培训之后，对学习到的应急能力进行培训效果评估，包括法规、组织机构的设置、职能划分、风险辨识控制、应急器材及个人防护用品的使用等。行为层反映应急培训效果的实践能力，应急预案培训效果的检验可以在应急预案的演练环节实现。通过培训后，在事故场景设置模块和演练过程中检验员工的预警与响应能力、事故的处置能力、各部门人员的协作能力、善后处理能力等。由于事故率的降低、伤亡人数的减少是多因素互相作用的结果，所以结果层的评估主要体现为培训之后应急能力的提升，反映在通过培训演练之后，对应急预案的修订能力、应急工作的管理能力、应急响应流程的熟悉程度等方面。

（2）培训效果评估工作要点。柯氏四级评估模型提出了培训评估工作的主体思路：关注培训的产出和结果，即关注参训者参训后行为的变化及其对企业绩效的提升做出的贡献。企业的培训评估工作应以柯氏四级评估模型为基础，结合企业员工培训的实际，确定培训评估工作的方向和工作重点。如表 11-5 所示列出了培训周期相对较长的培训项目（1 个月以上）的培训效果评估工作要点。

表 11-5 培训效果评估工作要点

评估层次	评估类别	重点评估内容	评价者	评估时间	评估方法
反应层	专职教师评估	学员评估	教学计划完成情况	学员	授课结束后，训中，训末	问卷调查、访谈
			教学、态度			
			教学内容的组织能力			
			课堂教学的驾驭能力			
		同行专家评估	教师对课程重难点内容的把握程度，观点是否正确	同行专家	授课过程中	听课，课后与授课教师共同讨论
			满足学员需求的程度，是否达到教学要求			
			教学过程和方法是否符合成人培训规律			

续表

评估层次	评估类别			重点评估内容	评价者	评估时间	评估方法
反应层	外聘教师评估	项目负责人提醒制度		跟踪教师教学情况，收集学员对授课的意见及建议	项目负责人	授课过程中	听课，与授课教师及时口头沟通
				总体的教学水平及学员的满意度	学员	定期进行，如1周、1个月等	问卷调查
				对外聘教师授课的建议			
	培训项目评估	内部评估		培训内容与培训目标的关联程度	培训机构内部有关教师及专家	训后	问卷调查、访谈
				课程体系的结构性			
				项目设计方案的可操作性			
		外部评估	专家评估	项目设计方案的前瞻性	行业内优秀管理者，工程技术人员，研究人员	训前及训后	问卷调查、访谈
				与国内外宏观形势及行业（企业）实际的结合程度			
				对学员能力提高的体现程度			
			学员评估	培训内容是否结合企业实际，符合学员要求	学员	训中，训末	问卷调查、访谈
				培训方式是否是增强培训效果相对最佳的选择			
				教学方法的选择及教学活动的安排是否能激发学员的学习兴趣			
学习层	学员学习效果评估	训初评估		学员对参训项目所涉及的理论、知识、技能等的掌握程度	项目负责人，授课教师	训初	入学测试、访谈
		训中评估		此前的学习成果	授课教师，项目负责人	训中	课后作业、小测验、学习日记
				此前的行为表现	项目负责人，班主任，班委会		观察、访谈
		训末评估		学员学到了什么	授课教师，项目负责人，专家	训末	笔记、问卷调查、实际操作测试、案例研究、项目研究、论文、培训总结及鉴定
行为层和效果层	工作表现评估			参训后工作行为的变化和工作改进	绩效考核部门，参训者上级、下级及同事	训后	绩效考核、测试、观察、访谈、"行动计划"跟踪调查
	组织绩效评估			对组织绩效的推动			通过观察、访谈、查询有关资料、"行为计划"跟踪调查等方式考察生产效率、准确率、事故率、士气等

11.4.3 加强应急管理教育培训的建议

应急管理教育培训是提高员工安全意识和安全素质、防止产生不安全行为、减少人为失误的有效途径，是应急管理中一项十分重要的基础性工作，也是落实"安全第一、预防为主，综合治理"方针、实现安全生产的重要措施。

1. 提高教育培训的法律认识

《安全生产法》第五十八条规定"从业人员应当接受安全生产教育和培训，掌握本职工作所需的安全生产知识，提高安全生产技能，增强事故预防和应急处理能力"。对培训教育搞形式主义，造成作业人员不具备法律所规定的条件，从小处讲，是对安全生产不重视，严格来说，是一种违法行为，如果发生安全事故，要追究法律责任。

2. 结合实际、统筹安排、全面培训

认真制定教育培训计划，深入现场了解进场人员的状况，按照工种进行登记造册，有针对性地对不同工种、不同人员及不同专业编制教学大纲并组织应急管理教育培训，应重点区分不同类别和岗位层次以及实际岗位技能进行应急操作培训，使参加培训者真正掌握自身的专业安全知识，克服只懂理论，不懂操作规程，违章蛮干，事故频发的弊端。对专业性比较强的特种作业人员可以聘请专业老师和有培训资质的国家培训机构进行技术技能培训。

3. 坚持教育培训方式多样化

要善于采取多种多样的教育培训方式，提高员工参与热情和教育效果。如采取案例演示、现场观摩交流会、应急知识讲座、应急手册、应急胸牌等方法，强化应急认识。还可以通过开展条幅展板、应急宣誓和应急管理无事故签名、事故漫画宣传、图文并茂的安全标语等，有效地开展全员性应急管理宣传和教育培训，创造应急氛围，进而全面促进员工应急管理素质的提高，保障安全生产。

4. 坚持教育培训经常化

应急管理教育培训是一项长期化、持续不断的工作。开展日常应急管理教育培训是强化员工应急意识、形成应急习惯、更新应急理念的重要手段，是不断巩固教育成果的有效措施，也是一项基本要求。

5. 坚持教育培训制度化

要建立健全应急管理教育培训组织机构体系，制定并不断完善应急管理教育培训制度，明确时间、内容及责任部门、责任人员等，加强对班组执行情况的监督检查，确保教育培训工作规范组织、实施。如班前应急管理讲话、应急管理技术交底、应急预案演练、应急技术大比武等形式就是进行现场应急管理教育培训、落实应急管理措施的有效方法，是制度化的有力体现。

6. 优化课程内容，丰富教学形式

应急管理教育培训的历史较短，这决定了应急管理教育培训课程的内容设计还有很大发展空间，同时，也因为应急管理是一门实践性很强的学科，因此它对培训教师的要求较高，很多时候，前来参训的学员就曾处置过突发事件，培训教师如果对应急管理工作的了解不够深入、不接地气，就很难符合实际工作，也很难让参训学员信服。所以，建议应急管理教育培训教师深入一线，多去实际工作部门调研、挂职，走走看看，只有了解参训学员真实的工作环境、工作任务，才能在课堂上给予他们真正需要的知识和技能。很多干部在调研中还建议丰富教学形式，如实地参观、交流研讨、拓展训练、技能操作、救护演练等，未来在决策演练课程中甚至可以采用3D、VR技术，增强现实感和逼真效果，为教学效果的提升提供更好的支持。

企业应急管理教育培训是企业应急管理的一项最基本的工作，也是确保企业安全生产的前提条件。只有加强应急管理教育培训，不断提高员工的应急管理素质和自我保护能力，不断强化全员安全意识，增强全员防范意识，才能保证企业的运转安全、有序、可控。

11.5 企业应急管理教育培训职业道德建设

1. 应急管理教育培训的职业道德内涵

（1）应急管理人员的职责。

①履行应急值守、预案管理、信息汇总和组织协调能力，发挥政府应急管理工作的运转枢纽作用。

②督促检查落实安全隐患的排查及整改，宣传普及预防、抗灾、避险、救援和减灾等相关应急知识。

③组织编制、修订突发公共事件总体应急预案，指导和监督检查应急委成员单位应急预案的编制、修订和实施，掌握应急物资保障，应急装备、器材配置、储存等有关情况。

④督促检查应急委成员单位组织机构、队伍建设和应急处置措施的落实，组织、指导突发公共事件应急培训和演练。

⑤联系协调突发公共事件预防预警、应急处置、事件调查、善后处理、事后评估和信息报送等工作。

⑥负责接受和办理向政府报送的紧急事项，承办政府应急管理的专题会议，督促落实有关决定事项。

⑦负责与专家咨询机构及有关机构的协调联系。

⑧完成领导交办的其他工作。

(2) 应急管理教育培训职业道德的内涵。职业道德是指担负不同社会责任和服务的人员应当遵循的道德准则。它通过人们的信念、习惯和社会舆论而起作用，成为人们评判是非、辨别好坏的标准和尺度，从而促使人们不断增强职业道德观念，不断提高服务水平。

职业道德是社会道德体系的重要组成部分，它一方面具有社会道德的一般作用；另一方面又具有自身的特殊作用。

①调节职业交往中从业人员内部以及从业人员与服务对象间的关系。

职业道德的基本职能是调节职能，它可以调节从业人员内部的关系，即运用职业道德规范约束职业内部人员的行为，促进职业内部人员的团结与合作。

②维护和提高本行业的信誉。一个行业、一个企业的信誉，也就是它们的形象、信用和声誉，是指企业及其产品与服务在社会公众中的信任程度，提高企业的信誉主要靠产品的质量和服务质量，而从业人员职业道德水平高是产品质量和服务质量的有效保证。若从业人员职业道德水平不高，很难生产出优质的产品和提供优质的服务。

③促进本行业的发展。行业和企业的发展有赖于高的经济效益，而高的经济效益源于高的员工素质。员工素质主要包含知识、能力、责任心3个方面，其中责任心是最重要的。而职业道德水平高的从业人员的责任心是极强的，因此，职业道德能促进本行业的发展。

④提高应急管理者的道德水平。职业道德是整个社会道德的主要内容。职业道德一方面涉及每个从业者如何对待职业，同时也是一个从业人员的生活态度、价值观念的表现，是一个人的道德意识、道德行为发展的成熟阶段，具有较强的稳定性和连续性。另一方面，职业道德也是一个职业集体，甚至一个行业全体人员的行为表现。

2. 现阶段应急管理教育培训工作存在的问题

(1) 课程体系未建立。目前，全国的应急管理教育培训课堂经常出现的是以下3个主题的课程：应急管理工作形势与挑战、危机公关与媒体沟通、指挥决策演练式培训。

市、区级应急干部对应急管理相关政策法规都未理解透彻，更不用说一般企业了，但是在培训中，很少见到应急管理相关政策法规解读的课程，而在强化政府"依法治国"的今天，任何一项工作的开展，都应该从熟悉、理解政策法规开始，才能使工作不走偏、不走样。在应急管理工作中，预案操作性不强、有预案却用不起来的情况非常普遍，虽然干部对预案编制方面的培训有极大的需求，但在培训中却很难见到。《突发事件应对法》中明确指出"突发事件应对工作实行预防为主、预防与应急相结合的原则"。在预防阶段，最重要的就是风险排查、预案编制和应急演练，以风险排查、风险评估为主题的课程在应急管理教育培训中很少见到，而演练式培训近些年在应急管理教育培训中正逐渐成为亮点甚至是"主角"。

（2）培训供给不足。许多企业对于应急管理教育培训的需求特别突出，大部分基层应急办都在呼吁加大培训力度、增加培训班次。这是因为各企业应急管理相关工作人员的流动率较高，而应急管理工作的基础——应急值守工作是一刻也不能停的。从先进国家的经验来看，应急管理工作的成功也的确取决于基层应急能力。

（3）培训效果有待提升。目前的培训针对性不强，真正能够对工作产生帮助的培训不多，尤其是讲工作方法、提升技能型的培训更是少之又少。应急管理是一门实践性很强的学科，应急管理教育培训的最终目的不是基本理论的传授，而是技能的培养和提升，目前很多培训的形式仍停留在课堂讲授上，学员只是被动地接收信息，只能获得意识层面的改变，很难让学员有工作方法和技能提升方面的收获。

3. 应急管理教育培训中的不道德现象

当前，应急管理及安全生产培训方面暴露出培训走形式、考试把关不严格，甚至涉嫌考试作弊等突出问题。例如，山东潍坊安丘市某培训机构举办的企业主要负责人、安全管理人员培训班，擅自压缩培训学时，工作人员划答案让学员考核时照着抄；北京市大兴区某特种作业考试点与某培训学校勾结，以"保过"为名，超出正常市场价格收取培训费用，提供考试作弊"一条龙服务"。类似这些违法违规行为，严重扰乱正常安全生产培训秩序，导致一些安全技能不足的从业人员进入有关岗位，对安全生产带来重大风险隐患。

（1）案例一：因同样问题，10家企业共被罚18.6万元。

烟台应急管理局曾对因安全生产教育培训问题被处罚的10家企业予以公开曝光，问题都是"未如实记录安全生产教育和培训情况等"，如表11-6所示。

表 11-6 培训事故案例

序号	企业名称	处罚原因	处罚措施
1	万化节能科技（烟台）有限公司	未如实记录安全生产教育和培训情况等	罚款 3 万元
2	莱州市丽叶加油站	未按规定对从业人员进行教育培训等	罚款 2.9 万元
3	山东福尔有限公司	未如实记录安全生产教育和培训情况等	罚款 2.8 万元
4	烟台市牟平儒林气体有限公司	未如实记录安全生产教育和培训情况等	罚款 2 万元
5	烟台昆仑气体有限公司	未如实记录安全生产教育和培训情况等	罚款 2 万元
6	莱州市金冠石油有限公司	未如实记录安全生产教育和培训情况等	罚款 1.9 万元
7	海阳市鑫泰石油有限公司	未如实记录安全生产教育和培训情况等	罚款 1 万元
8	招远市金坤加油站	未如实记录安全生产教育和培训情况等	罚款 1 万元
9	烟台悝善能源有限公司	未如实记录安全生产教育和培训情况等	罚款 1 万元
10	招远市鑫鑫化工厂	未如实记录安全生产教育和培训情况等	罚款 1 万元

（2）案例二：试卷评分与试卷总分不符，被罚 9000 元。

据"湖南应急管理"消息，对某机械制造有限责任公司进行检查时，发现该单位安全生产教育和培训记录中某新入职员工的考核试卷评分为 100 分，但该套试卷的实际总分仅为 80 分，试卷评分与试卷总分不符。

经调查确认，该企业未如实记录安全生产教育和培训情况，违反了《安全生产法》有关规定，长沙县应急管理局依法对该公司作出罚款人民币 9000 元的行政处罚。

（3）案例三：一人代替多人签字，立案查处。

山东省日照市岚山区曾依法查处一起公司未如实记录安全生产教育和培训情况案。岚山区应急管理局执法人员在对辖区内某公司开展安全生产大排查中发现，该公司为应付检查，一人代替多名作业人员在安全教育培训记录上签字，存在明显的弄虚作假行为。随即，执法人员对公司现场负责人熊某进行了普法教育并立案查处。

（4）案例四：本人不签字，被罚 10 000 元。

据河北省应急管理厅行政处罚信息公示表显示，在对某公司的例行检查中，发现某员工的《安全教育培训档案》中的"从业人员登记表"未按规定填写，本人未签字，不符合《安全生产法》第二十五条第四款的规定，依法对该单位做出罚款人民币 10 000 元的行政处罚。

4. 应急管理教育培训中的不道德现象背后的原因分析

应急管理教育培训者遵守职业道德的意识不强，没有时刻记住自己的使命，甚至在经济利益驱动下违章蛮干，造成应急管理教育培训不严谨、不科学，只是趋于"形式主义"，并未真正让被培训者掌握应急管理相关知识。

（1）对应急管理教育培训的重要性认识不足。

①管理人员"重生产、轻安全"的思想作怪，在潜意识中存在凭经验、凭感觉的侥

幸心理，对应急管理教育培训工作的重要性认识不足，重视不够。认为现在工期紧，任务重，不肯为应急管理教育培训工作花时、花钱，开展教育培训形式化、敷衍了事。

②现场作业人员多数来自农村的劳务人员，文化程度不高，对应急管理教育培训不感兴趣，甚至说"干了一天的工作后筋疲力尽，哪有时间学习，我在工作的时候注意点就行了"，致使应急管理人员不能有效、规范地开展教育培训工作。

（2）培训制度落实存在误区。部分领导认为应急管理教育培训的对象就是安全管理人员和特殊工种操作人员，忽略了对其他人员的安全教育培训。殊不知，现场每个工作环节都存在安全隐患，如建筑行业从业人员一般都要从事 2 m 多高的高空作业，所以从特定意义上来讲，凡是进入现场的人员都可称为登高作业的"特殊工种人员"，因此无论什么人，只要直接或间接地参与生产活动，就必须接受安全教育培训，进行全员、全方位、全覆盖培训。

11.6 企业应急管理业务指导

1. 业务指导基本知识

（1）业务指导的目的。业务指导是职业培训中的一项重要职能，是企业应急管理师进行业务培训必须掌握的重要方法和技能，也是帮助企业应急管理师提高能力、促进组织发展、积累企业应急管理经验的重要手段。

（2）业务指导的原则。在企业应急管理业务指导过程中应遵循以下 4 个原则：

①以激发和鼓励为主的原则。业务指导本身就是指点、引导的意思，不是强制性的行为和方法。因此，指导者要通过交流与被指导者建立相互信任关系，并运用一定的方法激发员工努力向上的愿望、积极的学习态度，以获得最佳的效果。

②以帮助为主，以示范、典范为指引的原则。高级别企业应急管理师进行业务指导的首要职责是促进学习，因此，工作出发点就是帮助学习，而不是强制学习。要通过树立典范，用正确的行为示范来指引、帮助被指导对象纠正错误。

③注重针对性和实效性原则。高级别企业应急管理师应能准确发现、指出被指导者在企业应急管理工作中的问题、偏差和不足，根据被指导者的实际情况提出解决问题的具体办法，并督促被指导者学习、改进，落实在行为的改善中，取得实际效果。

④强调实际动手操作能力的原则。企业应急管理是一项实践性很强的工作，仅依靠坚实的理论基础是不够的，许多企业应急管理的内容和方法来自生产实践，并且企业应急管理涉及面广、内容多，均需大量实践经验的支撑。

(3) 业务指导基本能力。

①能有效倾听被指导者存在的业务问题。

②扎实的企业应急管理功底是进行业务指导的最基本能力。

③相互作用的技能可通过指导使被指导者有能力提升的可能。

④组织讨论的技能有助于提升被指导者的自学能力以及团队协作能力。

⑤解决冲突与问题的技能能解决企业应急管理工作中存在的冲突和问题。

⑥辨别宗旨和目标的技能可明确宗旨和目标的区别,这是企业应急管理工作进行的基本问题。

⑦估量行为的技能有助于对下一步工作计划的制定。

⑧给出建设性反馈的技能,良好的反馈是和被指导者沟通的基本能力。

⑨以被指导者为中心的意识和技能。业务指导工作必须以被指导者为中心,认真分析被指导者存在的问题及解决问题的方案。

2. 专业能力指导方法

企业应急管理专业能力指导应以提高企业应急管理师的职业素养和职业实践能力为核心,以提高低级企业应急管理师的业务能力和满足业务需求为目的,建立多样性与选择性相统一的培养机制,帮助夯实理论基础、积累实际工作经验,突出业务指导特色,全面提高职业道德、职业能力和综合素质。

应急管理教育培训机构每年应把业务能力指导作为一项常规性工作并形成制度,经常性地对相关人员进行业务指导。

主要步骤如下:

(1) 了解并明确被指导者在业务能力方面存在的不足,将要改进的行为确定为业务指导内容。

(2) 明确被指导者偏好的学习方式及学历类型,选择指导的最佳方式。

(3) 研究指导过程中可能遇到的障碍,提前采取相关对策。

(4) 了解并开发实施新行为和技能的战略,提高业务指导的效果。

(5) 实施新的行为和技能,提高企业应急管理的绩效。

(6) 收集并提供有关绩效的反馈信息,并进行研究。

(7) 归纳总结指导经验并加以改进和应用于其他情况,提高业务能力指导的效果。

3. 能对企业应急管理师进行业务指导

(1) 业务指导的基本能力。

①能有效倾听。

②较强的交流和沟通能力。

③具有较强的团队和奉献精神。

④有坚实的理论和实践基础。

⑤能明确业务指导的目标。

⑥估量行为的技能。

（2）业务指导的基本步骤。

①分析被指导者的水平和能力。

②正确选择业务指导的方式和方法。

③制定合理的业务指导方案。

④组织实施业务指导。

⑤判断和纠正被指导者的失误等。

⑥对指导工作进行反馈和总结。

4. 能够编制企业应急管理作业指导书

编制企业应急管理作业指导书时应做到以下几点：

（1）作业指导书应能支撑程序文件。处理好作业指导书与程序文件的接口联系至关重要。程序文件中的许多活动没有详细的规定，需要依赖作业指导书去解决，所以作业指导书一定不能脱离程序文件编写。

（2）职责、权限和相互关系协调一致。作业指导书中的职责、权限和相互关系要同质量手册和程序文件中的相应规定保持一致。

（3）控制力度与质量要求一致。在作业指导书中，要避免因对活动内容的质量要求过高，而无法按质量要求开展活动的情况。

（4）与质量管理体系的业绩改进指南适当接口。在编制作业指导书时，可参考《ISO9004：2009 质量管理体系——业绩改进指南》的要求，既要有能力对外满足被指导者要求，又要对内满足质量管理，获取更大绩效。当作业指导书涉及其他过程（或工作）时，要认真处理好接口。

（5）正确理解各项活动的全部输入与输出，并加以全面控制。每项活动都可以视为一个"过程"，为了使这个"过程"受控，必须正确地理解它的全部输入与输出，并明确其要求。

（6）必须符合工作实际且具有可操作性。作业指导书是指导实际工作的，任何要求都应切合实际，应对各方面因素进行综合考虑。要防止编写作业指导书的人员根本不了解实际是怎样操作的，防止由于文件的无法执行而由操作者自行加以修改。所以，在编制作业指导书的过程中，要善于总结成熟的作业经验，并予以必要的继承；对文件中存在的问题，不能擅自修改而应及时反馈信息。

（7）作业指导书应当简洁、明了、美观、实用，可获唯一理解且不引起歧义。

（8）企业应急管理作业指导书内容一般应满足两个原则。

①5W1H原则。作业指导书应该用不同的方式表达出：

When：什么时间使用此作业指导书。

Where：在哪里使用此作业指导书。

Who：什么样的人使用此作业指导书。

What：此项作业的名称及内容是什么。

Why：此项作业的目的是干什么。

How：如何按步骤完成作业。

②"最好，最实际"原则。即最科学、最有效的方法，良好的可操作性和综合效果。

（9）应便于修订并能及时修订。为响应不断变化的工作需求，应急管理需要不断地改进，通过在实际工作中的应用，根据实施情况和活动结果的分析与研究，不断发现作业指导书中存在的问题，对不适宜的内容及时加以修改，把成功的做法纳入企业应急管理作业指导书中。所以，对作业指导书的更改是必然的，是增值的过程。在实际应用过程中，应注重实践对作业指导书的检验。

编写作业指导书时应吸收各级企业应急管理师参与，并使他们清楚作业指导书的内容，应充分发挥他们在持续质量改进中的作用，而难以修改的作业指导书不利于积极性和创造性的发挥。

（10）作业指导书应按规定的程序批准后才能执行。作业指导书一般由部门负责人批准，未经批准的作业指导书不能生效。

（11）作业指导书是受控文件。作业指导书经批准后只能在规定的场合使用，更改和更新时必须按规定的程序进行。

（12）注意事项。

①注意对基础理论的指导和考评。在对企业应急管理师进行业务指导的过程中，应注意对其进行企业应急管理基础理论和知识的考核，主要是对基础知识的掌握程度和熟练程度的考核，如实施试卷考试、上台讲演等。

②注意对实践工作的指导。在掌握了基础知识的基础上，理论联系实际，在应急管理工作中灵活运用所学知识，是企业应急管理师的基本能力体现。所以，在业务指导过程中，应安排实践环节。

思 考 题

1. 合理制定企业应急管理教育培训体系需要做好哪些工作?
2. 如何保证企业应急管理教育培训的管理原则的严格落实?
3. 有没有更优的方法来增强企业应急管理被培训者对灾害的警惕意识?
4. 怎样在应急管理教育培训中更贴切地使被培训者感受模拟突发事件?
5. 是否可以解决被培训者对设备及数据处理不清楚的问题?怎么解决?
6. 如何保证培训计划更加与时俱进并结合不同企业需求而制定?
7. 培训对象的确定需要哪些条件?
8. 除了书面考试外,如何更好地提升应急管理教育培训质量?
9. 不客观地评估效果会给应急管理教育培训带来哪些隐患?
10. 谁来监督应急管理师定期增强业务指导的基本能力?

参考文献

边际，2018.《安全生产责任保险实施办法》正式实施[J]. 上海化工，43（1）：42.

杜波，2020. 企业应急管理教程[M]. 北京：应急管理出版社.

杜志托，2015. 冶金生产事故应急管理与预案编制[A]. 北京：中国劳动社会保障出版社.

方文林，2018. 应急指挥与处置[M]. 北京：中国石油出版社.

龚建军，2019. 应急管理人员培训教材[M]. 北京：机械工业出版社.

关品高，彭杏资，陈玉永，等，2021. 云南省中缅边境森林火灾现状与防控能力提升研究[J]. 林业资源管理（5）：7.

郭涵忠，2012. 天然气输气站风险分析和应急管理[D]. 广州：华南理工大学.

郭宁，2016. 石油化工企业安全管理信息系统的设计与实现研究[D]. 长沙：中南大学.

国家安全生产监督管理总局宣传教育中心，2015. 安全生产应急管理人员培训教材（第2版）[M]. 北京：团结出版社.

何斌，2021. 加快安全生产法律法规的"立改废"[J]. 中国应急管理（2）：38-41.

何棣华，2022. 广西以政府购买服务提升社会治理能力[J]. 当代广西（Z1）：29-30.

胡象明，2020. 区块链在公共事务中的应用：探索与挑战[J]. 人民论坛·学术前沿（5）：32-38.

黎静，王彦龙，2015. 人的可靠性分析：人因差错风险评估与控制[M]. 北京：航空工业出版社.

李存健，2012. 风险评估–理论与实践[M]. 北京：中国商务出版社.

李建，2019. 化工企业铁路专用线基层站段应急管理的实践与探索[R]. 石油石化物资采购.

李君，付家安，2010. 电力企业应急管理教育培训工作浅析[M]. 中国电力教育.

李磊，2011. 中国地震应急搜救中心平衡积分卡体系设计[D]. 北京：中国人民大学.

李雪峰，2021. 应急管理理论[M]. 北京：应急管理出版社.

李雨成，2021. 应急救援装备[M]. 北京：应急管理出版社.

李云，徐伟，吴玮，2011. 灾害监测无人机技术应用与研究[J]. 灾害学，26（1）：138-143.

林柏泉，张景林，2007. 安全系统工程[M]. 北京：中国劳动社会保障出版社.

刘辉，2016. 安全系统工程[M]. 北京：中国建筑工业出版社.

刘景凯，2010. 企业突发事件应急管理. 北京：石油工业出版社.

刘景凯，栾国华，2020. 国有石油石化企业应急管理体系与能力建设对策——基于中国石油天然气集团有限公司的案例研究[J]. 中国应急管理科学（8）：60-67.

刘静泊，2020. 交通运输系统安全风险管理及现状分析[J]. 消防界（电子版），6（6）：66.

刘伟，刘百锁，2012. 浅谈煤矿企业突发灾害应急管理的问题[A]. 科技与企业.

刘细敏，2017. 克石化公司突发事件应急准备能力评估研究[R]. 青岛：中国石油大学（华东）.

龙建. 石化企业应急管理亟待解决问题应对策略研究[A]. 上海：华东理工大学.

龙江英，2008. 城市可持续发展与城市安全体系[J]. 特区经济（4）：26-29.

陆愈实，郭海林，庞奇志，2017. 应急预案编制与演练[M]. 北京：气象出版社.

罗云，2020. 企业安全风险精准管控[M]. 北京：应急管理出版社.

马轮基，马瑞升，林宗桂等，2005. 微型无人机遥感应用初探[J]. 广西气象，26：180-181.

马子柏，2015. 企业应急管理体系研究[A]. 中国金属学会冶金安全与健康年会.

苗金明，2017. 事故应急救援与处置[M]. 北京：清华大学出版社.

宁思，胡刃锋，2021. 公共危机治理中开放政府数据资源共享研究[J]. 南方农机，52（9）：22-23，26.

潘美莲，刘志强，2013. 城市安全与应急保障管理智能视频监控系统的应用探讨[J]. 电脑知识与技术 9（30）：6914-6915，6917.

彭丽霞，冯硕，王昭滨，2015. 浅谈电力企业应急管理教育培训工作[R]. 民营科技.

乔仁毅，龚维斌，2014. 政府应急管理[M]. 北京：国家行政学院出版社.

任羽中，林永兴，吴旭，2021. 应急管理教育的国际比较及启示[N]. 中共四川省党校学报.

容志，2021. 城市应急管理：流程、机制与方法[M]. 上海：复旦大学出版社.

茹玉栋，2017. 企业应急管理工作的几点思考[R]. 安全（4）：46-47.

阮浩德，吴晓生，2016. 基于网络大数据 GIS 的城市安全规划设计方法研究[J]. 电脑编程技巧与维护（6）：68-69.

闪淳昌，薛澜，2021. 应急管理概论：理论与实践[M]. 北京：高等教育出版社.

唐林霞，2015. 地震灾害应急救援物资配置的全过程机理研究[J]. 中国行政管理（2）：125-128.

唐彦东，2021. 应急管理学原理[M]. 北京：应急管理出版社.

田心，2016. 总局解读《关于推动安全生产科技创新的若干意见》[J]. 安全与健康（11）：35-36.

王冰一，2018. 物联网技术在城市安全建设中的运用[J]. 决策探索（中）（4）：22-23.

王彩平，李宇，李雪峰，2013. 应急管理演练式培训[M]. 北京：国家行政学院出版社.

王君玲，2018. 中国煤矿企业应急管理研究回溯与前瞻——基于 CiteSpace 知识图谱的文献计量分析[J]. 中国安全生产科学技术.

魏礼群，2016. 中国应急救援读本[M]. 北京：国家行政学院出版社.

汶川特大地震四川抗震救灾志编纂委员会，2017. 汶川特大地震四川抗震救灾志·总述大事记[M]. 成都：四川人民出版社.

翁大涛，2017. 交通运输应急管理体系研究[J]. 中国水运（下半月），17（01）：57-59，62.

吴述兰，2016. 危险化学品生产安全事故应急管理问题研究[J]. 乌鲁木齐：新疆农业大学.

郗蒙浩，2021. 应急物流管理[M]. 北京：应急管理出版社.

谢振华，2016. 安全系统工程[M]. 北京：中国劳动保障出版社.

宿树权，2019. 化工企业应急管理现状及如何做好应急管理[R]. 广州化工.

徐志胜，2016. 安全系统工程（第3版）[M]. 北京：机械工业出版社.

严鹏香，2019. 物联网技术在城市安全管理领域的应用及前景[J]. 决策探索（中）（1）：18.

殷继艳，李勇，张国壮，2018. 森林火灾监测与预警[M]. 北京：中国林业出版社.

袁纪武，任海，2007. 企业应急管理初探[R]. 安全、健康和环境.

张瑞新，2021. 新时代应急管理理论与实践[M]. 北京：应急管理出版社.

张雪娟，2016. 非煤矿山安全管理水平评价研究[D]. 北京：首都经济贸易大学.

赵连跃，2017. 神东煤炭集团公司应急管理体系和方法[J]. 神华科技，15（11）：15-18.

赵文华，祁越，2015. 应急救援学[M]. 北京：国防大学出版社.

赵正宏，2019. 应急救援预案编制与演练[M]. 北京：中国石化出版社.

周波，肖家平，骆大勇，2018. 安全评价技术[M]. 北京：中国矿业大学出版社.

朱红伟，2020. 消防应急通信技术与应用[M]. 北京：中国石化出版社有限公司.